Thailand

태국의 이해

한국태국학회

HUEBOOKs

쑤코타이왕국 성립 이전의 문화 유적

동북부 버섯 모양의 바위 “싸오 찰리앙”(콩찌암)

반치앙의 토기 무늬

선사시대의 벽화가 남아있는 파댐(콩찌암)

역사적 유적지 - 쑤코타이시대

왓싸판힌

람캄행 대왕

람캄왕 대왕 시절 비문을 새기는 모습

왓프라프라이루엉

람캄행(쑤코타이), 멩라이(치앙마이),
응암므엉(파야오) 3국 혈맹 상징상

멩라이상(치앙마이)

국립공원 안의 절터

쑤라나리 왕비(야모)

왓씨싼펫

왓차이몽콘의 불상들

왓차나쏭크람

라오스 및 미얀마 전투에 참여한 여전사

에메랄드사원의 삼불탑 – 안으로부터 역대왕의 상을 모신 쁘라尋프라텝비던, 불경 삼장을 모신 프라몬돕, 그리고 아유타야의 프라씨싼펫을 본따고, 안에 불타의 사리를 모신 프라씨랏따나제디가 보인다.

왼쪽은 에메랄드사원, 오른쪽은 왕궁

위만멕궁

방빠인의 왕실 별장

대리석으로 된 왕궁

방콕 라차담넌에 있는 민주주의탑

싸남짠 궁전(나컨빠톰_)

쭐라롱껀대학교 교내의 라마5세(좌상)와 라마6세 부자상에 학생이 헌화하고 있다.

1973년 10월 14일 학생의거 기념탑과 기념관(랏담넌과 탐마쌋대학교 교내)

기타 유적

코랏의 동문(쁘라뚜춤폰)

코랏의 북문

치앙라이 성벽과 멩라이광장에 모인 참배객, 그리고 북부 고유의 신앙을 형상화한 것

태국 북단 매싸이 국경초소

방콕 시청 정면

국경초소 뒤로 보이는 미얀마 쿨탑(매싸이)

싸판풋의 방콕 북단

명문 쑤언꿀랍중등학교

명문 텝씨린중등학교

싸릿 타나랏의 동상(컨깬)

에메랄드사원 앞의 국방부 건물

카오왕 궁전(펫부리)

■ 이슬람교

씨롬의 무슬림사원

꾸란을 공부하는 여학생

핏싸눌록의 무슬림사원(파키스탄식)

태국 최초의 이슬람 사원(빳따니)

히잡을 쓴 무슬림여성

방콕 파후랏 시장근처의
옥상 무슬림사원

▣ 힌두교와 힌두유적

방콕 시내(왓쑤탓 앞)의 싸오 칭차

힌두교의 피카넷신

쁘라쌋 힌 므엉땀의 신전

쁘라쌋 힌(힌두신전) (깐짜나부리)

쁘라쌋 힌 파농룽

미국으로 밀반출되었다 다시 찾은 나라이상(쁘라쌋 힌 파놈룽)

에메랄드사원 내의 앙코르왓 모형

프라터라니(지모신) 신전

왓쑤탓 옆의 힌두신전

씰롬의 힌두사원

나라이신전

▣ 락므엉을 모신 싼의 겉모습

코랏

마하싸라캄

컨깬

짠타부리

▣ 락므엉의 모습들

▣ 바이씨

바이씨와 탐콴의식

인간 바이씨

다양한 모습의 바이씨

▣ 호신부(컹클랑)

차안에 걸어 둔 컹클랑

여러 종류의 싼짜오(사당) :
건물이나 마을, 수령이 높은 나무, 돌이나 바위, 유명한 분

마을수호신

건물(지신)

건물(지신)

건물(지신)

건물(지신)

여러 종류의 싼짜오(사당)

개인(조상)

개인(야모, 코랏)

개인집(지신)

마을수호신

건물(지신)

수백 년 된 싸이응암 나무(코랏)

민간신앙의 한 형태

싼짜오티딘(가택신이나 지신, 높은 것))과 싼짜오퍼(조상신, 낮은 것)

▣ 깨본(액막이) 의식

직업적인 "깨본"(액막이) 의식꾼과 태국인들, 그리고 제수품

야모(쑤라나리 왕비)에게 제물을 바치며(왼쪽)복을 비는 사람

점술가

산통을 흔들어 점괘를 본 후 사원 나무에 매어놓은 나쁜 내용 쪽지들과 파는 제수.

리쑤족의 어린이와 어른들, 소매에 댄 색동무늬가 이채롭다.

태국 북단 매싸이 거리에서 만난 고산족 여인들

치앙쌘 거리에서 만난 아카족과 리쑤족 어린이들

태국에 거주하는 인도인 또는 힌두교도들의 모습

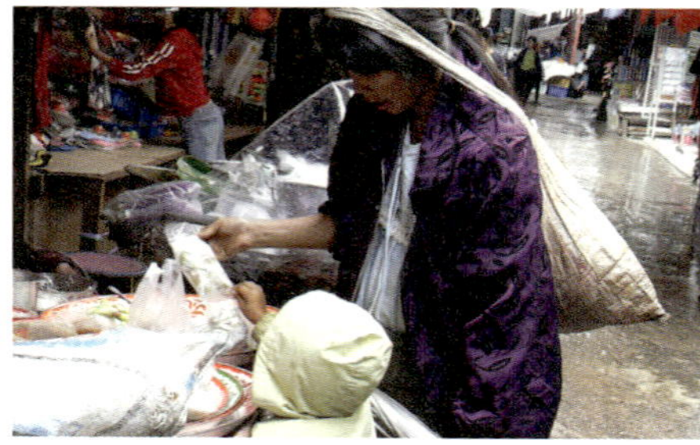

같은 고산족이라도 아카족과 매우족은 등짐을 지는 방식이 다르다.

수를 놓는 카렌족 여인

치앙마이에 촌락을 형성하고 정부의 지원을 받아 생활하는 고산족과 거주형태

써두엉(높은 소리)

써쌈싸이
(부드러운 음)

써우
(낮고 울림)

해금

끄랍 푸엉

라낫엑

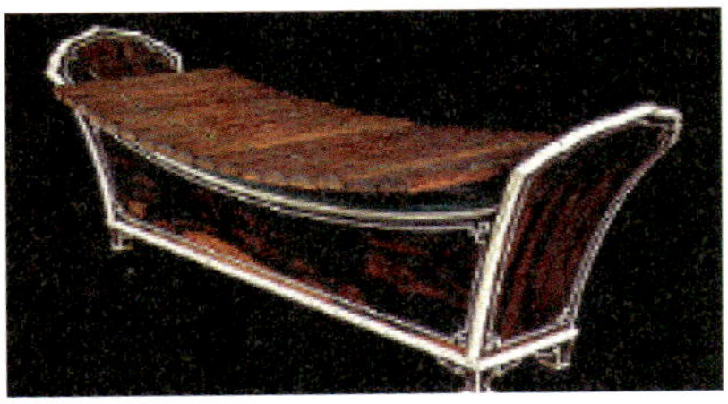
라낫 툼

끌렁 캑

태국 민속악 연주 모습

남부의 그림자 연극

북부의 민속춤

리께 놀이를 위한 복장을 한 연극인들

라마끼안의 장면들 (프라람, 하누만, 톳싸깐, 쑤크립이 보인다)

중부지역의 람 라우두엉드언

치앙마이의 촛불춤(훤 티안)

타이야이족의 민속춤

남부의 노라

쑤코타이 시대 의상

동북부 의상

북부 치앙마이 의상

크메르식 의상

랏따나꼬씬 시대 의상

크메르식 의상, 고산족 의상, 평민 남자의 의상

나레쑤언왕 분장

라마6세 때 관료와 궁정 여인의 복장

타이카족의 복장

타이여족의 복장

타이꿀라족의 복장

타이까쏘족의 복장

타이카렁족의 복장

타이쌕족의 복장

근로자들의 모습

각종 채소와 남프릭

벤짜롱에 담은 반상

과일 장식을 곁들인 식탁

남쁠라 프릭키누
(고추를 썰어 넣은 간장)

룩춥, 훠이 텅 등의 태국식 과자

우본라차타이의 밀납축제(해 티안)와 출품된 작품들

러이 끄라통 : 끄라통의 다양한 모습

허뜨라이(우본, 왓퉁씨므엉)

화려한 무늬의 법단

불경을 보관하고 있는 사원도서관 허뜨라이

두타행 중인 승려 숙소

명절에 공양을 바친 후 설법을 듣는 신도들

왓포 벽에 그려져 있는 의학서

사원에서 발견된 서적들(바이란)

불경을 넣어두는 책장

태국의 고서들(바이란)

버스터미널에서 한가로이 버스를 기다리는 승려

매치

'꾸띠'라고 부르는 승려의 단독거처

두타행 중인 승려의 행장이다. 어깨에는 우산, 등에는 발우가 보인다.
가운데는 탓파놈사원(나컨파놈)에서 사미승과 함께 나온 승려들.
마지막 사진은 뜨거운 햇볕을 부채로 가리고 길을 걷는 승려. 모두 맨발로 탐마윳종파의 승려이다.

에메랄드 사원의 에메랄드불상의 여름, 우기, 겨울 등 계절에 따른 모습

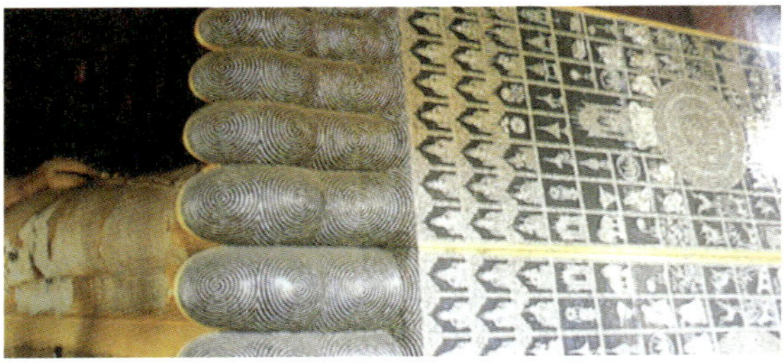

왓포 동양최대의 와불상과 그 불상의 발바닥

왓프라깨우 사원의 회방 벽에 그려져 있는 벽화(라마끼안).

쑤코타이 석가무니상

왓프라탓푸카오의 불상

쎄마(씨마)

랑까웡 종파 승려

납골묘

왓카우(야쏘턴)

프라빠톰쩨디(나컨빠톰)

왓탓파놈(나컨파놈)

왓넝웽(껀깬)

왓프라탓쑤언딴(우본)

프라버롬쩨디씨마하포(우본)

왓프라탓레누

왓탓렁충

왓프라탓나라이쩽웽

왓파얍(코랏)

왓부라파피람(러이엣)

왓벤짜마버핏(대리석 사원)

왓프라씽

란플랍플라 마하쪠싸다버딘

왓쑤탓과 싸오칭차

집에 모신 불단의 형태

재재개정 증보판을 내면서

1959년 한국과 태국이 국교수립을 한 지 반세기를 보내면서 한국과 태국 양국 간의 관계는 정치, 경제, 문화, 사회 등 다방면에 걸쳐 인적 교류와 협력에서 비약적인 발전을 하여 왔습니다. 인적교류의 증가에 따라 한국에서 태국과 태국어에 대한 관심도 증가하고 있습니다.

1988년 한국태국학회가 설립된 이후 한국태국학회는 회원수의 증가와 연구의 저변을 넓혀갔다고 자부할 수 있습니다. 학회에서 발간하는 한국태국학회논총이 한국연구재단으로부터 2007년 등재후보 학술지에서 2010년 등재 학술지로 평가를 받아 한국태국학회 회원의 한 사람으로서 다른 회원님들과 함께 기쁨을 나누고 싶은 마음 그지없습니다. 한국태국학회논총이 등재학술지로 평가되면서 학회와 학술지의 위상이 한 단계 도약했다고 하겠습니다. 또한 한-태 수교 50주년 방콕국제학술대회 등 시의적적한 학술대회는 한국태국학회에 대한 외부의 관심과 평가를 높이는데 기여했다고 할 수 있겠습니다.

한국태국학회 회원 학자들이 1998년 '태국의 이해'라는 저서를 출판한 지 벌써 15년째에 접어들었습니다. 2005년 한 차례의 개정판에 이어 이번 개정 증보판에서도 기존의 내용을 시의적절하게 수정 보완하였습니다. 학회의 발전과 함께 개정판 '태국의 이해'가 태국을 연구하고자 하는 분이나 태국에 관심 있는 분뿐만 아니라 태국학에 입문하는 학생들에게 태국과 태국인을 이해하는데 많은 도움이 되리라고 의심치 않습니다.

이번 개정판에도 내용을 수정 보완해 주신 한국태국학회 회원 여러 분과 학회의 편집이사 정환승 교수의 수고에 감사드리며, 한국외대 출판부 관계자들께도 감사의 말씀을 전합니다.

2012. 10

한국태국학회 회장 안종량

재개정 증보판을 내면서

금년은 한국과 태국이 수교한 지 50주년이 되는 해이자 한국에서 태국어를 비롯하여 태국학이 강의된 지 만 42년이 되는 해이다. 이제 이 땅에서 한국학도 불혹의 나이에 접어든 셈이다.

그간 한국과 태국 간의 교류는 양적으로나 질적으로 많은 변화가 있었다. 한국인들은 태국을 옆집 드나들 듯이 다니게 되었고, 태국인도 적지 않게 한국을 찾는다. 이처럼 두 나라 사람들의 왕래가 빈번해지는 현실에서 태국이라는 나라와 태국인의 문화에 대한 보다 심층적인 이해가 더 요구되는 시점에 와 있다. 한국에서 유럽으로 나갈 때나 유럽에서 한국으로 들어올 때 관문처럼 드나드는 태국이다. 이제는 편한 이웃을 좀 더 잘 알고 더 깊은 사귐의 장을 마련해야 한다.

이미 2005년에 개정증보판을 내었고, 3년이 지난 지금 다시 개정증보판을 마련하였다. 내용을 2000년대에 맞게 수정보완하고 필요한 삽화를 넣어 좀 더 쉽게 태국을 이해할 수 있게 해보았다. 이 책을 읽으시는 분들은 말로만 듣던 태국문화, 또는 슬쩍 스치기만 했던 태국문화를 삽화를 통해 더 잘 이해할 수 있었으면 한다.

한태수교 50주년 기념행사와 연구 등으로 바쁘신 데도 불구하고 이번 개정판에 즈음하여 내용을 수정 보완해 주신 한국태국학회 회원 여러분께 감사를 드리며 특히 새롭게 편집을 하시느라 수고하신 한국외국어대학교 출판부 관계자 여러분께도 감사의 말씀을 전한다.

2008. 12

한국외국어대학교 태국어과 김영애

개정 증보판을 내면서

태국은 한국과 정치적, 경제적, 문화적으로 오랫동안 교류를 해오면서, 상호 협력과 동반자적 입장에서 공동번영을 추구하고 있다.

1966년에 한국외국어대학교 태국어과가 설립된 것을 계기로 한국에서의 태국학 연구가 시작되었으니 벌써 40년이 된 셈이다.

지난 1998년, 한국외국어대학교 동남아연구소의 협조로 한국태국학회 회원 학자들이 '태국의 이해'라는 저서를 출판하게 되어 태국에 대한 관심을 갖는 이들에게 자료로서 활용할 기회가 되어왔다.

최근 관광이나 기업진출로 인하여 태국을 찾는 이들이 매우 증가하게 되었으며, 태국 내 여러 대학과정에 한국학과 개설과 한류 열풍으로 태국인의 한국에 대한 관심도 증대되고 있는 추세이다.

이번 개정증보판에서는 기존의 태국에 관한 모든 분야에 걸친 내용을 시의적절하게 수정 보완하였으며, 태국의 영화와 사회에 관한 글 1편을 추가하였다.

지난 40년 동안 태국에 관한 수많은 논문과 저서들이 출간되어 태국을 연구하는 이들에게 많은 도움을 주었으며 최근에도 태국어 문법, 강독, 회화와 문학, 역사 그리고 태국의 정치, 경제, 사회, 문화에 관한 도서들이 많이 출간되어 태국을 알기에 충분한 자료가 확보되었다고 하겠다.

이 '태국의 이해'가 태국의 과거와 현재를 알 수 있고 미래를 가늠해 볼 수 있는 좋은 지침서가 되기를 기대하며, 태국과 태국인을 이해하기 위해서는 이 책이 필독서가 되어야 한다는 점을 강조하고 싶다.

이번 개정판에 즈음하여 내용을 수정 보완해 주신 한국태국학회 회원 여러분께 감사를 드리며, 특히 학회편집이사 정환승 교수의 노고를 치하하고, 새롭게 편집을 하시느라 수고하신 한국외국어대학교 출판부 관계자 여러분께도 감사의 말씀을 전한다.

2005. 6

한국태국학회 회장 차상호

서 문

한국에 태국학이 뿌리를 내린 지도 어언 30여 년이 되었습니다. 세계는 날로 지구촌화하여 우리나라도 세계화의 대열에 동참하게 되었고 태국학 분야에도 괄목할만한 발전을 이루게 되었습니다.

한국태국학회 창립 10주년에 즈음하여 1997년도 학회총회에서 학회의 1차년도 사업의 일환으로 태국학에 관한 제1집인 「태국의 이해」를 출판하기로 했습니다. 마침 한국외국어대학교 동남아연구소장인 양승윤 교수께서 「동남아학 총서」의 공동사업으로 제의함에, 태국학회는 동남아연구소의 도움을 얻어 제1집을 발간하게 되었음에 태국학을 전공하는 한 사람으로서 기쁜 마음 그지없습니다.

이 제1집은 태국을 연구하고자 하는 분이나 태국에 대해 관심을 갖고 보다 깊은 이해를 원하는 분들을 위하여 태국의 자연, 민족, 언어, 역사, 문화, 정치, 산업, 사회 등 모든 분야에 걸쳐서 기초적인 사실에 중점을 두어 집필하려고 노력했습니다.

이 태국학의 총론적인 제1집이 태국학의 연구에 발전적인 밑거름이 되어 주리라 기대하며 이 책이 나오기까지 도와주신 동남아연구소장인 양승윤 교수님, 그리고 옥고를 보내주신 한국태국학회 회원 여러분들, 특히 편집에 애써주신 김영애 교수, 차상호 교수, 간사 이병도, 윤경원 선생의 노고를 치하하며 출판과정에 수고해주신 한국외국어대학교 출판부의 여러 선생님들께도 감사의 말씀을 드립니다.

한국태국학회 회장 이교충

차 례

제 1 장

자연환경

1. 국호와 국기 소개

태국의 정치체제는 입헌군주국이다. 2006년 통계에 의하면 태국의 면적은 513,115㎢, 인구 64,631,595명, 인구밀도 126명/㎢, 연 인구 증가율은 0.68%, 1인당 국민 총생산액은 7,930달러이다.

국제적으로 통용되는 공식명칭은 'The Kingdom of Thailand'이며, 우리는 '태국' 또는 '타이랜드'로 명명하고 있다. 자국어인 태국어로는 '쁘라텟타이'라고 부르며 이것은 '자유의 나라'라는 뜻이다. 국가명에서 보여주듯이 '자유'의 이념을 숭상하고 국가관이나 개인의 생활철학에 있어서 자유를 중요시 하고 있다. '쁘라텟타이'라는 국호는 1939년 피분쏭크람 수상이 민족주의정책을 표방하면서 그 일환으로 예전의 국호인 싸얌(샴)을 쁘라텟타이로 개정하면서 시작되었다.

싸얌이라는 명칭은 우리나라의 삼국사기에 음역하여 섬라국이라 나타나 있다. 이러한 기록은 양국 간의 왕래뿐 아니라, 중국의 운남성과 청해호 일대에서의 우리 민족과 태국고산족(특히 라후족, 아카족 등)과의 인종적, 역사적 접촉을 짐작케 한다.

국호 변경의 역사적 의의는 17~18세기에 걸쳐 유럽열강의 정치적, 외교적 압력과 간섭을 받아 왔던 싸얌이 제1차 세계대전 이후 승전국의 일원으로 명실상부한 주권국가임을 국제사회에 선언하는 계기가 되었다. 그리고 다시 서구 열강들의 식민지 세력다툼 사이에서 국호를 타이랜드 즉 '자유의 나라'라고 명명한 것은 나라를 지키려는 태국민의 의지와 무관하지 않다고 생각된다.

태국의 국기는 뜨라이롱(Tri-Rong)기이다. 이것은 현 랏따나꼬신 왕조의 6대왕인 라마 6세의 집권기인 1917년 10월 1일부터 사용되기 시작하였다. 그 이전에는 붉은 바탕에 깃대를 보고 단위에 서있는 코끼리 모습의 국기를 사용하다가 1916년에는 붉은 바탕에 깃폭의 1/6비율 너비로 흰줄을 양쪽에 넣은 모양을 사용하였고, 1년 후인 1917년 청색, 흰색, 붉은색의 국기모양(화보 1면 참조)으로 바꾼 것을 현재까지 사용하고 있다.

국기에서 중앙의 청색 부분은 국가원수인 국왕을 의미하고, 다음의 흰색은 종교를, 제일 바깥쪽의 붉은색은 타이족을 나타낸다. 즉, 태국을 구성하고 있는 국왕, 종교, 국민을 표현하며 국민들이 종교를 정신적 바탕으로 하여 국왕를 수호하고 있는 태국의 현실을 나타낸다 하겠다.

그러면, 태국에 대한 이해를 돕고자 먼저 자연환경에 대하여 살펴보고자 한다.

2. 지 리

동남아시아의 인도차이나 반도에 위치하고 있는 태국은 위도상으로 북위 5°37에서 20°27, 경도상으로 동경 97°22에서 105°37상에 위치하고 있다. 면적은 약 513,115㎢이며 남북의 길이는 약 1,645㎞이고 동서로 가장 넓은 부분은 785㎞, 가장 좁은 부분은 12㎞이다. 면적은 남북한을 통합한 우리나라 전체 면적의 약 2.5배가 되고 남한의 약 5배에 달한다. 흔히 태국 국토의 지형을 코끼리 머리 또는 자루 달린 도끼의 모습이라고 표현한다. 총 국경의 길이는 약 5,820㎞이다. 육로로 동부는 캄보디아, 동북부는 라오스, 서부는 미얀마 그리고 남부는 말레이시아와 국경을 접하고 있으며 육로상 국경의 총 길이는 약 3,205㎞이다. 해상으로는 서쪽의 안다만 해와 동쪽의 타이만을 경계로 약 2,615㎞의 해안선을 갖고 있다.

태국 영토의 고도는 북서부가 평균해발 400~600ft이고 동남부는 평균 200ft의 고도이다. 행정적으로는 가장 큰 행정구획인 짱왓으로 나뉘어져 있는데 전국이 모두 76개의 짱왓(이하 생략)으로 이루어져 있다. 이는 1993년 이전에 73개였던 것이 싸깨우, 넝방람푸, 암낫짜른의 3개 짱왓이 신설되어 76개 로 정리된 것이다. 그중 가장 큰 짱왓은 치앙마이로 25,786㎢이고 가장 작은 짱왓은 싸뭇쏭크람으로 403㎢이다.

태국과 미얀마의 국경을 이루고 있는 지역은 북쪽에서 남쪽으로 흐르는 긴 산맥이며 이 산맥은 남쪽 말레이반도로 이어진다. 그러므로 아름다운 해변은 안다만해를 낀 서쪽 해안에 많다. 중앙에는 짜오프라야 강 유역에 평야지대가 펼쳐 있고 동쪽, 라오스와 캄보디아와 국경을 접하고 있는 동북부지역은 해발 600m이상의 고원지대이다.

일반적으로 태국의 영토를 지형적 여건에 따라 중부, 남 부, 북부, 그리고 동북부의 4개 지역으로 구별하나 태국국립 지리학회는 공식적으로 북부, 중앙부, 동북부, 동남부, 서부, 남부의 6개 지역으로 구분하고 있다. 각 지역의 특성은 다음과 같다.

1) **북부** : 미얀마, 라오스와 국경을 접하고 있는 지역으로 9개의 짱왓

(매헝썬, 치앙마이, 치앙라이, 난, 람빵, 프래, 우뜨라딧, 파야오, 피찟,)으로 이루어져 있으며 67.92%의 임야지역을 갖고 있다. 치앙마이가 중심 도시이며, 태국에서 가장 높은 해발과 2,576m의 인타논 산이 있다. 대부분 해발 1,600m의 고지대로 산맥 사이에 산간 분지가 발달해 있다.

2) **중앙부** : 22개의 짱왓(끄룽텝, 깜팽펫, 차야낫, 나컨빠톰, 나컨나욕, 나컨싸완, 논타부리, 빠툼타니, 프라나컨끄룽씨아유타야, 피찟, 핏싸눌록, 펫차분, 롭부리, 싸뭇쏭크람, 싸뭇싸컨, 싸뭇쁘라깐, 싸라부리, 씽부리, 쑤코타이, 쑤판부리, 앙텅, 우타이타니) 으로 이루어졌으며 0.23%만이 임야지역인 광활한 평야지대이다. 북부에서 형성된 강들이 모여 태국의 젖줄인 짜오프라야 강을 이루고 있다. 짜오프라야 강은 365㎞로 태국에서 가장 긴 강으로서 이 강의 하류에 형성된 광활한 델타 지대는 나컨싸완을 중심으로 하는 태국 제일의 곡창지대이다. 이 지역에 수도인 방콕을 비롯하여 고도(古都)인 아유타야와 쑤코타이가 있다.

3) **동북부** : 19개의 짱왓(넝카이, 우던타니, 나컨프놈, 싸꼰나컨, 깔라씬, 러 이엣, 마하싸라캄, 우본라차타니, 씨싸껫, 쑤린, 부리람,나컨라차씨마, 차야품, 컨깬, 러이, 암낫짜런, 묵다한, 야쏘턴, 넝부어람푸)으로 구성되어 있고, 32.42%가 임야 이다. 북부와 서부는 해발 400~1,300m의 고도를 이루고 있으며 이곳을 코랏 고원 지대라 일컫는다. 동쪽으로는 콩강(서양인들은 매콩 강이라고 부른다)을 경계로 라오스와 국경을 이루고 문 강과 치 강은 동쪽으로 흘러 콩 강과 합류한다. 이 지역은 태국 전체의 1/3에 해당하며 강수량이 적어서 밭농사가 주로 행해지고 있다. 우본라차타니가 가장 큰 도시이며 주요 도시로 나컨라차씨마와 우던타니가 있다.

4) **동남부** : 7개의 짱왓(촌부리, 뜨랏, 짠타부리, 라영, 쁘라찐부리, 차청싸오, 싸깨우)으로 구성되었으며 58.14%가 임야지역으로 방콕 동쪽으로 타이만을 따라 형성된 지역이다. 낮은 구릉과 평야로 구성되어 있고 짠타부리 산맥과 반탓 산맥은 캄보디아로 이어진다. 이들 산맥의 영향으로 남부지역처럼 비가 많다. 짠타부리, 라영, 뜨랏 등이 있으며 부근 도서지방의 경치가 아름답다.

5) **서부** : 5개의 짱왓(깐짜나부리, 딱, 펫부리, 라차부리, 쁘라쭈업키리칸)으로 구성되어 있으며 71.16%가 임야지역으로 해발 700~ 1,500m의 고원지대이다. 비가 적고 남북으로 뻗은 통차이 산맥과 따나우씨 산맥이 미얀마와 국경을 접하고 있어 세관이 여러 곳 있다. 머이 강, 쾌너이 강, 쾌야이 강 등이 끄렁 강으로 합류된다. 깐짜나부리, 라차부리, 펫부리 등이 있다.

6) **남부** : 14개의 짱왓(나라티왓, 얄라, 쏭클라, 끄라비, 빳따니, 싸뚠, 팟타룽, 뜨랑, 나컨씨탐마랏, 쑤랏타니, 푸껫, 팡아, 춤펀, 라넝)로 구성되었으며 55.41%의 임야가 있다. 따나우씨 산맥에서 이어 내려온 지역으로 남단은 말레이시아와 국경을 접하고 있다. 남북으로 형성된 나컨씨탐마랏 산맥의 동쪽과 서쪽에 좁고 긴 해안평야가 형성되어 소도시가 발달되었다. 따삐 강, 따니 강, 끄라부리 강들이 있고, 나컨씨탐마랏을 비롯하여 쏭클라, 푸껫, 빳따니 등의 도시가 있다.

3. 기 후

태국의 기후는 고온다습한 아열대성 기후이며 기상조건에 가장 큰 영향력을 미치는 것은 열대 몬순 기류이다. 즉 전국의 연평균기온이 약 28℃

로 더우면서 연평균습도는 약 70%이다.

계절은 여름, 우기, 그리고 겨울의 3계절로 구분하는데 강수량에 따라 우기와 건기로 양분하기도 한다. 보통 여름은 2월 중순~4월, 우기는 5월~10월, 겨울은 11월~2월 초로 구별하며 이에 따라 우기는 5월에서 10월까지, 건기는 11월에서 4월까지로 나눈다. 그리고 우기와 건기의 차이가 뚜렷하여 고온다습한 서남 몬순의 영향을 받는 우기에 연간 강수량의 대부분이 내린다. 전국의 연간 평균강수량은 1,550㎜(69inch)이나 지역별로 강수량의 차이가 많다. 동부해안지방은 3,400㎜로 가장 비가 많이 내리고, 남부지방은 1,400~2,400㎜, 서부지역 특히 따나우씨 산맥의 서쪽은 비그림자의 영향으로 매우 건조하다. 각 계절별 기후의 특징은 다음과 같다.

① 여름에는 적도에서 발생한 동남 몬순 계절풍의 영향으로 덥고 비가 많지 않은 날이 계속된다. 전국적으로 4월이 가장 더우며 3월~5월에 걸쳐 전국평균기온이 33℃~38℃를 기록한다. 내륙지역인 나컨싸완, 깐짜나부리, 롭부리, 컨깬, 마하싸라캄 등지가 해안지방보다 더 덥다. 1960년 우뜨라딧은 4월에 44.5℃에 달한 기록이 있다. 방콕을 중심으로 한 중부지방의 여름기온은 약 40℃ 전후까지 올라가기도 하지만 높지 않은 습도와 열대 몬순의 특징으로 내리는 스퀄(Squall)의 영향으로 실제 체감온도는 이보다 낮다.

② 우기에는 남서 몬순 계절풍의 영향을 받는다. 전국적으로 일 년 평균 강수량의 대부분이 5월~10월 사이, 특히 8월~9월에 내리는데 남부지방은 거의 연중 비가 내린다. 특히 나컨씨탐마랏, 쏭클라, 빳따니 등 말레이시아와 인접한 국경지역에 비가 많다. 그러나 일부 남부지역을 제외하면 우리나라의 장마와 같이 하루 종일 또는 며칠을 계속하여 비가 내리는 지역은 거의 없다. 하루 중 20분 내지 30분, 또는 그보다 더 짧게 스퀄(Squall)이 쏟아지고 그 후는 맑게 갠 하늘을 볼 수 있다.

③ 겨울에는 중국대륙과 시베리아에서 불어오는 동북 몬순 계절풍의

영향으로 차고 건조한 날씨이며 전국의 연평균기온은 약 18℃ 정도이다. 한국의 5월 날씨와 비슷하다. 특히 동북부와 북부의 산간지역에는 기온이 많이 떨어지는데 치앙마이를 중심으로 한 북부지방의 겨울철 기온은 5℃~6℃까지 내려가며 1974년 러이의 최저기온이 0℃를 기록한 바 있다. 전국적으로 12월 말에서 1월 초까지가 가장 낮다.

태국지형의 해발고도는 북부와 미얀마와의 서쪽국경을 따라 있는 산간지역을 제외하면 해발 0~500m의 평원이 대부분을 차지한다. 특히 짜오프라야 강 하류의 델타 평야 지역은 수도 방콕을 중심으로 인구 밀도가 가장 높은 지역인데 해발이 3m 이하에 불과하여 매년 홍수의 피해를 겪고 있다. 지역적으로는 푸껫 산맥을 마주보고 있는 라넝이 전국에서 가장 비가 많은 지역으로 연평균강우량이 약 5,106㎜에 이른다. 또 다른 비가 많은 지역은 남부의 춤펀에서 빳따니에 이르는 동부 해안 지역이다. 동북부와 북부 그리고 서부 해안 지역은 8월에 가장 강수량이 많으며 중부와 남부는 9월에, 남쪽의 동부 해안 지역은 11월에 비가 가장 많이 온다.

4. 인 구

4.1 인구현황

태국의 인구는 2006년 현재 64,631,595명이고 인구밀도는 126명/㎢, 연인구증가율은 0.68%이다. 수도인 방콕에 약 8백만명이 집중되어 인구의 수도집중률이 약 9.3%에 이른다. 인구밀도가 가장 높은 방콕은 3,628.59명/㎢이다. 두 번째로 높은 곳은 역시 중부지방에 위치한 논타부리로 1,600.63명/㎢이나 방콕과는 현저한 차이를 보이고 있다. 지역별로는 평균 인구밀도가 동북부 128.27명, 남부 120.20명, 북부 71.26명 순이다. 인구밀도가 가장 낮은 곳은 북부의 매헝썬으로 20.21명이다. 평균수명은 남자가 69.07세 여자가 73.53이다. 평균수명 증가로 인한 노년층의 증가와 반대로 낮아지는 출산율에 따른 노년층과 아동 수의 변화는 노동력 인구의 변화를 가져왔다.

4.2 인종구성

타이족이 80% 이상을 차지하며 중국계가 13.5%, 말레이계가 2.9%, 기타 2.5%의 인종으로 구성되어 있다. 기타 소수 종족으로는 몬인, 인도인, 베트남인, 크메르인, 미얀마인 및 고산족이 있다. 고산족은 대개 북부의 미얀마와 라오스 국경지역에 거주하며 아카족, 무써족, 까리앙족, 리써족, 야오족, 매우족, 라후족 등의 여러 종족이 있다. 이들은 종족에 따라 다소 차이는 있어도 대체로 고유의 언어, 문화, 풍습을 유지하면서 독립적으로 소규모의 촌락을 형성하며, 폐쇄된 집단으로 산재하여 거주하고 있다.

태국은 속지주의를 택하고 있기 때문에 대부분의 화교와 소수종족들은 귀화하여 태국 국민의 국적을 갖고 있으나 말레이 국경지역의 말레이 종족과 고산족 집단인 까리앙족 등은 태국 내에 정치, 경제, 사회적인 문제를 야기하기도 한다. 고산족들의 공통적인 문제점은 삼림자원과 수자원의 훼손, 아편재배 등의 문제이며 경우에 따라서 안보문제가 정치적 쟁점으로까지 발전하기도 한다. 따라서 태국 정부는 고산족의 이주금지, 삼림과 수자원 훼손금지, 아편재배금지와 아울러 교육개발, 대체작물의 경작, 위생시설 개선 등 개발・복지정책을 적극적으로 추진하여 태국 국민으로의 융화 및 동화를 유도하고 있다.

5. 천연자원

태국은 농업국으로서 농민의 비율은 1960년에 73.9%, 1970년에 62.9%, 1980년에 55.6%, 그리고 2003년에 41.2%로 급격히 낮아지고 있지만 총수출량의 44.9%가 1차 산업 생산물로 이루어진다. 근래에 들어 농업 위주의 산업구조에서 제조업, 서비스업의 비중이 큰 선진국형 산업구조로 재편되고 있는 현실이다.

태국은 천연자원이 풍부하여 세계적인 농・임・수산물의 생산량과 수출량을 기록하고 있다. 2008년에는 쌀 수출량이 천만 톤으로 전 세계 수출량의 약 1/3을 차지하고 있으며 천연고무는 생산량(1,500,000톤)과 수출량(1,468,000톤) 모두 세계 1위를 차지하고 있다. 수산물 어획량도 수출량에 있어 미국(3,583,000톤)에 이어 2위(3,072,000톤)를 기록하고 있는 천혜의 자원국이다.

5.1 농산자원

앞서 언급한 바와 같이 태국은 세계의 주요 쌀 생산국이다. 연간 생산량은 1,909만 톤으로 중국, 인도 등지에 이어 세계 6위이지만 수출량은 1,000만 톤으로 세계 1위를 점하고 있다.(2008) 쌀 생산량은 총 농산물 생산량의 약 86%를 차지하고 대부분 짜오프라야 강을 중심으로 한 중부 평야와 남부의 해안가 평원에서 재배된다. 아열대몬순기후의 영향으로 이모작이 가능하여 우리나라의 벼농사와 비교할 때 단위면적당 수확량도 배가된다.

이 밖의 농업생산물로는 고무, 옥수수, 야자, 타피오카, 사탕수수, 콩, 목화, 담배 등이 있다. 옥수수는 주로 중부와 동북부에서, 야자는 남부와 동남부의 해안지역에서 많이 재배되며 특히 싸무이 섬에서 가장 많이 생산되고 품질이 좋기로 유명하다. 담배는 북부와 동북부의 차고 건조한 기후에서 재배되며 고무는 남부와 동남부에서, 목화는 동북부에서, 타피오카와 사탕수수는 동남부 해안 지역에서 주로 생산된다. 2004/2005년 설탕 생산량은 360만 톤이다. 2003/2004년 516만톤의 설탕을 수출하여 세계1위 설탕수출국가가 되었다. 천연고무의 생산량은 1,400,000톤으로 세계 1위를 기록하고 있다. 중부 평원지대에서는 쌀, 옥수수, 콩, 참깨 등의 곡식과 투리안, 바나나, 망고, 야자, 람부탄(Ngo) 등 여러 가지 열대과일이 생산되고 있으며 짜오프라야 강과 그 지류들을 통하여 각지에 운반된다. 또 카싸바(Cassava)는 녹말가루를 내는 주식작물의 하나로 동남부의 촌부리, 라영 에서 많이 생산된다.

5.2 지하자원 및 임산자원

망간, 주석, 철광석, 구리, 금, 은, 중석(重石), 형석(螢石) 등의 광석과 석면, 석고, 점토, 보석류의 비광석, 또 천연가스, 석유, 석탄, 갈탄 등의 화광석을 망라하여 그 매장량이 풍부하다. 그러나 기술과 자본, 사회간접자본의 미비로 광산자원 개발이 활발치 못하였다. 제5차 경제사회개발계획(1982~1986) 이전에는 광산물의 GDP에 대한 비중은 2.8%이며, 총 수출량 중의 5.2%에 불과하였다. 그러나 제5차 경제사회개발 기간 동안 광공업분야의 성장률이 연평균 6.8%를 유지하였으며 1987년 10월 1일부터 시작된 제6차 계획에서는 6.4%의 성장률을 목표로 책정하고 지하자원 및 임산자원 개발을 추진하였다.

특히 1981년부터 생산된 천연가스는 1985년에 총 에너지소비량의 7.2%를 차지하게 되었고 6차 경제사회개발(1987년~1991년) 후에는 20%까지 증가하였다. 이에 따라 원유의 해외 의존도가 낮아져서 무역수지 개선에도 많은 도움이 되고 있다.

주석은 태국의 지하자원 중 가장 경제성이 높은 광석이다. 주로 남부지역의 나컨씨탐마랏, 라닝, 푸껫 등지에 매장량이 많으며 특히 푸껫에서 전국 생산량의 75%가 생산된다. 안티몬은 북부의 치앙마이, 람빵, 프래 등지와 중부의 랏차부리, 깐짜나부리 등지에서 많이 생산된다. 철은 태국의 전국 각지에 고르게 매장되어 있으며 특히 나컨씨탐마랏, 러이, 나컨싸완, 쑤랏타니 등지의 생산량이 많다. 납은 람빵, 프래, 펫차부리 등지에서, 동은 나컨랏차씨마, 우던타니, 난, 딱 등지에서 주로 생산되며 금의 주요산지는 쁘라쭈업키리칸, 나라티왓, 롭부리, 치앙라이 등지이다.

태국의 삼림면적은 1961년 전 국토의 53%를 차지하였으나 1985년에는 전 국토의 29%로 급감하였다. 따라서 목재 수출액도 1961년의 10억 7,600만 바트에서 1985년에는 2억 8,100만 바트로 감소한 반면, 각종 목재의 수요는 날로 증가하여 수입이 1972년의 9,100만 바트에서 1985년에는 무려 23배가 증가된 21억 4,300만 바트에 이르게 되었다. 이렇게 삼림자원 개발의 문제가 심각해지자 정부는 경제사회개발 계획을 통하여 삼림자원과 수자원의 보호에 적극 나서고 있다. 무엇보다 현 국왕과 왕비가 직접 삼림자원의 개발과 보호에 적극적인 관심을 표명하고 있어 앞으로의 삼림정책에 희망을 주고 있다.

5.3 수산자원

바다와 민물에 살고 있는 수산자원으로 식물의 종류가 231종에 이르며 동물은 2000여 종에 달한다. 소금은 타이만 주변지역과 남부의 염전에서 생산되는데 바닷물 1평방마일에서 약 4000톤의 소금이 나온다. 게, 새우, 오징어, 조개 등 각종 수산물의 어획량이 많으며 주요 수산물 수출국이다. 1993년 FAO연감에 의하면 어획량은 2,855,000톤으로 세계 9위이며 수출량은 미국에 이어 세계 2위를 점하고 있다.

언급한 바와 같이 태국은 농산자원, 지하자원, 수산자원이 풍부한 천혜의 자원보유국이다. 뿐만 아니라 세계적으로 손꼽히는 관광자원을 보유하고 있는 나라이며, 비교적 낮은 임금으로 인하여 상대적으로 국제경쟁력이 높은 노동력이라는 인적자원도 갖추고 있어 개발과 발전의 잠재력이 큰 기회와 희망의 땅이라 할 수 있겠다.

제 2 장

언 어

1. 기 원

태국은 동남아 인도차이나 반도에 있는 입헌군주국이며「태국어」는 국민의 주류를 이루고 있는 타이족이 사용하는 언어로 태국의 국어로 사용되고 있는 방콕 주변의 중류가정에서 사용하는 태국어가 표준어로 간주된다.

태국의 국어는 민족어로 타이민족과 언어의 명은 일치한다. 타이족의 원고장은 어디이고 어디서 현재의 태국으로 왔는가 하는 문제는 모든 태국 학자들뿐만 아니라 이에 관해 연구하는 많은 학자들 사이에서도 오랫동안 논의되어 왔고 앞으로도 논의되어야 할 과제이나 대체로 다음과 같다.

첫째, 원래 타이족은 6,000여 년 전에 몽고의 알타이산맥에서 내려와 중국의 양자강 평야지대에서 농경민으로 정착해 살다가 일부가 남하했다는 설이 있다. 둘째, 타이족의 원향이 중국의 남서부라는 설이다. 태국 학자들뿐만 아니라 외국학자들까지도 타이족 원향이 중국 광서, 귀주 근처였는데 한족에 쫓기어 인도의 아쌈, 버마의 북쪽 샨, 라오스의 북부지역, 통킹 지역 및 현재의 태국으로 남하했다고 주장하나 중국의 사학자들은 이 학설에 반론을 제기하고 있다. 셋째, 타이족의 원향은 원래 태국이었다는 설이다. 이 학설은 「반치앙」 학설이라고도 한다. 이는 우던타니 「반치앙」의 여러 곳에서 고고학자들이 많은 고고학적 자료 즉 5~6천여 년 전의 옛사람의 뼈와 자기를 발굴한 사실에 근거를 두고 있다. 그러나 이들 뼈가 진짜 타이족의 것인지에 관하여 실증할 만한 자료는 없다. 넷째, 타이족이 남쪽에 살다가 북으로 이주했다는 설이다. 이 학설은 과학자 및 인류학자들의 주장으로 타이족과 인도네시아인이 동일 혈족의 그룹이란 설이다. 이외에 인류학자이자 언어학자인 「폴 베네딕트」 같은 학자는 태국어와 인도네시아어 연구에서 많은 어휘의 유사성을 발견하여 Austro-Tai 학설을 주장했다.

어쨌든 한 언어는 그 언어를 사용하는 민족과 밀접한 관계에 놓여 있다고 했다. 태국어가 타이족의 언어인 만큼 타이족의 형성 및 이동사와도 무관하지는 않으리라 믿는다. 상기한 학설들의 진위에 상관없이 타이제족과 제언어들이 이들 지역에 널리 분포되어 있다는 것은 엄연한 사실이다.

2. 계 통

태국어는 중국-티베트(Sino-Tibetan)어족에 속한 중-타이어파로 중국 제방언과 타이 제방언으로 대별되어 왔다. 그러나 학자에 따라 여러 견해를 갖고 있다. 「폴 베네딕트」(Paul K. Benedict. 1973)가 제창한 오스트로 · 타이어족설(Austro-Tai 제어)도 있다. 태국의 어원학자인 「프라야 아누단 라차톤」은 태국어를 지리적으로 4그룹으로 나누었는데 이는 (1)중부타이제어 (2)북부타이제어 (3)서부타이제어 (4)동부타이제어로 나누고 있다. 이 광의의 타이제어에는, 비록 많은 학자들의 논란의 여지가 있긴 하지만 「베네딕트」가 주장하는 까다이제어나 캄수이제어 등도 포함되는 Kadai, Kam Tai 제어로 간주하고 있다. 이와 같은 전제하에 중국의 「이방계」도 타이제어를 다음 3그룹으로 분류한 듯하다.

1) **북부따이제어(Northern Tai)** : 주로 중국 광서성과 귀주성에 분포된 언어.

2) **중부따이제어(Central Tai)** : 중국-베트남 양 국경에 분포된 언어.

3) **남서따이제어(Southwestern Tai)** : 홍하유역에서 서쪽의 베트남, 라오스, 태국, 중국 운남성, 미얀마, 인도의 아쌈에 분포된 언어군으로 협의어, 싸얌어, 라오스어, 유언어, 샨어, 백따이어, 흑따이어, 적따이어 등이 그것이다.

다른 학자들, 특히 William J. Gedney 나 A. G. Haudricurt의 견해는 중부와 남서부 갈래어는 단일 그룹으로 보고, 셋으로 나누는 구분에서 태국어(Thai)는 남서부 갈래어로 보았다. 그리고 일본의 「도미다 다케지로」(富田竹二郎)는 태국어가 중-티베트어족으로 중-타이어족에 속하고 이를 중국 제방언과 타이제어로 나누고 타이제어는 (1)북방계 타이제어와 (2)남방계 타이제어로 구분했다.

1) **북방계 타이제어** : ①동수이계(수계)-동-캄어, 막어[귀주, 호남, 광서성], 수이어[귀주] ②쭈왕계(장계)-쭈왕어[광서, 운남, 광동], 포이어[귀주], 쎄어[라오스 태국] ③리어[해남도]

2) **남방계 타이제어** : ①아홈어[인도의 앗쌈] ②샨어[미얀마 샨주, 태국] ③르-어[운남성의 씹썽빤나, 태국] ④라오스어계-라오스어[서북타이(중심은 치앙마이),. 동북타이(중심은 우본), 라오스(중심은 위앙짠, 루앙프라방), 베트남]등 ⑤싸얌어-중부태국[태국어(중심은 방콕)]

그러나 이 어족에 대하여는 인구어족에 있어서와 같이 정밀한 비교언어학적 방법의 적용, 공통조어의 재구는 물론 각 어파 간의 비교문법도 심도 있고 체계적인 연구가 아직 이루어지고 있다고 볼 수 없다.

여기에서 논하는 태국어의 계통론도 개연성의 범위를 드러내지 못하고 있는 것도 사실이다. 그런데 이들 언어들은 첫째, 고립어 및 단음절어이다. 둘째, 중국조어에 있어 초자음군의 존재는 태국어의 초자음군의 존재와 일치하고 있다. 물론 타이제어 중 초자음군이 있지 않은 것도 있으나 태국어에는 초자음군이 존재하고 있다.

셋째, 어순에 있어서는 중-타이제어는 「주어+술어+목적어」 순이다. 넷째, 어휘 면에서는 일상단어, 수사, 조사 등에서 공통되거나 대응되는 것, 또는 고어 등에서 많은 유사성이 발견된다. 중-타이어 고유수사 1~10까지 오직 하나 "hnWN"만이 어원이 확실치 않다. 그러나 수식어가 태국어는 후치, 중국어는 전치된다. 다섯째, 음운 면에서는 공통적으로 성조를 갖는 성조어이다. 이상 열거한 여러 학설에서 태국어가 어느 어족, 어느 어에 가까운가 하는 것은 아직도 여러 학자들 간에 의견이 분분하나 그래도 중국어족과 친족관계가 깊지 않나 생각된다. 앞으로 많은 연구가 이루어져야 하지만 타이(Thai)어 계통은 다음과 같이 추정할 수 있다. 중국-티베트어족⇒원시중국-따이제어⇒원시따이-까다이어⇒남서쿠따이제방언⇒타이(Thai)제어⇒타이(Thai)중부방언(표준타이어)

3. 태국어(Thai)의 방언 및 분포

표준태국어란 말은 태국어 중부방언을 말한다. 태국 국내의 태국어 제방언은 많은 언어학자들에 의해서 1988년까지 19개 방언으로 분류되고 있으나 일반적으로 크게 분류해서 4개의 방언으로 분류되고 있다. 즉 (1) 중부방언 (2) 남부방언 (3) 동북부방언 (4) 북부방언이다.

1) 중부방언 : 싸얌타이어 또는 표준태국어에 아주 접근한 어를 말한다. 다시 말해서 태국 중부지역어로 태국 표준어이고 태국 전역에서 쓰이고

있는 공용어다. 방콕과 태국 중부지역의 방콕 방언, 쑤판부리-펫부리-라차부리-나컨빠톰의 쑤판부리 방언, 코랏 방언, 쑤코타이 방언을 말한다.

2) **남부방언** : 태국 남부지역인 춤펀에서 말레이 국경에 이르는 14개 짱왓에서 쓰이고 있다.

3) **동북부방언** : 태국어로는 이싼어(동북부어)와 라오스어를 가리키고 태국의 동북부 16개 짱왓을 포함하고 있다. 주로 펫차분, 롭부리, 싸라부리, 나컨라차씨마에서 쁘라찐부리에 이르기까지 광범하게 분포되어 있다. 동북부 주민은 원래 라오스에서 유입된 사람들이라 하며, 동북부방언은 분명히 라오스의 방언이다.

4) **북부방언** : 란나타이(Lanna Thai)어 또는 따이유언(Thai Yuan)어로 치앙마이 분지를 중심으로 람푼, 치앙라이, 파야우, 프래, 넌, 람빵, 매헝썬에 걸치는 북부태국지방 방언을 말한다. 중부의 싸얌어와는 별개의 어로 취급할 때도 있다.

4. 문 자

현재 사용되고 있는 루앙프라방(Luang Phrabang) 문자는 13세기 말 람캄행 왕이 만든 "쑤코타이 문자"의 바탕이 되고 있다. 다시 말해서 이 서체를 "라이쓰 타이"라 말한다. A.D. 1283년에 만들어진 람캄행 왕의 비문은 쑤코타이 문자로 된 최고의 문헌이고, 태국 국립박물관에 소장되어 있다. 이것을 연구하여 판독한 사람은 방콕의 국립 박물관장이었던 프랑스 학자 「쎄데」(George Coedes)였다. 그 당시 태국문자는 모음의 대부분을 자음 앞에 쓰는 즉, 일직선상에 쓰는 독창적인 방법이었으나 14세기 중엽 리타이 왕(A.D. 1358년) 이후부터는 모음의 위치가 현재와 같이 자음의 상하 · 전후에 붙여져 음절을 이루는 형태가 되었다. 따라서 모음은 자모의 성격에서 부호의 성격을 띠게 되었다. 아유타야 시대 이전까지는 타이문자가 자음이 37자, 모음부호가 13자이었는데, 아유타야 왕조 나라이 왕(Narai) (A.D. 1657~1688년) 시대에 이르러 자음문자 7자와 고음부호 8개가 첨가되었다.

처음 만들었을 당시는 2개 [', +]였던 성조부호가 방콕 왕조 초기에 두 개 [๊, ๋]가 더 늘어나 현재와 같이 4개의 성조부호가 있는 태국문자의 형태로 변모하였다. 그런데 이 쑤코타이 문자의 연원을 종래에는 막연히 인도의 바라미 문자(Brahmi) 또는 데와나가리 문자(Devanagari)에서 찾았다.

브래들리(Bradley)와 같은 학자는 태국문자의 원형이 무엇인지에 관해서 문형이나 문자 구조의 유사성, 전파의 상황으로 보아 크메르문자설이 제일 유력하다고 했다. 이는 크메르 왕국이 가장 융성했던 13세기경의 앙코르사원 유적에서 발견된 크메르 문자가 쑤코타이 문자와 아주 유사하다는 것이다. 당시 선진문화를 누리고 있었던 크메르 왕국의 문자를 고방하여 쑤코타이 문자를 만들었으리라는 추측은 쉽게 이해될 수 있다. 단지 크메르어에 없는 성조를 위한 성조부호는 왕의 독창적인 것이었다.

그러나 쎄데(Coedes)교수에 의하면 태국 문자계통은 페니키아 문자를 거쳐서 이집트 문자와 관계가 있는 고대인도 문자에 연원하고 있다고 했다. 타이족이 중국 남부로부터 남하할 당시 이미 태국중부에는 돈족이 지배하고 있었다. 따라서 이들이 몬족과 혼재하는 동안 태국어는 몬어의 영향을 크게 받게 되었다. 특히 법제・정치용어는 거의 모두 차용되었고, 또 다시 크메르족의 지배를 받게 되자 크메르어의 영향을 많이 받게 되었다. 태국문자의 기원이 크메르 문자, 또는 몬 문자라고 주장하는 것은 주로 크메르족과 몬족이 타이민족이 남하하여 쑤코타이 왕국을 건설한 곳의 선주민족이었기 때문에 이들 언어를 공통으로 표기하기 위해 이들 문자와 유사한 형태를 갖게 된 것으로 생각된다.

1940년 5월 피분 수상을 위원장으로 28명의 국가개선 위원회를 발족시키고, 국어의 순화・간소화를 추진하였다. 1942년 우선 문어의 복잡성을 과감히 개혁하여 문어와 구어를 일치시키는 구문일치 작업부터 착수하고 종래 팔리어계 어휘를 되도록 폐지하며 태국어 본래 어휘로 바꾸고 44자의 자음과 32자의 모음은 31자의 자음과 27자의 모음으로 축소, 순수 태국어식으로 철자화 하였다. 그러나 제2차 세계대전 후 다시 환원되었다. 이 환원과정에서 자음 2자와 모음 2자는 탈락되어 자음자 42자와 기본 모음이 30자가 되었다.

5. 태국어의 자음과 모음

태국어학에서는 문자를 자음문자와 모음문자, 기호 및 숫자로 이루어진다고 한다. 태국어는 42개의 자음문자와 30개의 기본모음으로 되어 있다.

태국어의 자음은 단지 명칭이지 음절은 아니며 단음(Phone)이다. 따라서 단독으로는 발음되지 않는다. 반드시 모음이 수반돼야 하나의 음절을 형성한다. 또 음절은 다른 언어와 마찬가지로 모음이 기본이 되고 자음은 모음을 여러 가지 음운으로 변화시킨다.

태국어의 자음은 42자이고 이중에는 동음문자가 있어서 이를 구별하기 위해 대표적인 명칭이 있다.

•자 음

ก	ข	ฃ	ค	ฅ	ฆ	ง	จ	ฉ	ช	ซ	ฌ	ญ	ฎ	ฏ
ฐ	ฑ	ฒ	ณ	ด	ต	ถ	ท	ธ	น	บ	ป	ผ	ฝ	พ
ฟ	ภ	ม	ย	ร	ล	ว	ศ	ษ	ส	ห	ฬ	อ	ฮ	

태국어의 모음은 단일 음운으로만 되어있는 자모는 아니다. 16개의 모음부호와 모음기능을 갖는 4개의 자음자가 있으며, 이들 부호가 단독 또는 여러 개가 결합하여 하나의 모음자모를 만든다. 다음의 부호 「-」는 자

음의 위치다.

•모 음

단모음
-ะ -า -ิ -ี -ึ -ื -ุ -ู เ-ะ เ-
แ-ะ แ- โ-ะ โ- เ-าะ -อ -ัวะ -ัว
이중모음
เ-ียะ เ-ีย เ-ือะ เ-ือ เ-อะ เ-อ
부자모음
ฤ ฤๅ -ำ -ใ -ไ เ-า

•태국어숫자

고유숫자	๐	๑	๒	๓	๔	๕	๖	๗	๘	๙
아라비아숫자	0	1	2	3	4	5	6	7	8	9

6. 성 조

태국어는 중국어와 같은 계통의 단음절어로서 고립어이고 성조언어이다. 그리고 굴절어가 아니므로 어운・어미의 변화가 없기 때문에 언어의 어휘가 대단히 좁은 범위에 한정되어 있어서 어휘 부족이 심해지고, 이 부족한 어휘는 성조로써 구별되는 동음이의어로 확대되어 새로운 조어가 생기게 되었다.

태국어는 5개 성조로 되어 있어, 각 음절은 5개의 성조 중 어느 한 성조형으로 발음된다. 태국어의 성조는 영어와 같은 다음절어에 있어서의 Accent와도 다르다. 한 음절로 발음한 것은 단지 「음」일 뿐이지 의미를 갖는「어」는 되지 못한다. 여기에 성조가 가해져야 비로소 의미를 갖게 되는 것이다. 그러므로 성조는 태국어의 음절에 있어서 꼭 있어야 할 음운 단위이다. 다시 말해서 음절이 하나인 어휘에서는 하나의 성조(tone)를, 2개이면 두 개, 셋이면 세 개의 성조를 갖게 되는 것이다.

태국어의 성조는 무형성조, 유형성조로 구분된다. 즉 성조부호 없이도 자・모음만의 결합으로 각 음절의 성조가 결정된다.

성조란 자음과 모음이 결합된 하나의 음절을 발음할 때 음의 처음부터 끝, 즉 시작부터 끝까지의 고저를 어떻게 소리 내느냐 하는 음의 변화 상태를 말한다. 아래의 <표>에서와 같이 일성은 보통 내는 소리에서 낮아지게(하강), 이성은 보통소리보다 높은 위치에서 시작하여 약간 올라가다 낮아지게, 평성은 보통소리 그대로, 삼성은 평성의 위치보다 약간 높은 데서부터 시작하여 이성이 시작하는 데까지 올라갔다가 거의 평성의 위치까지 낮게, 사성은 평성보다 조금 낮은 소리에서 시작하여 이성이 시작하는 데까지 내는 것(상승)을 말한다.

〈성조그래프〉

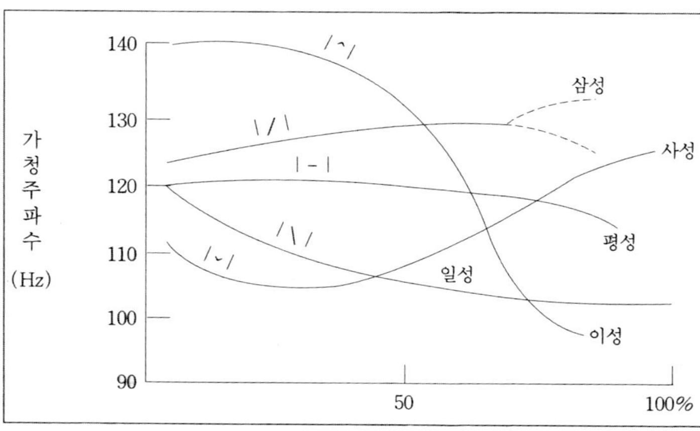

성조의 형태 : 성조의 형이 결정되려면 각 음절에 있어서 다음과 같은 것이 고려되어야 한다.

① 초자음자(I)가 저・중・고자음 어디에 속하는가?

② 음이 개운(開韻)인가 폐운(閉韻)인가?

③ 폐운으로서 초자음자가 저자음이라면 모음이 장모음인가 단모음인가?

④ 성조부호의 유무여부, 성조부호가 있으면 어느 성조부호인가?

⑤ 복합초자음자의 경우는 진성복합초자음자인가 의사복합초자음자인가? 그리고 선도자음이라면 제이자음자가 단독저자음자인지 아닌가의 여부를 생각해야 한다.

⑥ 특별한 성조를 가진 예외어인지 아닌지를 고려해야 한다.

성조와 부호 : 태국어에서는 성조를 나타내기 위하여 다음과 같은 부호를 쓰고 있다.

성조부호	명 칭
่	마이엑
้	마이토
๊	마이뜨리
๋	마이짯따와

마이엑을 붙이면 늘 제1성조가 되는 것은 아니고, 성조의 순위를 나타내는 것이다. 이 성조부호는 발음되는 초자음(쌍초자음은 제2자음자) 오른쪽 위에 쓴다. 발음이 되든 되지 않든 간에 제2자음자의 음절의 성조는 제1자음의 성조에 속하며 성조법칙을 표로 나타내면 다음과 같다.

〈태국어 성조법〉

운	부호	중자음자	고자음자	저자음자
개	무부호	평성	사성	평성
	่	일성	일성	이성
	้	이성	이성	삼성
	๊	삼성		
	๋	사성		
폐	단	일성	일성	삼성
	장	이성	일성	이성

7. 동 사

문의 동사를 기본으로 하여 나눌 수 있다. 즉 의미상에서 말하면, 문의 서술은 동사 이외의 것이 이를 이루는 경우도 있지만, 그럴 경우에서도 문은 꼭 한정동사가 포함되어 그 서술을 완성하는 것이다. 다시 말하면 문은 여하한 경우에도 서술하는 동사에 따라 완성됨으로, 동사 중에는 여러 가지 기능을 갖고 있어서 어느 것은 그것만으로 훌륭히 서술의 직분을 다할 수 있지만 또 어느 것은 자력으로 그 직분을 다할 수 없어서 어떠한 다른 말이 있어야만 되는 것이 있다.

태국어에 있어서 문의 유형은 첫째, "동사가 술어의 기능을 가지는 경우" 둘째, "형용사가 술어의 기능을 가지는 경우"로 크게 두 가지로 나뉘며 "동사가 술어의 기능을 가지는 경우" 다시 세 가지로 나뉜다.

동사의 기능(역할)에 따른 구분

① 자동사가 술어의 기능을 가질 경우

② 계동사가 술어의 기능을 가질 경우

③ 타동사가 술어의 기능을 가질 경우

타동사는 다시 세 가지 술어의 형으로 나눌 수 있다.

③-1. 단순타동사가 술어의 기능을 가질 경우

③-2. 부여타동사가 술어의 기능을 가질 경우

③-3. 작위타동사가 술어의 기능을 가질 경우

다시 말해서 동사나 형용사가 만드는 술부의 서술형식이 다르므로 여섯 가지의 다른 형식문이 되며 이를 도표로 보면 다음과 같다.

〈태국어의 문의 유형〉

동사	자동사		주어+동사
	계동사		주어+동사+주보어
	타동사	한 개의 목적어를 갖는 것	주어+동사+목적어
		두 개의 목적어를 갖는 것	주어+동사+직·간접목적어
		목적보어를 갖는 것	주어+동사+목적어+목적보어
형용사			주어+형용사(형동어)

제 3 장

역 사

1. 13세기 이전의 태국

타이민족의 기원에 관해서는 중국의 사천성(四川省) 북부, 협서성(陝西省) 남부 기원설, 알타이 산 기원설, 중국 남부와 광주(廣州), 광서(廣西), 운남(雲南), 귀주(貴州)기원설, 타이 왕국의 토착민족 기원설, 인도네시아 제도 기원설이 있다. 타이족의 발상지는 인도차이나반도 북부 및 운남 남부의 평야지대로 보는 것이 어떨까 싶다. 이곳은 아열대의 하곡평지로서 해발 천 미터의 고온다습한 지역으로 인간이 살기에 적합한 곳이었다.

위의 기원설 중 운남설을 소개하면 다음과 같다. B.C.2000년경부터 운남지역에 타이족이 정착해서 살아오다가 7세기경에 남조(南詔, Nanchao)라는 강력한 왕국을 건설하였다고 한다. 그러나 남조가 분명히 타이족의 나라인지는 확실치 않고 다만 많은 타이족이 살고 있었던 것은 분명하다. 사실 운남 지방은 후에 홀필열(忽必烈)에 의하여 정복될 때까지 중국영토가 아니었고 많은 이민족이 살고 있었던 지역이다.

남조는 국호가 대례(大禮), 대장화(大長和), 대리(大理)로 바뀌다가 1253년 몽고제국의 헌종에게 정복당했다. 대리가 멸망하기 전후하여 운남 지방에 거주하던 타이족들이 인도차이나반도로 이동하고, 그중 일부는 오늘날의 태국 북부에 정착하여 건국한 나라가 쑤코타이라고 한다.

그러면 13세기 이전 오늘날의 태국지역은 어떤 상황이었는가? 우던타니의 반치앙(Banchiang) 선사유적지에서 B.C.3000년경의 신석기유물이 출토되고, 깐짜나부리의 반까오에서는 B.C.2000년경의 신석기유물이 출토된 점으로 보아 신석기시대부터 인류가 태국지역에 거주하였을 것이라고 학계는 보고 있다. 대략 6세기에서 10세기에 걸쳐 짜오프라야 계곡 하류의 나컨빠톰, 쑤판부리, 롭부리, 우텅을 중심으로 중서부 태국지방에 몬(Mon)족의 찬란한 불교문명이 나타났으니 이를 타와라와디(Dvaravati, 托羅瓦底, 墮羅鉢底, 杜和鉢底, 墮和羅, 投和)문명이라고 한다. 타와라와디 문명지역은 10세기에 크메르왕국에 점령당할 때까지 몬, 라와(Lawa)족이 동남아중심부에 이룩한 위대한 문명이다. 흔히 타와라와디 왕국(Dvaravati Kingdom)이라고 부르나 오늘날 타와라와디는 국가로 보지 않고 문명권으로 보는 경우가 대부분이므로, 왕국이란 말은 쓰지 않고 타와라와디 문명(Dvaravati Civilization)이라고 부르는 것이 좋겠다.

대략 9세기에서 13세기에 걸쳐 람푼을 중심으로 서북 태국지방에 번영하였던 하리푼차이(Haripunjaya)도 몬족의 불교왕국이었다. 15세기 팔리(Pali)연대기에 따르면 롭부리에서 온 몬 공주 짬마테위(Chamadevi)가 창건했다고 한다. 하리푼차이는 크메르제국에 정복되지 않고 독립을 유지했다.

2. 쑤코타이(Sukhothai)시대

13세기에 와서 몽고족의 남방 진출로 크메르의 세력이 약화된 틈을 타 타이족 소왕국인 방양 왕국의 왕인 씨인트라팃이 1238년에 북부태국에 쑤코타이 왕국을 건국하여 짜오프라야 강을 기반으로 발전하기 시작하였다. 한편 망라이(또는 멩라이)는 북부 태국에 1259년 또 하나의 타이족 국가인 란나타이 왕국을 건설하여 하리푼차이를 병합하고 현재의 치앙라이,

루엉프라방, 버마의 버강까지 진출하였다. 망라이는 1296년 치앙마이를 새로 건설하여 수도로 삼고 쑤코타이 왕국과 우호관계를 유지하였는데, 이 후부터는 흔히 치앙마이 왕국이라고도 부른다. 란나타이 왕국은 쑤코타이보다 북쪽에 있으며 지역적으로도 오늘날의 태국, 미얀마, 라오스를 포함하며 종족적으로도 타이족을 비롯하여 몬족, 라와족 등이 복잡하게 섞여 있었던 강국이었지만 태국사의 주체세력이 되지 못하고, 19세기에 랏따나꼬씬 왕조에 합병되었다.

쑤코타이 왕국은 3대 왕인 람캄행(1279~1298) 시대에 비약적인 발전을 이룬다. 영토는 라오스, 미얀마 지역까지 확대되었고, 스리랑카로부터 상좌부불교를 받아 들였으며 1283년에는 타이문자를 창제하였다.

왕의 칭호는 퍼쿤(Pheokhun)으로 백성들의 아버지같이 온정적 지배를 하였다. 람캄행 사후 리타이왕의 지나친 불교 관심은 쑤코타이의 쇠퇴를 가져 왔고 남쪽에서 아유타야 왕국이 출현한 이후 점차 약화되더니 1438년 마하탐마라차 4세 때 아유타야 왕국에 합병되었다. 원사(元史)에 보이는 섬(暹, Sien)이란 나라는 쑤코타이를 가리키는 것이다

3. 아유타야(Ayuthaya)시대

라마티버디1세가 1350년에 아유타야 왕국을 창건하였으니 아유타야 왕국은 태국사상 최장기 왕국으로서 33왕이 417년간 다스렸다. 아유타야는 토지가 비옥하여 경제적으로도 쑤코타이를 압도하여 결국 병합하였다. 명사에 보이는 라곡(羅斛, Lavo, Lopburi)은 아유타야 왕국을 가리킨다. 명대 이후 중국에서는 태국을 섬라(暹羅)로 부른다. 롭부리가 타와라와디 문명의 중심지였다는 데서 라곡이 타와라와디에서 나왔다고 보는 견해도 있다. 그러나 명사 열전이나 신원사(新元史) 열전을 보면 라곡이 섬을 병합한 것으로 되어 있다. 만약 라곡이 타와라와디를 가리킨다면, 타

와라와디 문명이 쑤코타이를 병합한 것이 된다고 하나 타오라와디 문명이 소멸되고 난 후 쑤코타이 왕국이 출현하였으므로 이는 옳지 않다. 아유타야 왕국을 지배한 다섯 왕가는 우텅, 쑤판나품, 쑤코타이(프라투엉), 쁘라쌋텅, 반플루 루엉이었다.

버롬뜨라이록까낫(1448~88) 왕은 행정체제를 정비하고 부왕제를 두고, 토지분봉제인 싹디나(Sakdina)를 정하였다. 왕권강화에 지장이 있었을 텐데도 부왕을 둔 취지는 주요 변경지역을 잘 경비해야 되었기 때문이다. 그리하여 부왕은 핏싸눌록 지방을 책임지는 경우가 대부분이었다. 항상 미얀마와 다투고 있던 아유타야로서는 북쪽지역의 방비가 요구되었기 때문이다.

아유타야 시대에 왕은 33명인데 부왕은 12명이었다. 부왕이었다가 왕이 된 경우는 9명이었다. 부왕이 된 경우는 아들이 8명, 동생이 3명, 조카가 1명이었다. 같은 시기에 북쪽 란나타이 왕국에는 띨록까라차 왕 때로서 전성기였으나 16세기에 버마의 속국(1558~1774)이 되고 만다.

아유타야시대의 사회계층은 크게 푸디와 프라이로 나눌 수 있다. 푸디는 지배계층으로서 짜오화, 프라옹짜오, 멈짜오, 멈라차웡, 멈루엉의 명칭으로 나타나는 왕족 즉 짜오나이와 반다싹에 의하여 작위가 부여되는 귀족 즉 쿤낭층을 포함한다.

반다싹은 버롬뜨라이록까낫 왕 때에 제정되었는데 짜오프라야, 프라야, 프라, 루엉, 쿤, 믄, 판, 타나이의 7 계급을 의미한다. 이들은 싹디나에 의하여 토지가 급여되었지만(식읍제) 작위가 당대에 한하고 세습되지 않는 점에서는 서양 중세의 봉건사회와 다르다. 프라이는 평민으로서 농업, 공업, 상업에 종사하는 피지배계급이며 프라이쏨, 프라이루엉, 프라이랍, 프라이쑤워이의 4종류가 있었다. 최하계급으로서 노예가 있었다. 노예에는 채무노예, 자녀노예, 상속노예, 증여노예, 사법노예, 기근노예, 전쟁포로 등 7종류가 있었다.

아유타야와 버마 간의 계속되는 전쟁은 흔히 영국과 프랑스 사이의 백년전쟁과 비유된다. 아유타야는 1569년에 버마의 속국이 되었다가 1584년에 나레쑤언 왕자에 의하여 독립하였다. 나레쑤언 왕과 에까톳싸롯 왕은 서로 협력하여 아유타야의 국력을 크게 신장시켰다. 17세기 초 쏭탐왕이 즉위하는데 일본인 야마다(山田長政)의 협조가 있었고 일본의 세력이 남부 나컨씨탐마랏(Ligor)까지 미쳤으나 쁘라쌋텅 왕 때에 약화되었다.

태국에 서양 여러 나라들이 진출한 것은 아유타야 시대였다. 16세기 초 포르투갈이 진출하였고, 17세기에는 네덜란드, 영국, 덴마크가 진출하여 무역과 포교를 하고 있었다. 나라이(1656-1688) 왕이 즉위할 때에는 네덜란드가 거의 무역을 독점하고 있었다. 1662년경에 프랑스의 루이 14세가 가톨릭 선교사를 아유타야로 파견하였다. 당시 나라이 왕은 네덜란드의 견제를 위하여 프랑스에 접근하였다. 프랑스 선교사들은 그리스 출신의 태국 관료로서 아유타야의 무역을 전담하고 있던 휠컨(Constantine Phaulkon)을 개종시키는 데 성공하였고 이어 나라이 왕과 아유타야 신민들을 개종시키려 하였다. 그 결과 반프랑스 반가톨릭운동이 프라펫라차를 중심으로 일어나게 하였고, 1688년 나라이 왕 사후 프라펫라차가 집권하며 휠컨은 처형되었다. 이후 아유타야는 서양과의 모든 관계를 단절하였다.

나라이 왕 이후 아유타야는 서서히 몰락해 간다. 버마의 침입이 뜸해 대비가 없었고 왕들의 자질이 부족했으며, 왕위계승분쟁 때문이었다. 1767년 에까탓왕 때 버마의 공격으로 아유타야 왕국은 멸망하였다.

4. 톤부리(Thonburi)시대

아유타야 왕국이 잿더미가 된 후 딱씬(鄭昭, 鄭信)은 아유타야를 다시 수도로 재건하는데 한계를 느끼고 남하하여 1767년에 톤부리를 수도로 새 왕국을 건설하니, 이 왕국이 톤부리왕국이다. 딱씬에 대한 설은 구구하나 중국계 태국인인 것은 확실하고, 아유타야왕국 말기에 딱의 성주였다.

딱신 치세 15년 간 딱씬을 가장 잘 보좌한 사람은 짝끄리와 쑤라씨 형제였다. 짝끄리는 딱씬과 동문수학한 친구로서, 또 딱씬 휘하의 군사령관으로서 딱씬을 도왔다. 딱씬은 비록 재임기간은 짧았으나 실정으로 인해 민심을 잃고, 그 결과 캄보디아 원정에서 귀국하던 짝끄리가 1782년에 왕으로 추대되어 즉위하니, 바로 랏따나꼬신(Rattanakosin) 왕조의 라마 1세이다. 딱씬의 실정과 짝끄리의 즉위 과정에 대해서는 많은 논란이 있다.

5. 랏따나꼬신(Rattanakosin)시대

방콕(Krungthep)에 도읍을 정한 라마 1세는 1782년 부왕에 동생 쑤다씨, 부왕보에 조카 아누락을 임명하였다. 라마 1세가 아들을 제쳐 놓고 동생을 부왕에 임명한 것은 쑤라씨가 짝끄리 왕조를 세우는 데 가장 큰 공헌을 하였기 때문이다. 쑤라씨는 항상 짝끄리를 도와 버마, 캄보디아와의 전쟁에서 최선봉에 섰던 것이다. 라마 1세의 장남인 이싸라쑨턴은 삼촌 쓰라씨와 아누락이 각각 1803년과 1806년에 사망하고 난 후인 1807년에 부왕에 임명되었다가 1809년에 라마 1세가 사망하자 라마 2세로 즉위하였다.

라마2세가 사망한 1824년은 태국이 영국과 어려운 관계에 놓였던 시기이자 겨우 포르투갈과의 관계를 시작으로 서양에 문호를 개방하기 시작한 시기였다. 영국은 태국에 존 크로퍼드(1822)를 파견하여 통상조약을 요구하고, 한편으로는 미얀마 정복전쟁을(1824) 하고 있었으므로 태국의 새로운 왕은 경륜이 많은 인물이 요구되었다. 이러한 상황에서 라마 2세의 적자이나 출가한 지 한 달도 안 된 어린 왕보다는 비록 서자일지라도 국정 경험이 많은 왕이 더 필요하다는 실리적인 판단 아래 라마 3세가 즉위하였다. 라마 3세의 즉위를 두고 여러 견해가 있다.

1826년 영국은 버마와의 전쟁에서 승리하자 버니를 태국에 파견하여 태국과 영령 인도 사이에 호혜통상조약(버니조약)을 체결하였다. 이어 미국도 로버츠(Edmund Roberts)를 파견하여 호혜적인 통상조약(1833)을 체결하였다. 한편, 라마 1세 이래 꾸준히 시도되었던 영토 확장 정책은 라마 3세 말기에 북부말레이의 4주 -케다(Kedah, Saiburi), 빠리스(Perlis), 깔란딴(Kelantan), 뜨랭까누(Trengganu)를 지배하게 되었다.

아편전쟁 이후 영국을 비롯한 서양제국은 태국에 불평등조약체결을 강요하였다. 1850년 미국은 발레스티어(Joseph Ballestier)를, 영국은 브룩(James Brooke)을 파견하여 불평등조약을 요구하였으나 실패하였다.

1851년 라마 3세가 사망하자 라마 2세의 적자이자 출가 중인 라마 4세가 즉위하였다. 라마 4세의 즉위 뒤에는 라마 2세 이후 킹메이커의 역할을 한 분낙 가문이 있다는 설이 설득력이 있다. 분낙 가문은 재무 및 외무장관을 대대로 역임하면서 영향력을 구축하였고, 라마 3세의 후계자로 정치적 배경이 없는 라마 4세를 택하였다고 보는 것이다.

1855년 영국의 빅토리아 여왕은 홍콩 총독 바우링(John Bowring)을 방콕에 보내어 조약체결에 성공하였다. 라마 4세는 승려시절에 태국에서 활동하던 선교사들과 친분을 맺으며 영어를 비롯하여 국제관계 등을 공부하였으므로 1820년 초 아시아에서 일어나고 있는 힘의 정치를 잘 파악하고 있었다. 그러므로 라마 4세는 태국의 독립을 유지하기 위하여 강제로 침략을 당하기 전에 자진해서 서양세력을 받아들였다.

1855년 4월 18일 태국과 영국 사이에 새로운 조약이 체결되니 이것이 소위 바우링 조약으로 태국이 외국과 체결한 최초의 불평등조약이다. 1856년 이 조약의 비준 시 처음으로 싸얌(Siam)이란 국호가 사용되었다. 바우링 조약이 서양제국에 알려지자 태국은 서구열강과 같은 조건의 조약을 체결함으로써 국제무대에서 이등국가로 전락했다. 1856년에 미국, 프랑스 1858년에 덴마크, 한자동맹도시(The Hanseatic Cities), 1859년에 포르투갈, 1860년에 네덜란드, 1862년에 프로이센 1868년에 벨기에, 이탈리아, 스웨

덴, 노르웨이, 1869년에 오스트리아, 헝가리와 조약이 체결되었다.

라마 4세는 불평등조약 체결 이후 태국의 근대화에 주력하였다. 서양 문물을 받아들임과 동시에 교통통신시설의 개선, 모든 종교에의 관용, 부역의 축소, 영어교육 실시, 육해군의 현대화, 경제안정을 위한 화폐개혁 및 천문학을 비롯한 과학진흥에 노력하였다.

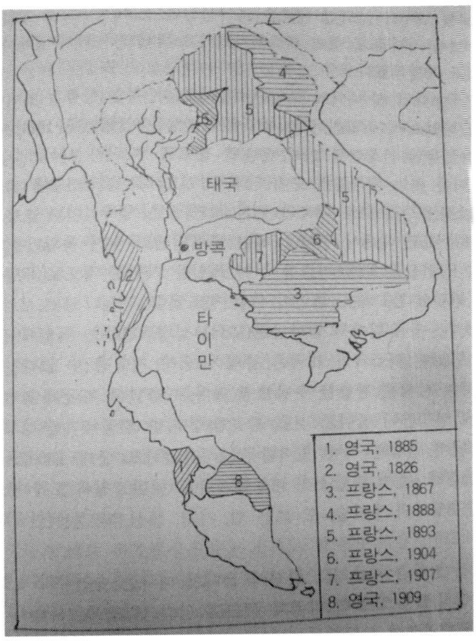

라마 4세의 사망 후, 15살의 어린 나이인 쭐라롱껀 왕자가 즉위하여 라마 5세(1868-1910)가 되었다. 분낙 가문의 세도는 여전했지만 그 보호 밑에서 라마 5세는 아시아 여러 나라를 순방하며 견문을 쌓음으로써 부왕에 이어 근대화를 더욱더 강하고 빠르게 단행하였다. 라마 5세는 부복제 폐지, 부역제 폐지, 노예제 폐지, 도박장 폐쇄, 징세제도 확립, 신식교육제도 개선, 우편제도 개선, 행정기구 개혁 등을 단행하였다. 그리고 점점 죄어오는 영국과 프랑스의 영향력에 굴복하여, 다시 말해 태국의 독립유지를 위해 1907년에는 프랑스에게 캄보디아의 바탐방, 씨엠리압, 씨쏘펀을, 1909년에는 영국에게 북부말레이의 4주-케다, 빠리스, 깔란딴, 뜨랭까누를 아래 그림과 같이 양보하였다.. 이때 양보한 면적은 518,000km^{2}로 현재의 면적보다 넓다.

라마 5세는 서양식 교육의 필요성을 절감하고 아들 와치라웃 왕자를 비롯한 자손들을 영국으로 유학시켰다. 와치라웃 왕자, 즉 라마 6세는 부왕의 근대화정책을 계승하여 태국을 서구화하는데 앞장섰다.

제1차 세계대전이 일어나자 라마 6세는 1914년 중립을 선포하고 전쟁이 종반에 이를 때까지 계속 중립입장을 고수하였다. 태국의 여론은 친독일이었다.

일찍이 프랑스와 영국에는 많은 영토를 빼앗긴 적이 있었던 데 비해, 독일은 철도개발에 도움을 주었고, 태국영토에 야심을 보이지 않았기 때문이다. 1917년 미국이 대독선전포고를 하고 연합국측의 승리가 확실해지자, 라마 6세는 미국의 권유에 따라 독일과 오스트리아에 대하여 선전포고를 하고 유럽전에 참여하였다.

비록 전쟁 말기에 태국이 참여했지만 이 참전 사실은 태국에게 막대한 이익을 가져다 주었다. 파리강화회의가 열렸을 때 태국은 전승국의 입장으로 참가하고 국제연맹(League of Nations)의 정회원국이 되어 불평등조약을 갱신하는 계기가 되었다.

6. 입헌혁명 이후의 태국

라마 7세 때인 1932년에 피분쏭크람, 쁘리디 파놈용 등이 무혈혁명을 일으켜 태국은 입헌군주국이 되고 국왕의 권한은 약화되었다. 짜끄리 왕조가 1782년 창건된 지 150년 만에 국왕은 세계적인 추세에 따라 국가의 상징으로 존재할 뿐 실제 권한행사는 하지 못하게 되었다. 입헌혁명 이후 태국의 민족주의는 점점 국수주의적 경향을 띠게 되어 피분은 랏타니욤(Rathaniyom)정책을 표방하고 1939년 국호도 싸얌(Siam)에서 태국(Thailand)으로 변경하였다.

제2차 세계대전이 일어나자 중립을 고수하던 피분은 민족주의를 표방하고 과거 영국과 프랑스에게 빼앗긴 영토를 되찾는다는 미명으로 일본에 접근하던 끝에 1941년 12월 일본의 강권에 못 이겨 공수동맹을 체결하고 미국과 영국에 선전포고를 하였다.

당시 주미대사 쎄니 쁘라못은 미국정부에게 태국의 대미선전포고가 일본의 강요에 의한 것임을 설득시키고 미국에 있던 공무원과 유학생 등과 반일항쟁 -자유타이운동(Free Thai Movement)을 시작하고 태국군의 자격으로 제2차 세계대전에 참여하였다. 국내에 있던 쁘리디도 국내에서 반일세력을 규합하여 반일지하항쟁운동을 전개함으로써 미국의 호의를 얻었다. 그 결과 제2차 세계대전이 끝났을 때 태국은 패전국 취급을 받지 않고 미국의 도움으로 18개월 후에는 국제연합에도 가입하는 행운을 얻었다. 이와 같은 피분의 친일외교, 쁘리디의 친미외교 즉 이중외교가 태국을 구했다. 이러한 예를 학자들은 태국의 대나무외교(Bamboo Diplomacy)라고 한다.

제2차 세계대전 이후 태국은 미국과 보조를 맞추며 동남아시아의 비공산화를 위해 노력했다. 1954년에 동남아조약기구(SEATO)에 참여하였고(1977년 해체), 1961년에는 필리핀 및 말라야연방과 함께 동남아시아연합(ASA)을 결성하고, 1967년에는 인도네시아, 필리핀, 말레이시아, 싱가포르과 함께 동남아시아국가연합(ASEAN)을 발족시켰다. 아세안에는 이후 1984년 브루나이가, 1995년에 베트남이, 1997년에는 미얀마와 라오스가, 1999년에는 캄보디아가 가입하여 모두 10개국이 되었다.

제 4 장

사회구조와 가치관

불교국가이자 농업국가인 태국은 국왕을 정점으로 하는 입헌군주국으로, 국가의 건립 이래 외세에게 독립을 잃은 적이 없는 국가로 알려져 있다. 국가 존립이 위기에 처할 때마다 태국인들은 왕을 중심으로 지혜를 다하여 극복하였으며, 일찍부터 들어온 서양의 문명과 문화에 대하여도 배척하지 않고 수용하였다. 그리고 이 이질적인 외래문화를 태국인들은 자신들의 고유하고 독특한 정신문화로 태국화하여 발전시켜 오고 있다.

한 나라, 한 민족의 의식구조, 또는 가치관은 하루아침에 이루어진 것이 아니라는 사실에서 보면 태국인의 대다수를 이루는 타이족의 고유문화와 불교문화, 농경문화 그리고 1932년까지 지속된 전제군주제의 영향 - 싹디나제도 를 말하지 않고는 태국인의 의식을 설명할 수 없다. 이러한 배경 속에서 태국인이 어떠한 상황에서 어떠한 생각을 어떻게 하며 어떠한 행위를 할 것인가 , 또는 일상생활에서 태국인들이 보편적으로 취하는 선택, 취향, 관심의 방향, 언행, 어휘, 사고, 희망, 기호 등으로 표현되는 결정이 무엇이든 그것이 바로 태국인의 의식이자 가치관이다.

이 글에서는 태국 사회의 성격을 살펴보고, 이어서 태국인들의 의식을 큰 범위 내에서 살펴보려 한다. 그리고 1980년대 후반부터 급속도로 산업이 발전됨에 따라 물질적인 풍요 속에서 태국인들이 살게 되었는데, 그 결과 한층 더 "빈익빈 부익부"의 성향이 두드러지게 되고 전통적인 윤리의식이 약화되었다고 할 수 있다. 태국 정부는 이에 대응하는 태국인의 정신적인 발전을 도모하기 위하여 태국인의 의식형성을 위한 교육정책을 초등교육부터 시행하였는데, 이 정책도 아울러 살피려 한다.

1. 사회구조

미국의 사회학자인 엠브리(John F. Embree)에 의하면 일반적으로 태국사회는 '느슨하고 완만하게 구조화된 사회'라고 규정하고 있다. 이것은 엄격히 조직화된 집단들이 결여되어 있고, 자발성이라는 의미에서 개인의식이 상당한 정도로 인정되고 있는 것을 의미한다. 즉 태국인들은 어떤 집단이나 계급에서 자신들의 행동을 규제 받기보다는 여러 가지 측면에서 자유롭게 개인 간의 관계를 형성해 나가려는 경향을 나타내고 있다. 그런 가운데서도 개인 간의 상・하 관계가 강하게 작용하고 있는 것이 태국사회 구조의 특징이다.

이러한 것은 옛부터 국왕이 절대적 권한을 갖는 전제군주국이었고, 따라서 국왕을 정점으로 한 사회 내의 위계적 신분질서가 근래 태국 사회에로 계속 이어져 온 것에 기인된다고 볼 수 있다. 또한 태국은 비옥한 토지와 풍부한 천연자원의 혜택은 태국 사회 내에서 집단의 필요성을 약화시키고 평화와 자유를 사랑하는 성향을 갖도록 했으며, 한편 태국인과 태국사회의 정신적인 면을 지배해 온 불교는 종교의 차원을 넘어선 하나의 '생활철학'으로써 태국인의 가치관을 형성해 오는 데 큰 역할을 담당했다. 이러한 관점에서 일반적으로 태국 사회구조의 특징을 살펴보면 크게 세 가지로 구분해 볼 수 있겠다.

첫째, 태국은 농경사회이다. 태국에는 타이족을 주축으로 중국인, 말레이인, 인도인, 라오스인, 베트남인, 몬인, 크메르인, 서양인 등등, 또는 이들 간의 혼혈인들이 뒤섞여 살고 있으며, 이들이 태국국민을 구성하고 있다. 타이족의 "타이"라는 단어는 "자유"를 의미하는데, 엄격한 형식이나 남에게 예속되지 않고 무엇이든 하고 싶을 때 마음대로 할 수 있는 자유를 의미한다. 타이족들이 여러 차례에 걸쳐 남하한 이유 중의 하나도 중국인의 지배를 거부하고 타이족 방식대로 자유롭게 살고자 했기 때문이라고 한다.

태국인들은 농업을 생업으로 하면서 자유스럽게 자연과 혼연일체가 되어 살고 있고 살아 왔다. 태국은 지리적으로 아열대기후에 속해 있으므로 일 년 내내 더워 벼농사에 적합한 나라이다. 옛부터 천혜의 자원 속에서 대부분의 태국인들은 짜오프라야 강 유역의 비옥한 평야를 중심으로 벼농사를 지었으며, 이 외에 야자, 고무, 옥수수, 각종 과일, 목축과 어업에 종사하였다. "진짜 태국인은 농민이다"라는 말이 회자될 정도로 태국인은 농업을 천직으로 알고 있다. 전 인구의 약 80% 이상이 농업, 수산업, 목축업, 삼림업에 종사하고 있다.

땅을 중심으로 살고 있는 이들은 농사를 중심으로 한 공동체적 모임이나 행사, 축제가 발달하였으며, 따라서 온 동네 사람들은 마치 한 집안 식구처럼 친숙한 관계를 맺고 있어 공동체 의식이 강하고 낙천적이다. 땅이 생활의 원천인 이들은 별로 이사를 하지 않고 사회적 신분의 변화도 거의 없다. 대신 토지에 대한 애착이 강하고 가족을 중심으로 응집력이 강하며, 전통적으로 가족중심의 자급자족을 위한 경제활동을 하고 있어 소비자와 생산자의 기능을 동시에 갖고 있다. 농민들은 보수적이고 배타적이어서 인습이나 관습에 집착하며 변화에 스스로 적응하거나 새로운 사실을 받아들이는 데 도시인보다 느리고 소극적이다.

따라서 태국인들은 깊은 사고를 하거나 창조적 고통을 기피하고, 무슨 일이든 빨리 끝내기를 바라며 일의 결과가 좋든 나쁘든 상관하려 하지 않고 다만 최선을 다했다는 데서 그 의의를 찾고 있다. 영국인들이 연구하는

데 재미를 느끼고 미국인들이 일을 행하는 데 즐거움을 느낀다고 하면, 태국인들은 일을 보는 것 그 자체에서 재미를 느낀다고 할 수 있다.

인간관계도 개인의 감정, 느낌, 관습에 의존하는 성향이 비교적 강하며, 원칙이나 이념보다는 자유를 선호하고 개인 간의 관계를 더 중시한다. 인과응보라는 원칙에 입각하여 부모에게 효도함은 물론 대인관계에서 은혜를 알고 보답할 줄 알아야 한다. 은혜를 모를 때에는 "아까딴우"라고 비난받는다. 그러므로 의식이나 체면을 중시하여 출가, 결혼, 장례식, 각종 잔치, 보시 등의 일상생활상의 체면을 지키기 위한 낭비도 서슴지 않는다.

둘째, 태국은 권위사회이며 신분사회이다. 건국 이래 태국은 왕을 정점으로 한 통치형태를 고수하고 있다. 13세기에 인도차이나 반도에 정착하여 쑤코타이 왕국을 건립한 이래 1932년에 입헌혁명에 의해 민주주의제도가 들어올 때까지 태국은 전제군주인 왕을 최고의 통치자로 한 절대왕국이었다. 쑤코타이 왕국에서 아유타야 왕국, 톤부리 왕국, 그리고 랏따나꼬씬 왕조(현 짝끄리 왕조)에 이르면서 왕의 성격은 만백성의 어버이이자 스승으로 사랑과 자비, 불교적 윤리성에 입각한 통치자, 즉 탐마라차(Thammaracha, Dhammaraja, 정의로운 왕, 법왕)의 성격과 신왕(Thevaraja), 생명의 주인(Lord of Life), 그리고 전 영토의 주인(Lord of Land)의 성격을 지닌 카리스마적 성격을 갖게 되었다. 그러나 왕의 무제한적인 권한은 불교에서 정한 10개 덕목 -톳싸핏라차탐(Thossaphit Rajtham)에 의해 견제되었고 왕의 행위와 자격에 대한 윤리적 도덕도 정해졌다. 왕은 대내적으로 만백성의 안전과 안위, 평화롭고 행복한 삶을 보장해야 했고 대외적으로는 국제무역과 외세의 침입에 대한 방어를 책임져야 했다. 그러므로 태국인들은 국가의 모든 권력과 권위는 왕(왕족, 왕실)으로부터 비롯된다고 생각하였으며, 이러한 의식은 민주주의제도 하에서도 크게 변하지 못하였다.

1452년에 버롬뜨라이롬까낫 왕이 제정한 싹디나 제도는 토지를 수단으로 태국인 개개인의 권리와 의무를 한정한 제도인데, 이 제도로 인해 태국 사회는 왕과 왕족(짜오나이)사회, 관료(쿤낭)사회, 평민(프라이)사회, 그리고 노예(탓)사회로 나뉘어졌다. 왕과 왕족 및 관료는 지배계급이고 프라이와 노예는 피지배계급으로, 노예는 물론 프라이도 태어나면서(엄격히 말해 18세 이후부터) 관료나 왕 또는 왕족을 상전으로 섬겨야 했다. 피지배계급은 상전을 위해 경제활동과 노동력을 제공(부역)해야 했다. 이 계층화된 사회는 물론 인도의 카스트 제도하의 사회와 달리 신분의 수직적인 변화가 여러 가지 이유에 의해 가능하였지만 원칙적으로 하극상의 현상을 엄격히 규제하였다

쑤코타이 시대의 람캄행 왕 때에는 왕이 직접 백성과 무릎을 맞대고 앉아 가르치면서 국사를 의논하였으나 국가의 규모가 커지고 영토가 방대해지면서, 더군다나 크메르식의 신권사상이 도입되면서 왕은 수도를 중심으로 한 일정 지역만을 다스리고 그 외의 지역은 믿을만한 왕족이나 관료를 보내 통치했으며, 변방지역이나 속방에 대하여는 외교권을 제외한 모든 권한에서 거의 자치를 인정하고 조공을 약 3 년에 한 번씩 바치게 하였다. 이러한 통치방식의 결과 세월이 흐르면서 관료는 왕을 대신한 인물로 백성에게 부각되며 권력을 갖게 되었다. 왕은 관료를 통해 자신의 명을 하달하고 간접적으로 백성을 통치하면서 왕권에 버금가는 세력을 가진 관료나 왕족이 출현하지 못하도록 견제했다.

이 싹디나 제도로 백성들은 신분에 따라 5라이(1라이는 약 1600㎡)에서 10만 라이의 토지를 분배 받아 경작 관리하며 생활하다가 사망하면 왕에게 반납하였다. 반면, 왕은 이 제도를 통해 백성을 자유자재로 관리하고 통솔하고 또 동원하였다. 평화 시에 왕은 국가의 일에는 자신을 대신하는 관료를, 농사 등등의 경제적 생산 활동에는 평민을 부렸고, 전쟁이 나면 전국의 평민 남자, 즉 만 18세 이상, 신장 약 150cm 이상의 건장한 남자를 동원하여 전쟁에 임하도록 했다.

싹디나 제도에 따르면 태국인들, 특히 평민은 누구나 상전을 섬기게 되어 있다. 평민은 왕이나 왕족, 또는 관료를 상전으로 모시고, 매년 일정기간씩(처음에는 6개월이었으나 아유타야 왕국 말기에는 4개월, 짝끄리 왕조 초기에는 3개월로 단축됨) 상전을 위하여 경작하고 건설공사에 참여하는 등 봉사하고 부역을 하여야 했다. 상전들은 사법권이 없는 평민을 대신하여 법적인 문제를 해결해 주었다. 이러한 상전과 평민과의 관계를 흔히 후견인 관계(Patron- Client Relationship)라고 한다. 이 후견인 관계는 태국인의 의식 속에 자리 잡아 아직도 인간관계를 비롯한 생활 여러 곳에서 나타나고 있다.

이러한 전통적 사회는 1932년 6월 24일에 입헌혁명이 일어나기 전까지 잘 유지되어 공적인 면에서는 권위적이고 수직적인 관계가 엄격히 강조되는 사회였지만, 사적인 인간관계는 극히 개인적이며 자유롭고 평화롭고도 낙천적이었다. 왕실 및 고위 관료사회를 중심으로 서양의 신문화가 도입되고 독립유지를 위한 근대화가 시작되면서 평민의 부역제가 폐지되고(1905) 노예도 해방되었으며(1905), 대신 서양식 신식 군대가 창설되었다.

태국 사회에 이러한 일련의 변화가 20세기 초부터 시작되어 이미 100년에 이르고 있으나 약 700년간 지속되면서 태국인의 가슴 속에 자리 잡은 태국인의 속성 -매사에 겸손하고 분수를 지킬 줄 아는 것, 부모에게 효도하고 은인에게 보답하는 것, 늘 선한 일을 해야 한다고 생각하는 것, 관료 및 윗사람에 대한 순종, 윗사람의 아랫사람에 대한 관대함과 온후함 등등- 은 지금까지도 여전하며, 비록 군림하나 지배하지 않는 상징적인 존재인 왕에 대한 존경과 신뢰는 변함이 없다. 왕(왕족)을 중심으로 태국인들은 단결되어 있다.

셋째, 태국은 종교가 바로 생활 그 자체인 사회이다. 2005년도 태국교육부 종교국의 통계에 의하면 전 태국 국민의 약 94%가 상좌부불교

(Theravada Buddhism, 남방불교, 소승불교)를 신봉하며, 그 다음으로는 이슬람교(3.7%)를 믿는다고 한다. 그러므로 태국인들은 태어나서 사망할 때까지 종교 -크게 불교나 이슬람교- 와 분리되지 않은 생활을 하고 있다. 태국인의 불교는 생활불교이다. 불교도인 태국인들은 절에 가서 정기적으로 공양을 바치고 참배하기보다는 집집마다 불단을 만들어 두고 조석으로 기도하고, 새벽마다 탁발 나온 승려가 들고 있는 바루에 승려 일인당 한 끼니 분의 음식을 보시한다. 이슬람을 믿는 무슬림은 무슬림대로 이슬람 교리를 생활화하며 생활하고 있다.

13세기 말 람캄행 왕에 의해 도입되고 비호 받으며 전파된 스리랑카의 상좌부불교는 태국인의 사회적, 문화적, 정치적, 경제적 뿌리와 같은 존재로 약 700여 년 간 태국인으로 하여금 태국적인 생활, 생각, 행위를 하도록 만드는 데 깊은 연관을 갖고 있다.

태국인의 의식은 윤회와 업보에 대한 사상이 지배하고 있다. "선업(善業)은 선과(善果)를 낳고 악업(惡業)은 악과(惡果)를 낳는다"라는 의식을 굳게 믿는다. 특히 악과는 피할 수 없는 것으로 당사자가 아니면 후손이 받는다고 믿어 공덕 쌓는 일에 정성을 다한다. 아침마다 탁발 나온 승려에게 음식을 바치거나 절의 사업, 예를 들어 불상을 조성하거나 사원을 수리하거나 승려의 여행, 승려에게 일용품을 지원하는 일 등등은 "탐분(make merit)"의 일환에서 이루어지고 행해진다. 어려움에 처한 다른 사람이나 동물에 대해 불쌍히 여기는 마음, 즉 자비심을 갖고 도와주는 것을 인간의 도리로 여긴다.

람캄행 왕 때부터 태국인들은 올바른 불자로서 일상생활에서 지켜야 할 교리와 수행하는 방법에 대하여 훈련받았다. 그러므로 어려운 교리를 이해하고 국민들에게 가르치는 일은 승려의 일이며, 국민들은 살생을 가려 행하고, 탐심 없는 마음으로 선을 쌓으며, 부정(不貞)한 행위를 삼가고 거짓말을 하지 않으며, 술이나 마약 등 정신을 흐리게 하는 모든 것을 피하라는 5계를 기본적으로 지키도록 교육 받는다.

옛부터 사원은 태국인에게 있어 생활의 중심지이며, 승려는 생활의 스승이자 안내자였다. 그러므로 사원은 학교, 병원, 재판소, 오락장, 놀이터, 여행객을 위한 여관, 복지관, 집회장, 박물관, 양로원, 고아원, 창고, 장례식장 등의 기능을 하며, 승려는 종교적인 역할 외에 스승, 상담자, 신문물 전달자, 재판관, 의료인, 정부와 국민과의 가교 역할 등의 역할을 한다. 이러한 기능은 시골일수록 강하다. 한마디로 불교와 사원, 승려는 태국 사회의 보수성과 일체감의 상징이며, 정신적 총체가 되고 지도자가 되는 것이다.

2. 가치관의 실례

태국인의 가치관은 앞에서 언급하였던 태국의 사회구조와 밀접한 관계가 있다고 보겠다. 19세기 이후 근대화 과정을 겪고 전제군주제로 바뀌면서 민주적인 정부가 들어서고 서양문화가 태국 사회로 유입됨으로써 전통태국 사회의 붕괴와 새로운 의식구조의 변화 혹은 혼란의 현상이라는 역사적 전환에 직면하여 왔지만, 아직도 전통적인 권위주의적 문화와 의식구조는 파괴되지 않고 지속되어 현재까지도 태국 사회에 많은 영향력을 끼치고 있다.

1) **국왕에 대한 존경심**: 전통적으로 국왕은 실권을 가진 통치자는 아니지만 국가를 대표하고 전통을 수호하며 불교의 최고 수호자임과 동시에 정치적 갈등의 궁극적 조정자의 역할을 담당한다. 또한 사회적으로 소외되고 낙오된 자를 돌보는 자비로운 존재로서 국민들은 부처에 못지않게 국왕을 숭배의 대상으로 삼고 있다. 따라서 태국 사회에 있어서 국왕은 국민의 정신적 일상생활에 깊숙이 존재하는 것으로 인식된다.

국왕은 일 년 내내 전국을 순회하며 태국 국민을 위해 헌신적인 사회봉사를 하고 있다. 특히 도시빈민들과 농촌에 대해 깊은 관심을 보여 이들의 복지향상을 위해 큰 열성을 보이고 있다. 일반적으로 태국의 거의 모든 가정에는 국왕과 왕비의 사진이나 초상화가 걸려 있는데 이것만 보아도 태국인들의 국왕과 왕실에 대한 존경심이 어느 정도인지 짐작할 수 있다.

2) **예절에 대한 의식**: 태국인들은 어려서부터 어른과 윗사람을 공경하고 따르며, 은혜를 알고 자신의 분수를 지킬 줄 아는 예의바른 공손한 인물이 되도록 교육받고 훈련된다. 그러므로 가정에서는 부모를, 학교에서는 선생님을, 사회에서는 선배와 상사를 공경하고 따르도록 배운다. 은혜를 알고 은혜에 보답할 줄 알도록 훈련받는다.

일반적으로 태국 사회에서 존경받는 사람들은 사회적으로 지위가 높은 사람, 연령이 높은 사람, 한 분야에서 오랫동안 종사하여 그 방면에 해박한 지식을 가진 사람, 전문가, 높은 교육을 받은 사람으로 집약된다. 도량이 넓고 관대하며, 공정하고 합리적이고 포용력이 있으며, 편협하지 않고 후배나 하급자를 위해 변호하고 보호하며 희생도 불사하는 사람, 동료나 아랫사람에게 인색하지 않으며 일을 보살펴 주어도 속속들이 자상하게 돌보아 주는 사람을 윗사람이나 어른, 상급자, 선배로서의 자질을 갖추었다고 간주하여 칭송하고 따른다. 이러한 성향은 상급자나 윗사람 한 사람을 중심으로 하나의 계보나 파벌을 형성하여 같은 그룹 내의 사람끼리는 상부상조하고 보호하며 타 그룹 소속 사람과는 적대적이거나 배타적인 관계로 나타나기도 한다. 종종 학연, 지연 등에 따라 여러 개의 그룹이나 이해집단으로 나타난다.

3) **자유에 대한 의식**: 이것은 태국인의 기본의식으로 의식의 맨 밑에 깔려 있다고 해도 과언이 아니다. 국호인 “쁘라텟타이”나 “타이족”의 “타이”라는 단어의 뜻은 “자유”이다. 현재는 교육에 의해 달라졌지만 1970년

대만 해도 방콕에 건널목이나 육교가 있어도 길을 건너는 보행자에게는 거의 무용지물과 같았었다. 무엇이든 하고 싶을 때 하고 싶은 대로 해야 된다는 자유의식 때문이었다. 그러므로 태국인들은 남의 구속이나 속박을 기피한다. 입고 싶은 대로 입고, 하고 싶은 대로 아무렇게나 해도 아무도 탓하거나 나무라지 않고 내버려둔다. 무관심한 것이라 이해될 수 있을 정도이다. 따라서 태국인들은 여간해서는 남에게 간섭하려들지 않는다. 이러한 성향을 어떤 학자들은 개인주의, 또는 자유주의라고 표현한다.

조직이나 단체의 규율을 감내하면서 공동생활을 하거나 협조하는 성향이 약하고 이념이나 원칙, 사상보다는 개인적인 관계가 더 중요시된다. 강한 실력자나 정부에서 어떤 행위나 결정을 하도록 할 경우 그 자리에서는 아무 말도 하지 않고 따르는 듯해도 돌아서면 잊거나 개인의 입장을 내세워 뒤에서 수군대는 경우가 허다하다. 교육수준이 낮을수록, 자연과 가까이 살면 살수록 이러한 성향이 높다. 한마디로 태국인 사회는 개인적인 행위와 사고에 대한 자유선호 의식과 함께 개인주의 의식이 발달하여 개인적 인간관계는 친근하고 인정이 넘치고 정확하나 서르 간의 간섭이나 강제는 철저히 배제한다.

4) **권위의식에 대한 의식**: 과거 태국인들은 물질적인 풍요보다는 명예를 중시하고 관료가 되는 것을 선호하였다. 왕의 신하이자 왕권의 대행자인 관료 중 400라이 이상의 싹디나인 중간급 이상의 관료는 부역에서 면제되었고 권위와 부, 그리고 명예를 함께 누렸기 때문이었다. 태국인의 의식 속에 있는 직업관은 사농공상(士農工商)의 순위였다. 가문이 좋거나 높은 교육을 받은 사람들은 왕족이 아니라 해도 관료가 되었으며, 그렇지 못한 백성들은 농사일을 천직으로 생각하였다.

1970년대만 해도 태국의 대학 졸업생의 대다수가 공무원이 되고자 했었다. 가장 안정된 직업이었을 뿐 아니라 공무원이 되면 더 높은 학문을 할 수도 있고 부를 축적할 수 있었기 때문이었다. 그 후 경제가 발달하면서 이 직업관은 바뀌기 시작했으나 지방의 젊은이들은 아직도 공무원을 지망하는 경향이 50% 이상으로 대단히 높다. 공직이 바로 부와 명예의 근원이며, 안정된 생활을 누릴 수 있기 때문이라고 한다.

물론 과거에는 자급자족 경제였으므로 상업의 필요성이 약했을 것이다. 19세기 말, 20세기 초부터 몇몇 진보적 사고를 가진 식자층에 의해 상업의 필요성이 강조되었으나 태국인은 여전히 무관심했고, 결국 이민 온 중국인이나 인도인에게 상권이 집중되는 현상을 초래하였다. 권위의식의 자리 매김은 전통적인 후견인제도 또는 싹디나 제도의 영향이라 볼 수 있다. 물론 현재는 돈 또는 부를 더 선호하고 돈이 있으면 권위나 힘이 따라 온다고 믿는 경향이 팽배해 있으며, 이 경향은 도시에 거주하는 젊은 사람일수록 더 강하다.

5) **부(富)에 대한 의식** : 과거에는 명예롭고 권위를 갖는 관직에 오르면 부는 저절로 따라오는 것이라 믿었다. 친구를 사귀는 데도 정직성과 의리를 제일로 삼았다. 라마 6세는 중국인들을 돈만 아는 '동남아의 유태인' 또는 "수레바퀴에 붙은 진흙덩이'라고 비난하고 멸시하였다. 그러나 자본주의의 물질적인 풍요로움이 정신적인 면을 앞서면서 부유층은 태국인이나 화교를 가리지 않고 존경받기 시작했다. 물론 화교들은 나름대로 부를 바탕으로 자녀들에게 높은 교육의 기회를 갖게 해주었고 태국 사회의 상류사회와 혼인 등을 통해 관계를 맺었으며 그 후손들은 점차 태국의 재계와 정계를 장악하였다.

특히 근래에 들어서 갑자기 경제가 발달하면서 태국인의 돈에 대한 의식이 많이 바뀌고 있다. 도시에 사는 젊은 층 사이에는 "돈은 인간 생활에 있어 신과 같다", 또는 "돈만 있으면 무엇이든지 사고 팔 수 있다. 돈으로 정직성, 사랑 등 모든 것을 살 수 있다"라는 의식이 팽배하고 있을 정도이다. "돈이 많으면 명예는 자연히 뒤 따라 온다"고 믿거나 "돈만 있으면 명예 따위는 아무 것도 아니다"라는 의식을 가진 사람들의 수가 적지 않다. 그러므로 이들은 돈이 된다면 무엇이든 한다. 일확천금을 꿈꾸며 복권을 사거나 경마 등의 도박에 심취하는 현상도 이러한 맥락에서 이해될 수 있다.

6) 학연, 지연 등에 대한 의식 : 태국인들은 모르는 사람끼리 만났을 경우 출신지역, 학교, 나이 등을 갈파하여 연장자에게는 가족관계에서 형님이나 누나 등 손위형제를 일컫는 '피'라는 단어를 이름 앞에 붙여 부르고, 연하의 상대편은 '동생'이라는 뜻의 '넝'이라 불러 마치 일가친척과 같은 친숙한 분위기를 조성한다. 전통적으로 계층사회였던 태국에서 공대어가 발달되어 있는 것은 이상한 일이 아니며, 후견인제도와도 관계가 깊다.

아랫사람은 늘 윗사람의 뒷전에 그림자처럼 소리 없이 있으며 보좌해야 하고, 부름이 있을 경우에는 공손하고 예의바르게 윗사람보다 눈높이를 낮추어 자신의 감정을 겉으로 나타내지 않고 중도적 입장에서 조용히 답해야 하며 반대 의견을 내지 못한다. 태국 속담에 "윗사람(웃어른, 상전)의 뒤를 따라 걸으면 개도 물지 않는다"라는 말이 있는 것처럼 아랫사람들은 윗사람에게 순종하는 것이 미덕으로 간주되었는데, 지금도 이 성향이 곳곳에 남아 있다.

7) 교육에 대한 의식 : 옛부터 지배계층만이 글공부를 하여 관로가 될 수 있다고 믿었으므로 교육을 받은 식자층은 바로 상전으로 인식되었으며 존경의 대상이 되었다. 예전에는 관료가 되기 위해, 뜨는 남다른 출세를 위해 높은 학문을 닦았고, 학문을 남에게 전수시키거나 가르치기보다는 개인의 것으로 혼자 간직하려는 경향이 강하였다. 현재도 물론 고등교육을 받은 사람이 존경을 받는다. 박사학위를 받고 자타가 인정하는 학문적 성과를 올린 사람은 칭송을 받고 존경의 대상이 된다. 국내학위보다는

외국에서 받은 학위가 더 높이 인정받는 것도 사실이며, 능력보다는 학위증이나 증서가 인정받고 통용된다. 가난해도 학문이 높은 사람은 홀대하지 않는다. 선생님들이 존경의 대상이 되는 것도 이러한 이유에서이다.

산업사회에 들어서 젊은 남성들이 출가(부엇 뻰 프라픽쑤)하는 풍습이 도시에서는 흔한 일이 아니나 태국에서 출가한 남성과 출가하지 않은 남성에 대한 사회적 인지도는 다르다. 흔히 출가했던 남성을 '익은 사람', 또는 '성숙한 사람'이라는 뜻의 '콘쑥'이라 하고 그렇지 못한 남성을 '익지 않아 먹을 수 없는, 풋'의 의미를 가진 '딥'이라는 단어를 붙여 '콘딥'이라 부른다. '콘쑥'을 윤리적으로 성숙한 사람, 또는 사회적인 성인으로 인정한다. 믿을만한, 안심하고 일이나 딸을 맡길 사람으로 간주하여 결혼을 허용한다.

8) **체면에 대한 의식** : 부유하지 않은 계층은 덜하지만 부유층의 호사스런 옷과 장신구, 보석에 대한 사치는 심하다. 의식을 행할 때 의식이 행해지는 장소, 초대 받는 사람들의 신분과 수, 연회나 모임에 입고 갈 의복, 보석 등의 장식과 장식품 등에 의해 태국인들은 자신의 부와 사회적 지위, 신분이 나타나고 결정된다고 생각하는 경향이 강하다. 남과 다른 의복이나 장신구로 부나 지위, 고상한 취미, 인격, 개성을 과시하며 스스로 만족하고 절대로 남과 똑같이 하려고 하지 않는다. 사치스럽고 외국의 유명상표에 대한 선호도가 높고 외국 상품에 대한 기호도도 높다. 특히 농촌 거주인에게 있어서는 화려하고 비싼 의복이나 장신구 등은 바로 자녀들의 부모에 대한 효의 상징이라 간주되어 체면과 직결되어 있다.

이 외에도 도시나 시골을 막론하고 출가, 결혼, 장례, 집들이 등등의 의식이 체면을 살리기 위해 당사자의 입장에서는 최대한으로 행해진다. 많은 돈을 쓰고 빚을 지는 예도 허다하다. 화려하고 성대한 의식을 할 수 없는 경우에는 아예 의식을 생략하기도 한다. 초라하게 할 경우 남과 비교되어 체면이 깎인다고 생각하기 때문이다.

9) 민간신앙 또는 정령(피)에 대한 의식: 태국인은 점치는 것을 즐기고 귀신이나 정령을 섬긴다. 태국은 상좌부불교국가이나 불교가 도입되기 이전에 타이족은 물론 인도차이나 반도에 거주하던 선주민들은 정령 숭배, 조상신 숭배, 각종 귀신 등을 숭배하였다. 무당이 이러한 신앙상의 의식을 주재하고 사람들의 정신세계를 주도하였다. 그러므로 앞날을 알기 위해, 해몽을 위해, 액운을 막기 위해, 병을 치료하기 위해, 복을 빌기 위해 무당을 찾고 점술가를 찾았다. 이 외에 다신교인 힌드교도 전러되었었다.

그러므로 나중에 남하하여 왕국을 건설한 타이족들은 상좌부불교를 도입하여 주도권을 잡고 포교했으나 세월이 흐름에 따라 자연스럽게 브라마니즘, 자연신 숭배, 조상신 숭배, 귀신 숭배 등의 토착 신앙과 뒤섞이게 되었다. 태국인들은 관공서 앞에는 신당을, 집 앞에는 지신을 모시는 싼프라품과 조상신을 모시는 싼짜오를 모셔놓고 있다.

그래서인지 태국인들의 생활에서는 미신적인 요소도 쉽게 찾아 볼 수 있을 것 같으나 이러한 견해는 힌두이즘 또는 브라마니즘으로 설명하는 그들이다.그들은 일상생활에서 먼 길을 떠나거나 먼길에서 귀향하는 집안 식구, 오랜 병에서 회복된 식구를 위해, 또는 결혼 전날이나 출가하기 전날에, 또 손님을 환영하고 환송하기 위해 탐콴의식을 한다. 바이씨를 만들어 앞에 놓고 양 손목에 실을 묶어주면서 안녕과 행운을 기원한다. 이때 법수를 머리나 손에 붓기도 한다

태국인들은 귀신 또는 정령이나 영혼을 신봉하고, 귀신이 꺼려한다고 믿는 행위는 금기사항으로 믿고 있다. 농업사회였으므로 자연과 친밀하게 살아왔기 때문에 모든 사물에는 정령 또는 혼이 있다고 믿는다. 그러므로 운명과 귀신, 정령 등 신성하다고 인식되는 것을 믿고 섬기며 복을 축원한다. 그 신성한 대상은 오래된 나무, 큰 바위, 산 등이다. 특히 인도문화권

에 거주하는 사람들이 산을 신성시했던 것을 상기하면 태국인의 의식을 이해하는데 큰 도움이 된다.

절의 승려가 출생한 아기의 이름을 지어 준다든가 해몽을 해 주거나, 길일을 잡아 주고 사주를 보아 주는 일은 흔히 있는 일이다. 누구든 점을 쳐서 길일을 잡고 결혼도 하고 이름도 짓고 이사도 한다. 선거 날짜나 배의 진수식 등 국가 수준급의 일도 일일이 점을 쳐서 길일과 시간을 잡는다. 더군다나 심한 스트레스를 받고 살아야 하는 자아상실의 시대에 들어서면서 자신의 삶과 지위, 불투명한 장래에 대한 심각한 회의와 부담감을 느낀 현대인들은 점술가에게 의지하고 호신불이나 부적에 의존하는 경향이 높아졌고, 이 와중에서 불교도 여러 갈래의 종파들이 나타났으며, 개중에는 미신적인 요소가 매우 강한 종파도 적지 않다.

10) 놀이에 대한 의식 : 태국인들은 13세기 말에 조성된 람캄행 왕의 비문 1호 중에 나오는 "들에는 벼가 자라고 물에는 물고기들이 있다(나이 나 미 카우 나이 남 미 쁠라)"라는 어구를 인용하면서 태국이 옛부터 풍요로운 나라였다고 말한다. 이 어구가 아니라도 태국에 가 본 사람들은 태국인들이 풍요로운 천혜 속에서 살고 있음을 쉽게 느낄 수 있다.

우선 상하의 나라여서 일 년 내내 온갖 과일과 꽃이 풍성하고, 짜오프라야 강을 중심으로 발달된 곡창지대에서는 태국인을 부양하고도 남을 쌀이 생산된다. 태국이 세계 최대의 쌀 수출국인 것은 바로 이러한 혜택의 결과이다. 그리고 일부 동북부 지역을 제외한 전 지역에는 크고 작은 강이나 수로가 많아 야채와 물고기(민물고기)를 쉽게 구할 수 있다. 한마디로 태국인의 의식주는 자연 속에서 쉽게 해결된다고 할 수 있다.

그러므로 공동체 생활을 했던 농경문화 속에서 힘든 일을 하면서 여럿의 힘을 함께 모으기 위해 노래나 놀이가 발달한 것은 자연스러운 현상이다. 모를 낼 때, 추수할 때 마을 공동으로 일을 하며 피곤함을 잊고 손발을 맞추어 일의 속도를 고르게 하기 위해 노래와 춤을 즐겼을 것이다. 태국인의 명절이나 잔치에서 노래와 춤을 빼놓을 수는 없다. 배 위에서 물놀이를 즐기며, 절 마당에서, 공터에서, 노래로 화답하며, 또 달빛 아래서 노래하고 춤추며, 도박도 즐긴다.

생활 속에서 즐거움을 찾는 이 오래된 습성이 몸에 밴 나머지 생활 전반에서 즐거움을 찾으려 한다. 세시풍속이나 인간의 관혼상제에 따른 모든 의식에서 춤과 노래, 음악을 빼놓을 수 없다. 장례식이나 화장식(다비식)을 할 때도 온 동리가 축제분위기 속에 싸여 즐긴다. 영화가 상영되고 연극이 공연되며 절 마당에는 시장이 서기도 한다. 오락이라 해도 심각한 소설이나 영화, 연극보다는 내용이 명랑하고 가벼우며 이해하기 쉬운 것을 더 선호한다. 희극을 선호하고 무협물을 선호한다. 놀이도 그냥 즐기기보다는 내기(도박, 노름)를 하고, 이 내기를 통해 더 즐거움을 느끼는 듯하다. 내기의 종류도 매우 다양하다.

어떤 학자들은 태국인에게서는 어디까지가 일이고 어디까지가 놀이인지 구분하기 어렵거나 구분이 없다고 말할 정도로 놀이를 즐기고 일 속에서 재미를 찾고자 한다. 그러므로 하는 일에 열심일 수 없는 경우가 허다하고 그 결과나 일하는 시간에 대해 신경을 쓰지 않는다. 지방에서 일을 하거나 사람을 고용할 때 철저히 책임량을 부여하고 상벌에 대해 주지시키는 것이 필요하다.

11) **불교사상에 대한 의식** : 이미 언급한 바와 같이 태국인은 94% 가량이 불교를 믿고 있다. 전통적으로 사원은 동리 사람의 생활 전반에 걸쳐 중심이 되고 승려는 바로 스승이자 정신적 지도자며 구심점이다. 옛부터 20세 전후의 남성들은 일정기간씩 우안거 때가 되면 출가하여 불도를 공부하고 심신을 닦아 출가한 연후에는 명실상부한 성인으로 간주되어 결혼도 할 수 있었다. 이 풍습이 아직도 지켜지기는 하나 도시보다는 지방에

서 더 많이 지켜진다.

불교의 윤회사상, 업보사상, 선업(적선) 등에 대한 의식은 태국인으로 하여금 일상생활에서 남의 일에 간섭하지 않고 복을 짓는 일에 힘쓰게 한다. 예를 들어 아침마다 음식을 장만하여 탁발 나온 승려에게 공양을 바치는 행위도 복을 짓는 행위에 속한다. 이러한 탐분(보시 또는 적선)행위는 전국에서, 경우에 따라 단체로 개인적으로 행해지나 대도시보다는 지방이나 농촌에서 더 지켜지고 있다.

지방에 사는 사람일수록, 살기가 어려운 사람일수록 보시를 많이 하여 더 나은 내세를 보장받으려는 의식이 강하다. 어느 경우는 지나치다 싶어도 빚을 지면서, 가정적으로 불화를 빚으면서도 보시를 약속한다. 이는 생전에 쌓은 보시 행위는 바로 적선행위로 간주되어 내세에는 보다 나은 생을 받아 태어난다고 믿기 때문이다. 동북부 지역의 주민들이 일 년 내내 보시행위를 하는 것도 이러한 맥락에서 이해될 수 있다.

12) **관용에 대한 의식** : 남을 쉽게 용서해주며, 다른 사람의 말에 잘 거역하지 않는다. 태국 말에 "커톳"(죄송합니다)과 "마이뻰라이"(괜찮습니다) 그리고 "마이미빤하"(문제 없습니다)라는 말이 있다. 태국인들이 사용하는 말 중에 아마도 가장 많이 입에 오를 만큼 태국인들은 남에게 폐를 끼쳤을 때 쉽게 용서를 구하고, 부탁이나 요청을 받았을 때 쉽게 동의를 한다. 아마도 이러한 성격은 남에게 증오심이나 악의를 가지지 말고 자비를 베풀 것을 요구하는 불교의 영향 때문으로 보인다. 물론 부탁이나 요청을 했을 때 태국인들은 자신의 체면손상이나 상대방이 화를 내지 않을까, 혹은 자기를 좋아하지 않으면 어떻게 할까 등을 염려하여 일시적으로 그 자리를 모면하려고 동의를 하는 경우도 있기 때문이다.

3. 새로운 가치관 형성을 위한 정부의 노력

이미 언급한 바와 같이 한 사회의 가치관이나 국민의 의식은 사회구성원이 그렇게 행동하고 생각하는 것이 옳다고, 또는 가장 바람직하거나 더 낫다고 생각하여 그 행위를 다른 행위보다 더 자주, 더 보편적으로 선호하여 선택하는 행위와 사고 상의 정형이자 규범이다. 이러한 맥락에서 볼 때 행위자의 사고와 행동 윤리에 대한 교육이 있어야 된다는 사실은 명백하다. 그 교육은 가정에서 우선 이루어져야 하고 다음으로는 학교와 사회에서 행해져야 한다.

태국의 경제가 급속도로 변화하기 시작하자 1982년 태국의 문화윤리위원회에서는 태국인이 지키고 익혀야 할 5개 원칙을 규정하여 태국인의 기본가치관 형성을 위한 지침으로 삼았다. 우선 위원회는 당시 태국인의 의식 중 지양해야 할 12가지를 지적하였는데, 그 내용은 다음과 같다.

전통적인 태국인 고유의 윤리를 무시한다. 물질적 성취만을 선호한다. 자신의 업무에 등한히 한다. 공공이익을 위한 희생심과 애국심이 부족하다. 국산품을 사용하려는 의식보다는 외제를 선호한다. 공공이익보다 개인의 이익을 우선적으로 추구한다. 지나치게 사치하는 습성이 있다. 재미와 놀이를 선호하고 맛있고 비싼 음식을 지나치게 즐긴다. 손이 크고 대범한 사람이나 행동을 찬양한다. 편리한 생활이나 생활방식을 지나치게 선호한다. 미신을 많이 믿는다. 그리고 도시인은 농촌에 거주하는 사람이나 농촌생활을 비하하고 멸시한다.

이에 대하여 시대에 맞는 바람직한 가치관의 정립을 위해 (1) 자립, 근면, 책임의식의 함양, (2) 절약과 저축의식의 고취, (3) 질서의식과 준법의식의 고양, (4) 종교적 교리의 올바른 수행, (5) 왕실 존경과 나라 사랑, 그리고 바른 신앙생활 등의 5개 사항을 일상생활에서 지킬 것을 권하였다.

물론 한 시대, 한 나라 국민, 또는 한 민족의 의식이나 가치관이 하루아침에 이루어지는 것은 아니고, 정부가 강제적으로 변화시킬 수도 없다. 여러 가지 내・외부적인 사건이나 사실에 의해 끊임없이 변화한다. 과거의 사회적 경제적 변화는 느리게 진행되었고, 그 영향을 직접 받는 계층도 한정되어 있는 것이 보통이었다. 그러나 대중매체의 발달로 세계는 좁아지고 직・간접적으로 영향을 주고받게 되었다. 그 결과 태국에도 많은 변화가 너무 빨리 일어나 물질적인 변화를 정신적인 변화가 따르지 못하는 사태를 낳았던 것이다. 농촌 인구가 대거 도시로 이동하여 많은 문제를 야기하였고, 서양의 문화가 물밀듯이 들어와 미처 대처할 생각도 못하는 사이에 태국의 전통문화를 잠식하게 되었다. 이러한 현실 속에서 태국 정부는 경제적 발전에 걸맞은 정신적 발달을 도모함으로써 태국의 전통에 맞고 태국인으로서의 자긍심과 의식을 잃지 않는 가치관을 정립하려고 위와 같은 노력을 한 것이라 본다.

가치관은 산수교과서처럼 외울 수 있거나 한 가지 정답만 있는 것이 아니다. 수백 년을 두고 내려온 전통 속에서, 또 급변하는 정치적 경제적 사회적 여건 속에서, 지리적 기후적 자연환경 속에서, 그리고 긴 역사 속에서 형성되고 변화해 왔다. 태국은 변하고 있다. 그것도 아주 빠르게 변하고 있다. 상좌부불교, 자유선호의식, 평등의식, 권위주의의식, 명예와 돈을 추구하고 중시하는 의식, 정치적, 경제적, 사회적 지위가 개개인의 내・외형적 여건을 결정해주는 사실 등은 앞으로도 지속되면서 변화할 것이다.

제 5 장

교 육

교육은 우리 인간의 사회정의와 지식탐구를 위한 전반적인 기본상식과 국가개발을 위한 각 분야별 전문지식을 탐구해 나가는데 필요한 제반 교과과정을 체계적으로 잘 배분하여 국가의 안정과 번영을 지향하는 소위 "국가가, 국가의, 국가를 위한 주요 핵심 업무"인 것이다.

태국의 교육은 일반적으로 만 6~7세경부터 사원에 가서 전반적인 태국국민의 기본 생활철학과 불교교리를 탐구하는 사원교육에서부터 시작되었다. 이는 원래 사원이 바로 일반국민의 전통적인 생활중심지였고 학생들의 통학이 편리하였으며 학교설립에 소요되는 제반 경비 또한 절약할 수 있었던 것은 물론이고 또 학생들이 각 사원에 가서 공부하면서 쌓아올린 전통 생활양식을 바탕으로 그 당시 태국사회에 파급되어오기 시작한 서양문물에 적절히 잘 대처해 나가면서 자국의 전통문물과 미풍양속을 꾸준히 유지시켜 나가는데 적지 않은 도움을 받을 수도 있었기 때문이다. 이와 같이 사원을 중심으로 해서 시작한 태국의 교육은 급변하는 시대조류에 맞게 꾸준히 발전해 내려왔다.

이에 본 필자는 그동안 대대로 꾸준히 발전해 온 태국의 교육을 크게 고대 교육제도와, 근대 교육제도 및 현대 교육제도와 같이 3단계로 분류해서 정리해 보기로 한다.

1. 고대 교육제도

태국의 고대 교육은 쑤코타이 왕조 시대(1238~1438)부터 시작해서 아유타야 왕조 시대(1350~1767)와 톤부리 왕조 시대(1767~1782)를 거쳐 현 랏따나꼬씬 왕조 시대(1782~현재)의 몽꿋 왕(라마 4세, 1851~1868) 때까지 실시해온 교육으로, 그 주요 교육제도의 내용을 요약해서 정리해 보면 다음과 같다.

1.1 교육장소

고대 태국의 교육 장소는 크게 왕족이나 고위관료용 교육장소와 일반 평민용 교육장소와 같이 두 곳으로 분류할 수가 있다. 이 가운데 우선 왕족이나 고위관료를 위한 교육장소로는 왕궁이나 왕족과 고위관료의 주택 내부에 있는 소규모 학습원이 있었고, 일반 평민을 위한 교육장소로는 사원이 있었다. 후에 서양에서 신부와 목사를 중심으로 한 선교사들이 태국에 들어오면서 서양식 학교가 설립되어 평민을 위한 교육에도 관심을 가져오기 시작하기도 했다.

현 랏따나꼬신 왕조의 라마 3세는 프라체뚜폰 사원을 개축하고 당시의 석학들을 모아 학문을 논하고, 사원의 담 벽 내부에 태국인에게 좌우명이 될 선조의 작품을 써 두었다. 이는 오늘날 태국 국민이 라마 3세 당시의 이 사원을 "당시의 대학"이라고 높이 평가할 수 있을 정도로 수준 높은 교육장소가 되었다.

1.2 교육목적

우선 왕궁이나 왕족과 고위관료의 주택 내 교육의 기본목적은 그곳이 바로 국내 고위층 인사의 중심지였던 까닭에 전통적인 불교교육과 도덕윤리교육 외에도 직업교육 및 군사통치 교육 등 각계 전문교육을 광범위하게 마련하여 각 교육기관의 특성에 맞게 학생을 선발하여 교육을 실시하는데 있었다.

한편, 사원교육의 주요목적은 기본 불도와 도덕윤리 및 전통문화풍습 등을 중점적으로 지도하는데 있었고, 가정교육의 주요목적은 전통적인 기본 도덕윤리와 예의범절 및 조상의 직업계승 등을 보호 육성하는 데 있었다. 그러나 전반적으로는 이들 각급 교육에서 태국어의 읽고 쓰기와 숫자 및 기본 불교교리를 중심으로 태국의 전통문화예술을 창달하여 국가 발전을 도모하는 데에 역점을 두었다.

1.3 교과내용

태국의 고대 교육은 태국어 문자를 창제한 쑤코타이 왕조의 제3대 람캄행 대왕 때부터 꾸준히 발전하였는데, 여기 그 주요 교과내용을 요약하면 다음과 같다.

① 불교의 진정한 교리를 가르치는 불교교육이 굳게 정착되어 나갔다.

원래 태국국민은 옛부터 브라만교나 불교 내지는 토착신 등을 각기 자신의 취향대로 선택해서 신봉하였다. 그러나 초대 쑤코타이 왕조의 제3대 람캄행 대왕이 불교를 국교로 공식 선포하고 나서부터는 일반 국민들에게 일상생활에서 진정한 불법을 성실히 지켜 나가도록 불교교육을 계속해서 적극 육성하였다. 이어 이 쑤코타이 왕조의 제6대 리타이 왕 시대에 와서는 국왕이 직접 불도를 수도하면서 '쑤코타이 왕조의 3계톤' 과 같은 많은 불교서적을 직접 저술하여 진정한 불도를 일반 국민에게 널리 보급시키기도 하였다.

그리고 아유타야 왕조의 제27대 나라이 왕 때부터는 이미 공식 국교화된 전통불교를 모든 국민들에게 보다 더 효율적으로 보급시키기 위하여 진정한 불도와 그에 따른 전통생활양식을 지도하는 사디학교를 설립하였다. 이어 제31대 버롬마꼿 왕 때부터는 평민남자들이 적령기에 출가하여 직접 사원에서 불도를 닦지 않으면 국가 공무원으로 임용하지 않을 정도로 이 불도교육을 점차적으로 강화하였다.

② 자국어인 태국어 교육이 일반국민에게 주체성을 부각시켜 주었다.

원래 태국에서는 주로 크메르 문자와 몬 문자 등을 차용해서 사용하였다. 그런데 이는 일반 태국국민이 사용하기에 매우 불편한 것은 물론이고 국민 상호간의 의사소통에 적지 않은 혼란을 야기하기도 하였다. 이에 초대 쑤코타이 왕조의 제3대 람캄행 대왕은 이러한 자국민의 불편을 해소하기 위해 1283년에 태국문자를 창제하여 이를 전 국민에게 가르쳐서 일상생활에서 사용하도록 하였다. 그리고 그 당시 실시한 태국어 교육은 주로 태국어의 쓰기와 읽기 및 숫자계산 등의 기본교육이었지만 이를 기반으로 하여 점차적으로 각종 전통 문학서적을 직접 태국어로 저술하게 되었다. 또한 이와 동시에 각종 태국어 교재를 마련하여 국민에게 주체성과 자긍심을 고취시켜 나가는 등 국민교육의 기반을 조성해 나가는데 진력하였다.

③ 직업교육의 범위를 점차적으로 확대시켜 나갔다.

직업교육으로는 우선 남성에게는 초대 쑤코타이 왕조 시대부터 주로 각 사원에서 가르치는 태국어와 불교교육을 비롯해서 일반 도예 제품이나 유리제품의 생산에 필요한 기술교육 및 검도나 곤봉 등을 가르치는 군사교육 등을 남자들에게 실시하고, 여성에게는 간단한 바느질이나 염색 수법 등을 가르치는 순수 민간인 직업교육을 실시하였다. 그러나 현 랏따나꼬씬 왕조의 라마 3세 때부터는 선진 서양국가로부터 과학기술을 비롯해서 의약품 생산기술이나 각종 질병 치료법 등의 의학기술 및 서정시나 서사시 등의 서양문학이 태국사회에 도입되면서부터 직업교육에 많은 발전을 가져오게 되었는데, 이는 태국국민들로 하여금 한층 더 수준 높은 전문지식 탐구욕을 불러일으키는데 핵심적인 역할을 하였다.

④ 여성교육은 주로 왕족과 고위관료 주택의 소규모 학습원에서 실시되었다.

초대 쑤코타이 왕조 시대에는 각종 교육을 단지 남성에게만 실시하였다. 그리고 아유타야 왕조 시대에 와서야 비로소 그 범위를 점차적으로 확대하여 주로 왕족과 고위관료의 주택 내에 있는 학습원에서 여성에게도 태국어를 비롯해서 산술과 문화예술 및 시 등 각종 교육을 각급 수준에 맞추어 실시하기 시작하였다. 그러나 이들은 주로 왕족과 고위관료의 자식에게만 그 교육기회를 부여하였고, 일반여성에게는 단지 기본 사회생활교육과 전통 가정생활교육 및 전통 예의범절교육 등만을 실시하였다.

⑤ 시대에 맞는 신교재가 다양하게 보급되기 시작하였다.

태국에서 태국인에 의해 발간된 태국어 기초학습서는 "찐따마니"로, 아유타야 왕조의 나라이 왕 때 호라티버디가 왕명을 받아 지었다. 그러나 서양과의 교류가 많아지면서 선교사들이 태국에 진출하였는데, 그들은 선교 상 태국어교본과 이 교본을 인쇄할 수 있는 장치의 필요성을 느꼈다. 결국 서양 선교사에 의해 태국어활자가 주조되었고 인쇄기판도 만들어졌다.

당시 선교사인 브래들리 박사가 싱가포르에서 활자와 인쇄기를 구입하여 방콕에 설치하고 인쇄를 시작했다. 태국왕실은 이 인쇄소에서 '아편흡입금지'91839)라는 주제의 공문서를 인쇄하여 배포하였다. 승려인 쭐라롱껀 왕자도 인쇄의 필요성을 느끼고 출가하고 있던 버원니웻 사원에 인쇄청을 설치하고 불경 등을 인쇄하여 보급하였다. 1858년에 는 태국 역사상 최초의 정부 간행물도 발행하는 등 다양한 내용의 신교재가 발행되어 점차적으로 광범위하게 보급되기 시작하였다.

1.4 교과과정

고대 태국교육의 교과과정은 그다지 잘 정비되어 있지는 않았다. 다시 말해서 그 당시 대부분의 교과과정이 주로 가르치는 교사의 방침에 달려 있거나 아니면 각 교과목의 내용이나 배우는 사람의 태도에 달려 있기도 하여 그리 정확하게 규정되어 있지 않았다. 그러나 이를 총괄적인 측면에서 분석해 볼 때, 그 당시 태국의 교과과정의 초급단계에서는 주로 태국어의 강독과 작문을 비롯해서 일부 크메르어와 몬어도 가르쳤으며, 이어 중급단계에서는 공예학 방면의 각종 기능공을 양성시키기 위한 지식을 부각시켜 나감과 동시에 태국사회의 전통생활관습을 주입시켜 나갔다. 그리고 고급단계에서는 서사시나 서정시 등과 같은 각종 시문학과 점성학 내지는 신비학 등의 교과과목을 설정하여 가르쳤다.

1.5 성적평가

태국의 고대 교육기관에서는 정규 학업성적 평가 규정은 없었고 다만 상식적인 기본 평가수준에 머물렀다. 그러나 그 당시 각급 교육 장소에서는 나름대로의 수준에 맞는 지식탐구력 향상을 강조하면서 각기 선택해서 학습해 온 교과목에서 취득한 학식수준에 맞게 사회에 진출할 수 있도록 지도하는 등 각종 지식탐구와 그 능력발휘를 강조하였다.

2. 근대 교육제도

랏따나꼬씬 왕조의 제5대 쭐라롱껀 대왕은 1868년에 즉위한 후 서방 선진국으로부터 보급되어 들어오기 시작한 새로운 각종 학문과 사고방식을 받아들여 국가발전과 국토방위력을 육성해 나가는 데에 그 무엇보다도 먼저 실제적인 국민교육이 필요하다는 사실을 인식하게 되었다. 이에 이 쭐라롱껀 대왕은 우선 대외적으로 인접 아시아국가와 서유럽각국을 순방하면서 그들의 새로운 교육제도를 받아들임과 동시에 이를 기반으로 해서 대내적으로 자국민의 효율적인 교육수준 향상에 필요한 여러 전문지식탐구를 하도록 적극 육성하면서 각급 정규학교를 설립하기 시작하였다. 여기 그 대표적인 예로 1871년에 싸란롬 왕립학교를 왕궁 내에 설립하여 태국어와 산수, 전통생활관습 및 영어 등을 가르쳤고, 1880년에는 쑤난타라이 여성학교를 왕궁 내에 설립하였으며, 1884년에는 방콕시내에 있는 여러 사원에 일반국민을 위한 왕립학교를 설립한 후 이를 점차 지방으로 확장시켜 나갔고, 또 1889년에는 팻타야껀이라는 의료학교를 방콕에 설립함과 동시에 최초의 사범학교를 설립하는 등 계속 꾸준히 발전시켜 나갔다.

이와 같이 새로 설립되는 학교 수가 급격히 증가되면서 그 무엇보다도 먼저 이를 이끌어 나갈 별도의 독자적인 교육행정기관 설립의 필요성을 인식한 나머지 1887년에는 교육청을 개설하게 되었다. 그리고 이 교육청이 개설되자 당시까지 중앙행정기관에서 직접 책임을 지고 운영해 오던 모든 교육행정업무를 교육청에 이관한 후 1892년부터는 이를 다시 교육부로 확대 개편하였다. 이에 교육부는 보다 더 효율적인 국가교육업무를 추진해 나가기 위해 1898년부터 시작해서 1977년까지 약 79년 동안 무려 12차례에 걸쳐 국가교육계획을 수립・실시하였고 1997년부터는 현행 초등학교 6년과 중등학교 3년, 고등학교 3년 및 대학교 4년의 소위 "6-3-3-4제"교육제도를 채택하게 되었다.

이 제12차 교육계획에서는 유치원 교육 2~3년과 의무교육인 초등학교 6년, 중등학교 6년(중학교 3년+고등학교 3년) 및 고등교육인 대학(교) 2~4년 이상(2년제 초급대학이나 4년제 이상의 정규대학교)으로 편성되어 있다. 그런데 여기서 우리가 한 가지 주지해야 할 것은 중등학교 교과과정 가운데 우선 중학교 교과과정 3년은 모두 인문 중학교의 교육과정으로 통일하였으나 고등학교 교육과정은 크게 인문고등학교의 교육과정과 농업고등학교와 상업고등학교 및 공업고등학교 등으로 구성되어 있는 실업고등학교의 교과과정과 같이 크게 두 가지 종류의 교과과정으로 편성되어 있다는 것이다. 아울러 고등교육 교과과정은 농업전문대학과 산업전문대학 및 공업전문대학과 같은 2년제 실업 전문대학과 종전의 사범학교가 발전하여 각 전공이수 분야에 따라 고등교육학위와 고등연극예술 학위 및 고등예술교육 학위와 같은 3가지 종류의 학위 중 하나가 수여되는 교육대학 및 4년제 전문대학으로 출발한 직업교육대학 및 1916년에 설립된 쭐라롱껀 왕립대학교를 비롯한 일반종합대학(교) 등의 교육과정으로 편성되어 있다.

3. 현대 교육제도

3.1 입시제도

1921년부터 실시한 제7차 교육계획에서 초등교육의 의무 교육법을 공식 선포한 후 일부 교육기관에서 이 의무교육을 실시해 오다가 1945년부터 각 지방에 초등공립학교를 설립하기 시작하여 이를 전국적으로 확장시킨 다음, 1953년부터 모든 국민에게 이 초등교육의 의무교육을 실시하고 있다. 이에 현재 6년으로 되어 있는 초등학교의 신입생은 거주 지역 내에 있는 각 초등학교에 무시험으로 입학한다.

한편, 중등교육인 중학교와 고등학교는 각기 매년 4월 초에 신입생 입학시험을 실시하여 신입생을 선발한다. 단, 각 대학의 부속학교로 되어있는 일부 시범학교는 바로 교육부에 소속되어 있는 일반 중・고등학교와는 달리 매년 2월 중에 먼저 신입생 입학시험을 실시하여 신입생을 선발한다.

그리고 고등교육인 대학(교)의 신입생 입시제도는 크게 국립대학 입학시험과 사립대학 입학시험으로 분류하였다. 그 가운데 우선 국립대학의 입학시험은 각 대학교 국가 교육협회의 대표위원으로 구성된 대학입시위원회에서 입학 시험문제를 출제한다. 그리고 이 대학입시위원회는 국가 교육의 질적 · 양적 수준을 공정하게 전국적으로 평준화하기 위하여 신입생 입학시험을 각 지방 국립대학 입학시험과 방콕국립대학 입학시험과 같이 크게 둘로 나누어 입학시험을 실시한다. 다시 말해서 전국 국립대학 가운데 우선 각 지방 국립대학은 매년 3월말 내지는 4월 초에 실시하는 신입생 입학시험에서 전체 신입생 수의 40%를 먼저 선발하고, 나머지 60%의 신입생은 매년 5월 초에 방콕시내 국립대학과 더불어 전국적으로 일제히 실시하는 전체 국립대학 신입생 입학시험에서 선발한다. 그리고 방콕시내 국립대학은 매년 5월 초에 전국적으로 실시하는 신입생 입학시험에서 100% 전체 신입생을 선발한다.

한편, 사립대학의 신입생 입학시험은 교육부에서 출제하는 대학 입학시험문제에 관계하지 않고 각 대학 별로 입학시험 문제를 출제하여 국립대학과 상호 동일한 시기에 신입생 입학시험을 실시한다. 그리고 이들 각 대학의 입학시험에 응시하는 학생은 적어도 5개 대학 5개 학과에 지원한 다음 그 시험결과에 따라 해당 학과에 입학 할 수가 있게 된다. 단, 태국의 수도 방콕시내에 있는 람캄행 국립개방대학교와 쑤코타이 탐마티랏 국립 방송통신 대학교에서는 신입생 입학시험이 없이 지원학생 전원을 신입생으로 선발한다.

3.2 교육기간

아열대 지역인 동남아시아 대륙의 중앙에 위치해 있는 태국은 1년 중 가장 더운 달이 4월 이라 각 급 학교의 제1학기가 모두 이 무더운 4월이 지난 다음에 시작되는데, 각 학기별 교육기간은 다음과 같다.

1) 초 · 중 · 고등학교의 학기별 교육기간

초 · 중 · 고등학교의 제1학기 교육은 매년 5월 15일부터 10월 1일까지 실시된다. 그리고 제2학기 교육은 매년 11월 1일부터 3월 31일까지 실시된다. 따라서 초 · 중 · 고등학교의 제1학기 말 방학기간은 약 1개월뿐인 반면, 제2학기 말 방학인 학년 말 방학기간은 약 1개월 반으로 되어 있다.

2) 대학(교)의 학기별 교육기간

대학(교)의 제1학기 교육은 매년 6월 첫 주에 학기 등록을 마친 후 6월의 두 번째 주부터 시작해서 10월 첫째 주까지 수업이 계속된 다음 10월 두 번째 주에 제1학기 학기말 고사가 실시된다. 그리고 제2학기 교육은 매년 10월 마지막 주에 학기 등록을 마친 후 11월의 첫 주부터 시작해서 다음해 2월 마지막 주까지 수업이 계속된 다음 3월 첫 주에 제2학기 학기말 고사가 실시된다. 따라서 제1학기말 방학기간은 단지 약 2주일뿐인 반면 제2학기 학기말 방학기간인 학년말 방학기간은 약 3개월간 계속된다. 이에 각 대학(교)에서는 한 여름인 이 학년말 방학기간을 이용하여 매년 3월 마지막 주부터 시작해서 5월 두 번째 주까지 약 2개월간 하기 계절학기 교육을 실시한다.

3.3 졸업제도

태국교육의 졸업제도는 초 · 중 · 고등학교와 대학(교)와 같은 각급 교육과정에 따라 다소 차이가 있는데, 여기 그 주요 내용은 다음과 같다.

1) 초 · 중 · 고등학교 졸업제도

일반적으로 태국의 초등학교 학생은 매학기 80% 이상의 학업성취도와 전체 수업시간의 80% 이상의 출석이 이루어져야 졸업할 수 있다. 그러나 중학교와 고등학교의 학생은 일반 교양과목에서는 시험성적이 나쁜 학생에게 주로 한번 재시험을 실시하여 그 대부분이 통과하지만 필수과목만큼은 재시험을 보다 더 강화하여 이를 통과하지 못하면 다음 학기에 그 과목을 재수강해야 한다. 그러나 대부분의 학생이 초등학교 6년과 중학교 3년 및 고등학교 3년의 정규교육기간 내에 무사히 졸업을 하게 된다.

2) 대학(교) 졸업제도

원칙적으로 태국의 대학은 매학기 전체 수업시간의 80% 이상 출석해야 졸업할 수가 있다. 그리고 최고 학업성적 4.0 가운데 제1학년 1학기를 제외하고 한 학기 평균성적이 1.5 이하 이거나 2학기 연속해서 취득한 평균성적이 1.75이고, 또 4학기 연속해서 취득한 평균성적이 2.0 이하인 학생과 정해진 8년 이내에 정규교과과정을 완전히 이수하지 못한 학생 및 기타 규정을 위반한 학생은 규칙상 학생 자격을 상실하는 것으로 되어 있다. 이에 일반적으로 규정된 기본 교육기간 내에 정규교과과정을 무사히 이수하고 졸업하는 학생은 약 90% 내외인 것으로 되어 있다.

3.4 대학원 교육

태국의 대학원 교육은 우리나라와 마찬가지로 크게 석사학위 교육과정과 박사학위 교육과정으로 분리되어 있다. 일반적으로 석사학위 교육은 정해진 2-5년의 정규교육기간 이내에 약 30학점 이상의 정규교과과정을 이수하고 졸업논문을 작성해야 하고, 박사학위 교육도 역시 정해진 2-5년의 정규교육기간 이내에 약 47학점 이상의 정규교과과정을 이수하고 졸업논문을 작성해야 각기 석사학위와 박사학위를 수여받게 된다. 그리고 이 가운데 우선 석사학위 졸업논문 심사위원은 논문지도교수 1명과 논문 심사위원 교수 약 3명으로 구성되어 있는 반면, 박사학위 졸업논문 심사위원은 논문지도교수 약 3명(전공교과과목 지도교수 1명+논문제목 지도교수 1명+통계학 지도교수 1명 등)과 논문심사위원 교수 약 10명 이상으로 구성되어 있다.

3.5 교외교육

교외교육이란 견학과 탐구 및 실습 등 교외에서 직접 현지 경험을 통하여 일반 상식적인 지식과 전문적인 지식 등 각계 학문지식과 그 응용력을 육성해 주는데 필요한 여러 가지 사회적 경험과 업무활동을 지도해 주는 비정규 교육제도이다.

태국의 비정규교육인 이 교외교육에는 초등교육이나 중등교육의 교육기관에서 가르치는 교과과정과 동일한 교과과정을 가르치는 특수교육, 각종 기술학교나 직업훈련학교 등과 같이 어느 정도의 격식을 갖추고 초등교과 과정부터 시작해서 고등교과과정까지 연결되어 있는 교외 성인 교육, 그리고 라디오나 텔레비전 및 각종 신문 등과 같은 대중매체를 이용하거나 토론회나 전시회 등과 같이 각종 집회장소를 이용하여 연극이나 음악 등을 가르치는 특수 직업교육과 같이 크게 3가지 종류의 교육이 포함되어 있다.

그동안 태국정부가 추진해온 국가교육개발 정책에 의하면 전반적으로 교육을 평생교육으로 강조하면서 이 비정규교육인 교외교육을 정규교육과 병행해서 추진해왔다. 그 실례로 우선 중앙에는 각 부처별로 성인교육이 실시되고 있는 것을 비롯해서 각 지방에는 크게 북부와 동북부, 동남부, 서부, 남부 및 중부와 같이 6개 지역에 각 지역단위 교외 성인교육센터와 전국 76개 짱왓에 각 짱왓 단위 교외 성인교육센터가 설치되어 있고, 또 각종 기술학교와 일요불교학교 등이 교육부 산하에 전국적으로 개설되어 있다.

이제까지 서술해온 바와 같이 태국의 교육은 교육사적으로 대대적인 교육개혁을 가져온 현 랏따나꼬씬 왕조의 제5대 쭐라롱껀 대왕 시대를 기준으로 하여 크게 쑤코타이 왕조시대부터 시작해서 아유타야 왕조시대와 톤부리 왕조시대를 거쳐 현 랏따나꼬씬 왕조시대의 라마 4세에 이르기까지 그다지 체계적인 교육제도와 일정한 정규 교과과정이 없이 유지해온 고대 교육과 이어 라마 5세 때부터 시작해서 1977년까지 그동안 12차례에 걸쳐서 대대적인 교육개혁을 실시한 근대교육 및 체계적인 교육제도와 정규 교과과정을 갖추게 된 현대교육으로 나누어 설명할 수 있다.

제 6 장

종 교

태국은 그 국가명칭(Thailand: '자유로운 땅'의 뜻)에서도 나타나 있는 바와 같이 자유가 넘쳐나는 나라이다. 종교에 있어서도 헌법에 그 자유가 보장되어 있어 태국인 대부분이 불교를 믿고 있지만 남부지방의 4개 짱왓에서는 이슬람교를 신봉하고 있다. 또, 소수이기는 하나 기독교를 믿는 사람들이 있고 이들 종교와는 별개로 다양한 민간신앙들이 태국인의 생활과 깊은 연관을 맺고 있다. 최근의 통계에 따르면 태국인의 93.47%가 불교신자이며 이슬람교도가 3.96%이고 기독교인이 0.52%, 힌두교도가 0.01% 그리고 기타가 2.04%로 나타나 있다. 태국인들 대부분은 종교를 갖고 있으며 그 종교는 대개가 모태신앙이다. 따라서 태국인에게 있어 종교의 교리는 선악을 판단하는 도덕과 윤리의 기준이 되며 그들이 믿는 종교문화는 곧 태국인의 생활문화이다. 멀리는 수천 년 전부터 가까이는 수십 년 전에 들어온 여러 종교들은 태국인의 우주관과 세계관 그리고 가치관과 생활양식에 이르기까지 광범위한 영향을 끼쳤다. 오늘날의 태국인을 이해하기 위해서는 그들이 믿는 종교와 신앙에 대한 이해가 선행되어야 한다. 본 장에서는 태국인의 종교와 신앙에 대해서 알아보고 이들 종교와 신앙들이 태국인과 태국문화에 어떻게 작용하고 있는가를 살펴보기로 한다.

1. 불 교

1.1 불교의 전래과정

태국에 불교가 들어오기 이전에 태국인이 신봉하던 토속신앙에서도 사후세계의 존재를 믿고 있었던 것으로 보인다. 이는 그들이 장례 시에 죽은 자의 머리를 북쪽으로 향하도록 안치시키고 생전에 사용하던 물건과 도구를 같이 매장한 것에서 알 수 있다. 이러한 토속적인 믿음은 현생의 업을 바탕으로 내세에 다시 태어난다는 불교의 업보사상과도 상통하는 것이어서 새로 들어온 불교는 기존의 신앙과 큰 마찰 없이 융화되어 발전할 수 있었다.

현 태국지역에 불교가 전래된 것은 불기 3세기 말경으로 당시에 타이만을 중심으로 하여 말레이반도와 인도차이나반도 그리고 자바와 수마트라 등지에 왕래하던 브라만들에 의해 전파되었다. 이들로부터 불교를 전수 받은 사람들이 인도에 유학하여 불도를 닦은 후 다시 돌아와 소승불교를 전파하면서 새로운 승려집단을 형성하였다. 이들 새로운 승려집단의 온화하고 절제 있는 생활과 그들의 포교활동으로 불교는 태국 사회 전반으로 퍼져나갔다. 그리하여 고대 태국의 불교발전을 이룩한 소승불교는 쑤코타이 시대에 이르러 더욱 숭상을 받았다. 람캄행 대왕은 나컨씨탐마랏에 있던 스리랑카에서 유학한 승려를 모셔와 쑤코타이 왕국의 승왕으로 추대함으로써 왕실과 평민 모두가 소승불교를 신봉하게 되었다. 그 후 리타이 왕 시대를 거치면서 태국은 불교를 더욱 발전시키는 한편 불교사상을 기초로 국가의 통치 기반을 마련하고 자연스럽게 사회질서를 확립하게 되었다. 그리하여 불교는 태국 사회에 수천 년에 걸쳐 영향을 끼쳐왔으며 오늘날까지 광범위한 불교문화를 이룩하였다.

1.2 승려와 사원의 사회적 지위와 역할

태국 사회에서 승려는 절대적인 지위를 갖고 있다. 국왕을 비롯한 왕실에 있는 사람들이 무릎을 꿇고 절하는 사람은 승려밖에 없다. 승려는 국왕 앞에서도 절하지 않는다. 승려가 엎드려 절해야 하는 대상은 부처님뿐이다. 이러한 승려와 승려가 거처하는 사원은 태국 사회에서 일반대중에게 다음과 같은 다양한 역할을 하고 있다.

1) **교육기관**: 종교에서 경전은 대개 번역하지를 않는다. 일단 다른 언어로 번역하게 되면 가르침의 참뜻이 얼마간은 변하거나 소실되기 때문이다. 한자로 번역된 경전을 통해 불교를 받아들인 우리나라와는 달리 태국의 불교는 아직까지 팔리(Pali) 빨리를 쓰고 있다. 태국어에는 우리말의 한자어 수만큼이나 팔리어와 싼스크리트어가 섞여 있다. 따라서 글을 가장 잘 아는 사람은 승려였다. 태국에서 승려는 훈장이고 승려가 있는 절은 서당과 같은 곳이었다. 태국어에서 학교라는 의미를 지닌 '롱리안'이란 말은 근대에 들어와 서구식 학교가 설립되면서 생겨난 신조어이다. 옛날에는 학교라는 단어가 아예 없었다. 절이 곧 학교이고 승려가 선생님이었다.

우리가 이름을 대개는 한자어로 짓듯이 태국사람들도 이름을 대개는 팔리어나 싼스크릿트어로 짓는다. 따라서 글을 모르는 주민들이 작명을 청해 오면 이름을 지어주는 것이 승려의 일이기도 했다. 태국에서는 아직까지도 절에서 공부를 할 수 있다. 주로 승려들이 일반 학문을 하지 않고 정해 놓은 과정에 따라 불교를 공부하는 경우가 있는데 시험에 합격할 경우에 나름대로 속세에서 배우는 일반학문의 학위에 버금가는 증서를 받고 그 학위를 인정받을 수 있다.

2) **의료기관**: 태국에서 사원은 곧 병원이기도 했다. 오늘날처럼 병원이 많지 않았던 시절에 글자를 아는 승려들이 주로 민간요법에 관한 서적을

읽고 의학지식을 습득한 후에 이를 바탕으로 주민들의 질병을 치료하고 위생과 보건을 돌보기도 했다. 따라서 누가 아프면 던저 절에 와서 승려를 찾았고 승려에게서 적절한 치료를 받았다. 오늘날까지도 태국의 승려들은 민간요법에 의한 의학지식을 갖고 있는 경우가 많다.

3) **사회복지기관** : 불타의 가르침에 따라 자비를 베푸는 승려와 사원은 그 자체가 사회복지기관이기도 했다. 부모를 잃은 고아들은 절에 기거하면서 승려의 심부름을 하거나 절의 잔일을 하면서 공부도 할 수 있었다. 이들을 태국어로 '덱왓' 또는 '아람 보이'라 부르는데 오늘날에도 태국 전역의 사원에 적지 않은 아이들이 기거하고 있다. 또 사원은 먹을 것을 구하는 사람에게는 음식을 주고 잠자리를 청하는 사람들에게는 잠자리를 제공해준다. 오늘날까지도 태국을 여행하면서 절에서 밥 한 그릇 얻어먹고 하룻밤 자고 가는 것은 전혀 어려운 일이 아니다.

이 밖에도 태국 사회에서 승려와 사원은 많은 의미를 지니고 있다. 불교국가인 까닭에 불교명절을 중심으로 한 태국의 축제나 큰 행사는 대개가 절에서 열려서 마을 사람들이 모여 이야기하고 화합과 단결을 이루는 장소이기도 하다. 또 마을의 대소사를 의논하여 일을 처리하는 곳이기도 하다. 가정문제나 주민들 간의 불화가 있을 때에도 주민들이 찾아와 의논하고 이를 중재하여 처리해주는 곳도 승려가 있는 사원이었다. 이처럼 사원은 태국사람들에게 공간적으로나 심리적으로 가장 가까운 곳이다. 사원은 태국인들에게는 없어서는 안 될 정신적 구심점이며 마음의 안식처이다. 무슨 일이 있으면 가장 먼저 찾는 곳이 바로 사원이다. 또 태국인은 죽으면 승려를 모셔와 염불을 하고 장례를 치른 뒤에 절에서 화장을 한다. 그러한 까닭에 사원은 태국인의 생의 종착지이며 승려는 삶의 최후의 동반자이기도 하다.

1.3 승려수업

승려수업이란 일정기간 머리를 깎고 출가하여 승려로 불법을 익히고 불타의 가르침대로 행하는 것으로 오래 전부터 내려오는 태국의 불교적 전통이다. 승려수업은 왕실에서도 예외가 아니어서 이미 쑤코타이 초기 리타이 왕도 직접 승려수업을 했다는 기록이 있다. 과거에는 성인 남자가 20세가 되면 3년간 승려수업을 하는 것이 전통이었으나 산업화된 현대에 이르러 대개는 3개월로 그 기간이 단축되었고 사정에 따라 더 짧게 할 수도 있다. 특히 결혼하기 전에는 누구나 한번 승려수업을 해야 하는데 이를 '부엇껀비얏'이라고 한다. 또 승려수업을 하지 않은 사람을 '콘딥'이라 해서 '익지 않은 사람' 즉 아직 선악이나 사리를 판단할 줄 모르는 미숙한 사람으로 취급한다.

이러한 승려수업은 태국인들에게 있어서 부모에게 효도할 수 있는 가장 좋은 계기가 된다. 그 이유는 태국인들의 믿음 속에는 자식이 승려수업을 하게 되면 그 공덕이 부모에게로 돌아간다고 믿기 때문이다. 태국 말에 황색 옷자락 끝을 잡고 극락으로 들어간다는 말이 있는데 여기서 황색 옷자락은 승려복을 뜻하는 말로 이는 자식이 승려 수업을 하게 되면 그 공덕으로 부모가 극락에 간다는 뜻이다. 이와 같은 승려수업에는 다음과 같이 세 종류가 있다.

1) **사미승으로 승려수업** : 만 20세가 되지 않은 남자가 출가하여 승려수업을 할 경우 '부엇뻰넨'이라 부르는 사미승이 된다. 이때의 공덕은 어머니에게로 돌아간다고 믿는다.

2) **일반승려로 수업** : 만 20세 이상의 남자가 출가하여 승려수업 시 '부엇뻰프라'라 하여 일반 승려로 수업하게 되며 이때의 공덕은 아버지에게로 돌아간다고 믿는다. 결혼 전에 하는 승려수업 대부분이 이 경우에 속한다.

3) **명복을 비는 승려수업** : 부모나 일가친척 중 은혜를 많이 입은 사람이 사망했을 경우 '부엇나파이'라 하여 고인의 명복을 빌기 위해 장례식 기간에 일정기간 출가하여 하는 승려수업으로 이때의 공덕은 고인에게로 돌아간다고 믿는다.

4) **기타** : 태국인은 간절히 바라는 바가 있을 때 그 일이 이루어지게 되면 얼마간 승려수업을 하겠다고 약속하는 경우가 있다. 그런데 그 일이 실제로 이루어졌을 때 태국사람은 일정 기간 승려수업을 하는데 이를 '부엇깨본'이라고 한다.

1.4 출가의식

출가하여 승려수업을 한다는 것은 불교의 계율과 구칙에 따라 생활을 해야 하기 때문에 다음과 같은 일정한 자격을 갖추고 있어야 한다.

① 폐병 등과 같은 심한 질환을 앓고 있지 않아야 한다.
② 사람이어야 한다.
③ 남자이어야 한다.
④ 자유인이어야 한다.
⑤ 채무가 없어야 한다.
⑥ 공무원일 경우 해당 부처에서 허락이 있어야 한다.
⑦ 부모의 허락을 받아야 한다.
⑧ 만 20세가 되어야 한다.
⑨ 시주그릇과 승복이 있어야 한다.

1.4.1 출가 전의 절차

1) **출가심사** : 20세가 된 성인남자가 출가할 경우에 출가예정자의 부모나 보호자는 출가예정자를 대동하고 인근의 절을 찾아 출가의사를 밝힌

다. 절의 주지는 출가예정자와 그의 부모를 접견하고 출가예정자의 출가 자격을 심사한다. 주지가 출가예정자의 적격함을 인정하고 출가를 허락하게 되면 출가예정자는 출가지원서를 작성하여 제출하여야 한다. 이렇게 출가를 위해 사전에 절을 방문하는 경우 보통은 꽃과 향 그리고 초를 가지고 가서 시주한다.

2) **출가의식 연습** : 출가의사를 밝히고 출가심사를 거쳐 출가허락을 득하게 되면 출가예정자는 '낙' 또는 '짜오낙'이라 불리게 된다. '낙'은 출가의식과 승려로서 지켜야 할 예절을 익혀야한다. 또 출가의식에서 사용되는 팔리어 문구를 익히고 승려로서 예불드릴 때 사용하는 팔리어 경전 등을 연습하여야 한다. 먼저 부처님 앞에 엎드려 절하는 법과 승려로 출가를 청하는 문구와 수계를 청하는 문구 그리고 승려 될 자격을 묻는 말에 대한 답을 하는 문구들을 충분히 연습하여야 한다. 이러한 문구들은 모두가 팔리어로 되어 있어 따로 연습해 두지 않으면 출가의식을 제대로 거행할 수 없다.

3) **승려의 생활용품 준비** : 출가자의 부모나 보호자 또는 친지들은 출가예정자가 허락을 득하면서부터 출가자가 출가하여 사용하는 여러 가지 승려용품을 준비하여야 한다. 이러한 승려의 생활용품을 '8 버리칸'이라고 하는데 다음과 같이 여덟 가지가 있다.

① 응량기 (시주그릇)
② 승복 하의
③ 승복 겉옷
④ 승복 상의
⑤ 허리띠
⑥ 정수천
⑦ 바늘

⑧ 면도칼

4) 출가전야 : 출가 전날을 '완쑥딥'이라 한다. 이날은 다음날 스님을 대접할 음식과 필요한 도구를 마련하고 출가의식을 거행할 장소를 청소하고 필요한 치장을 한다. 또 스님에게 시주할 음식도 따로 만든다.

5) 출가자 위로의식 : 출가자 위로의식은 출가자의 일가친척과 친지들이 모여 속세를 떠나 불가로 들어가는 출가자의 불안감을 해소시키고 용기를 북돋워 주기 위한 것으로 출가 전날 출가자의 집에서 하게 된다. 출가예정자가 삭발을 하고 흰색 천으로 만든 예복을 단정하게 입은 후에 식장에 들어와 앉게 되면 참석자들이 출가 예정자를 중심으로 둘러앉아 준비해 온 물품을 놓는다. 여기에는 계란을 얹어 놓은 밥과 승복, 응량기 그리고 향과 초 등의 예물이 포함된다. 준비가 끝나면 의식을 주관하는 주례가 들어와 정해진 절차에 따라 의식을 하게 된다. 의식을 마친 후에는 참가자들에게 향응을 제공하게 되며 여러 가지 부속 행사가 잇따르게 되는데 그 내용은 출가자의 재력과 여건에 따라 다르다.

1.4.2 출가행렬

출가의식에 앞서 출가자를 코끼리나 말, 차 또는 배에 태우고 행렬을 지어 사원으로 가게 된다. 때로는 사람에 의해 목말을 태우는 경우드 있다. 이때 출가자의 부모는 아버지가 응량기를 어머니가 승복을 안고 가족친지들은 출가자가 승려로서 생활할 때 사용할 여러 가지 물품들을 들고 형렬에 참가한다. 이때는 태국전통의 음악이 연주되고 참가한 모든 사람들이 출가자의 출가를 축하하고 때로는 춤을 추면서 절로 간다. 행렬이 절에 도착하면 불당을 세 바퀴 도는데 '탁씬나왓'이라 해서 왼쪽에서 오른쪽으로 돈다. 세 번 도는 의미는 첫 번째 바퀴는 부처님, 두 번째 바퀴는 부처님의 가르침, 그리고 세 번째 바퀴는 스님의 은덕에 대해서 생각하는 것이다. 불당을 세 바퀴 돈 후에 불당 안으로 입당하게 되는데 이때 출가자의 아버지가 왼쪽에서 어머니는 오른쪽에서 출가자를 부축하고 들어간다. 불당에 들어선 출가자는 꽃과 향과 초를 바치고 계율을 청하면서 수계의식이 시작된다.

1.4.3 수계의식

수계의식은 매우 까다롭고 복잡한 절차에 따라 이루어진다. 출가자가 불당 안으로 들어와 세 번 절한 후에 부모로부터 승복을 받고 수계의식이 시작된다. 모든 의식에 있어 수계자에 대한 질문과 그에 대한 답변 그리고 모든 염불은 팔리어로 행하게 된다. 이 과정에서 출가자의 자격을 묻는 13개항의 질문과 출가자의 이름 그리고 사표가 될 스승의 이름을 묻는 질문을 거쳐 모두 227계를 받게 된다. 이렇게 하여 수계식 끝머리에서 출가자는 승복으로 갈아입고 승려가 되는데 이때부터 출가자는 엄격하고 까다로운 승려생활을 하게 되며 227계를 모두 지켜야 한다. 수계의식이 끝나면 스님들께 공양하고 참석자 모두에게 음식을 대접하게 된다. 태국인들의 의식 속에는 이렇게 출가의식에 참가하는 것도 공덕을 쌓는 것이라는 믿음이 있어서 누가 출가하든 간에 출가의식은 그 마을의 잔치나 축제처럼 치러진다.

1.4.4 승려생활

일단 승려가 되면 아침에 눈을 뜨면서부터 저녁에 잠자리에 들기까지 모든 생활이 계율에 따라 행해져야 한다. 아침 여섯시 전에 일어나면 모두가 침소에서 나와 목욕을 하고 정해진 장소에 모이게 된다. 승려들이 모두 모이게 되면 마을에 탁발을 나가게 되는데 마을 전체를 구역별로 분류하여 거기에 따른 조를 편성하여 나누어 가게 된다. 따라서 어느 한 집도 승려가 다녀가지 않는 집이 없다.

태국인들의 불교에 대한 믿음은 독실하여 스님에게 공양하기 전에는 아침식사를 하지 않는다. 탁발을 마치고 돌아오면 지정된 장소에서 식사를 하게 되는데 절대로 자신이 밥을 퍼서 먹을 수 없다. 절에서 일하는 소년들이 밥과 반찬을 떠서 바쳐야 비로소 먹을 수 있다. 이를 '빡켄'이라 한다. 이는 승려는 남이 주는 밥만을 먹어야 한다는 불타의 가르침에 따른 것이다. 마을 전체에서 탁발해 온 음식을 골고루 나누어 먹기 대문에 승려의 식사는 매우 다채롭다. 아침식사가 끝나고 오전 9시에 아침 예불을 올리게 되면 점심식사 시간까지는 자유롭다. 이때에 승려들은 원내를 산책하기도 하고 불경을 공부하기도 한다.

태국의 승려들에게는 육식과 흡연이 허용되는 반면에 정오 이후의 식사는 금지되어 있다. 혹 외출을 하더라도 승려는 반드시 12시 이전에 식사를 마쳐야 한다. 불가피한 사정이 있더라도 12시 15분을 넘어서 식사를 하는 것은 곧 계율을 어기는 것이 된다. 저녁 4시에 오후 예불을 올리고 나면 승려의 하루 일과는 끝나는 셈이다. 나머지 시간에는 승려가 원하는 일들을 할 수 있다. 주로 불경을 공부하거나 청소를 하기도 하고 빨래를 하기도 한다. 처음 승려생활을 하는 경우에는 일정기간 다른 스님으로부터 가르침을 받는다.

1.5 불교와 태국인

부모로부터 신앙을 물려받는 이른바 모태신앙으로 불교가 태국인들에게 수천 년을 내려오는 동안 태국인들의 정신적 · 물질적 불교문화가 다양하게 형성되었다. 태국에는 현재 2만 7천 여 개의 사원이 있으며 이 사원은 태국인들이 기쁠 때나 슬플 때나 수시로 찾는 곳으로 정신적인 안식처로 또 하나의 집이라 할 수 있다.

태국인들은 절교하는 것을 '시주그릇을 엎는다'고 한다. 태국인들은 하루를 시작하기에 앞서 승려에게 시주하며 1년을 시작하는 새해 첫날에도 시주로 한 해를 시작한다. 생일이나 집들이 결혼식에도 맨 먼저 시주를 하며 큰 돈을 벌면 일부를 절에 바치기도 한다. 사업이 안 되거나 일이 잘 풀리지 않으면 사원을 찾아 성수를 받고 이를 씻어낸다. 태국의 불상 앞에 가면 운수를 보는 산통이 있다. 그 안에 젓가락 크기만한 대나무 막대가 한 움큼 담겨 있는데 부처님 앞에 삼배한 후에 산통을 흔들어 대나무 하나만 떨어지게 한다. 그 나무막대에 적힌 번호를 말하면 운수가 적힌 종이쪽지를 받을 수 있다.

태국인들은 석가모니불만을 섬기는 것이 아니다. 그들이 승려에 대한 믿음이나 섬김은 우리의 불교와 많이 다르다. 태국인들은 승려에 대한 영험을 믿는다. 태국인들은 남녀노소 할 것 없이 목에 걸고 다니는 것은 단순한 목걸이가 아니라 열반한 승려상이다. 태국인들에게는 어느 승려는 질병에 걸리지 않게 하는 영험이 있으며 어느 승려는 재물을 가져다주는 영험이 있고 어떤 승려는 화를 입지 않게 하는 영험이 있다는 등의 믿음이 있다. 심지어 어떤 사람이 총을 맞았는데 총알이 옷만을 뚫었을 뿐 살갗 하나 다치지 않았는데 그것이 다 그 사람 목에 걸고 있는 스님의 영험 때문이라고 한다. 이러한 승려상들은 사고팔기도 하는데 승려상 중에 어느 것이 영험이 좋다고 알려지면 그 가격이 엄청나게 올라간다. 일부 절에서는 사진을 곁들여 신문에 판매 광고를 내기도 한다.

부모가 사망 시에 태국인은 최소한 100일 동안은 검은 색의 상복을 입는다. 또 초와 향을 준비하고 절에 가서 수시로 부모님의 명복을 빈다. 태국인은 태어날 때는 집에서 태어나지만 죽어서는 모두가 절로 간다. 태국의 절 안에는 화장터가 있어 업을 다한 사람의 육신을 화장하고 영혼을 받아들여 쉬게 한다. 태국인을 이해하기 위해서는 먼저 불교를 이해하지 않으면 안 된다.

2. 이슬람교

이슬람교는 두 갈래로 나뉘어져 태국에 들어왔다. 하나는 아유타야 시대에 아랍 상인들에 의해 유입된 것이며 또 하나는 태국의 남부지방이 오랜 기간 말레이시아와 교역하면서 흘러들어 온 것이다. 태국의 무슬림들은 신앙심이 깊고 배타성이 강하다. 지금은 태국 정부의 동화정책으로 거의 사라졌지만 과거에는 한동안 분리 독립을 주장하는 집단의 소행으로 테러가 빈번하여 남부지방의 사회혼란을 가중시켰었다. 현재 태국에는 2,000여 개의 사원이 있으며 이슬람의 교리를 중심으로 공부하는 학교가 200여 개에 이른다. 태국의 무슬림들은 아직도 결혼이나 유산 상속 등은 코란의 계율에 따라 이루어지고 일부다처제가 허용된다. 이들은 술과 돼지고기를 먹지 않으며 하루에 다섯 번 알라신에게 경배를 올린다.

태국의 무슬림들에게 종교는 절대적인 것이어서 다른 종교로 개종하는 경우가 거의 없다. 이교도와 결혼하는 경우에 반드시 배우자가 이슬람교로 개종하여 결혼한다. 이슬람교도가 다른 종교로 개종하여 결혼하는 경우는 거의 없다. 또 이들의 강한 배타성으로 인해 불교도들이 사는 마을에 이슬람교도가 소수로 같이 사는 경우는 있어도 이슬람교도가 사는 마을에 불교도들이 소수로 사는 경우는 보기 힘들다.

3. 기독교

태국에 기독교가 들어온 것은 비교적 최근의 일이다. 태국에 기독교가 들어 올 때에 왕실로부터 환영과 함께 지원을 받았다. 기독교는 태국에 들어와 사원을 짓고 학교와 의료기관을 세웠다. 그리고 많은 사회복지 사업을 하였다. 태국인들은 이러한 기독교 재단의 학교와 병원에 대하여 높은 선호도를 보였다. 특히 태국의 현 짝끄리 왕조 4대왕은 왕위에 오르기 전부터 이들 선교사들에게서 영어를 배웠으며 왕위에 오른 뒤에는 이들로 하여금 왕실에서 글을 가르치도록 하였다. 이를 배경으로 한 영화가 '왕과 나'인데 현재까지 이 영화는 태국에서 상영이 금지되어 있다. 태국인들이 기독교 계통의 학교와 의료기관을 선호하기는 하나 기독교 신자는 극소수에 지나지 않는다. 이는 이미 오래 전부터 모태신앙으로 전해 내려온 불교에 대한 신앙심이 깊은 것 이외에 기독교가 서양 종교라는 태국인들의 선입견 때문인 것으로 보인다.

4. 힌두교

힌두교는 불교보다 5000년이나 앞서 생겨난 종교로 브라만교라고도 한다. 힌두교는 일찍부터 태국에 들어와 종교와 정치 사회적인 면에 다양한 영향을 끼쳤다. 고대 태국에서는 왕을 '싼라이라차'라고 불렀는데 이는 '산중의 크신 이'란 뜻이다. 힌두교에서는 이른바 시바신이 수미산에 있다고 믿는데 이 개념을 받아들여 자신들의 왕에게 신의 의미를 부여함으로써 왕권을 신권화하여 왕의 권력을 확립하려 했던 것으로 보인다. 특히 아유타야시대에 들어와 왕이 브라만교의 의식을 즐김으로써 브라만교의 여러 가지 것들이 태국의 풍습과 문화로 발전하였다. 브라만교는 교리의 전파와 가르침보다는 경을 외워 악을 물리치고 의식을 행하는데 치우쳐 브라만교를 종교로 믿는 태국인은 거의 없다. 태국인은 고대로부터 불교를 신봉하여 왔으나 브라만교의 형식과 의식을 무리 없이 받아들여 태국의 불교에는 브라만교의 요소가 많이 융합되어 있다.

5. 민간신앙

앞에서 언급한 여러 종교 외에 태국인들이 오래 전부터 믿어온 민간신앙들이 있다. 이들 신앙은 태국인들이 이주 해 오기 전부터 있었던 것으로 중국적인 요소가 많다. 후에 태국인들이 불교를 받아들이고 나서도 이들 민간신앙을 버리지 않고 조화롭게 믿어 왔다. 이러한 민간신앙은 대개 귀신을 믿는 것으로 어떤 귀신이든 영험이 있으면 신당을 지어 놓고 모셨다. 이러한 신당을 '싼짜오'라 하는데 남자 귀신이면 '짜오퍼', 여자 귀신이면 '짜오매'라고 한다. 이런 신당은 방콕은 물론 태국 전역에서 얼마든지 찾아볼 수 있다. 관공서나 회사 앞에도 이러한 신당들이 어김없이 있는데 새해 첫날 시무에 앞서 신당에 향을 피우고 만사가 형통하도록 빌기도 한다. 정부가 바뀌면 새 내각이 들어서면서 맨 먼저 하는 것도 바로 정부 청사 앞에 있는 신당에 예배를 올리는 일이다. 신당 중에서 주로 집 앞에 모셔 놓는 작은 신당이 있는데 이는 터줏대감을 모시는 신당으로 '싼프라품'이라 한다. 태국인들은 이 작은 신당에 가족의 평화와 안녕 그리고 신의 가호를 기원한다.

이상에서 살펴 본 바와 같이 태국인들의 종교와 신앙은 매우 다양하며 불교를 중심으로 여러 종교와 신앙들이 태국인들의 정신세계를 지배하고 있다. 이들 종교와 신앙들 간에 마찰이 전혀 없는 것은 아니지만 태국 사회에서 정신적 질서는 이러한 종교적 교리와 가르침을 바탕으로 형성된 것이다. 또, 종교가 그 자체로써 발전한 것뿐만 아니라 그들의 정치와 사회와 풍습을 통해 복합적으로 발전하여 왔다. 따라서 태국인과 태국 사회 그리고 태국문화를 전반적으로 이해하기 위해서는 그들의 여러 가지 종교와 신앙들에 대해서 폭넓은 이해가 필요하다.

제 7 장

소수 종족

태국은 13세기에 타이족이 주축을 이루어 건립된 나라이다. 타이족이 인도지나 반도의 현 위치로 남하하기 전에 이 지역은 몬 문화와 크메르 문화 등 여러 문화가 풍미했던 지역이고, 따라서 여러 종족이 뒤섞여 살던 지역이었다. 현재는 타이족 외에 무슬림, 중국인, 고산족(高山族)들을 비롯하여 먼 족, 크메르 족, 라오 족, 말레이 족, 인도인 등등이 살고 있다. 타이족이 남하하기 전부터 이 지역에 살고 있던 고산족은 무써(Lahu, Mussur), 매우(Meo, Miao, Hmong), 리써(Lisu, Lisaw), 이꺼(Akha, Ekaw), 까리앙(Karen, Yang), 야오(Iu Mien, Mien, Yao) 등 약 20개 종족에, 인구는 40~50만 정도에 이른다 한다. 이들은 태국과 미얀마, 또는 태국과 라오스의 국경 지대, 다시 말해 약 800~2,000m 이상의 산 속에 살고 있거나 태국 북부나 동북부의 고산지대에 살고 있으며, 독특한 농업방법과 생활양식, 문화를 고수하고 있다.

일반적으로 중국의 화남(華南)지역에서 경제적으로 성공하고자 20세기를 전후하여 이주해 온 선조를 조상으로 둔 화교들은 태국 전역에 분포되어 거주하고 있으며, 특히 상권이 발달한 지역 또는 강이나 바다에 연한 지역에 집중적으로 살고 있다. 이들은 태국 국적을 취득한 화교와 중국 국적의 화교, 그리고 태국에서 출생하여 자동적으로 태국 국적을 취득한 화교 2, 3, 4세로 크게 구분된다. 태국 내의 중국인과 화교의 수를 정확하게 산출할 수는 없으나 대략 700~800만 명(1989년)으로 추산하고 있으며, 중국 국적을 고수하고 있는 사람은 고령화되었으므로 점차 그 수가 감소하는 추세에 있다.(1988년에는 약 25만 정도로 전인구의 약 0.5%임)

이슬람교도(무슬림) 역시 타이족이 남하하기 전부터 태국의 남부지역에 전파되어 자신들의 왕국을 건설하고 있었다. 13세기 말경에 람캄행 왕이 나컨씨탐마랏을 정복하러 갔을 때 말라카 해협을 중심으로 한 남부지역에는(말레이 반도) 이미 이슬람이 전파되어 있었으며, 그 후 무슬림들은 무역을 위해 태국의 중앙 저지대에 진출하였다. 아유타야 왕국 때에 중동에서 온 아랍인 무역인들의 거주지인 "캑텟(중동방)"이 짜오프라야 강 유역에 있었고 많은 중동인들이 아유타야 왕국의 관료로 등용되어 태국 왕실의 대중국, 대일본 무역을 중국인과 함께 전담하였다. 인도나 아랍에서 온 무슬림들은 회교사원을 세우고 종교 활동을 하면서 서서히 태국 사회에 동화되어 갔다. 인도 무슬림, 파키스탄 무슬림, 중국 무슬림들도 이 부류에 속한다. 그러나 태국의 남부지역에 본디부터 왕국을 건설하고 살던 말레이 무슬림들(캑따니무슬림)은 태국보다는 말레이에 더 가까운 역사, 언어와 종교 및 문화상의 특성으로 과거에 많은 문제를 야기하기도 했다. 전국적으로 약 26,000곳의 회교사원이 있고 약 520만 명의 신도가 있으며, 태국 정부가 임명한 최고 이슬람 지도자로 쭐라라차몬뜨리가 있다.

동남아 내의 국가들은 대부분이 여러 종족으로 구성되어 있어 종교적, 경제적, 정치적인 문제들이 유발하는 원인이 되고 있다. 그러나 태국인들은 비교적 평화롭게 공존하고 융화하면서 살고 있다. 그래서인지 많은 학자들은 이러한 태국을 커다란 용광로에 비유하고 있다. 각기 다른 개체들을 끓여 본래의 성질이나 모양과 다른 새로운 어떤 것을 만들어 내는 용광로에 타이족의 특성을 비유한 것이다. 타이족은 새로운 사실이나 문화, 또는 문명을 적대하거나 거부하지 않고 받아들이면서 자신의 고유한 문화와 절충시켜 새로운 태국인의 것으로 만드는 명수이다.

본 글에서는 태국의 대표적인 소수 종족, 화교, 말레이 무슬림, 그리고 고산족의 유입 과정과 정착과정을 역사적으로 살피고 이들이 태국 사회에 끼친 영향과 태국 정부의 소수종족에 대한 동화정책 내지 국가통합정책을 살피려 한다.

1. 소수종족의 존재 및 발전의 역사적 배경

13세기부터 태국은 중국과 친선관계를 맺고 조공무역을 했으며, 중국으로부터 도자기 굽는 법을 배워왔다. 중국의 도공들도 태국에 와서 자리를 잡고 물 항아리를 중심으로 생활도기를 구워 수출하였다. 아유타야 시대에 대외무역이 성해지자 태국 왕실은 중국인들을 고용하여 왕실 무역을 하였으며, 많은 중국인들이 이주해 왔다. 특히 쁘라쌋텅 왕과 쏭탐 왕 때에 많은 중국인들이 이주하여 왕실에 종사하거나 무역을 했다. 이들은 짜오프라야 강 유역을 위시하여 태국 남부의 빳따니, 쏭클라 등 타이만 연안의 무역항에 정착하고 무역을 하였다.

이때에 태국에 온 중국인들은 미혼의 남성들이 대부분이었고, 태국의 여성들과 결혼하여 태국인들과 조화를 이루며 살았다. 이 화인의 자녀는 보통 "룩찐"이라 불리었는데, 자녀 중 아들만은 중국식으로 교육시키려고 노력하였다. 16세기경 수도인 아유타야에 거주하던 룩찐의 수가 수도 인구의 약 1/4에 이를 정도로 많았다 하며, 이들이 종사하던 직업은 관료, 의사, 예술인, 농부, 인부, 상인이었는데 이 중 상인이 제일 많았다고 한다. 중국인들이 거부감 없이 태국인과 조화를 이루고 살 수 있었던 이유로 외모상으로 태국인과 크게 다르지 않았고, 피부가 태국인보다 더 희었지만 서양인과 달리 태국인을 무시하거나 경시하지 않았으며, 스스로 태국 문화에 익숙해지려고 노력했기 때문이다. 이외에도 부지런하고 인내심이 강한 중국인들이 겸손하게 행동하였고, 신앙이 서로 비슷했으며, 쌀을 주식으로 하는 식생활 습성이 비슷했기 때문이기도 하다. 나라이 왕 때에 이미 태국 사회는 말레이인, 인도인, 일본인, 서양인, 아랍인과 다르게 중국인을 외국인으로 취급하지 않았다.

아유타야 왕국이 미얀마에 의해 잿더미가 되자 아버지가 중국인이었고 어머니가 태국인이었던 '딱씬'이라는 사람은 구국운동에 앞장서 미얀마 군대를 축출해내고 또 국내 반란군(다른 구국운동자들)을 진압하여 톤부리 왕국(1767~1782)을 건립했는데, 이때 태국 내에서 무역을 하며 부를 축적했던 화교들의 도움을 많이 받았다고 한다. 톤부리 왕국 때에 조주(潮州, Teochiu) 출신의 중국인들이 많이 태국에 유입되었다. 톤부리 왕국에 이어 랏따나꼬씬(짝끄리, 1782~현재)왕조가 들어섰는데, 시조인 라마 1세, 즉 프라픗타엿화쭐라록 왕도 역시 룩찐이었다.

라마 1세는 방콕을 수도로 정한 후 많은 대규모 토목공사를 벌여 방콕을 아유타야와 유사하게 건설함으로써 수도로서의 면모를 갖추고 민심을 다시 방콕으로 집중시키기 위해 노력했다. 이때에 태국인 평민을 부역으로 동원하기 보다는 값싸고 부지런한 중국인을 고용하여 건설공사를 했고, 때문에 많은 중국인들이 이민해 왔다. 특히, 아편전쟁 이후인 1860~1930년 사이에 "중국인 인력 수출"이라는 이름으로 중국인의 대이동이 이루어졌다. 일확천금의 꿈을 안고 태국으로 이민하는 중국인의 숫자는 그 후 계속 늘었으며, 태국은 1927년에야 외국인에 대한 이민법을 제정하였다. 1927년부터 1941년 사이에 태국에 이민 온 중국인의 수는 매년 18,000명 정도였고, 그 후 약 10년간은 15,000명으로 다소 줄었다. 1947년에 중국이 공산화된 후 이민의 수는 급감하였고, 1950년부터는 태국 정부가 중국인의 이민자 수를 매년 200명으로 제한하였으며, 1979년부터는 매년 100명으로 줄였다.

타이 무슬림의 대부분은 말레이 무슬림으로 수니(Sunni)파이다. 태국

내 전 무슬림의 4/5가량이 말레이 무슬림, 또는 캑따니 무슬림으로 언어와 문화, 역사상에서 말레이인들과 더 친근하고 이들은 싸뚠, 빳따니, 나라티왓, 얄라 등 남부 4개 짱왓(태국의 가장 큰 행정구역)에 집중되어 살고 있다. 빳따니는 역사적으로 동남아 무슬림의 중심지로, 태국 남부지역 무슬림들의 총 본산이자 남부의 정치와 문화의 중심지이다.

빳따니는 13세기에 랑까쑤까 왕국의 무역 중심지였으며, 중동의 상인들이 이곳에 와 정착하고 무역을 하면서 이슬람교도 함께 들어왔을 것이라 추정된다. 말라카가 포르투갈에 점령당하고 인도차이나반도의 중앙부에 강한 아유타야 왕국이 설립된 후 이 남부지역은 아유타야 왕국의 속방이 되었다. 1511년에 말라카 이슬람 왕국이 망한 후 빳따니는 말라카의 뒤를 이어 부를 축적하였으며, 아유타야 왕국의 멸망 후 빳따니 왕국은 한때 독립하였는데 이때가 최전성기였다. 1688년에 정치권이 빳따니에서 끌란딴으로 옮겨갔고, 1785년 이후는 태국에 합병되었으나 외교권을 제외하고 자치를 인정받았다. 그러나 1791년에 빳따니의 술탄 대신에 태국인 관료를 최고 행정권자로 태국 정부가 임명하자 남부의 많은 술탄들은 저항하기 시작하였다.

태국 중앙정부는 그 후 여러 차례에 걸쳐 남부를 태국의 중앙집권식 행정제도에 흡수하려는 정책을 전개하였다. 특히 라마 5세가 빳따니를 태국왕의 직접 관할 하에 있는 '짱왓'으로 강등하여 중앙정부에 예속시키자 술탄은 크게 반발하고 말레이로 망명하였다. 1909년 이후 이 지역 주민들은 태국 정부와 정치, 경제, 사회, 문화적인 갈등을 경험하게 되었으며, 마침내 무슬림 지도자들은 태국에 대하여 성전(聖戰)을 선언하기에 이르렀다. 한때는 태국에서 분리하여 영국 통치하의 말레이와 합병하려고 시도하였고, 1948년에는 자신의 문제를 유엔에 호소하기도 했다. 2차 대전 중에 영령말레이와 합병되기를 바라며 영국에 적극 협조했으나 전쟁이 끝나자 영국은 뜨랭까누, 깔란딴, 뻐리스, 싸이부리(케다, 끄다)를 말레이 영토로 인정하였다.

제2차 세계대전 후 말레이와 인도네시아의 민족주의에 자극 받은 남부의 말레이 무슬림들은 빳따니를 중심으로 민족자결주의를 주장하며 하지쑬롱을 중심으로 남부의 자치를 요구하였다. 1947년에 하지쑬릉이 주장한 남부 자치권에 대한 요구는 다음과 같았는데, 이 요구는 강도를 달리했을 뿐 1960~70년대까지 지속되었다. ① 빳따니, 얄라, 나라티왓, 싸뚠의 최고 행정통치자로 무슬림 지도자를 선출하라. ② 태국 남부에서 근무하는 관료의 80%를 말레이계 태국인으로 하라. ③ 태국 남부에서 말레이어를 제2공용어로 하라. ④ 말레이식 초등교육과정을 신설하라. ⑤ 이슬람법과 이슬람식 재판제도를 도입하라. ⑥ 태국 남부에서 징수된 세금은 남부만을 위해 사용하라. ⑦ 위에서 언급한 이슬람 지도자를 중심으로 이슬람 위원회를 조직하고, 모든 이슬람에 관계된 문제는 이 위원회에서 해결하게 하라. 피분 정부는 이 요구를 모두 거부하고 하지쑬롱을 체포하였다. 이 과정에서 2,000~6,000명의 말레이 무슬림들이 말레이로 피신했다. 결국 그 후의 무슬림들의 분리독립운동은 지하운동, 무정부주의, 도둑, 테러, 강도 등의 양상으로 나타났으며, 많은 무슬림단체들이 생겨났다. 한때 말레이 무슬림의 분리독립운동은 말레이공산당, 태국공산당, 1976년 이후에는 반정부게릴라들과 합세하여 전개되었으나 사상적, 종족적 차이로 인해, 1980년대에는 쁘렘 정부의 유화정책으로 인해 그 성격이 많이 바뀌었다.

역사를 비롯해 언어와 문화가 다른 20여 소수종족이 태국과 미얀마, 라오스와 태국의 국경을 이루고 있는 해발 800m 이상의 산 속에 산재해 독립적인 생활을 하고 있다. 이들을 통틀어 한마디로 고산족이라 하는데 태국에서는 보통 라와(Lawa, Lua), 틴(Htin, Prai, H'tin, Mal), 카무(Khamu), 아카(Akha, Ekaw), 매우(Meo, Hmong), 야오(Yao, Lu Mien, Mien), 라후(Lahu, Mussur), 리쓰(Lisu, Lisaw), 카렌(Karen, Kariang, Yang) 등 9개 종족을 가리킨다.

태국의 북부지역에 이 고산족들이 이주해온 시기는 각기 다르지만 일반적으로 타이족들보다 먼저 내려온 종족들이다. 까리앙과 몬-크메르계 고산족은 이 지역의 원주민이다. 몬-크메르계 고산족은 타이족이 남하하여 정착하자 일부는 동남쪽으로, 일부는 산 속으로 이동했는데, 이들이 흔히 동남아계 고산족으로 불리며, 라와, 카무, 틴, 삐똥크르엉, 카허 족이 이 계열에 속한다. 이외에 미얀마, 라오스, 중국 등지에서 이주해온 티벳-버마계의 고산족과 중국인이 있는데, 티벳-버마계는 티벳의 영향을 받은 종족으로 약 200년 전경부터 미얀마와 태국의 국경지역에 거주한다. 아카, 리쓰, 라후, 까리앙족이 이에 속한다. 중국계 소수종족은 중국의 꽈이짜오, 윈난, 후난, 꽝시 등지에서 통킹, 라오스, 미얀마를 거쳐 약 100년 전부터 거주한 종족으로 매우, 야오, 허 등이 있다.

이중 허족은 제2차 세계대전 당시 중국 국민당 군대와 함께 이주한 종족으로 태국식 교육을 받았고, 태국인과 결혼하여 정착하고 있어 소수종족으로 간주되지 않을 정도이다. 고산족의 숫자는 정확하지 않으나 1982년 통계에 의하면 약 53만 명 정도이며, 카렌족의 수가 가장 많다.

고산족들은 종족에 따라 차이가 있지만 대체로 해발 800~2,000m의 고지대 또는 산 속에 사는데, 거주지가 일정하지 않고 태국이나 미얀마, 라오스로 흘러드는 강의 발원지를 중심으로 산재해 산봉우리, 봉우리 사이의 골짜기, 능선기슭에서 농사를 지으며 살고 있다. 대부분이 화전민이고 독특한 생활방식을 갖고 있다. 태국 사회나 다른 고산족의 세계와는 절연된 채 고립된 생활을 즐긴다. 왕래는 물론 결혼도 하지 않는다. 각 종족은 각기 상이한 복식, 언어, 종교, 풍습을 지니고 있으며, 순수한 혈통을 지키기 위하여 원칙적으로 같은 종족끼리만 혼인을 한다. 그러므로 가족 간의 관계가 밀접하며 효심이 깊다. 가족은 바로 경제, 생산, 교육, 사회, 제사, 종교의식, 휴식 등 생활의 공동체이며, 토지소유권은 개간한 가족에게 있다. 화전을 하는 이들은 2~3년 주기로 이사하면서 사는데 대체로 무당의 지위가 매우 높다. 마을의 이장 역할도 겸임하는 무당은 종교적 의식의 거행은 물론 의술, 제사를 담당하며 마을이나 종족의 중요한 문제들에 대한 결정권도 갖고 있다.

고산족들은 벼, 옥수수, 양귀비, 고추, 토마토, 향료, 콩, 호박, 담배, 커피 등을 재배한다. 닭, 돼지, 소, 말 등을 기르며, 까리앙족은 코끼리를 사육하고 길들여 물건을 운송하거나 남에게 대여해 주면서 소득을 올린다. 거의 모든 생활이 자급자족의 수준이며, 생활용품도 대부분 직접 만들어 쓴다. 일반적으로 인근 마을의 고산족과 물물교환의 형식으로 필요한 물품을 구한다. 허족이 산 속의 오지까지 들어가 장사하며 아편을 거래하기도 한다. 근래에는 화폐도 많이 통용되고 있다. 야오족이나 까리앙족 같은 일부 고산족들은 태국인의 자립촌(무반쌍뚜어엥)까지 내려와 상점을 열고 장사를 직접 하기도 하며, 도회지나 태국인 마을 근처에 사는 고산족들은 자기가 생산한 물건을 들고 내려가 직접 거래하기도 한다.

2. 소수종족과 태국 사회의 관계

중국인들은 적응력이 뛰어난 종족으로 태국 사회에 적극적인 자세로 동화되었다. 그 결과 나라이 왕(1656~1688) 때에 공포된 외국인과의 혼인금지법에서도 중국인과의 결혼이 허용되었으며, 라마 5세(1868~1905)도 1907년에 "태국에 거주하는 중국인에게 태국인과 같은 노동의 기회와 이익을 추구할 기회를 줄 것이다. 나는 그들을 외국인이라고 생각하지 않으며, 태국 사회의 한 구성원으로 태국의 영고성쇠를 함께 할 주체로 간주한다"라고 발표하여 화교에게 차별을 두지 않았다. 이 화교들은 사회적으로 태국인과 동등한 대우를 받았으나 정치적으로는 외국인의 대우를 받음으로써 외국인이 갖는 특혜도 함께 누리었다. 라마 6세 전까지 룩찐(중국인 2세 또는 태국 여성과의 사이에서 태어난 중국계 태국인)들은 세금도 적게 내었다.

태국에 이민 온 중국인들은 크게 광동인(廣東인, Cantonese), 복건인(福建, Hokkins, Fukien), 조주인(潮州, Teochius, Chaochou), 객가인(客家; Hakkas, Chia ying chou), 해남인(海南, Hainanese, Hainan)으로 구성되어 있으며, 동향인이 아니면 대체로 언어가 소통되지 않아 이국인과 같았고, 일반적으로 출신 지역에 따라 종사하는 직업도 달랐다. 특히 딱씬 왕 때에 많이 이주한 조주인들은 수적으로도 우세하고 왕의 특별한 배려를 받아 왕실과 특별한 관계를 맺어 일부는 왕의 친인척이 되기도 했다. 현재 화교들은 방콕을 중심한 대도시는 물론 태국 전역의 소도시에 살면서 상권을 장악하고 있다.

19세기 중반 이전에 태국에 온 중국인들은 혼인에 의해 사실적으로나 법률적으로 태국인화 되었고, 그들의 생활 모습은 태국식과 중국식이 혼합된 형태였다. 이민 1세 중국인 미혼 남성들은 태국 여성과 결혼하였고, 자녀 중 아들은 자신의 혈통을 지키기 위해 중국어 교육을 시키고 변발을 시키는 등 중국인으로 교육시키려고 노력했다. 그러나 이러한 이민 1세들의 노력은 계속되지 못하였다. 전후 세대인 화교 3, 4세들은 태국에서 태국의 어린이들과 마찬가지로 태국어와 영어를 공부했고 자의반 타의반으로 중국어는 공부하지 못하였다.

대신 2세들의 학력이 중등학교 수준인데 비해 3, 4세들은 대학수준의 고등교육을 받았다. 20세기에 들어서서 중국 여성이 이민 오게 되고, 중국의 부인을 태국으로 데리고 올 수 있게 되었으나 이들 여성의 학력은 거의가 무학이어서 집안일이나 아이의 양육이 전부일 뿐 큰 영향을 자녀에게 미치지 못하였고, 결국 자녀들은 태국식으로 교육받아 태국인으로 성장하게 되었다. 이민 3, 4세들은 법적으로 태국인이었을 뿐 아니라 스스로도 태국인이라고 간주하는 정체성을 받아들였고 이를 아무도 부정하지 않았다. 현재 태국에서 태국인이 어느 혈통의 인물인가는 전혀 의미가 없다.

이미 언급한 바와 같이 중국인들은 매우 오래 전부터 태국에 이주해 함께 살았다. 이들의 영향은 쉽게 쑤코타이 왕국의 도자기 산업의 발전을 비롯하여 아유타야 왕국의 왕립 대외무역을 주도해 왕국의 부를 축적하는 데 크게 기여했을 뿐 아니라 화교 스스로도 부를 축적할 기회를 가질 수 있었다. 이들은 왕실의 관료로 등용되어 봉사하는 외에 태국인이 천직이라 해서 꺼리는 상업과 공업에 종사하여 부를 쌓았다. 이외에도 태국인 프라이(평민)들이 상전을 위해 일정 기간씩 부역을 해야 하고, 전쟁이 나면 징집되어 생명을 걸고 싸우다 죽기도 해야 하는 입장이었던 사실에 비해 중국인들은 부역이나 징집에서 면제되었으므로 충분히 부를 축적할 수 있었을 것이다.

특히 영국과 우호통상조약을 체결한 이후부터 태국은 벼농사에 주력하게 되었고, 아울러 많은 노동력이 필요하게 되었다. 이 필요한 노동력을 충족시키는 데에 태국으로 이주한 중국인이 크게 기여하였다. 일확천금의 꿈을 안고 온 이들은 돈을 벌기 위해 낮은 임금으로도 최선을 다해 일했기 때문에 태국 정부의 입장에서 보면 매우 경제적이었다. 그래서 무제한적인 이주가 허용되었다. 1890년의 기록에 보면 당시 태국 구역은 화교가 62%를, 영국인이 26%를, 인도인이 8%를, 그리고 기타 나라의 상인과 태국인이 4%를 점유하고 있다고 되어 있는데, 이 수치만 보아도 화교에게 당시 태국의 상권이 집중되어 있었음을 알 수 있다.

정체가 입헌군주제로 바뀐 후, 특히 2차 세계대전을 전후하여 태국 정부는 중국인에 대하여 적극적인 동화정책을 실시함과 동시에 중국인의 경제활동과 권익을 제한함은 물론 종전에 화교들이 있었던 자리를 태국인으로 메우려 했다. 아울러 중국인 이민자의 수도 제한하고 과중한 세금을 부과하였다. 다시 말해, 중국인에 대하여 차별정책을 적용하면서 태국 내의 중국 국적의 기업인과 중국인에게 태국 국적을 취득하도록 종용하였다. 그러자, 중국인들은 스스로 국적을 바꾸거나 태국에서 태어나 태국 국적을 가진 자녀를 경영진에 참여시킴으로써, 또는 태국인 기업과 합작하는 형태의 기업 양식을 도모함으로써 돌파구를 찾았다. 전후에 이 기업들은 태국의 지배 엘리트층과 제휴하여 화교 기업으로 성장하였고, 이들은 결과적으로 태국 군부와 공존, 공생하게 되었다. 1950년대에는 이 기업들이 태국의 고위 관료나 국가 자본과 결탁한 독점재벌의 양상으로 나타났으며, 이 기업들은 태국의 무역과 이에 관련된 산업을 장악하는 현상으로 확대되어 태국의 산업은 화교의 손에 의해 장악되는 결과를 초래하였다.

1961년부터 경제사회개발계획이 시작되면서 사기업 부문이 정부의 지원을 받게 되자 자본과 경영 능력을 가진 화교들도 정부가 육성하는 기업에 참여하여 태국의 산업화에 큰 역할을 담당하였다. 이 기업들은 점차적으로 과거의 가족 중심의 기업체계를 탈피하고 사업을 확충, 공개하였으며 운영 관리인 또는 전문 경영인을 초빙하여 근대 기업, 다국적 기업으로 성장하였다.

전후에 화교들은 태국 국적을 취득하였다. 교육열이 높은 화교들은 자녀 교육에 힘써 태국인보다 더 높은 교육을 국내와 해외에서 받았다. 이들은 경제활동 외에도 재력을 기반으로 정치활동에 적극적으로 참여하였고, 공무원직에도 참여하였다. 민주제의 도입 이후 현재까지 약 20명의 수상 중 10명이, 1990년도 국회의원 375명 중 100명이, 44명의 각료 중 절반이 화교 3, 4세이다.

태국 내 무슬림은 말레이계, 인도계, 파키스탄계, 중국계로 대별되며, 인도계 무슬림은 대부분이 시아파로 아유타야 왕국 때부터 중국인과 함께 왕실을 대신하여 해상무역에 종사하였으며, 경제적으로 부유하다. 이들은 방콕의 남쪽 해안에 집중적으로 거주한다. 파키스탄계 무슬림은 전국에 걸쳐 거주하는데, 주로 목축업과 상업에 종사하며 비교적 부유하다. 중국계 무슬림은 태국의 북부에, 특히 치앙마이에 거주하는 허족이 대표적이다.

그리고 화교들과 달리 태국에서 태어나 태국인의 국적을 갖고 있으면서 태국 사회에 동화되지 않고 태국 정부와 정치적 갈등을 겪는 소수 종족으로 말레이 무슬림이 있다. 빳따니를 중심으로 말레이지아와 국경을 접하고 있는 남부지역에 거주하는 이들은 자신들의 오래된 역사와 전통을 중시하고 이에 대한 높은 긍지를 갖고 있다. 이들은 주로 농업과 어업에 종사하며 경제적으로 빈곤한 계층에 속한다. 이들은 문화적인 이유 외에도 종교적인 이유 때문에 현재까지 태국 정부와 오랫동안 심각한 갈등을 겪고 있다.

무슬림에게 있어서 이슬람은 생활 자체를 의미한다. 코란이 나오는 모든 교리와 이슬람법이 바로 무슬림의 정신적 지주이자 생활의 원리인 것이기 때문이다. 1980년도의 인구조사에 의하면 쏭클라를 포함한 남부 5개 짱왓 인구의 52.3%가 무슬림이며, 쏭클라를 제외한 4개 짱왓은 71.2%가 무슬림이다. 말레이 무슬림은 태국 국적을 가졌지만 이 중 약 65%가 태국어를 모르며, 40% 정도는 문맹으로 말레이어도 쓸 줄 모른다(1980년). 이러한 무슬림에게 태국이 조국이라는 의식이 없음은 물론이다. 10-20년 전까지만 해도 불교도인 태국인 대부분도 말레이 무슬림에 대한 이해가 적고 그들이 일상생활에서 쓰는 야위(자위, Jawi)어도 몰라 통역 없이는 서로 의사소통이 힘들었었다.

그러므로 공무원들은 남부지방 근무를 두려워했고, 남쪽의 임지에 갔다 해도 무슬림과 무슬림의 문화에 대한 이해가 부족했으므로 무조건 무슬림을 무시했고 말레이무슬림을 국내적으로 소란만 야기하는 집단으로 간주하여 힘으로 누르거나 군림하려고 했다. 이와 같은 무슬림과 불교도 공무원 간의 문화적, 종교적 갈등은 국민과 정부 간의 갈등을 깊게 만든 요인이 되었으며, 이 갈등이때로는 부정부패의 온상이 되기도 했다. 이러한 분위기 속에서 태국 정부 시책에 대해 불만을 품은 무슬림은 반정부 인물로 낙인이 찍히게 되었고, 마침내는 분리독립운동에 동조하여 태국에서 테러의 연속과 고립의 계속을 초래하는 주체가 되었다. 그 결과 남부지역은, 비록 다른 원인도 있지만, 경제적으로 빈곤하고 낙후된 지역으로 전락하고 말았다.

태국은 지형적으로 북쪽이 높고 남쪽이 낮으며, 서쪽이 높고 중앙지대는 낮으며 동쪽은 고원지대이다. 북쪽에는 높은 산맥들이 태국과 미얀마, 또 태국과 라오스와의 국경을 이루고 있다. 이 산들은 북에서 남으로 흐르는 강의 발원지가 되며, 크고 작은 이 강들은 태국의 곡창지대라 일컫는 중앙저지대 평야의 젖줄이다. 앞서 말한 바와 같이 고산족들은 해발 800~2,000m의 밀림이 우거진 산 속에서 폭포나 강의 수원지 근처에서 화전을 일구며 산다. 이들의 거주 지역은 전 국토의 약 1/5에 해당하며, 같은 종족이라 해도 거주 지역에 따라 언어적 차이가 상당하다.

고산족들은 각기 독특한 문화를 향유하고 있다. 예를 들어 옷매무새만 보아도 여느 종족인지 분별할 수 있다. 고산족의 경제는 본래 자급자족경제이다. 모자라거나 없는 생필품은 물물교환을 통해 구하는 것이 보통이다. 허족 상인들이 산 속을 왕래하며 부족한 물품을 공급해주고 고산족의 상품을 구매한다. 고산족의 생업은 농업이며 돼지, 양, 닭, 개 등 가축도 기른다. 고산족 중 매우족, 리쓰족, 야오족, 라후족, 아카족, 까리앙족은 재배면적당 소득이 가장 높기 때문에 양귀비를 재배하며, 허족들이 중간 상인 역할을 한다. 삼림을 벌목하여 논이나 밭으로 개간하여 경작하다가 땅 힘이 줄면 이동한다(화학 비료를 사용하지 않는다). 대체로 3~5년에 한 번씩 이동하면서 새로운 경작지를 개간한다. 그러므로 삼림훼손, 양귀비 재배, 수원오염, 환경오염, 산불, 안보문제 등이 고산족에 의해 왕왕 발생한다.

고산족 대부분은 문맹이다. 특히 여성은 거의 문맹이며, 위생이나 의학에 대한 지식도 전무한 편이다. 국경지역에 거주하는 고산족들에게 있어 민족이나 국민의식, 국경 및 국적에 대한 개념은 전무한 편이다. 종족에 대한 애착심이 전부이다. 대개 같은 종족들이 라오스, 미얀마, 윤난성 등지에 산재해 있으므로 국경을 초월한 왕래가 잦다. 그러므로 인도차이나의 공산화 이후 공산주의자들은 무력으로 고산족을 협박하여 태국에 대한 적대행위를 강요하였었다. 태국 정부의 고산족에 대한 관심은 산간 국경 지역에서 공산게릴라가 준동한 1970년대에야 비로소 깊어지기 시작하였다.

3. 소수종족에 대한 태국 정부의 정책

제2차 세계대전 이후부터 태국 정부는 소수 종족이 대한 동화와 통합을 위한 정책을 실시하였다. 여러 차례의 시행착오를 경험한 후에 태국 정부는 1970년대 이후부터 각 소수 종족의 특성을 감안하여 각기 다른 정책으로 대응하면서 국가 통합의 방법을 모색하고 있다. 화교와 무슬림, 고산족에 대한 정책을 간략히 살피면 다음과 같다.

많은 학자들은 태국 내 화교들이 태국에 동화되었다고 입을 모은다. 스킨너 윌리암스 교수는 "태국 내 화교가 동화되어 가는 속도와 정도는 놀라울 정도로 빨라 마치 태국이라는 이름의 거대한 용광로가 펄펄 끓으면서 그 속에 사는 사람들을 한 형질로 만들어 낸다. 미국 내 화교와 비교한다면 미국이라는 용광로는 그저 픽픽 소리만 내는 것에 불과하다고 할 정도이다"라고 했다. 따라서 태국 내 화교들은 근처 동남아 국가의 화교에 비해 정치적, 경제적, 사회적 갈등이 적다.

라마 6세(1910~1925)는 태국 내 화교를 '돈만 아는 이기주의자' 또는 '동양의 유태인'이라고 비난하고 '수레바퀴에 붙은 진흙덩이'에 비유하였다. 화교의 수가 날로 증가하고, 이들에 의해 태국의 상권이 장악되자 1927년 이후부터는 이민자의 수를 제한하고 속지주의를 택하여 태국 내에서 태어난 중국인들의 자손은 모두 태국 국적을 취하게 하고 룩찐이나 그 자손들도 원할 경우 쉽게 태국 국적을 취하게 했다. 중국인의 입장에서 볼 경우 라마 6세 때부터 직접・간접적으로 경제 활동상 차별대우를 받거나 제재를 당하고 있었을 뿐 아니라 오랜 세월을 두면서 태국에 정착하는 과정에서 태국문화에 익숙해져 있었으므로 중국문화가 도리어 이질적인 것으로 느껴졌고, 또 전후에는 중국에 귀국한다는 사실이 도리어 부담이자 모험이 되자 자발적으로 태국 국적을 취하였다. 그 후 정치에도 참여하여 명실 공히 태국인으로서 의무와 권리의 주체가 되었다. 1988년경 태국 국적을 취하지 않은 태국 내 화교의 수는 약 25만 명으로 태국 인구 전체의 0.5%정도이며, 이들의 연령은 대부분 60~70세로 고령이었다.

화교의 빠른 동화와 국적취득에 대한 요인을 간략하게 추려 본다면 다음과 같이 들 수 있다.

① 태국 정부의 적극적인 속지주의 정책의 시행이다. 국적 취득과 동시에 태국식 이름과 성을 사용하게 함으로서 태국인이라는 의식을 갖게 했고 취득 후에는 전혀 차별을 하지 않았다.

② 화교와 태국인은 자연신앙과 불교를 믿고 있었으므로 종교적인 장벽이 없었다. 이외에 외모, 피부색, 풍습 등이 유사하다.

③ 화교들의 뛰어난 현실감각과 적응력, 그리고 실용적인 사고방식에 기인한다.

④ 태국의 교육 정책을 들 수 있다. 태국 정부는 의도적으로 중국인 학교의 수를 줄이고(의도적으로 부유한 화교가 많이 사는 방콕에서 많이 제한함) 화교의 자녀들이 태국식 학교에서 공부하도록 권장하였고, 학업을 마친 후에는 직업 선택 과정에서 도움이 되게 했다. 특히 전후에 무역계나 상업계에서 중국어보다 영어와 태국어가 더 필요하게 되자 중국인들은 시설이 보다 낫고 영어 교육을 많이 시키는 태국인 학교를 선호하였다.

⑤ 중국이 공산화되자 반공의 사고를 지닌 화교들은 생각을 바꾸었다.

⑥ 중국인들은 태국 내에서 이미 경제적・사회적으로 뿌리를 내렸거

나 정착단계에 있었으므로 자신들의 지속적인 삶과 경제활동을 위해 태국 국적을 취할 수밖에 없었다.

⑦ 중국의 공산화 이후 안보의 측면에서 중국 국적을 가진 태국인을 공무원이나 경찰에 채용하지 않았고, 사관학교 등에도 입학을 허용하지 않았을 뿐 아니라 기업의 사장이나 학교 교장도 태국 국적의 부모를 둔 사람에게만 허용하였기 때문에 자녀의 장래와 기업의 보존을 위해 부모와 자녀들이 태국인으로 귀화하였다. 결과적으로 대부분의 중국인들은 태국 국적을 취득하고 태국인으로서 생활하고 있다. 이들의 전통적인 풍습, 즉 장례, 결혼, 제사, 축제, 명절 등은 태국의 풍습이나 문화와 조화를 이루며 지켜지고 있으며 태국인과 함께 즐기는 축제가 되었다.

불교도에게 불교가 그렇듯이 무슬림에게 있어 종교와 문화는 동일한 것이다. 그러므로 무슬림의 행동규범이 바뀌는 것은 바로 코란의 내용이 변하는 것과 같다. 말레이 무슬림의 일상생활의 지표는 첫째, 이슬람의 가르침이고 둘째는 옛부터 전해오는 관습과 인습, 그리고 행동규범이다. 실제로 위의 사항은 서로 뒤섞여 있어 어느 부분이 교리이고 어느 부분이 행동 규범인지 구별이 어려울 정도이다.

1939년에 피분 정부가 랏타니욤 정책의 일환으로 말레이 무슬림에게 강제적으로 태국인의 문화에 동화되도록 했다. 야위어 대신 태국어를 공용어로 정함에 따라 무슬림들에게 태국어 교육과 태국식 교육을 의무화한 것을 비롯하여 불교, 국민의 통합과 통일이라는 이름 하에서 서양식 복장과 식생활을 제시하고 이를 이행하도록 했다. 무슬림들에게 차양이 달린 모자, 서양식 하의(바지와 치마)와 깃이 달린 상의, 구두를 공식적으로 착용하도록 했으며, 서양식 휴일을 준수하고 종교 의식도 휴일에만 하도록 허용하였다. 이러한 강요는 무슬림에게는 실로 엄청난 것이어서 동화정책이 아니라 무슬림 말살정책이라고 정부에 대해 반박하고 대항하였다. 태국 정부도 무력으로 무슬림의 대항에 맞섰다. 그 결과 신세대 말레이 무슬림 지도자들은 인근 무슬림 국가로 피신하였고, 국내에 잔류한 지도자들은 선거를 통해 직접 제도권 하에서 무슬림의 권익을 보호하려 노력하였으나 실효를 거두지 못했다.

수도와 지방의 경제적 사회적 격차를 줄이고 갈등을 해소하기 위해 싸릿 정부가 1961년에 경제사회개발계획을 시작하였으나 남부지역에서는 사회적・종교적 차이로 인해 별로 실효를 거두지 못하였다. 무슬림들이 자신의 고유한 특성과 존재, 사회적 가치를 위협하는 정책이라 비난하며 동조하지 않았기 때문이었다.

태국 정부가 무슬림의 문화와 종교에 대하여 관심을 갖고 미흡하나마 능동적으로 대처하기 시작한 것은 무슬림들이 분리독립운동을 격렬하게 벌인 이후부터라고 해도 지나치지 않을 것이다. 1963년부터 남부에 파견되는 공무원이 무슬림의 문화와 종교, 언어와 역사에 대한 이해를 가지고 효율적으로 업무를 시행할 수 있도록 하기 위해, 이렇게 함으로써 무슬림과의 갈등을 줄이고자 공무원의 선발기준에 영어와 말레이어를 추가하고 1976년에는 말레이 방언과 남부 방언, 남부의 문화와 풍습에 대한 과목을 추가하였다. 남쪽의 임지로 가기 전에 해당 공무원들은 무슬림을 멸시하고 혐오하는 선입견을 갖지 않도록 무슬림의 역사와 문화에 대해 미리 교육을 받게 했고 또 남부의 무슬림 지도자와 공무원들을 방콕을 위시한 대도시에 연수시킴으로써 상호 간에 이해의 폭을 넓히도록 했다.

이슬람위원회가 주최하는 이슬람에 관계된 세미나를 자주 열어 무슬림 스스로 자각하고 현실을 직시하도록 했으며, 무슬림 청소년연맹을 조직하여 장래의 지도자로 훈련시킨 뒤 이들을 지방 공무원으로 채용하였다. 무슬림의 풍습, 문화와 전통에 대한 전시회를 열어 비무슬림에게 무슬림을 이해할 기회를 마련했으며, 정부 스스로가 국제 코란 읽기 대회를 주최하여 말레이 무슬림의 사기를 높이고 태국 국민으로서의 의식을 갖도록 했다. 무슬림 청소년에게 고등교육을 받을 기회를 넓혀 주기 위해 쏭클라 대학교를 중심으로 각 급의 교육기관에서 공부하도록 했다. 무슬림 학교인 '뽄독(빠너)' 외에 공립 이슬람학교를 설립하여 무슬림들이 종교교육 외에 태국식 교육도 받을 기회를 마련해 주었고, 뽄독 출신의 학생이 학력상의 문제로 대학 입시에 실패하는 비율이 높아지자 1970년부터는 남부 지역에서 말레이 무슬림에 대한 특례입학제도를 만들었다. 무슬림 학생들은 교복대신에 자신들의 전통의상을 입는 것을 허용하는 등 무슬림의 문화를 뜻대로 또 자발적으로 유지하도록 했다.

이러한 제도를 통해 높은 신식 교육을 받은 많은 무슬림들은 대학 교수, 공무원, 경찰 등에 채용되었으며, 서서히 태국 사회에 통합되어 갔고, 무슬림과 불교도 간의 융합점이 되고 있다. 현재 외국에서 이슬람식 교육을 받은 무슬림에 비해 이들의 수가 폭발적으로 증가하고 있다. 한때 크릿 정부(1975~ 1976)는 이 특례입학제가 기회균등의 원칙에 어긋난다하여 폐지하려 했으나 여론에 밀려 보류하였다. 고등교육을 받은 무슬림을 공무원으로 채용하는 제도는 남부 무슬림의 사회적 변화와 적응에 크게 기여하고 있다. 중앙정부는 이들을 통해 지방(무슬림)과 정부 간의 긴밀한 관계를 유지할 수 있게 되었기 때문이고, 무슬림은 무슬림대로 사회적 지위의 상승과 경제적 궁핍에서의 탈출이 가능해졌기 때문이다.

1970년대 후반부터 남부의 삼림을 개발하고 빈곤을 타파하기 의해, 경제발전을 통해 좀 더 나은 생활여건을 조성해 주고자 정부는 무슬림과 불교도 간의 공동 협조를 통한 "자립촌 운동"을 지원하였다. 1990년대에 들어서서는 왕실도 적극적으로 나서서 남부 무슬림들의 건강과 위생, 경제적 자립과 여성의 경제활동을 위한 사업을 전개하고 있다. 이외에도 말레이시아 정부의 협조 아래 각종 협동계획이 추진되어 양국 국경에서의 정치적 경제적 안정을 도모하고 있다.

1973년대에 공산주의 세력이 고산족에게 침투하기 시작하고, 무제한적인 삼림훼손이 태국의 경제적 손실을 초래한다는 사실을 태국인들이 인식하게 되었고, 또 아편생산에 의한 문제가 국제화되자 태국 정부는 고산족에 대해 관심을 갖고, 고산족에게 산에서 내려와 태국식 교육을 받고 정착할 것을 권유하기 시작하였다. 고산족에게 직업교육, 위생교육, 거주지 개선, 재배작물 소개 등을 통해 이들의 삶을 경제적 사회적으로 발전시킴으로써 정착된 농경생활로 유도하고 양귀비 재배를 근절하고 공무원에 대한 신뢰도를 높여 고산족이 태국 국민의 한 구성원이라는 의식을 갖게 하려 했다.

태국은 1953년경부터 국경경찰대를 두어 고산족의 안보와 총체적인 발전계획을 세웠고, 1964년에는 고산족에 대한 연구와 고산족의 정착 방법의 모색을 위해 치앙마이대학교에 고산족연구소를 두었다. 화전을 중지하고 하산하여 영구히 정착하도록 도와주고 영농법을 지도했으나 실효를 거두지 못하였다. 다만 고산족의 소득을 증대시키기 위하여 왕실의 주도와 후원 아래에서 가내 수공업, 전통 수공예, 염색, 직조, 금속 세공, 죽세공, 전통 의상 제조, 은세공 등을 가르치고 훈련시켜 생산된 물건을 상품화하여 판매도 주선해 주었는데, 이 활동은 기대 이상의 효과를 거두었다.

이 외에도 정부는 고산족에게 태국식 교과과정에 따른 태국어 교육을 위하여 특별한 과정을 개발하여 교사들이 차를 타고 계절에 따라 화전 마을을 찾아다니며 이동교육을 실시하고 이를 통하여 고산족들이 태국어를 매개로 태국 정부는 물론 다른 고산족과 의사소통할 수 있도록 하고 아울러 태국 국민으로서의 애국심도 심어주려고 노력하였다. 고산족의 교육을 위하여 내무부의 초등교육국, 지방경찰국, 국경 경찰, 복지국이 혼연일체가 되어 이동학교와 계절학교를 운영함으로써 적어도 초등학교 4학년 과정의 교육을 받도록 설득하고, 우수한 학생들은 국비로 치앙마이 등의 인근 대도시에서 더 높은 교육을 받도록 배려하였다. 특히 초등학교

교사 수업을 받은 고산족들은 고산족학교의 교사로 채용되었다. 태국 왕실도 이 운동에 깊은 관심을 갖고 참여하고 후원하였으며, 승단도 정치적, 사회적 근대화 차원에서 2개의 불교대학이 중심이 되어 정부의 정책을 후원하였다.

1965년부터 태국 정부는 승단과 공동협력 하에서 지역공동체 개발에 착수했으며, 고산족에게 불심을 심어주어 불교도로 개종시킴으로써 국민적 통합을 이끌어 내려는 탐마툿 계획과 탐마짜릭 운동을 전개하였다. 이 계획에 따라 소정의 교육을 받은 승려들이 고산족의 마을로 들어가 상주하면서 불법을 전파하고 불법을 교육시킴과 동시에 고산족에게 보다 질 높은 일상생활을 위한 과학, 위생, 간단한 법률 상식, 영농법, 육아, 도로나 다리의 건설 법, 집 짓는 법, 우물의 관리, 소득증대 방법 등등을 가르쳐 사원이 고산족 생활의 중심처가 되도록 유도하였다. 이 운동은 실효를 거두어 많은 고산족들이 화전의 방법과 아편 재배 대신 커피, 콩, 담배 등의 작물을 재배하면서 정착해 촌락을 이루고 살고 있다.

물론 태국인의 마을과 마찬가지로 사원이나 교회가 마을의 중심부에 있다. 이 운동에 참여하는 승려의 수도 처음 시작할 당시는 200명이 채 되지 않았으나 1971년에는 2,000여 명으로 늘어나 전국적으로 확산되었다. 승려로 출가하여 불교도가 되는 고산족의 수효도 늘어나, 1969~1971년 사이에는 249명의 고산족 청년이 출가하여 환속한 후 불교도가 되었다. 이들 중 일부는 방콕에서 승려로서 엄격한 교육을 받은 후 고향 마을로 돌아가 교사로서, 마을 의식 주재자로서, 자문으로서, 그리고 승려로서 포교하고 있다. 태국의 이러한 움직임은 인근의 상좌부 불교 국가에 큰 영향을 주기도 하였으며, 승단의 이러한 활동은 현재까지 지속되고 있다.

이러한 방법 외에 하산에 대해 거부하지 않는 고산족을 위한 자치 거주지를 치앙마이, 치앙라이를 중심으로 마련해 주어 고산족의 문화를 지키면서 태국 국민의 일원으로 공존할 수 있도록 한 결과 1974년에는 10만 명

이상이 태국 국적을 취득하고 4만 명 이상이 태국 국민으로서 신분증명서를 발급 받았다. 까리앙족과 르족은 상당수 하산하여 정착했으나 아직도 적지 않은 수의 고산족들이 수천 년간 지켜온 자신들의 생활 문화와 농경법을 고수하고 있다.

지형적 · 역사적 원인으로 타이족을 중심으로 화교, 말레이족, 몬족, 크메르족, 고산족, 인도인 등 다양한 종족이 어우러져 살고 있는 태국은 대표적인 소수 종족으로 화교, 말레이 무슬림, 고산족을 꼽고 있다. 화교와 고산족 그리고 말레이 무슬림은 타이족이 인도차이나 반도에 이주해오기 전부터 이 지역에 살던 원주민 또는 선주민이라 할 수 있다.

일찍 태국에 정착한 화교는 현재 태국인으로 동화하여 살고 있으며, 태국인들은 그들을 외국인으로 생각지 않는다. 다만 19세기 말이나 20세기에 이주한 중국인들 중 일부는 아직도 중국인 국적을 고수하고 있는데, 그 수가 극히 적다. 이들은 수 세기 동안 태국에 정착해 살면서 문화적으로 동화되고 중국인의 문화를 태국인들에게 전했을 뿐 아니라 태국의 경제권을 장악하였다. 그러므로 민족주의적 성향이 강한 정치적 지도자가 집권한 정부는 중국인의 경제권을 탄압하고 정치적 활동에 제약을 가하면서 태국인으로 귀화할 것을 종용하였다. 이미 문화적으로, 사회적으로 동화되어 있던 화교들은 태국 국적을 취득함으로써 태국 정부의 국가통합 정책에 스스로 동조하였다.

고산족은 일찍부터 태국에 거주하고 있었으나 해발 800m 이상의 높은 산 속에서 고립되어 화전을 일구며 자신의 문화 속에서만 살고 있었으므로 정부 차원에서 태국인과 직접 교섭이 이루어지고 접촉한 것은 비교적 근래의 일이다. 물론 고산족끼리도 왕래가 없었다. 개인적으로 허족들이 고산족 마을을 다니며 각 부족이 필요로 하는 공산품이나 상품을 주고 대신 특산품이나 아편을 사 모으는 행위가 존재했을 뿐이었다. 근래에 들어서면서 고산족들이 더러는 하산하여 태국인들과 어울려 살기도 하고 신식 교육을 받아 스스로 바뀌어가고 있는 추세이다. 특히 왕비가 주관하는 지방산업 육성과 자립을 위한 프로그램과 정부의 승려를 통한 경제사회개발 계획에 따라 일부의 고산족은 태국인의 일원이라는 의식을 갖게 되었다.

역사적인 경험 및 문화가 불교도인 태국인이나 화교와 매우 상이한 말레이 무슬림은 이슬람과 자신의 전통을 고수하기 위하여 무력으로 통합시키려는 정부에 다양한 방법으로 대항해 왔으며, 그 정도가 전보다 많이 완화되었지만 아직도 대항은 지속되고 있다. 인근의 말레이시아나 인도네시아 또는 중동의 이슬람 국가에서 이슬람 교육도 받고 지원도 받고 있다.

단적으로 말한다면, 화교들은 능동적으로, 그리고 어느 면에서는 스스로 태국 사회에 동화되었다. 이에 반해 말레이 무슬림은 태국 정부의 강압적인 정책, 과거 오랫동안의 자치에서 비롯된 강한 독립의식, 불교도인 타이족과의 종교적 문화적 역사적 언어적 차이를 이유로 들어 비교적 강한 거부현상을 보여 정치적으로 태국에서 분리하여 이슬람 독립국가를 형성하려고까지 시도하였었다. 고산족들도 자신의 전통적인 삶과 언어를 고수하면서 태국 사회와 절연된 채 살아 왔으며 쉽게 태국 사회에 섞이지 못하고 있다고 할 수 있다.

근래에 들어서서 태국 정부는 오랫동안 시행착오를 거듭한 끝에 각 종족에 적합한 방법을 모색하여 다소 성공하고 있다고 할 수 있다. 특히 태국 정부의 교육 정책과 문화 정책은 효과를 거두고 있다고 본다. 교육을 통해 갈등을 해소하고 상호 간의 이해를 통해 그들의 문화를 어느 정도 인정하면서 상호 간의 융합점과 접합점을 모색하고 있다. 말레이 무슬림에게는 불교도의 문화에 대한 교육을, 불교도에게는 무슬림의 역사와 언어 등의 문화를 교육시킴으로써 상호 이해를 돕고 태국 국민으로서의 의식을 갖게 해 주고 있다고 할 수 있다. 말레이 무슬림에게는 무슬림의 문화와 불교문화 간의 상호 존중과 공존이라는 기본적인 사고의 틀 속에서 교육정책을 전개하였으며, 고산족에 대해서도 고산족의 문화적 전통을 인정하고 자연을 해치는 전통은 교육을 통해 스스로 시정할 수 있도록 물심양면으로 지원하고 있다. 교육과 홍보, 승려의 포교와 과학적인 교육의 보급을 통해 그들의 생활을 건강하게 하고 일상생활을 윤택하게 해주고 있다.

제 8 장

경 제

1. 태국의 통상정책과 제도

1.1 태국의 통상정책 기조

1980년대 초 이후 태국정부는 수출지향 공업화 정책들을 취하였으며, 1981년과 1984년에는 태국 수출품이 국제 경쟁력을 가질 수 있도록 평가절하를 단행하였고 이후 신축적인 환율정책을 운용해왔다. 태국은 1982년 GATT에 가입하였고 1995년에는 WTO의 59번째 회원국으로 가입하여 원칙적으로는 자유무역정책을 표방하고 있다. 그러나 국내산업을 보호하고 무역수지 균형을 달성하기 위하여 업종별 수출입 허가제나 수입과징금 부과 및 관세율 운용 등을 통하여 무역거래를 규제하고 있다. 한편으로 태국정부는 수출산업에 대한 각종 지원 등 수출드라이브 정책을 지속적으로 추진하고 있다. ASEAN 역내 무역증진을 위하여 특혜관세를 적용하는 등 적극적인 수출장려 입장을 견지하고 있다.

1997년 태국은 경제위기 이후 경제위기를 극복하는 과정에서 외국인 투자 유치와 수출증대가 경제회복을 위한 주요 정책수단으로 여기고 이를 지속적으로 추진하고 있다. 태국정부는 외국인투자를 GATT의 20조와 21조에서 자유무역의 예외를 허용하고 있는 국방, 전통, 보건위생 부문을 제외한 전 업종에 대해 문호를 개방하였다. 태국정부의 무역정책은 GATT 제20조의 공중보건, 안전, 특허의 보호 및 천연자원의 보존 등에 관한 사항과 제21조의 국가안보 조항을 제외한 대부분의 제품에 대한 무역을 자유화하고 무역왜곡을 최소화하기 위해 자유롭게 수입할 수 있다고 보고하고 있다(WTO 1999, 9).

또한 금융업과 부동산 등의 소유에 대해서도 규제를 대폭 완화하였다. 정부는 금융개혁과 외국인투자를 용이하게 하기 위해 은행과 파이낸스 회사의 법정 최소자본금을 상향조정하고 금융기관에 대한 외국인의 지분상한선인 25% 지분보유 조항을 철폐함으로써 외국인의 경영권 장악을 허용하는 적대적 M&A를 허용하게 했다. 증권회사에 대한 외국인의 소유지분도 기존의 49% 소유제한을 철폐하여 외국인 최대주주 탄생을 가능하게 하였다. 또한 외국인투자자에 대한 부동산 임대기간을 30년에서 50년으로 연장하였다(Financial Crisis in Japan, South Korea and Thailand 1998. 7. 19).

외자유입에 장애가 되었다고 판단한 제도는 현재에도 검토 및 개선이 이루어지고 있다. 이를 바탕으로 태국은 ASEAN 자유무역지대(AFTA)의 완성에 적극적으로 참여하였다. 과거 우루과이라운드 등 크고 작은 국제무역협상에서 한계를 절감한 태국은 개도국의 협상력과 발언권을 높이기 위해 대내적으로 무역자유화를 완성하고, 대외적으로는 개도국 특히 ASEAN 회원국과의 경제협력 증대에 정책의 초점을 두고 있다. 태국정부는 단기적으로 ASEAN과 남아시아와의 협력, 중장기적으로는 거대경제권인 동아시아국가들과 경제협력을 위한 ASEAN+3과의 경제협력 달성에 그 목표를 두고 있다.

태국의 공업화는 수입대체정책을 택하면서 시작되었다. 태국이 택하였던 통상정책 수단은 관세를 통한 재정수입 증대와 국내산업 보호에 중점을 두었다.

1969년~1972년 기간의 국제수지 적자는 수출촉진 정책의 필요성에 대한 동기로 작용하였다. 1972년의 신투자법은 자본민족주의에 입각하여 외국기업규제, 외국인 고용규제법 제정 등 외자의 선별적 도입을 원칙으로 하였다. 이로 인해 외국인투자가 격감하자 태국 경제발전을 위해 중점육성 산업분야에 대한 외국인투자 유치를 목적으로 1977년에 신 투자장려법을 제정하였으며 1991년과 2001년에 일부 개정되어 현재에 이르고 있다.

신 투자장려법은 1972년 신투자법의 취지를 승계하되 투자청의 권한을 대폭 강화하고 행정 간소화, 수출사업육성, 공업의 지방분산 및 외자의 선별적 유치를 기본으로 하고 있다. 또한 투자장려분야를 명시하고 동분야에 대한 투자시 제공되는 각종 우대조치 등을 규정하고 있다. (투자 인센티브에 대해선 태국투자청의 BOI Incentive 참조. 투자장려법은 Investment Promotion Act(NO. 1) B.E. 2520, Investment Promotion Act(NO. 2) B.E. 2534, Investment Promotion Act(NO. 3) B.E. 2544를 참조.) 투자장려법 외에 수출촉진을 위해 채택한 정책으로는 중앙은행이 상업은행으로 하여금 저리의 정책금리를 수출업자에게 단기대출을 해주는 재할인 정책을 사용하여 왔다.

태국산 공산품의 수출은 제3차 경제사회개발계획 기간인 1972년~1976년 기간 중에 추진되었다. 이 기간 중에 태국이 산업정책을 수출주도형으로 전환하게 된 계기는 몇 가지가 있다. 많은 수입대체산업에서의 성장둔화, 수입대체와 결부된 효율성의 부족, 수입중간재에 대한 지나친 의존, 방콕을 비롯한 수도권 지역의 공업활동 집중 등이 이에 포함된다.

일반적으로 공산품 수출업자에게 제공되는 우대조치(incentive)는 수출업자들이 당면한 불리한 점들을 부분적으로 상쇄하는 데 그쳤다. 그럼에도 불구하고 1970년대 초 이후 공산품의 수출증가율은 주목할 만하다. 수출품목에 대한 수요도 상당히 증가하였으며 가공되지 않은 형태로 수출되던 원자재가 가공의 형태로 수출되거나 국내에서 소량으로 소비되던 노동집약적 상품들이 해외수요의 증가에 의해서 생산이 증가하기도 하였다. 아시아 신흥공업국들이 공산품 수출을 확장시켰던 1960년대에 태국은 경쟁력이 있는 1차산품 수출에 중점을 두었으며 공산품은 수입대체단계에 있었다. 공산품에 대한 수출은 수입대체단계가 10년 이상 경과한 뒤에 나타났다.

이러한 성공적 수출증대의 요인은 다음과 같다. 공산품 수출이 주로 자원에 근거를 두고 있고 노동집약적인 상품이어서 태국의 비교우위와 일치한다. 집적회로와 같은 수출품목은 저렴한 노동을 이용하는 외국기업에 의한 노동집약적 부품들의 가공품이다. 섬유, 의류와 일부 전자제품과 같은 소수 품목만이 수입대체에서 수출로 발전되었다.

비록 태국정부의 수출지원에 대한 효과는 그리 크지 않았지만 경제사회개발계획에서 공산품수출을 촉진하는 정책으로의 전환은 수출확대에 중요한 요인이 되었다. 경제사회개발계획에서 수출촉진에 대한 강조, 투자장려법의 개정, 그리고 1972년 이후 공산품 수출업자들에 대한 우대조치는 기업인들로 하여금 수출에 대한 관심을 높이게 하였다. 1970년대 초 섬유와 전자제품을 포함한 많은 수입대체산업들은 낮은 국내수요 때문에 해외판매에 의존하지 않을 수 없었다.

1980년대 초 이후 태국정부가 취한 여러 가지 정책은 수출지향 공업화에 좋은 환경을 마련하였다. 1982년에는 정부와 민간의 합동자문회의가 설립되어 민간부문이 수출활동에서 당면하는 문제가 보다 빨리 해결될 수 있었다. 예컨대 수출품 생산에 사용된 원자재에 대한 조세와 관세의 감면 및 환급절차가 많이 개선되었다. Hemaraj Land and Development Public Co., Ltd.(1999, 7)의 자료에 의하면 1979년 산업공단법(The Industrial Estate Authority of Thailand Act)에 의한 수출가공지대의 공장들은 조세 및 관세

감면의 특권뿐만 아니라 원자재 수입과 생산물 수출에 있어서 복잡한 세관절차를 피할 수 있었다.

1990년대 들어 ASEAN 국가들의 경제발전에 따른 역내시장의 확대와 세계경제 블록화 경향에 대응하여, 태국정부는 보호주의의 개선, 경쟁원리 도입에 따른 국제경쟁력의 강화를 적극적으로 추진하고 있다. 이를 위하여 태국은 1990년 5월 IMF 8조국 이행과 외환관리 자유화 추진, 관세인하, 수출입허가품목 삭제 등 무역에 관한 광범위한 규제완화를 실시해오고 있다. IMF 8조는 가맹국에 대하여 외환제한의 철폐에 관한 세 가지 의무를 부과하고 있다.

수출촉진을 위한 세제상 인센티브를 보면. 관세청에서는 수출업자에게 수입원자재에 대한 수입관세나 세금을 사전이나 혹은 사후에 감면하는 조치를 취하고 있다. 국세청에서는 수출기업의 기계류나 원자재 수입에 상응하는 사전감면조치를 취하고 있다. 산업성(Ministry of Industry) 산하의 태국산업공단(Industrial Estate Authority of Thailand: IEAT)에서는 보세공장 제도와 수출가공지역 제도를 운영하고 있다. 수출가공지역에 위치한 공장들은 수입원자재에 대한 관세 및 세금부과가 면제된다. 한편 태국 중앙은행은 수출업자에게 약속어음의 재할인 및 특별신용 등 수출금융 지원을 제공하고 있다. 중앙은행에 의한 내국신용장 제도의 도입은 수출촉진조치의 대표적 사례에 해당한다.

태국의 통상정책의 특징으로, 일부품목의 경우 태국의 관세율이 WTO 회원국 간의 MFN 하의 관세율보다 훨씬 높게 되어 있으며 회원국에게 원산지증명을 요구하고 있어 회원국에게 부담을 지우고 있다. 태국의 관세율에 관련된 자료 또한 불투명하다. 농업, 자동차, 철강, 섬유, 봉제 등의 산업에 대하여 아직도 높은 관세율을 적용하거나 보호를 하고 있으며 이들 산업에 대한 평균관세율은 아세안 평균관세율보다 높은 수준에 있다. 태국세관의 관세평가 규정도 모호한 편이다. 국내산업보호를 위해 수입수량제한(간혹 수입금지)의 목적으로 수입허가서 발급원칙과 발급단계도 모호한 편이다. 식품 및 의약품 수입허가서 발급과 검사규정이 매우 늦은 편으로 통상상의 장애를 일으키고 있다. 지적재산권보호법 위반자에 대한 조치가 미흡하며, 이에 대해 정부와 민간간의 협력기구가 시급히 설립되어야 할 것이다. 태국의 주요 무역상대국들은 태국정부에게 정부조달협정에 가입하도록 촉구하고 있다.

한편 태국의 통상정책의 특징과 통상정책과 통상조치와 관련하여 태국의 주요 무역상대국인 회원국이 겪고 있는 무역상의 애로사항을 요약하면 다음과 같다.

① 국제관세협회에서 협정한 상품을 포함한 550개 품목에 대한 태국의 수입관세율이 WTO에서 협정한 관세율보다 훨씬 높게 되어 있으며, 태국의 관세율에 관련된 자료 또한 모호하며 내용도 5권으로 각각 분산되어 있어 참조하기에 불편하게 되어있다.

② 일부품목의 경우 태국의 관세율이 WTO 회원국 간의 MFN 관세율보다 훨씬 높게 되어 있다. 이에 대해 태국은 MFN 관세율을 적용하기 위해 비회원국보다 훨씬 많은 회원국에게 원산지증명을 요구하고 있어 회원국에게 부담과 혼란을 지우고 있다.

③ 태국이 새로운 관세구조로 조정한다 하더라도 농업, 자동차, 철강, 섬유, 봉제 등의 산업에 대하여 아직도 높은 관세율을 적용하거나 보호를 하고 있다. 이들 산업에 대한 평균관세율은 아세안 평균관세율보다 높은 수준에 있다.

④ 태국세관은 관세평가에서 자의적인 판단(재량권의 남용)을 하는 관행이 있으며 평가의 규정도 모호하다. 관세평가의 기준을 관세평가(Customs Valuation) 협정과 일치하도록 조정해야 할 것이다.

⑤ 대리석 및 화강암산업, 6륜승합차, 분말우유, 견사(絹絲) 등의 국내산업 보호목적으로 수입수량제한(간혹 수입금지)을 행하는데 그 수

입허가서 발급원칙과 발급단계가 모호하다.

⑥ 식품 및 의약품 수입허가서 발급과 검사규정이 매우 늦어 무역상대국과 통상문제를 야기하고 있다.

⑦ 지적재산권보호법 위반자-특히 유사상품 배포자-에 대한 조치가 미흡하며, 이에 대해 정부와 민간간의 협력기구가 시급히 설립되어야 할 것이다.

⑧ 태국정부에게 정부조달협정에 가입하도록 촉구하고 있다.

상기 ②항목에서 원산지증명의 부담은, 생산공정 및 유통에 있어서 세계화의 진전은 상품의 원산지 파악을 매우 어렵게 만들고 있어 경제의 세계화의 진행과 더불어 원산지규정이 주요 경제 이슈로 등장하고 있다. WTO 출범 후 WTO와 WCO가 통일원산지규정 제정작업에 착수하였으나 이에 대해 회원국 간에 합의를 도출하지 못하고 있는 실정이다. 원산지규정에 관해 현존하는 국제규범인 교토협약은 WCO가입 137개국 중 미국・EU・일본 등 50여 국만이 가입하였으며 원산지 부속서를 수락한 국가는 EU・일본 등 20여 국에 불과하며 강제성이 없어 국제규범으로서의 역할을 다하지 못하고 있다. 원산지규정의 협상이 부진한 까닭은 협상대상의 광범위성, 기술적 복잡성 등 작업 내용의 성격과 협상타결의 수용성을 둘러싼 협상 당사자의 상이한 입장에 기인하는 바가 매우 크다고 주장하였다. 특혜원산지규정의 운용에 대해서는 WTO 통일원산지규정에서 공동성명의 형태로 규정하고 있다.

1.2 수입관리 정책과 제도

태국은 1970년대 비교적 낮은 장벽의 보호무역정책에서 점차 높은 장벽의 보호무역정책으로 이행하여 자유화에 역행하는 추세를 보였다. 1980년 경제사회개발청(Nation Economic and Social Development Board:

NESDB)의 산업분야 소위원회는 구조조정을 위하여 1974년 이후 증가 추세를 보여왔던 관세율을 인하하는 것이 바람직하다는 것을 권고하였다. 이에 따라 분야별 관세율의 균등화 및 평균관세율의 점진적 인하를 국가의 경제사회개발 목표의 하나로 명시하였다.

1990년대 들어 태국정부는 효율적인 사업발달을 추구하기 위하여 보호주의를 지양하고 비관세장벽에 해당하는 무역장벽도 개선하려는 노력을 보이기 시작하였다. 태국의 무역정책 검토보고서(Trade Policy Review of Thailand)에 의하면, 1995년 이후 수입허가제도를 개선하기 위해 오토바이, 고속디젤, 엔진연료, 케로신(kerosine), 나프타, LPG, 비닐 클로라이드 모노머(vinyl chloride monomer) 제품에 관한 수입허가를 폐지하였다고 보고하고 있다(WTO 1999. 8). 아직도 비 자동적 임의허가품목이 많기는 하나 이 부문에서의 개선 움직임은 활발한 편이다. 현대적인 마케팅기법을 통하여 유통회사로 성장하고 있는 신설회사와 통상적인 수출입업무를 담당하는 국제무역회사에게는 투자위원회가 세금 및 수입부과금을 면제하는 혜택을 주고 있다. 이는 태국정부의 수입구조 왜곡에 대한 개선 의지로 평가된다.

1.2.1 관세제도

태국은 원칙적으로 자유무역주의를 표방하고 있으나 국내산업 보호와 무역수지 균형을 이루려는 보호무역주의 경향이 있다. 수입관련 통상정책으로 관세는 태국에 가장 중요하게 사용되는 보호장벽으로서 태국이 1982년에야 비로소 GATT(General Agreement on Tariffs and Trade)에 가입하였다는 사실이 그 단적인 증거라고 하겠다.

태국의 관세는 크게 일반관세와 특혜관세로 구분되고 있으며, 관세법에 의해 규정되어 있는 기본적인 세율에 대해서는 관세율령에 부속하는 관세율 표에 명시되어 있다. 세율은 원칙적으로 종가세(ad valorem duty)

율이 적용되고 있으며 주류 등에 대해서는 종량세(specific duty)율도 병용되고 있다. 이 경우 어느 쪽이든 높은 쪽의 세율이 적용된다. 관세 품목의 분류방법은 1988년 1월 1일부터 기타 ASEAN 국가와 동일한 HS방식(Harmonized System)을 적용하고 있다. HS방식이란, 수출입품목의 분류는 국제무역의 원활화를 도모하고자 국가 및 산업성문별로 다양하게 되어 있던 품목분류체계를 국제적으로 통일・적용하기 위하여 CCCN을 골격으로 하여 국제통일상품분류체계인 국제통일상품명 및 코딩 시스템(The Harmonized Commodity Description and Coding System)을 만들었는데 이를 통상 Harmonized System(조화제도, 약칭 HS)이라고 한다.

태국도 기타 개발도상국과 같이 국내산업 보호와 세수확보 차원에서 실질적으로 수입규제를 하여왔다. 그러나 국제적인 무역자유화의 추세로 국내산업의 국제경쟁력 강화를 위해 1990년부터 점진적으로 관세인하 정책을 추진하여 왔다. 태국 정부는 UR 후속조치르 1994년 발표된 관세인하 계획에 따라 실행관세율을 지속적으로 인하해왔다. 그 결과 관세수입이 정부의 재정수입에서 차지하는 비중은 1997년 11.9%에서 1998년에는 5.9%로 크게 감소하였다. 그러나 1997년 외환위기 이후 정부재정 감소로 인해 관세인하 프로그램은 부진한 진행을 보이고 있으며, 오히려 부족세원의 충당을 위해 많은 품목에 걸쳐 관세와 간접세가 인상되었다. 그 예로 담배와 의류에 대한 관세율이 30%에서 60%로 인상되었고, 모직, 향수, 화장품 및 가죽제품의 관세도 10%에서 40%로 크게 인상되었다. 또한 5% 이상의 관세가 부과되는 모든 수입제품에 대해 10%의 임시 부과금(temporary surcharge)이 추가로 부과되었다.

태국의 관세구조는 무역장벽에 따른 자원배분의 왜곡을 완화하기 위한 목적으로 종래의 39개 범주에서 1996년부터 관세분류를 6개 범주로 크게 간소화하였다. 즉 의료용 기기 0%, 전자부품 등 1%, 기계설비 등 자본재와 소재・원재료 5%, 중간재 10%, 완제품 20%, 섬유, 의류, 냉장고,

〈표 1〉 태국의 관세구조

세율	주요 대상품목
0%	의료기구, 비료 등
1%	원자재, 전자부품 및 국제운송차량 등
5%	기계류, 공구 및 컴퓨터 등 자본재 등
10%	중간재, 반가공품 등
20%	완제품 등
30%	섬유, 의류, 냉장고, 에어컨 등 특별히 보호가 필요한 제품 등

출처: 외교통상부(1999, 194)
주: 특별조치에 따른 기타 고관세율 품목은 제외

에어컨 등 특별히 보호가 필요한 제품 30%로 구분하고 있다(<표 1> 참조). 그러나 석유화학 및 플라스틱 제품의 관세인하계획은 지역경제위기 및 국내산업에 대한 여파 때문에 연기됨으로써 미소한 인하 실적만을 보였다.

이러한 조치에 의해, 관세분류품목의 91%에 해당하는 6,898품목의 인하가 실시되었다. 국내산업보호의 관점에서 석유화학제품, 섬유 등 특정품목에 대해서는 2단계에 걸쳐 실시되어 1997년 평균관세율은 30.24%에서 17.0%까지 하락하였다고 보고하고 있다. 한편, 자동차 등 주요 품목은 관세인하 계획에서 제외되어 있다. 관세인하 제외품목은 자동차 및 부품, 주류, 농산물 및 기타 민감품목들을 포함하고 있다. 수출관세에 대해서는 쌀, 고무, 목재 등 몇 가지 품목에만 부과되고 있다.

1.2.2 수입관리 법제

먼저 반덤핑법에 대해 보자. 동 법에 대한 주무부서는 상무성이다. 반덤핑 제소자가 제소장을 제출하는 경우 상무성은 서류 검토 후 반덤핑 및 상계관세 위원회에 송부하며 동 위원회는 제소의 정당성 여부를 검토하여 제소가 정당한 경우, 그 결과를 수출업자 또는 수출국에 통지하여 적절한 조치를 취한다. 1993년에 제정된 반덤핑법이 현실적으로 적용된 경우는 거의 없었으나 2002년 2월 업계의 요청에 의한 철강산업 반덤핑조사가 유일하게 대규모로 이루어진 사례이다. 2002년 태국에서 반덤핑조사 및 조치가 취해지고 있는 품목은 철강산업 10개 품목, 유리제품 2개 품목 및 Hydrogen Peroxide (HS 2847.00) 등 총 13개 품목이었으며, 이들 품목의 2001년도 전체 수입규모는 272억 바트(약 6억 4,657만달러)로 태국의 연간 전체수입액(U$ 618.25억)의 1.05%에 그치고 있다.

지적재산 관련법에 대해 보자. 우선 특허법은 1979년에 제정되어 1992년에 개정되었으며, 발명특허, 의장특허 보호에 대해 규제하고 있다. 태국은 여러 나라와 상호협정을 체결하고 있으나 지적소유권보호를 위한 파리협약에는 서명하지 않았다. 파리협약(Paris Convention for the Protection of Industrial Property)은 지리적 표시에 대한 가장 오래된 협약의 하나로서 지리적 표시에 대한 강력한 보호를 하기 시작하였는데 파리협약 제10조에 상품의 재료, 생산자의 신분 등을 직접 또는 간접적으로 허위로 표시하는 경우 수입을 금지하거나 상품을 압수하도록 하고 있다.

특허권 등록인의 자격은 태국인 또는 태국과 상호협정을 체결한 국민이어야 하며 존속기간은 특허권이 20년 의장권이 10년이다. 외국특허의 경우 태국에서 달리 특허를 취득하지 않았다면 태국 특허법의 보호를 받지 못하지만 태국 내 사업자와 라이센스 계약을 통해 동일한 효과를 얻을 수 있다.

태국 상표법은 1991년에 제정되었으며 상표권 보호에 대해 규정하고 있다. 상표권의 등록은 상표권소유자 또는 대리인이 태국어로 작성한 신청서를 상표청(Trademark Office)에 제출하여야 하며 태국에 사업체가 있어야 한다. 상표권의 보호기간은 10년이며 상표권 소유자는 기간만료 90일 이내에 갱신 신청을 해야 한다. 상표권을 등록하지 않은 상태에서 상표권을 등록한 것처럼 위장하거나 상품을 판매하는 경우 1년 이내의 금고 또는 2만바트 이하의 벌금형에 처하며, 상표권 등록 시 부정한 증거를 제출하면 6개월 이내의 금고 또는 10만바트 이하의 벌금형에 처한다. 1992년 2월부터 서비스도 재화와 마찬가지로 상표권의 보호를 받으며 품질보증서도 등록할 수 있고 제3자에게 라이센싱을 할 수 있다.

마지막으로 저작권법은 1994년에 제정되었으며 문학, 과학, 예술분야의 저작권 보호에 대하여 규정하고 있다. 보호기간은 문학, 희곡, 예술 또는 음악작품의 경우 저자의 생존기간과 사후 50년간 인정되며 법인인 경우 제작 후 50년간 인정된다. 응용예술작품에 대한 저작권은 제작 후 20년간 인정된다. 국제저작권은 태국과 상호협정을 채결한 나라에 한한다. 저작권침해의 경우 2만~20만바트의 벌금형에 처해지며 상업적 목적으로 침해가 이루어진 경우 6개월 이상 4년 이하의 징역형 또는 10만~80만바트의 벌금형에 처한다.

1.2.3 비관세장벽

세계적으로 비관세장벽은 제2차 세계대전 이전에도 여러 형태가 존재했다. 광의로는 직접적 무역제한, 외환관리 블록경제 등의 형태도 관세의 형태가 아닌 무역의 제한이라고 할 수 있다. 그러나 이들은 '고전적인' 보호의 성격을 지닌다고 하여 소위 '비관세장벽'과는 별개로 취급하는 쪽이 타당할 것이다.

WTO에 보고한 태국의 무역정책 검토보고서(Trade Policy Review of Thailand)에 의하면, GATT 제20조의 공중보건, 안전, 특허의 보호 및 천연자원의 보존 등에 관한 사항과 제21조의 국가안보 조항을 제외한 대부분의 제품에 대한 무역을 자유화하고 무역왜곡을 최소화하기 위해 자유롭게 수입할 수 있다고 보고하고 있다(WTO 1999, 9). 그러나 수입절차상의 제한이 태국의 실질적인 비관세장벽 중 대부분을 차지한다.

태국에서 명시적으로 지정된 수입금지품목의 수는 매우 적은 편이다. 식품에 사용되는 화학물질의 유해성에 의거하여 그러한 화학물질이 포함된 식품을 포괄적으로 수입금지품목에 포함시키고 있다. 물론 이것이 태국의 수입금지 사례가 매우 적다는 것을 의미하는 것은 아니다.

(1) 관세평가

통관절차에서 검사규정도 까다로운 편이며 관세평가의 기준이 되는 가격은 실질 시장가격으로 대체적으로 도매가격과 일치한다. 태국의 관세평가 시스템은 WTO 협정과 함께 CIF 수입가격에 의한 관세부과 시스템을 운영하고 있으나 수입가격이 불합리하다고 자체 판단할 경우 WTO 규정에 따라 관세를 평가하고 있다. 다만 CIF 가격의 조정여부에 대한 자의적인 판단을 허용함에 따라 여러 가지 불합리한 요소들이 나타나는 문제점도 가지고 있는 실정이다.

CIF 가격으로 관세평가를 하기에 불합리한 일부품목에 대해서 태국세관은 평균시장가격, 최저수입가격, 추정과세가격 등 3가지의 방법으로 수입물품의 관세를 평가하고 있다. 평균시장가격은 주로 원목 가공목재와 같은 일부 수입품목에 적용되며, 최저수입가격은 주로 철판 화학제품 등 몇 개의 품목에 적용되고 있다. 그 외 품목은 수입물품에 대한 관세청의 추정가격으로 관세를 평가한다. 관세청은 수입물품의 송장가격을 무시하고 최근 3개월 내에 태국에 수입된 동일 브랜드, 동일 모델, 동일 규격, 동일 원산지의 최고 수입가격을 기준으로 과세한다.

또한 최근 수입된 실적 중 최고가격을 기준으로 관세가 결정되는 자의적인 관세평가(customs valuation)제도도 무역장벽의 하나로 지적되고 있다. 수입품의 질적 차이에 따른 가격차, 농산물의 계절적인 요인에 따른 가격차 등을 무시하는 것으로 관세평가 자체가 불합리하며 관세평가자가 자의적으로 과세를 함으로써 뇌물 수수의 관행을 낳게 하고 있다. 관세청에서 물건을 찾을 때마다 세관 공무원에게 뒷돈을 주어야 하며, 만일 돈을 주지 않을 경우는 수속에 오랜 시일이 걸리기 일쑤다. 이는 예상치 못한 비용을 발생하게 하는 무역장벽의 하나가 되고 있다.

(2) 수입허가

가격제한 중 수입부과금은 과거에 비해 상당히 축소되었다고 하나 아직도 특별부과금과 사업세가 남아 있다. 1997년 외환위기 이후 정부재정 감소로 인해 5% 이상의 관세가 부과되는 모든 수입제품에 대해 10%의 임시 부과금(temporary surcharge)이 추가로 부과되었다. 그러나 이러한 관세 인상이나 임시부과금 부과는 태국의 WTO 양허를 초과하는 수준은 아니어서 WTO에 대한 약속을 위배하는 것은 아니다.

특히 자동차부문의 사업세는 매우 높아서 수입을 억제하는 효과가 큰 편이다. 상무성 및 재무성이 지정한 품목에 대해서는 특별부과금이 부과되며 모든 품목에 대해서 사업세가 부과된다. 사업세의 기준은 수입가격, 관세, 정상이익을 합한 가격에서 보통 1.5~9%를 부과하며 자동차의 경우 40~50%로 높은 편이다. 사업세는 수입신고시 현금을 예치하거나 현금으로 지불할 경우 2% 감면이 된다. 그밖에 10% 수준인 지방자치단체세가 존재한다(권경덕 1997, 302-308). 국내산업을 보호하거나 특정산업을 육성하기 위하여 투자청이 부과금을 부과하기도 하나 이러한 부과금은 점차 줄어들고 있다.

1997년도에 태국 정부는 수입허가를 필요로 하는 품목군을 42개에서 23개로 줄였으나 아직도 약품, 원유, 직물, 농업제품, 식품 등 많은 품목이 수입 전에 허가를 요구하고 있다. 수입허가는 한번 발급이 되면 3개월 간 유효하며 운송기간에 따라 연장을 할 수 있다.

그밖에 GATT 제20조와 제21조 의한 보건 · 위생 및 안보상의 이유로 수입허가품목을 지정하는 경우도 있다. 특히 식품이나 의약품의 경우에는 보건부의 태국식품의약청(Thai Food and Drug Administration: TFDA)이 수입허가에 있어서 까다로운 조건을 부과하는 것이 일반적이다. 태국은 식품수입에 있어서 엄격한 표식부착규정을 적용하며 산업표준원이 정한 산업표준을 해당품목에 의무적으로 적용하고 있다. 수입식품의 표식은 태국어로 쓰여 져야 하며 보건부의 규정사항을 따라야 한다.

또한 화장품, 유독성물질, 마취제나 향정신성 의약품, 의료장비 등도 보건부의 태국식품의약청에서 수입허가를 관장한다. 수입허가를 규정한 법은 '의약품법', '식품법', '독성물질법' 등이 있으며, 의약픔법에 있어서는 의약품 수입면허 기간을 줄이는 방향으로의 개정이 추진되고 있다.

수입허가품목의 지정이유 중 가장 중요한 것은 국내생산업자의 보호이다. 농업의 비중이 큰 편이므로 농업을 보호하기 위한 수업허가가 꽤 많으며, 대부분의 경우 수입허가를 얻기가 무척 어렵다. 국내 제조업 보호부문과 태국이 발전시키고자 하는 중급기술 이하의 중공업부군의 보호로 나눌 수 있다. 상대적으로 기존의 제조업을 보호하는 경우에는 수입허가를 획득하기 힘들며, 고급기술을 필요로 하는 부문에서는 수입의 제한이 별로 없다.

(3) 기술장벽

태국에서 판매되는 농산품, 자동차, 화학, 건축, 전기용품, 플라스틱, 의료용품 등 11개 카테고리 74개 품목에 대해서는 태국산업표준원(Thailand Industrial Standard Institute: TISI)이 정한 표준공업규격을 준수할 의무를 부과하고 있으며, TISI의 규격을 따를 때만 정부조달 입찰에 특혜를 주고 있다.

이들 품목의 경우 수입시에도 TISI 규격에 맞는지를 심사하고 있다. 다만 TISI에서 인정한 CE 마크 등 일부 외국인증마크를 획득한 경우 일정한 서류제출과 함께 수입통관시 검사를 면제하는 제도를 운영하고 있기도 하다. 수입시 검사는 한번이 아닌 매번 수입시 마다 검사를 요구해 수입절차를 번거롭게 하고 있다.

태국 식품의약청(TFDA)은 모든 식품, 약품, 화장품, 의약품에 대해 수입 전에 허가를 내 주고 있는데, 이 TFDA의 수입허가 절차가 비용과 시간이 많이 소요돼 수입을 막는 역할을 하고 있다. 또한 TFDA의 수입허가를 얻기 위해서 성분내용을 모두 밝혀야 하지만 제조업자 입장에선 제품의 제조기술 누출을 우려하여 밝히기를 꺼리고 있다.

(4) 수량제한

태국은 농산물, 기계류, 제지류, 화학품, 농업기계, 가스실린더, 원형톱 등 23개의 품목군에 대해 수량제한이 적용되고 있지만 실제 수입제한방법으로 수량을 제한하는 경우가 별로 없었다. 수량제한은 일반적이 아니며 상무성에서 국내산업보호나 유통질서유지를 목적으로 상황에 따라 제한적으로 사용할 뿐이다. 또한 태국정부는 수량제한의 사용을 점차 감소시키려는 노력을 계속하고 있다.

(5) 기타 비관세장벽

태국은 명시적으로 수입금지 대상이 아니더라도 현실적으로 수입이 금지되는 품목이 상당수 있다. 불법적인 방법으로 제작된 물건, 저작권이 침해된 테이프 디스크 소프트웨어 책 등, 중고 모터사이클 엔진과 부품 그리고 악세사리, 유전자 조작식품에 대해 수입금지가 적용되고 있다.

그밖에도 태국은 이미 지적 재산권, 특허권 등에 관한 법률이 있음에도 이를 강력히 시행하지 않고 있어 문제가 되고 있다. 2003년 태국의 불법복제 사용 비율(특히 소프트웨어)은 80%를 넘고 있다.

2. 태국의 외국인투자 정책과 제도

1980년대 들어 일본을 비롯한 대태국 투자 붐으로 태국은 농업국에서 경공업중심의 공업국으로 전환하는데 성공하였다. 이러한 고도성장의 배경에는 정부의 적극적인 외국인투자 유치정책을 통해 선진공업국으로부터 기술이전 및 경제활성화에 성공했다고 할 수 있다. 1980년대 이전에는 대태국 투자는 선진국과 일본을 중심으로 이루어졌다. 태국이 공업화 추진을 위한 적극적인 외국인투자 유치정책을 실시하게 되자, 1987년 이후 일본 및 NIEs로부터도 수출지향형 산업을 중심으로 한 외국인직접투자가 급증하기 시작하였다. 그러나 1990대 중반 이후 태국에 대한 외국인 직접투자는 경쟁국가와의 투자유치 경쟁심화, 방콕의 집중화, SOC프로젝트 실행지연 및 노동집약산업의 경쟁력약화 등으로 하향추세를 보였다. 1997년 들어 태국은 만성적인 경상수지 적자를 보전하기 위한 해외차입으로 외채가 증가하게 되고 경제혼란이 증가되자 태국에 대한 외국인 투자의 유입이 감소하면서 급기야 외환위기가 발생하게 되었다. 1998년 이후 외환위기가 진정되고 태국의 경제개혁과 구조조정으로 투자환경이 개선되어 외국인투자도 회복되고 있는 추세이다.

2.1 태국의 외국인투자 정책 추이

태국은 1977년 신투자장려법을 제정하면서 행정절차의 간소화, 수출산업 육성, 산업투자의 지방분산, 외자의 선별적 유치, 투자청(Board of Investment) 설립을 추진하였으나 만족할 만한 결과를 얻지 못하였다. 그 이후 1980년대 중반 수입대체 및 국내산업 보호를 목적으로 한 외국인투자 정책에서 1980년대 후반 국제수지 악화 개선, 민간부문 투자확대 및 실업억제를 위한 외국인투자 정책으로 선회하게 된다. 1990년 이후 외국인투자 정책에서 특징적인 변화를 찾아볼 수 없으나 외국인투자가 방콕과 인근 수도권지역을 중심으로 급증함에 따라 방콕지역의 사회간접자본(SOC) 및 고급 노동력의 부족을 경험하였다(안종량 1999, 122).

태국정부는 외국인투자 유치를 통하여 태국산업 및 제품의 경쟁력강화를 위해 아래사항을 기본정책 방향으로 정하고 있다.

세제 지원 등 BOI의 각종 인센티브는 기본적으로 태국 국가경제에 도움이 되는 프로젝트에 한하며, BOI의 인센티브 혜택을 받는 기업은 인센티브를 받은 사업에 대한 결과를 BOI에 보고해야 한다. 태국산업의 국제경쟁력을 강화하기 위해 1,000만바트(약 3억7,000만원) 이상의 투자는 반드시 ISO 9000 등 유사한 국제인증을 받아야 한다. 국제 무역 및 투자에 관한 협정 준수를 위해 협정에 위반되는 생산품의 수출 비율 및 원료의 국산품 이용 규정은 철회된다. 지역의 균등발전 목표에 부합되는 투자를 우대하기 위해 저소득 및 저개발지역에 대한 투자는 특별혜택을 부여한다. 최소 100만바트(약 3,700만원) 이상의 자본금을 투자하는 중소형 투자도 BOI 인센티브 대상이 될 수 있다. 투자장려분야에 대한 우선권을 부여하기 위해 농업 및 농업생산품, 고도기술 및 인적자원개발, 공익 및 사회기반시설, 환경보호, 그리고 기타 정부지정 특정산업에 대한 투자는 우선권을 부여한다.

태국의 투자관련기관으로는 투자청(Board of Investment), 상무성(Ministry of Commerce), 산업성(Ministry of Industry) 등의 기관을 들 수 있다. 태국투자청은 총리실 직속기관으로 총리를 위원장으로 경제관계 각료, 상급공무원, 주요 민간단체대표 및 학계 자문단으로 구성되며 업무는 사무국에서 담당한다(<그림 8-1>참고). 외국인투자자에 대한 투자인센티브의 제공 및 투자장려기업의 제반 허가결정, 투자관련 각종 정보제공 및 인・허가 취득협조 등의 업무를 관장하고 있다. 투자청은 또한 투자장려업종, 투자장려지역, 세제혜택 등 투자 인센티브 내용 등을 국내사정에 따라 수시로 조정하고 있다. 투자청에서 관장하고 있는 업무는 ① 사업설립의 지원 ② 투자관련정보의 지원 ③ 투자장려산업의 지원 ④ 투자 홍보 및 중개의 지원 ⑤ 태국기업의 해외투자 지원 등을 들 수 있다.

상무성은 산하에 상업등기소(Department of Commerce Registration)를

〈그림 8-1〉 태국투자청 조직도

출처: Organizational Chart(2005. 2. 26).

두고 외국인 사업법의 규제대상이 되는 외국인투자를 심사하며 회사등록업무 외에도 제증명서 및 정관발행을 관장하고 있다. 투자장려법에 따른 투자인센티브를 필요로 하지 않거나 외국인 사업법에 저촉되지 않는 외국인투자는 별도의 투자허가절차 없이 산업성(Ministry of Industry)의 안내를 받아 상무성 상업등기소의 검토를 거쳐 등기함으로써 투자가 이루어진다.

산업성은 공장건설허가 및 조업허가를 관장하고 있으며 국내투자 활성화를 도모하기 위해 투자청과 긴밀한 업무상 유대관계를 유지하고 있다. 산하에 태국산업공단(IEAT)을 두고 공업단지(industrial zone) 및 수출진흥지역(export promotion zone)을 관할하고 있다.

그 밖의 관련기관으로는 내무부가 외국인 취업문제, 현지 고용인 문제 및 취업허가서 발급업무를 관장하며 재무부는 산하에 법인세, 부가가치세 및 개인소득세를 관장하는 국세청과 수출관세를 관장하는 관세청을 두고 있다.

2.2 투자장려업종과 투자규제업종

태국의 투자인센티브에 대한 법적 근거는 투자장려법 제16조 2항(Section 16 paragraph 2 of the Investment Promotion Act B.E. 2520)에 근거하여 BOI가 수시로 대상업종 및 육성개발지역을 투자청 포고를 통해 조정하고 있다. 가장 최근에 발표된 포고는, 2012년 4월 23일에 발표한 홍수피해를 복구하기 위해 추가 세제조치를 담은 투자청포고 No. 2/2555이다.

태국의 투자장려의 형태와 규모 그리고 조건은 1993년 4월 9일에 공포된 '투자청포고 No. 2/2536(BOI 1993)에 명시되어 있다. 또한 외국인투자장려업종도 1993년 4월 9일에 공포된 '투자청포고 No.1/2536의 투자장려정책 및 기준(Policies and Criteria for Investment Promotion)'에 명시되어 있다. 2010년 4월 23일 투자청포고 No. 2/2553에서는 지속적인 발전을 위한 투자장려(Investment Promotion for Sustainable Development)가 발표된 바가 있다. Eligible Activities에 의하면, 태국의 투자장려 정책에 따른 투자장려 업종은 세제상 특혜조치를 통하여 특정산업을 정책적으로 장려하는 업종에 해당된다.

태국 투자청이 중시하는 사업은 지방의 발전을 유도할 수 있는 산업과 SOC사업 등이며 최근 경공업에서 중공업위주로 정책을 전환하는 과정에서 외국의 선진기술 도입이 절실하다고 판단되는 분야의 사업을 중시하여 적극 투자를 장려하고 있다. 투자청이 장려하는 사업을 크게 국내산업 기술개발에 기여하는 산업, 국내 원자재를 이용하는 산업, 에너지 수입대체산업, 국제수지 안정에 기여하는 산업, 지방소재 산업, SOC건설 산업 인적자원개발, 그리고 환경문제 개선산업 등으로 분류하였다.

농업 및 농업생산품, 고도기술 및 인적자원개발, 공익 및 사회기반시설, 환경보호, 기타 정부지정 특정산업 등 투자장려 분야에 대한 혜택으로는 투자지역에 관계없이 8년간 법인세 면제, 투자지역에 관계없이 기계류 수입관세 면제, 기타 각 투자지역별로 부여된 특혜를 부여하고 있다.

1993년 4월 9일과 2000년 8월 1일에 발표한 투자장려업종에 관한 투자청포고 No. 2/2536(BOI 1993)과 No. 2/2543(BOI 2000)의 내용은 <표 2>과 같다.

1999년에 개정한 외국인 사업법에서는 외국기업 진출이 규제되는 업종을 A, B, C군 3개 분야로 분류하여 사업내용 등을 규제하고 있다. 동 법에 정해진 A, B, C군에 속하지 않는 사업활동의 일부도 별도의 태국법규나 관행 등의 제한을 받는 경우가 있다. A군에 속한 업종은 태국인이 51%

〈표 2〉 투자장려 분야와 업종수

분 야	업종 수	
	No. 2/2536	No. 2/2543
분야 1: 농업, 농업제품	24	32
분야 2: 광물, 세라믹	25	24
분야 3: 경 공 업	30	28
분야 4: 금속제품, 기계, 운송기기	31	22
분야 5: 전자산업, 전기기기	10	46
분야 6: 화학공업	19	35
분야 7: 서비스, 공공시설	37	51

출처: List of Activities Eligible for Promotion(2002. 10. 5).

이상의 지분을 소유해야 하며 외국인이 BOI의 특별 승인을 받지 않으면 외국인투자가 실질적으로 금지되는 업종이고, B군에 속한 업종은 외국인에게 원칙적으로 금지하는 업종이나 투자청의 사업승인을 받는 경우만 사업할 수 있는 업종이다. C군에 속한 업종은 BOI의 별도승인 또는 상무성의 사업허가를 취득하면 가능한 업종으로 외국인에 개방된 업종이나 태국계 자본이 지배하고 있는 분야에 외국인이 신규로 진출하여도 효과적인 영업을 할 수 없다고 인정되는 경우에 한정하고 있다.

A군에 속하는 업종으로는 농업(곡물, 원예, 염전 등), 상업(농산물 및 부

〈표 3〉 외국인투자 금지 및 제한 업종

Category A	Category B	Category C
-신문방송사업 -쌀경작, 조경사업 -축산업 -산림업 -태국영해내 수산업 -태국식물 채취사업 -태국 골동품, 문화재 무역 또는 경매 -부처상 주조사업 -토지매매	<그룹1> 국가안보 관련분야 -무기, 탄약, 화약, 폭발물 및 부분품의 생산, 판매, 관리 전쟁 장비, 선박, 항공기, 군용 차량의 생산, 판매, 관리 모든 종류의 전쟁 장비 및 부분품의 생산, 판매, 관리 -국내 육상, 수상, 항공 운송 관련 사업 <그룹2> 예술, 문화, 전통 사업 -골동품 매매 -목각 생산 -양잠, 견사 생산, 직조, 프린팅 -태국 전통 악기 생산 -금은동 그릇 그릇 -태국 도자기 생산 <그룹3> 천연자원 및 환경관련 사업 -사탕수수로부터 설탕제조 -염전 -광산 개발 -가구용 목재 제조 사업	외국인기업에 비해 태국기업의 경쟁력이 약한 분야 -제분업 -수산업(양어업) -임업 -합판제조업 -라임 생산 -회계서비스업 -법률서비스 -건축서비스업 -엔지니어링 서비스업 -건설업 (예외조항 별도) -브로커, 에이전트(예외조항 별도) -경매업(예외조항 별도) -국내무역 -소매업(총자본금 1억 바트 이하) -도매업(자본금 1억 바트 이하) -광고업 -호텔업(호텔경영 예외) -가이드를 동반한 관광 -식음료 판매업 -식물재배 및 증식업 -기타 서비스업(정부규정에 명시된 것 예외)

동산 거래 등), 서비스산업(회계, 법률, 광고, 경매, 이발, 미용 등)과 건축업이 해당되며, B군에는 농업(농장, 양잠, 어업, 임업 등), 대부분의 제조업, 상업(소매업, 광석, 식음료 및 골동품 거래 등), 서비스산업(호텔, 세탁, 사진, 인쇄, 재봉, 관광여행사 등)과 운송산업이 포함되어 있고, C군에는 상업(무역, 기계류 및 엔진거래, 도매업 등), 제조업(식물성기름 추출, 제지, 사료가공, 도자기, 전구, 직물, 염색 등), 위 A군과 B군에 속하지 않는 서비스산업 및 건설업이 해당된다. 예로 태국 정부는 외국인 사업법 개정의 일환으로 1996년 7월에는 광고, 호텔, 의류생산 등 13개 업종에 대한 규제철폐를 결정한 바가 있다.

외국인지분 제한으로 태국인이 51% 이상을 소유해야 하는 분야는 농업, 축산업, 수산업, 광업, 서비스업, 그리고 외국인사업법의 Category A 업종이다. 그밖에 외국인지분 제한 업종으로 은행 및 금융업은 태국인 지분 75% 이상, 국내 해운업은 태국인 지분 70% 이상, 보험업 또는 보험브로커는 태국인 지분 75% 이상, 토지를 소유한 기업은 태국인 지분 51% 이상이 되어야 한다. 제조업은 외국인 지분을 제한하지 않는 업종이다.

2.3 투자장려지대에 대한 우대조치

일반적인 투자우대조치로는 세제상의 특혜조치가 대표적이고 이들 조치가 법인소득세 및 수입관세 감면 등을 통하여 이루어진다. 태국정부는 2012년 태국의 경쟁력을 높이기 위해 법인세 인하를 단행하였다. 최고 법인세율을 2012년의 23%에서 2013년 회계연도부터 20%로 인하하기로 하였다. 재단 또는 협회의 법인세는 2~10%이며, 해외운송업체의 법인세율은 운임의 3%를 적용하고 있다. 배당소득에 대한 원천세율은 10%이다.

개인소득세는 소득수준에 따라 0-37%로 5단계의 누진세율이 적용되고 있다. 연간 150,000바트 이하는 0%, 150,001-500,000바트는 10%,

500,001-1,000,000바트는 20%, 1,000,001-4,000,000바트는 30%, 4,000,001바트 이상은 37%를 부과하고 있다. 한국과 태국은 이중과세 방지조약을 체결하고 있다.

투자 장려기업은 기계류 수입에 대해 수입관세 면제 또는 감면과 법인소득세 면제 및 공제를 받을 수 있다. 배당금에 대한 원천세가 면제되고, 원자재 수입관세의 감면을 받을 수 있으며, R&D 투자시 3년간 법인소득세를 면제해 주고 있다. 수출기업에 대한 우대조치로 지속적인 수출증가를 위해 전년대비 수출증가액의 5%에 해당하는 금액을 과세대상소득으로부터 공제해 주고 있다. 그밖에 특허권 또는 기타의 권리로부터 얻어지는 소득은 5년간 소득세 과세대상 금액에서 공제 받을 수 있다.

투자장려지대에 대한 우대조치로 태국은 수도권에 집중된 투자의 지방분산과 국가 간 균형발전을 위해 '투자청포고 No.1/2536의 새로운 "투자장려 정책 및 기준(Policies and Criteria for Investment Promotion)"에 의해 특별경제지대(Special Economic Zones: SEZs)의 한 형태인 투자장려지대(Investment Promotion Zones: IPZ)를 3개의 권역으로 나누어 설치하고 있다. 이들 지대에서는 자율적인 경제관행이 일반화되어 있다.

제1지역은 Bangkok, Samut Prakan, Samut Sakhon, Pathum Thani, Nontaburi, Nakhon Pathom 방콕과 방콕 근교 5개도이다. 제2지역은 Angthong, Ayuttaya, Chacheongsao, Chonburi, Kanchanaburi, Nakhon Nayok, Phuket, Ratchaburi, Rayong, Samut Songkram, Saraburi, Suphanburi 수도권 근교 중부지방 12개 도이다. 램차방(Laem Chabang)공단을 비롯한 나머지 59개도(36개도와 23개도로 구분)를 제3지역으로 지정하여 국가 간 세제상의 특혜조치(incentive)를 차등 적용하고 있다.

특히 제3지역에 해당되는 "동부해안공단(Eastern Seaboard Industrial Estate)"은 BOI가 방콕 외곽지역에 공단을 유치하고 투자자를 지원하기 위해 방콕중심에서 동남쪽으로 117Km 떨어져 있고 램차방 항구에서

〈표 4〉 동부해안공단 규모

(단위: 1,000M²)

프로젝트 지역	I 단계	향후 단계	합 계
산업공단지역	2,453	3,243	5,696
상업지역	18	-	18
주거지역	-	48	48
녹지 · 편의시설	829	1,410	2,239
합 계	3,300	4,701	8,001

출처: Hemaraj Land and Development Public Co., Ltd.(1999).

27Km 떨어져 있다. 공단의 규모는 <표 4>와 같다(Hemaraj Land and Development Public Co., Ltd. 1999, 3-4). 일본기업인 Toyota, Sharp, Mitsubishi사가 이 지역에 공장을 짓고 입주하였다.

사업장을 제1지역에서 제2지역으로 또는 제1지역 또는 제2지역에서 제3지역으로 이전하는 경우 기존 사업도 현재의 투자장려혜택 수혜여부에 관계없이 새로 투자장려 혜택을 부여하고 있다. 환경오염 유발업체로 산업성의 이전 지시를 받은 사업장은 지정된 산업공단으로 이전하여야 하며, 모든 투자장려혜택 수혜증명서 발급일부터 2년 이내에 새로운 사업장에서 영업을 개시하여야 한다.

투자장려지역에 대한 우대조치는 제1지역에서 영업을 하거나 공장을 설치하는 사업에 대하여는 원칙적으로 법인소득세 면제, 기계류 수입관세 경감 등의 특혜는 없다. 단, 수출지향형 산업(생산제품의 수출비율 80% 이상)이 산업공단이나 권장 산업지역에 입주할 경우 3년간 법인소득세를 면제받는다(자본투자 1,000만바트 이상일 경우 사업개시 후 2년내 ISO 9000 등 국제적으로 공인된 인증을 획득해야 하며 만일 획득치 못할 경우 법인세 면제 기간이 1년 단축됨). 투자위원회가 지정하는 관세율이 10% 이상인 기계류 수입시 수입관세를 50% 감면받게 되며, 수출품에 사용된 원자재 및 핵심부품에 대한 수입관세를 1년간 면제해 주는 특혜를 부여하고 있다.

제2지역에서 영업을 하거나 공장을 설치하는 사업을 설정하여 3년간의 법인소득세를 면제해 준다. 단 산업공단 또는 투자장려지역 내에 입주하는 경우에는 5년까지 연장된다. 자본투자 1,000만바트 이상일 경우 사업 개시 후 2년내 ISO 9000 등 국제적으로 공인된 인증을 획득해야 하며 만일 획득 못할 경우 법인세 면제기간이 1년 단축된다. BOI가 지정하는 관세율이 10% 이상인 기계류 수입관세 50% 감면과, 수출품에 사용된 원자재 및 핵심부품에 대한 수입관세를 1년간 면제해 주는 특혜를 부여하고 있다.

램차방(Laem Chabang) 공단을 포함한 제3지역에서 영업하거나 공장을 설치하는 기업에게 8년간 법인소득세를 면제해 준다. 자본투자 1,000만바트 이상일 경우 사업 개시 후 2년내 ISO 9000 등 국제적으로 공인된 인증을 획득해야 하며 만일 획득하지 못할 경우 법인세 면제기간이 1년 단축된다. 수출품에 사용된 원자재 및 핵심부품에 대한 수입관세를 5년간 면제해 주며, BOI가 지정하는 기계류에 대한 수입관세를 완전히 면제해 주고 있다. 또한 업종에 따라 법인소득세 면제기간 경과 후 5년간 법인소득세 50% 감면 및 10년간 운송비, 상수도 및 전기 요금의 200%에 해당하는 금액을 과세대상소득에서 공제해 주는 특혜를 부여하고 있다. 공장 가동을 위한 설비투자액의 25%까지 법인소득이 발생한 날로부터 10년간 과세대상소득에서 공제해 주고 있다. 또한 제품판매에 대한 영업세는 5년 이내의 기간동안 90% 미만의 감면을 받을 수 있다. 이러한 우대조치의 결과로 1995년 외국인직접투자 승인 프로젝트의 60%가 제3지역에서 이루어져 1992년의 10%보다는 크게 증가한 것으로 평가되고 있다. 투자장려 지역 구분에 따른 우대조치는 <표 5>와 같다.

이밖에도 자유무역지대(자유무역항)는 없으나 수출가공지대(EPZ)를 설정하고 있다. 수출가공지대(EPZ)는 산업공단관리청(Industrial Estate

〈표 5〉 투자장려 지역별 우대조치

지역 / 우대조치	제1지역	제2지역	제3지역
기계류 수입관세	BOI투자장려를 받은 공단 내 기업이 소재하는 경우는 관세감면에 관한 재무부령 C13/2533호에 포함되지 않는 기계류의 수입관세를 50% 감액.	관세감면에 관한 재무부령 C13/2533호에 포함하지 않는 기계류의 수입관세를 50%감액.	면제
원자재 수입관세	수출용 원자재 수입관세 1년간 면제	좌동	수출용 원자재 수입관세 5년간 면제
법인 소득세	BIO투자 장려를 받는 공단 내 사업소가 소재하는 사업에 대해 3년간 면제	3년간 면제, 단 BOI투자 장려를 받은 공단내에 사업소가 소재하는 경우 5년간 면제	8년간 면제
기타 혜택			·법인세 면제기간 경과 후 5년간 법인소득세율의 50%를 경감 ·법인소득개시일로부터 10년간 운송, 전력, 상수도 요금의 2배에 해당하는 금액을 손비로 인정 ·순이익에서 설비투자액의 25%를 손비로 인정

출처: BOI Privileges by Location(2004. 7. 5).

Authority of Thailand: IEAT)이 민간기업과 공동개발한 공업단지인데 보세지역의 기능을 하며, 입주조건은 생산제품의 80% 이상을 수출하야 한다. 이들 지대는 Lat Krabang, Bang Chan, Lamphoon, Laem Chabang, Bang Poo, Bang Plee, Map Ta Phut(Rayong) 등이 있다. 수출가공지대에 대해서는 소득 발생일부터 3년간 법인소득세 면제와 면제기간 종료 이후 5년간 법인소득세 감면 및 수출관세 면제 등의 특혜가 있다(Hemaraj Land and Development Public Co., Ltd. 1999, 7).

외국기업으로부터 해외직접투자를 유치하기 위해 투자장려법과 같은 법적인 뒷받침 외에도 공업부문에 대한 FDI(Foreign Direct Investment)를 장려하기 위해 외국기업과 태국기업과의 연계망구축 정책이 수립되었다. 국내 부품산업의 부족은 외국인투자를 지원하는데 있어 중요한 장애요인이었다. 부품산업에 관해 외국기업과 태국기업 상호간에 구축된 연계망이 없어 외국인투자 기업의 부품 수입의존도가 매우 높았다. BOI는 이런 문제점을 인식하고 "BUILD"(BOI Unit for Industrial Linkage Development) 프로그램을 수립하였다. 상기의 문제점을 개선하기 위해 "국내 장려업종을 지원하며, 완제품생산자와 부품생산자(하청업체)간의 연계망구축과 판매 및 A/S를 지원하며, 외국인투자자와 태국인 투자자 그리고 정부 간의 협력체제를 구축한다"고 하는 취지의 연계망구축을 시행하였다.

"BUILD" 프로그램 하에서 국내생산업자에게 외국기술 이전을 지원한 초기 사례를 보면, 일본기업과 태국기업간의 합작회사인 "쌈-쿠보따 디젤사"는 첫해에는 20% 이상의 국내부품을 사용해야 하며, 그 후 2~3년 내에 80% 이상을 사용해야 한다는 BOI의 규정 때문에 일정 수준의 기술을 갖춘 자격 있는 국내부품업자를 찾는데 많은 애로를 겪었다. 그래서 회사측은 일본에서 기술자를 불러와 국내 부품회사 기술자를 충분히 연수시킨 후에야 상기 애로를 해결할 수 있게 되었으며, 3년내 국내부품을 82%까지 사용하게 되었으며 1997년 관련 부품업체도 53개 업체에 달하였다.

2000년 4월부터 적용된 외국인투자 정책의 주요 내용은 기존의 양 위주에서 질 위주로 인센티브를 부여하는데 중점을 두고 있다. 그 내용은 기술과 인력을 개발하고 품질을 높일 수 있는 투자에 우선적으로 인센티브를 부여하기로 하고 과거에는 수출을 80% 이상 하는 기업에 대해 법인세 면제 등의 혜택을 주었지만 이제는 R&D 투자, ISO 등 국제인증 획득하는 기업에 혜택을 주기로 하였다. 또한 51~100%의 지분을 소유한 외국인 회사는 80% 이상을 수출해야 태국회사와 동일한 혜택을 받았지만 앞으로는 이런 단서 없이 똑같은 대우를 받게 되었다. 투자 인센티브의 조정으로 태국제품에 대한 품질을 제고하고 기술과 인력개발을 통한 국제경쟁력 강화와 투자를 통한 국가 간 균형발전도 동시에 꾀하고자 하는데 목적이 있다.

2000년 6월 1일부터 적용된 투자 인센티브 규정에 따르면 1지역, 2지역, 3지역 시스템은 변함이 없으나 1지역과 2지역에 투자시 기계류 수입관세 면제 정지에서 50% 감면으로 되었다. 2지역에서 BOI의 투자장려를 받은 공단 내에 사업소가 소재하는 경우 기존의 7년간 법인소득세 면제기간이 5년으로 단축되었다. 투자장려 지역에 투자할 경우라도 국내시장을 겨냥한 투자인 경우에는 원자재 수입관세 면세혜택이 폐지되었다.

1996년 1월 이후 무역・투자관련 서비스 분야에 대한 외국인투자를 자유화함과 동시에 이를 권장키로 결정하는 등 최근에는 적극적으로 대외개방정책을 추진하고 있다. 태국정부는 1997년 외환위기를 겪게 되자 IMF와 협의 하에 외국인에 대한 지분제한을 단계적으로 철폐하였다.

2.4 태국의 외국인투자 관련법

2.4.1 투자장려법(Investment Promotion Act)

태국은 경제발전을 위해 중점육성 산업분야에 대한 외국인투자 우치를 목적으로 1977년에 신 투자장려법을 제정하였으며 1991년, 2001년, 2010년에 일부 개정되어 현재에 이르고 있다. 신 투자장려법은 1972년 신 투자법의 취지를 승계하되 투자청의 권한을 대폭 강화하고 행정 간소화, 수출사업육성, 공업의 지방분산 및 외자의 선별적 유치를 기본으로 하고 있다. 또한 투자장려분야를 명시하고 동 분야에 대한 투자시 제공되는 각종 우대조치 등을 규정하고 있다.

2.4.2 외국인 사업법(Foreign Business Act)

외국기업의 진출시 자국기업을 육성하고 자국산업의 경쟁력을 확보하기 위해 1972년 Alien Business Law로 명명된 외국인 사업법은 1999년에 Foreign Business Act로 개정되었다. 외국인직접투자는 크게 합작투자 또는 단독투자 형태로 이루어지고 있으나 100% 외국인지분 참여를 통한 단독투자는 생산제품의 수출을 조건으로 투자한 기업 또는 현지 투자국 제품과 경쟁하지 않는 투자활동 등으로 제한하고 있어 실제 활발하게 이루어지고 있지 않은 실정이다. Legal Issues for Foreign Investors(2002)에 의하면, 투자지분 문제와 관련하여 제한하고 있는 외국인 소유한도에 대해서, 외자비율이 50% 이상이거나 외국인 주주가 반 이상을 차지하고 있는 기업 또는 경영에 제휴하는 출자자가 외국인인 유한책임 합작회사를 외국기업으로 정의하고 외국기업 진출이 규제되는 분야를 3개로 분류하여 규제하고 있다. 합자회사의 외자출자비율은 49%까지 되어 있어서 49%를 넘는 비율로는 합자회사 등록을 할 수 없다고 규정하고 있다. 또한 투자청에서 장려조치를 받는 사업에 대해서는 태국인 또는 태국기업의 참가가 조건이 되는 경우가 많다.

태국에 대한 외국인직접투자시 태국인 소유비율이 50% 이상일 경우 특정산업에 대한 외국인 참여를 허용한다. 그러나 미국기업에 대해서만 특별 쌍무협정을 체결하여 완전소유 특권을 인정하고 있다. 또한 생산제품의 80% 이상을 수출하는 기업이나 제3지역에 투자가 허용된 기업에 대해서 외국인 완전소유가 허용되고 있다. 반면 농업, 어업, 광업 및 서비스 산업에서 100만바트 이상을 투자한 기업이나 총매출액의 50% 이상을 수출하는 기업에 대해서는 외국인 대주주를 허용하고 있으며 제조업의 경우 최대허용 지분비율은 49%이다. 외국인은 태국국민과 같은 기본적 권리를 갖지만 은행, 보험, 어업, 항공기, 운송, 1차제품수출, 광업관련 기업의 지분에 대해서는 관련법규에 따라서 비율제한을 받는다고 규정하고 있었다. 그러나 1997년 외환위기를 겪게되자 IMF와의 협의 하에 외국인에 대한 지분제한을 단계적으로 철폐하고 있다.

외국인투자를 용이하게 하기 위해 외국인투자에 장애가 되어왔던 법 개정은, 은행과 파이낸스회사의 법정 최소자본금을 상향조정하고 금융기관에 대한 외국인의 지분을 확대하고 외국인의 경영권 장악을 허용하는 적대적 M&A를 허용하였다. 파이낸스회사에 대한 외국인지분 제한도 완화하여 기존의 5년동안 25%지분보유 조항을 10년동안 100% 지분보유로 상향조정함으로써 외국자본유치 촉진 및 금융기관의 자본건전성 향상을 모색하였다. 증권회사에 대한 외국인 소유은 기존의 49%에서 소유제한을 51%로 확대하고 외국인투자 유치를 위해 외국인의 은행주 취득 상한선인 25%를 철폐하였다(Financial Crisis in Japan, South Korea and Thailand 1998. 7. 19).

2.4.3 외국인 고용법(Alien Working Act)

Legal Issues for Foreign Investors(2002. 2. 1)에 의하면, 1973년 제정된 외국인 고용법(Alien Occupation Law)은 태국에서 일하고 있는 모든 외국인은 취업 전에 '노동허가증'의 취득을 의무화하고 있다. 예외로 투자장려법에 따라 태국에서 취업허가를 필요로 하는 외국인은 입국일부터 30일 이내에 노동허가증을 신청해야 하지만 신청서가 당국에 의허 검토 중인 기간에도 허가대상 분야의 업종에 취업할 수 있음을 규정하고 있다. 또한 외국인이 취업할 수 없는 직종과 규제직종 이외의 직종에 외국인이 취업할 경우의 고용절차와 의무 등을 규제하고 있다. 1973년 외국인 고용법에 따라 외국인이 종사할 수 없는 39개의 업종과 직업군을 발표하였고 2001년에 이 법의 영문 명칭이 'Alien Working Act'로 개정되어 현재에 이르고 있다.

외국인 고용법에서는 외국인의 고용을 계획하고 있는 고용주는 사전에 노동허가증 발급을 신청해도 무방하다고 규정되어 있다. 노동허가증의 최초 유효기간은 외국인이 소지하고 있는 비 이민비자로 민법에 따라 태국에 체재가 가능한 기간으로 한정되지만 비자가 갱신・연장되면 그 내용에 따라서 갱신된다. 태국거주 증명서를 소지하고 있는 외국인은 매년 갱신이 가능하다. 노동허가증은 유효기간이 만료하기 전에 갱신하지 않으면 자동적으로 실효된다. 또한 노동허가증은 관광객과 통과여행자로서 태국에 입국한 자는 신청할 수 없다.

고용주는 노동허가증에 기재된 이외의 의무를 외국인에게 시킬 수 없다. 고용주는 외국인의 고용상황의 변화, 전임, 해직을 하게된 경우, 해당일로부터 15일 이내에 내용을 제출할 의무가 있다. 이러한 경우 외국인은 노동허가증을 당국에 반납하여야 하며 이를 위반할 시 1,000바트 이하의 벌금에 처해진다. 노동허가증 없이 또는 노동허가증에 규정된 취업조건에 위반한 외국인 취업자는 3개월 이하의 금고 혹은 5,000바트 이하의 벌금에 처해진다. 또 외국인에게 금지되어 있는 직종에 취업했을 경우 5년 이하의 금고 또는 2,000~100,000바트의 벌금이 부과된다. 고용주가 외국인을 노동허가증 없이 취업시키는 경우 또는 노동허가증에 규정된 취업조건을 위반하는 경우는, 3년 이하의 금고 또는 60,000바트의 벌금에 처해진다. 노동허가증의 소지자가 취업하거나 직장을 변경하는 경우에는 새로 허가를 받아야 한다.

2.4.4 이민법(Immigration Act)

Legal Issues for Foreign Investors(2002. 2. 1)에 의하면, 1979년 태국이민법(Immigration Act 1979)은 1980년에 개정되어 현재에 이르고 있다. 이민법에서 비자의 종류를 관광비자(tourist visa), 통과비자(visitor transit visa), 이민비자(immigrant visa), 비 할당비자(non-quota immigrant visa), 비 이민비자(non-immigrant visa)의 5종류로 구분하고 있다. 태국에서 취업을 목적으

로 입국할 경우 가족전원에 대해 입국 전에 비 이민비자를 취득하도록 하고 있다. 비 이민비자 소지자에게는 노동허가증 취득자격, 태국입국비자 신청경험, 태국에서의 영주권 신청자격 등의 혜택을 부여하고 있다.

3. 태국의 무역구조

전통적으로 수출증가는 태국경제의 주요 원동력이 되었으며 국가산업구조의 다양화에 기인하고 있다. 1990년대 들어 공산품의 수출이 전체 수출의 80% 이상의 차지했다. 2011년 태국의 주요 수출품은 컴퓨터 및 부품, 자동차 및 부품, IC회로, 고무, 보석, 폴리머, 철, 기계류, 정유, 화학제품 등이었다. 2011년 태국의 무역액은 4,513억 달러이며, 2011년 수출은 2,226억 달러로 20년 전인 1991년의 282억 달러에서 7.89배로 증가하였으며, 2011년 수입은 2,288억 달러로 1991년 375억 달러에 비해 6.1배 증가하였다. 1998년 이후 태국의 무역수지는 2005년, 2008년, 2011년을 제외하고 2010년까지 무역수지 흑자를 기록하였다.

〈표 6〉 태국의 무역액

(단위: U$ 백만, %)

연도	수출액	수입액	무역액	무역수지
2005	110,937.7	118,175.2	229,112.9	-7,237.6
2006	129,720.4	128,772.3	258,492.8	943.1
2007	153,865.0	139,958.9	293,823.9	13,906.1
2008	177,775.2	179,223.3	356,998.5	-1,448.1
2009	152,426.5	133,703.7	286,130.3	18,722.8
2010	195,306.7	182,927.1	378,233.8	12,379.6
2011	222,574.6	228,779.7	451,354.3	-6,205.1

3.1 지역별 무역현황

2011년 태국의 무역량은 4,513억억 달러로 1980년의 무역량 218억 달러에 비해 20.7배가 증가하였다. 주요 무역상대국은 일본, 중국, 미국, ASEAN과 EU이며 이들 국가들과의 무역량은 전체 무역량의 대부분을 차지하고 있다. 이 중 일본, 중국으로부터는 만성적인 무역수지 적자를 기록하고 있는 반면 미국, EU, ASEAN으로부터는 흑자를 기록하고 있다. 일본은 태국의 최대 무역상대국으로 주로 자본재와 자동차를 수입하고 있으며 태국으로 수입된 품목은 대부분 태국에 진출한 일본기업이 수입하

〈표 7〉 태국의 13대 수출국

(단위: U$ 백만)

국가	2009	2010	2011
1. 중국	16,118.9	21,473.1	26,250.8
2. 일본	15,722.3	20,411.6	23,869.6
3. 미국	16,661.0	20,200.2	21,781.8
4. 말레이시아	7,662.6	10,566.6	12,398.9
5. 홍콩	9,483.9	13,131.7	11,952.4
6. 싱가포르	7,573.7	9,009.2	11,423.3
7. 인도네시아	4,667.3	7,346.4	10,078.2
8. 오스트레일리아	8,578.6	9,369.1	7,997.4
9. 베트남	4,678.4	5,845.4	7,059.5
10. 인도	3,223.8	4,393.6	5,181.5
11. 스위스	-	-	-
12. 필리핀	-	-	-
13. 한국	2,818.8	3,609.9	4,577.4
11개국 소계	97,189.3	125,356.8	142,570.8
기타	55,232.8	69,945.7	80,003.8
총수출	152,422.1	195,302.5	222,574.6

출처: http://www.ops3.moc.go.th/infor/hs/export/export_yearly/report.asp

〈표 8〉 태국의 13대 수입국

(단위: U$ 백만)

국가	2009	2010	2011
1. 일본	25,024.1	37,855.5	42,205.2
2. 중국	17,029.4	24,237.5	30,500.7
3. 아랍에미레이트	6,666.6	8,783.4	14,468.9
4. 미국	8,373.3	10,677.1	13,393.4
5. 말레이시아	8,574.7	10,728.9	12,331.3
6. 한국	5,422.0	8,060.9	9,215.6
7. 스위스	2,494.9	5,156.5	8,869.3
8. 오스트레일리아	3,825.5	5,908.1	7,947.7
9. 싱가포르	5,724.1	6,293.1	7,739.1
10. 타이완	4,797.5	6,815.3	7,505.8
11. 사우디아라비아	-	-	-
12. 인도네시아	-	-	-
13. 독일	-	-	-
10개국 소계	87,932.1	124,516.3	154,227.0
기타	45,771.6	58,410.3	74,552.7
총수입	133,703.7	182,927.1	228,779.7

출처: http://www.ops3.moc.go.th/infor/HS/import/import_yearly/report.asp

는 기계설비로 태국의 산업발달에 중요한 역할을 하고 있다. 2009년-2011년 태국의 13대 수출국과 수입국은 <표 7>과 <표 8>과 같다.

3.2 품목별 무역 현황

1990년 태국정부가 관세법 제84조와 85조를 제정하여 자본재를 비롯한 산업용 핵처리시설 분야에 대한 수입관세를 경감시키자 타국의 산업 및 수출입 구조가 점진적으로 변하게 되었다. 1990년대 중반까지 주요 태국의 수출 품목이었던 의류, 신발 등 저임금 구조에 바탕을 둔 경공업 제품들이 점차 컴퓨터 및 부품, 자동차 및 부품, IC회로, 플라스틱, 기계류 등과 같은 부가가치가 높은 공산품 등에 밀려나는 추세로 변화하게 되었다. 2011년 태국의 10대 수출품목은 데이터가공기기, 자동차 및 부품, 고무, 보석, 정유, 에틸렌 및 프로필렌, 고무제품, 화학제품, IC회로, 쌀이다.

2007년 수출에서 공산품과 농축산물의 비중은 각각 78%와 10%이었다. 장기적인 관점에서 태국의 수출산업은 고기술과 고부가가치 산업으로 전환되는 추세에 있다.

한편 태국의 수입을 주도해 온 품목은 수출의 경우와 마찬가지로 주로 산업용 기계류와 공산품, 연료, 화학제품 등이며, 1990년대 후반 들어 가

〈표 9〉 태국의 10대 수출품목

(단위: U$ 백만)

품목	2008	2009	2010	2011	
	금액	금액	금액	금액	비중
데이터가공기기	18,384.2	16,017.4	18,836.8	17,064.2	7.67
2. 자동차 및 부품	15,585.5	11,120.7	17,712.3	16,984.6	7.63
3. 고무	6,791.7	4,305.8	7,896.0	12,697.8	5.70
4. 보석	8,270.1	9,761.3	11,651.8	12,301.1	5.53
5. 정유	9,006.9	6,299.3	7,797.4	10,091.9	4.53
6. 에틸렌, 프로필렌	5,520.0	4,457.2	6,343.7	8,802.6	3.95
7. 고무제품	4,549.8	4,487.6	6,434.0	8,391.5	3.77
8. 화학제품	4,309.4	4,466.1	5,778.3	8,293.3	3.73
9. IC회로	7,241.3	6,444.6	8,066.2	7,910.4	3.55
10. 쌀	6,204.0	5,046.5	5,341.1	6,432.4	2.89
10품목 소계	85,862.9	72,406.5	95,857.6	108,969.8	48.96
기타 품목	91,912.3	80,020.1	99,449.1	113,609.4	51.04
총수출액	177,775.2	152,426.5	195,306.7	222,579.2	100

출처: http://www.ops3.moc.go.th/infor/menucomen/stru1_export/export_topn_country/report.asp: INFORMATION AND COMMUNICATION TECHNOLOGY CENTER WITH COOPERATION OF THE CUSTOMS DEPARTMENT

공수출을 위한 원부자재의 수입도 꾸준히 증가하고 있다. 태국은 농업국가에서 공업국가로 변모해 오는 가운데 중간재 및 자본재의 수입이 꾸준히 증가해 오고 있다. 2007년의 경우 원자재와 중간재, 자본재의 수입이 총수입의 43%와 26%를 각각 차지하고 있다.

기계류, 공산품, 화학제품 등은 수출입 모두에 있어서 높은 비중을 보이고 있어 이들 품목에 대한 산업내 무역이 활발히 일어나고 있음을 알 수 있다. 태국은 공산품 특히 전기기기, 자동차, 화학제품, 철강 등의 산업에서 선진국보다 낮은 기술을 보유하고 있어서 태국의 대 선진국 공산품 무역구조는 경쟁적이기보다는 보완적인 무역구조를 갖추고 있다. 2011년

〈표 10〉 태국의 10대 수입품목

(단위: U$ 백만)

품목	2008	2009	2010	2011	
	금액	금액	금액	금액	비중
1. 원유	29,967.2	19,046.3	24,397.3	32,897.4	14.38
2. 기계류 및 부품	14,880.9	12,074.0	16,725.0	19,970.3	8.73
3. 금 은 보석	8,856.1	5,477.2	9,877.4	19,917.6	8.71
4. 화학제품	12,644.5	8,667.9	12,585.7	14,818.9	6.48
5. 철 및 철강	13,759.1	7,383.8	11,730.5	13,908.3	6.08
6. 전기기기 및 부품	10,742.9	9,394.3	12,162.3	13,349.9	5.84
7. IC회로	9,197.1	8,106.0	10,764.4	10,107.7	4.42
8. 광물 및 고철	8,004.6	4,747.4	7,512.2	8,951.4	3.91
9. 컴퓨터 및 부품	7,815.3	6,827.5	8,145.4	8,608.7	3.76
10. 자동차부품 및 악세사리	4,010.3	3,374.7	5,912.4	6,529.8	2.85
10품목 소계	119,878	85,099.1	119,812.6	149,060	65.16
기타 품목	59,345.3	48,604.6	63,114.5	79,719.7	34.84
총수입액	179,223.3	133,703.7	182,927.1	228,779.7	100

출처: http://www.ops3.moc.go.th/infor/menucomen/stru2_import/import_topn_country/report.asp

태국의 10대 수입품목은 원유, 기계류, 금 은 보석, 화학제품, 철 및 철강, 전기기기, IC회로, 광물 및 고철, 컴퓨터, 자동차부품이다.

4. 태국의 외국인직접투자

4.1 태국의 외국인직접투자 환경

1990년대 들어 태국정부는 중점 육성산업으로 기계공업과 석유화학공업을 지정하여 동 분야에 대한 투자에 많은 혜택을 주고 있다. 이에 따라 동 분야에 대한 투자가 활발히 진행되어 태국의 자동차 및 운송기기 분야는 아시아에서 일본과 한국 다음가는 생산 및 기술수준으로 올라서게 되었다. 세계 자동차업계에서도 태국의 자동차 및 운송기기에 대한 가능성을 높이 평가하여 태국을 향후 주요 자동차 생산국으로 주목하고 있다. 또한 태국정부는 동부해안공단을 중심으로 석유화학 단지로 육성하고 있어 태국의 석유화학 부문도 자동차산업에 이어 주요 산업으로 자리 잡을 것으로 전망된다.

일본의 대태국 투자 붐을 배경으로 태국은 1980년대 농업중심 국가에서 경공업 중심의 공업국가로 전환하는데 성공하였다. 일본이 태국에 집중적으로 투자를 한 분야는 의류, 식품 및 자동차부품 산업으로 이들 분야는 동남아국가 중 태국에서 가장 활발하게 생산이 이루어지고 있다. 일본은 대태국 최대 투자국으로 한때 전체 투자 중 절반가량을 일본이 차지한 바도 있었다.

산업별로는 직물, 의복, 신발과 같이 전통적으로 외국인투자가 강세를 보인 산업은 급강한 반면 자동차, 전기전자 등 기술 집약적인 산업의 투자 유입은 지속적으로 증가하였다. 내수시장의 확대, 아시아의 지리적 중심지, 자유로운 무역 및 금융제도와 1980년대 후반 이후 엔화 평가절상에 따라 태국은 일본 자동차업체의 생산중심지로 빠르게 발전하면서 1990년대 후반 자동차 부품산업의 역내기지로 부상하게 되었다.

2007년 주요 국가별 대 태국투자를 살펴보면 총 외국인투자 신청 845건 가운데 승인은 835건이며, 금액은 신청 5,024.32억 바트 가운데 승인 5,056.12억 바트로 나타났다. 이는 승인 기준으로 전년도에 비해 건수는 11.19% 금액은 89.62%가 증가한 수치이다.

<표 11>에서 2011년 외국인투자는 총 외국인투자와 100%지분 외국인투자 모두 금액 면에서 전년도인 2010년에 비해 감소하였다. 또한 일본, 미국, EU, ASEAN, 한국 등 지역별 외국인투자도 전년도인 2010년에 비해 감소한 것을 보이고 있다.

2011년 한국의 대태국 투자는 33건에 투자금액은 48.19억 바트에 불과하여 다른 투자국에 비하여 투자 건당 투자규모가 상대적으로 영세한 편이다.

〈표 11〉 국별 대태국 투자: 승인 기준

(단위: 백만 바트)

연도	2010		2011	
	건수	금액	건수	금액
총 외국인투자	765	284,880	841	252,703
100% 외국인투자	472	181,178	530	147,185
국별 외국인투자				
일본	337	110,709	422	126,161
미국	44	26,299	33	10,397
EU	109	62,811	121	20,437
ASEAN	98	32,433	97	27,660
한국	47	3,352	33	4,819

출처: http://www.boi.go.th/upload/content/FDIINV11D_61860.pdf

주: 외국인투자 기준은 외국인지분 10% 이상인 투자.

4.2 업종별 외국인직접투자

투자 업종을 보면 초기의 외국인투자는 식품, 섬유, 신발 등 경공업 위주의 투자가 주를 이루었으나, 1990년대 들어 전자, 기계, 자동차, 화학 등 중화학공업의 투자가 증가했다. 태국의 산업도 이러한 외국인투자 경향에 따라 변화되었다. 태국에 대한 외국인투자는 전자, 기계, 자동차, 화학 등이 중심을 이루며, 특히 전자, 기계, 자동차 산업에 외국인투자 의존도가 크다. 전자산업의 경우 80%가 외국인기업이고, 자동차 역시 대부분 외국인투자 기업이다. 1993년 이후 제조업, 금융, 무역 및 부동산 부문에 대한 투자는 증가하였으며 건설, 광업 및 농업 부문은 감소하였다. 부동산투자는 1993년 이후 외환위기 때까지 외국인투자가들이 태국에 가장 많이 투자한 분야였다. 1995년의 경우 전체 투자금액 498억 8,870만바트 중 40%에 해당하는 212억 4,580만바트가 부동산에 투자할 만큼 투자규모가 컸다. 이는 1980년대 8-10%대의 고도성장을 이룩한 태국이 향후에도 지속적인 성장을 할 것이라는 인식과 관광산업이 발달한 태국에 골프장, 리조트, 호텔 등 관광관련 부동산투자가 급증한 데에도 그 원인이 있는 것으로 분석된다.

제조업부문에 대한 투자는 여전히 외국인직접투자 제1위 자리를 고수하고 있다. 제조업의 내역별 투자현황을 보면, 태국이 1990년대 들어 중점산업으로 육성키로 한 전기, 전자, 화학, 금속, 기계, 제지 분야의 증가세가 두드러졌다. 전기, 전자의 경우 1999년 투자 비중이 급속한 증가하여 40%를 넘어섰다. 1980년대 초까지 강세를 보이던 농업과 광업 경공업 부문의 투자는 1990년대 들어 그 비중이 한자리수로 현저히 감소하고 있는데 이는 태국이 농업국에서 공업국으로 전환하고 있음을 보여주고 있다고 하겠다.

4.3 핵심산업에 대한 외자유치

외국인투자 유치에 있어 중국은 물론, 인근 국가인 말레이시아, 싱가포르 및 베트남 등과 경쟁을 하고 있는 태국은 보다 효과적인 외국인직접투자(FDI)유치를 위해 기존의 투자청(Board of Investment)의 조직을 대폭 개편하고 5개 핵심산업에 대해 투자유치 노력을 집중할 것으로 알려져 비상한 관심을 끌고 있다.

2002년 말 태국의 경제사회개발청(NESDB)은 중장기 국가 Vision을 입안하여 정부에 제출한 바 있다. 동 계획에서 NESDB는 향후 태국이 지향하여야 할 주요 개발과제를 예시하였다. 이 가운데 경제개발과 관련하여 태국을 프랑스와 같은 아시아의 패션국가로의 육성, 자동차 산업에서는 아시아의 디트로이트화, 풍부한 농림업의 원자재를 활용한 세계적인 주방산업육성 등을 주장한 바 있다.

2000년 전세계 외국인직접투자액의 0.19%(약 53억 달러)에 머물 정도로 미미한 외국인투자 유치실적을 가지고 있던 태국으로서는 NESDB의 이러한 중장기 국가개발전략에 따라 특정분야에 대해 외국인투자를 중점 유치하는 '집중전략'을 세웠다. 이에 따라 주변국가에 비해 비교우위에 있는 5대 핵심산업을 선정하였으며 이를 효과적으로 추진하기 위해 2003년에 투자청의 조직개편을 추진하였다.

5대 핵심 외국인투자 유치산업은 풍부한 생산성을 가진 농업을 비롯하여 정보통신, 자동차, 패션산업 및 각종 틈새시장 중심의 고부가 산업 등이 있다. 이들 산업을 보다 구체적으로 살펴보면 다음과 같다.

- 농업: 풍부한 농산물 및 생산성을 바탕으로 한 고무 및 음식료 가공산업에 대한 외국인직접투자 유치확대
- 자동차 산업: 현재 15개의 외국기업이 연간 100만대의 자동차를 생산하여 50대 50의 비율로 내수 및 수출을 하고 있다. 2003년도 일본업체가 4.2억 달러를 추가로 투자하기로 결정하는 등 태국에서는 외국인

투자가 가장 활발한 산업이다. 태국의 자동차 산업은 Pick-Up 트럭의 판매량이 세계 2위일 정도로 특화되어 있음. 태국정부는 향후 Pick-Up 트럭시장이 유망한 인근국가와 중국 등 지역으로의 시장개척을 위해 장기적인 해외진출 전략을 수립 중에 있어 향후 국내 자동차 산업과의 경쟁 가능성이 높기도 한다.

- IT산업: 지식기반산업 육성을 위하여 필수적으로 IT산업을 육성하여야 한다고 인식함에 따라 2002년 정부조직 개편시 IT분야 행정부서(Ministry of IT)를 설치한 바 있다.
- 패션산업: 아시아지역에서의 패션 중심국가 육성을 기본 목표로 하고 있음. 주요 대상분야는 의류, 보석, 가죽산업이 해당되며 연간 1,000만 명 이상의 외국인 관광객을 주요 마케팅대상으로 삼고 있다.
- 고부가 틈새산업: 현재 태국이 경쟁력을 가지고 있는 관광산업과 연계되어 있다. 생활비가 선진국에 비해 비교적 저렴하여 외국의 노령층의 태국 내 거주 확대를 위한 각종 부동산 개발 및 이와 연계된 각종 실버산업이 포함된다.

투자청에서는 이들 5개 산업의 외국인투자 유치를 보다 효율적으로 수행하기 위하여, 각 산업에 대한 주변국과의 경쟁력 분석을 하였다. 자동차 산업의 경우 이러한 자료를 기반으로 투자청에서는 일본업체들을 개별 접촉하여 R&D 및 생산시설 등의 대태국 투자확대를 적극적으로 홍보하여 왔으며 이러한 결과 4억 달러 이상의 투자확대를 약속받은 것으로 알려졌다.

5대 핵심산업에 대한 외국인투자 유치를 위하여 정부차원의 지원책도 적극 마련하였다. 태국정부에서는 투자청이 유치한 외국인 기업에 대해 각종 세제인센티브 제공 등 최대한의 편의를 제공하는 한편 투자기업의 경영권 보장과 이들 기업과 경쟁관계를 가질 수 있는 공공기업의 설립제한, 가격통제 미실시, 공공기업에 의한 동일품목 스입금지 등을 보장한다는 방침을 세웠다.

참고문헌

권경덕. 1997. 태국편람 1997. 서울: 대외경제정책연구원.
서근태. 1998. 국제경제론. 서울: 삼영사.
외교통상부. 1999. 외국의 통상환경. 서울: 외교통상부.
원용걸. 2002. ASEAN 주요국의 무역장벽 연구. 동남아시아연구. 12/2: 29-62.
이윤, 신동수. 2001. 대외무역법. 서울: 법경사.
町田實. 1983. 新編 國際貿易總論. 東京: 自由書房.
조우길, 장흥훈. 2002. 지역경제통합과 원산지규정의 효력. 2002 무역학자 전국대회 에서 발표된 논문.
"BOI Privileges by Location". [인용 2004년 7월 5일]. http://www.boi.go.th/english/about/boi_privileges_by_location.asp
Chaipan, C. 1994. FDI of Japan and NIEs in Thailand. Chulalongkorn Journal of Economics 6/1: 16-33.
"Eligible Activities". [인용 2005년 2월 5일]. http://www.boi.go.th/english/about/eligible_activities.asp
"Financial Crisis in Japan, South Korea and Thailand". [인용 1998년 7월 19일]. http://www.bbl.co.th/research/aug97topic1.html.
Hemaraj Land and Development Public Co., Ltd. 1999. Industrial Estates: Eastern Seaboard of Thailand. Bangkok: Hemaraj Land and Development Public Co., Ltd.
http://www.boi.go.th/english/about/statistics_investment.asp
http://www.ops2.moc.go.th/trade/trade2.html
http://www.ops2.moc.go.th/tradeth/maincomt2.htm
"Industrial Linkage". [인용 1997년 10월 12일]. http://www.buildthailand.com/eng/seminar/index.html.
"Legal Issues for Foreign Investors". [인용 2002년 2월 1일]. http://www.boi.go.th/english/business/legal_issues.html.
"List of Activities Eligible for Promotion". [인용 2002년 10월 5일]. http://www.boi.go.th/english/boi/activity.html.
"Organizational Chart". [인용 2005년 2월 26일]. http://www.boi.go.th/english/about/organization_chart.asp
"Taxation of Thailand". [인용 2002년 12월 10일]. http://www.boi.go.th/english/business/taxation.html.
WTO. 1999. Trade Policy Review of Thailand. Geneva: WTO

제 9 장

정 치

타이족은 본래 중국 운남성에서 7세기경에 난짜오 왕국으로 존속해 오다가 13세기에 쿠빌라이 칸의 침략으로 점차적으로 남하하여 인도지나 반도로 이주하였는데, 타이족이 13세기 초 이곳에 최초로 세운 나라가 쑤코타이 왕국(Sukhothai, 1238~1438)이다. 쑤코타이 왕조시대에는 왕이 한 가정에서 어버이가 자식을 다스리듯 온정주의에 입각한 정치적 전통이 수립되었다. 그러나 캄보디아 문명의 영향을 받은 아유타야 왕조 시대에 들어서며, 왕권의 절대성이 강조되고 왕의 지위가 신과 동일시되는 신권사상이 발달하였다. 따라서 이 절대군주체제는 군주가 모든 인민의 우위에서 강력한 권한을 갖고 있었기 때문에 인민들은 왕을 하늘에서 내려온 신과 같은 존재로 생각하게 되었다.

이 절대군주체제는 아유타야 왕조(Ayuthaya, 1350~1767)의 프라버롬뜨라이록까낫 왕(재위 1448~1488)시대에 왕권강화를 위해 중앙집권체제를 중심으로 하는 행정개혁을 단행함으로써 더욱 강화되었다. 이 개혁은 국방담당수상인 싸무하깔라홈과 내무담당수상인 싸무하나욕을 두어 서로 견제하게 만들었고, 내각은 짜뚜싸돔이라하여 4부로 나누어 수도부인 끄롬므앙, 왕실사법부인 끄롬왕, 재무・외무부인 끄롬클랑, 농무부인 끄롬나로 구성하였으며, 이들의 장관을 쎄나버디라 하였다.

한편, 지방행정개혁도 단행하여 전국을 1, 2, 3, 4급의 주로 나누어 다스리게 하였고, 쎄나버디, 싸무하나욕, 싸무하깔라홈 또는 1급 주지사는 짜오프라아(공작), 차관 또는 2급 주지사에게는 프라야(후작) 작위가 수여되었다. 이 제도는 짝끄리 왕조(Chakri, 1782~현재)의 라마 4세인 몽꿋 왕(재위 1851~1868) 시대까지 계속해서 왕정의 대원칙이 되었으나 차츰 변질되어 갔다.

절대군주체제 하의 태국의 사회상황은 계급제도를 발생하게 하여 작위제도가 있었고, 사회계층은 지배계급인 푸디와 피지배계급인 프라이로 나뉘며, 푸디에는 짜오나이(왕족)와 쿤낭(귀족)이 있었고, 프라이는 자유민인 랏싸던 또는 타이와 노예인 탓으로 되어 있었다.

이와 같은 사회계층에 따라 상층계급에 있는 자들은 교육을 받고 국가통치에 발언권을 갖게 되었으나, 하층계급은 별로 교육을 받을 기회가 없었으며 이에 발언권도 갖지 못하였다.

이러한 엄격한 신분질서는 인간관계를 지배와 복종의 관계로만 규정지웠고, 그에 따른 의례적인 행실만을 미덕으로 삼아왔기 때문에 사회구성원으로서의 인격에 대한 자각이나 평등에 대한 의식은 자랄 겨를도 없었으며, 권력층에 반대되는 생각에 대해서는 일방적으로 억압당함에 배타적인 의식이 자라났다. 특히 정치란 특별한 사람이 하는 일이며 백성은 통치자의 덕치에 의무적으로 복종하는 것으로만 생각되어 군주는 무제한의 정치권력을 행사할 수 있었다.

짝끄리 왕조의 라마 1세(재위 1782~1809)로부터 라마 3세(재위 1821~1851)까지는 아유타야시대 이래로 시행되어 오던 구제도를 시행하며 별다른 변화가 없었다. 그러나 아편전쟁(1839~1842) 이후 태국의 주변국가인 버마, 인도, 말레이지아는 각기 영국의 식민지가 되었고 베트남, 캄보디아, 라오스는 프랑스의 식민지가 됨에 태국은 두 강대국의 완충국이 되었다.

이렇게 긴장된 국제관계 속에 즉위한 몽꿋 왕(재위 1851~1868)은 전제

권력과 개인적인 지혜를 결합시켜 자발적으로 나라를 개방함으로써 서양의 위협에 대처할 수 있도록 하는 등 서구화를 위한 노력을 본격화하였다. 이를 위해 서구의 과학기술과 통치방법을 습득해나갔고, 영국과의 조약체결의 필요성을 역설하여 서구로 하여금 태국이 문명국가로서 인정을 받도록 하고 그렇게 되어야 태국이 안전할 것이라 하였다.

결과적으로는 1855년에 최초의 불평등 조약인 영국과의 바우링 조약을 체결함으로써 관세자주권을 상실하고 영사관이 설치되고 치외법권이 인정되어 태국은 사실상 반주권국가의 처지가 되었지만 정치적 독립만은 유지할 수 있었다.

몽끗 왕에 이어 태국사상 가장 위대한 라마 5세인 쭐라롱껀 대왕(재위 1868~1910)이 출현하게 되는데, 왕은 서구지향적 행정개혁의 수행자로 태국근대화의 성군이 되었다. 왕은 행정개혁을 함에 있어 서구식 왕정을 도입하여 국왕자문기관으로 랏타몬뜨리싸파(내각위원회)와 옹카몬뜨리싸파(추밀원)의 두 기관을 설립하여 이 기관이 큰 역할을 담당하게 하였다. 그리고 6부 장관제를 12부 장관제로 권력을 분화하여 각 장관이 직접 국왕에게 책임을 지게 만들어 현대정부의 기초를 마련했다. 랏타몬뜨리싸파(내각위원회)는 입법기관의 성격도 띠고 법률제정도 하였으므로, 왕은 “국가의 권한행사는 랃타몬뜨리싸파(내각위원회)에서 담당한다”고 하며 이 위원회의 중요성을 강조하였다.

한편 지방행정개혁에 있어서도 새로 관구제(Monton)를 신설하여 몇 개의 도를 관할하게 하며 각 도(Changwat)는 몇 개의 군(Amphoe)을, 각 군은 면(Tambon)을 관할하게 하며, 그 밑에 지방행정의 말단으로 동 또는 리(Muban)를 두었다. 교육면에 있어서도 왕은 서구식 교육제도를 확립하여 왕립 관리학교를 세워 궁정신하들에게 국가행정을 수련하게 하였으며, 왕자뿐만 아니라 일반국민의 자제들도 국왕 장학금을 주어 서구의 신교육을 받도록 지원함에 이러한 신세대들이 후일 태국의 근대화에 큰 공헌을 하였다.

비록 쭐라롱껀 대왕은 절대군주체제 하의 왕이었으나 왕의 의무, 즉 국가통치가 왕 자신을 위함이 아니라 인민의 이익을 위한 것이라고 생각한 최초의 왕이 되었다. 왕의 민주주의 사상은 "민주주의는 훌륭한 것이며 그것이 태국인의 통치제도가 되어야 한다."고 하며 "태국인민은 왕과 함께 국가통치에 발언권을 가져야 한다."고 생각했던 것이다.

이러한 왕의 구상과 함께 노예제도 폐지 정책은 바로 인민들의 자유평등사상을 갖게 한 희망으로서 정치적 근대화의 초석이 되었다고 하겠다.

라마 6세인 와치라웃 왕(재위 1910~1925) 역시 부왕의 뜻에 따라 민주제도의 통치를 시도하려 하였으나 아직 사회적 여건과 국민의 정치의식이 성숙되지 못하였다고 생각하고 점차적으로 새로운 통치제도를 접할 수 있는 태세를 갖출 수 있도록 할 것을 당부하였다.

라마 7세인 쁘라차티뽁 왕(재위 1925~1935) 역시 진정한 민주주의 신봉자였다고 하겠다. 왕은 그 당시에 태국의 사회 상황에 따라 통치제도를 세계정세에 맞게 보강해야 할 필요성을 역설하고 국왕의 자문기관을 재정비하여 아피랏타몬뜨리싸파(국가최고위원회)와 옹카몬뜨리싸파(추밀원) 및 쎄나버디싸파(내각위원회)를 구성하였다.

이 아피랏타몬뜨리싸파(국가최고위원회)를 의회정부에 의한 한 단계로 간주하면서 운용하였고, 태국 국민들도 정치에 대한 관심이 증대되고 있던 차에 견문을 넓히기 위한 미국방문에서 라마 7세는 기자회견을 통해 "나는 인민들에게 헌법을 부여할 것을 준비하고 있다. 그러나 그것은 일반대중으로부터의 요구에 의한 결과가 아니라 위로부터 아래로 주는 것이다." 라고 하면서 헌정체제를 준비하고 있음을 표명하였다. 왕은 미국에서 귀국하여 외무부 법률 고문인 「프라야씨위싼와짜」와 외무부 고문인 「레이몬드 스티븐스」를 초치하여 "본인이 빠른 시일 내에 인민에게 헌법을 부여할 의향을 갖고 있다고 하면서 짝끄리 왕조 창업 150주년 기념일인 1932년 4월 6일까지 헌법을 기초하도록 위임하였다. 그러나 국가최고위원회와 왕실위원회의 반대에 부딪혀 이미 제정해 놓은 헌법을 공표하지 못하고 있던 가운데, 1932년 6월 24일에 소수민간관료와 군부에 의한 입헌혁명을 맞게 되었던 것이다.

그러나 통치개혁 이후의 라마 7세와 정부 간의 마찰은 심화되어 또 다른 쿠데타와 반란으로 이어졌고, 왕은 영국에 체재하던 중 결국 그곳에서 양위를 하게 되는 비운의 왕이 되었다. 그로부터 진정한 민주정치의 실현은 어렵게 되었으며, 한동안 혁명주체세력이었던 인민당(카나 랏싸던)에 의한 과두정치체제로 변모하게 되었다.

1. 태국 정치문화의 형성요소

전근대적인 농촌사회를 형성하여 다만 생존을 위하여 농업을 하고 자급자족의 원칙에 만족하고 있는 태국 농민들은 모든 관심사가 부락단위에서 이루어지기 때문에 외부와의 접촉이 적고 따라서 타인과의 문제를 삼지 않는 성격이 형성되었다. 결과적으로 국민 대다수가 중앙정치에 대한 무관심으로 오랫동안 전통적인 정치문화를 형성해 왔음은 간과할 수 없는 일이다.

뿐만 아니라 태국 국민의 94%는 불교도로서 "불교와 태국인은 분리하여 생각할 수 없다."고 말할 정도이며, 승려는 일상생활에 있어 중요한 역할을 하고 있다. 태국에 있어 불교의 인생관과 그 국가관을 보면 태국 정치사상이 불교와 밀접한 관련 하에 성립하였음을 알 수 있다.

태국의 불교는 태국 국민의 정신적 지주로서 오랫동안 민족고유의 문화형성에 주체적 요인이 되어왔으며 그들의 국민감정, 전통, 언어, 관습, 사회제도 등에서 절대적 영향을 미치고 있다. 따라서 불교가 태국에 정착된 이후 국교가 되어 정치적, 사회적 역할이 지대했던 것이 사실이다.

특히 태국의 불교는 소승불교(상좌부 불교)로서 엄격한 계율에 속박되고 일신의 해탈에만 중점을 두고 있어 사회문제나 민중구제 같은 집단적 공동체적 의식이 약할 수밖에 없다고 하겠다. 그러므로 개인적인 사고방식의 바탕 위에서 행동하고 있기 때문에 타인과의 문제를 삼지 않는 성격이 형성되었으며, 이로 인해 정치에 무관심하게 되었던 것으로 보인다.

태국에 있어서의 불교사상은 반국가행위나 불발쿠데타 등으로 역모를 꾀한 중죄인이라 하더라도 도덕적인 죄악을 두려워하여 극형에 처하기는커녕 관용과 자비의 정신으로 그들을 용서하며 그들의 과오를 깨닫게 하여 국가발전에 동참하는 기회를 부여하기도 한다.

정치문화 형성에 있어 사회적 영향을 들 수 있는데, 태국은 중앙집권사회로서 모든 것이 수도 방콕을 중심으로 이루어져 있기 때문에 각종 결정권을 모두 중앙에서 행사하도록 되어 있어 통치권의 분권화가 지방민들에게 고루 이루어지지 않고 있다. 물론 정부가 지방행정에 관하여 부단한 배려를 해오고 있지만 오랫동안의 군사문화로 길들여진 권력집중화 앞에서 여전히 지방민들의 냉담을 불식시키고 자각을 갖도록 하는 일은 어려운 상황이다. 따라서 1932년 이래 빈번한 쿠데타와 부정부패가 난무하는 정치권에 대해서도 일반 대중은 관심 밖의 일로 통치자와 피통치자 간의 정치기능의 구별을 운명적으로 받아들이고 있다.

또한 권위주의 사회로서 관리는 국민보다 높은 지위에서 국민의 주인으로 행세할 수 있도록 만들었다. 아유타야 왕조 시대에 제정되었던 싹디나제도의 영향으로 상전과 하인 간에 두드러진 신분계급으로 인한 인간관계의 상하규범은 아랫사람은 무조건 윗사람에게 복종함으로써만 사회의 질서가 유지되며 개인의 자유와 평등, 인격에 대한 가치는 무시되어온 것이다.

이러한 신분적 지위에 대한 탐욕은 주로 합법적 권위를 가질 수 있는 관료직을 주 대상으로 하게 되며 관존민비의 토양 위에서 왕과 백성을 연결하는 매개체로서의 관료가 국민에 복종이 아니라 지배자의 위치에서의 존재가 된다. 이러한 권위주의 현상은 입헌군주체제로 정체의 전환을 한 이래 여전히 태국 정치에 있어 왕실에 대해 긍정적 으로 작용을 하고 있는 것을 보아도 알 수 있다.

무엇보다 왕을 중심으로 하는 태국 왕실의 존재와 역할은 태국 정치문화의 형성과 변화에 지대한 영향을 주고 있다. 태국의 왕은 여러 면에서 중요한 의미를 갖는다. 역사적으로 태국의 왕은 영토의 소유자로 군림하였으며, 또한 통치 권력의 정통성을 부여하는 원천이 되었으며 그런 만큼 국가발전을 위하여 백성을 동원하는 핵심역할을 담당하여 왔다.

1932년 입헌군주체제로 통치체제의 변혁이 있은 후에 국왕의 권한은 대폭 축소되었지만 상징적 존재로서의 왕의 권위는 계속 유지되었고 서구의 정치사상에 따라 왕은 새로운 역할을 담당하게 되었다. 여하튼 왕은 권력의 정당성의 근원이고 국민적 일체감의 상징이며 민족주의의 정신적 지주가 된 것이다. 뿐만 아니라 태국의 전통문화 속에서 분출하는 국민의 자발의식에 따라 백성의 존경과 사랑의 대상이 되며 국민 모두와 호흡을 같이 하고 고락을 함께 하는 구심적 역할은 변함이 없는 것이다. 이러한 정치문화 속에 더군다나 국민의 정치의식 계발에 앞장서야 할 정치지도층이나 잠재적 지도세력까지도 관존민비적이고 권위주의적 전통을 버리지 못하고 전통적 가치관과 행동양식을 고수하고 있기에 이러한 군주제도에 따른 권위주의는 국민의 정치의식 개혁을 저해하는 한 요스로 작용하였다고 하겠다.

위에서 밝힌 바와 같이 태국의 정치문화를 형성해 온 제요소, 즉 자영농의 전근대적인 농촌사회, 불교문화, 중앙집권 사회, 권위주의 사회, 그리고 왕실의 존재와 역할 등은 비록 태국의 통치구조가 서구식 민주체제를 채택하고 있지만 태국 국민의 정치의식 형성에 커다란 영향을 미치게 되었으며 여기에 서구 정치 문화의 충격이 확산됨에 따라 전통적인 것과 근대적인 것이 혼합되어 있는 특이한 정치문화를 형성하게 되었던 것이다.

2. 태국의 정치변동

태국은 1932년 통치체제의 변혁이 있기까지 절대군주체제 하에 있었으며, 소수 민간 관료 및 군부에 의한 혁명으로 서구 민주정치제도가 도입되어 국왕의 권한은 축소되고 국왕은 다만 상징적 존재로서 그 역할을 담당하였다. 따라서 1932년 혁명에 의해 형식상으로는 민주정치제도의 통치 구조가 갖추어졌으나 실제로 그것은 왕과 정권을 장악하고 있는 왕족으로부터 군과 민간관료로 정권 담당자가 바뀐 군부 쿠데타에 불과했던 것이다. 더군다나 전통적인 태국의 정치문화 속에서 서구 민주제도의 도입은 그것을 수용할 사회경제적 기반을 갖추지 못한 채 국민이나 정치지도층 모두가 전통적 가치관과 행동 양식을 고수하게 되어 1932년 혁명 이후 태국 정치는 오랫동안 개인이나 파벌 간의 반목과 갈등으로 인한 정치위기가 계속되었다.

1932년 혁명으로 민주헌법에 따라 프라야마노 수상의 정부가 출범한지 얼마 안 되어 혁명 주체 세력인 인민당(카나랏싸던) 내에 반목이 시작되었으며 그로부터 중대한 사건이 발생하게 되었다.

최초의 정치적 위기는 혁명의 브레인의 역할을 했던 쁘리디 파놈용이 혁명 공약에 따라 국가 경제개발계획을 수립하였으나 강력한 사회주의적인 경향을 띠고 있어 공산주의가 될 위험성이 크다 하여 이에 관해 의회와 정부 간에 생긴 갈등이었다. 이 경제계획안은 각료 회의에서 부결되었고 이로 인해 쁘리디와 이 계획안의 지지자들은 마노 정부에 불만을 갖게 되고 의회를 통해 마노 정부의 정책에 대해 신랄하게 공격을 하였다. 이에 대해 마노 정부는 의회를 폐쇄조치하고 헌법의 일부 조항을 중지시켰으며, 쁘리디가 해외 망명을 하게 되는 등 갈등이 심화되었으며, 이러한 사태는 혁명 주체 세력으로 하여금 또 다른 쿠데타를 일으키게 하였다.

1933년 6월 20일에 쿠데타의 성공으로 프라야파-혼과 피분쏭크람은 그로부터 명실공히 인민당 정권의 주역으로 군부 정권을 주드하였으며, 쁘리디를 귀국시켜 각료로 기용하면서 갈등은 일단 진정되는 듯하였다.

그러나 쁘리디의 각료 기용은 구 귀족 계급과 관료들로 하여금 정부가 국가와 왕위에 대해 위험이 된다고 여기는 공산주의 체제를 도입하려는데 대한 우려를 갖게 하였으며, 이는 정부의 위기를 가져오는 화근이 되었다. 이러한 일을 계기로 1932년 혁명과 1933년 쿠데타 이후 정권에서 소외되었던 군 장교 일파와 민간 지방관료들이 합세하여 파혼정부를 타도하고 정권을 탈취하기 위한 거사를 계획하였다.

버워라뎃 전 국방장관을 주축으로 한 혁명군은 동북부 지역의 군을 동원하여 1933년 9월 11일에 정부의 퇴진을 요구하며 방콕으로 병력을 이동하였으나 3일 만에 정부군의 반격을 받고 항전하다가 소탕을 당하여 반란으로 그치고 말았으니 이를 버워라뎃 반란이라 일컫게 되었다.

국가가 위급한 상황 속에서 국왕 라마 7세가 중립을 지켰음에도 불구하고 이 버워라뎃의 반란은 국왕의 지위에 중대한 영향을 끼치게 되었다. 인민당 정부가 이 반란이 왕정복고를 위해 국왕과 왕족이 지원을 한 것이라 지목함에 정국은 악화되었고 이를 계기로 결국 라마 7세가 양위하는 하나의 요인이 되었다.

정부군이 반란군을 진압한 이후 반정부 인사의 대규모 숙청 사건이 발생하였고 이를 위해 특별법원이 설치되었으며, 반정부 활동을 하지 못하도록 헌법수호법이 제정되는 등 국왕과 정부 간의 불화로 인해 라마 7세는 1934년 눈병을 치료한다는 명목으로 영국에 체재하던 중 그곳에서 퇴위를 통보하게 됨에 그로부터 인민당정권은 그들의 견해와 이상에 따라 통치구조를 조정하는 유일한 집단이 되었다. 그 후로도 수많은 정치적 소요가 있는 가운데 파혼 수상이 난관에 봉착하게 되어 정치에서 은퇴를 하게 되었고, 쁘리디에 의한 자유주의자들도 정치에서 주요 세력이 되었으나 점차적으로 정치적 위세는 쁘리디의 라이벌이 된 피분에 의한 군벌의 성장으로 도전을 받게 되었다. 파혼은 수상으로 재임하면서 그의 중재 노력으로 두 경쟁 그룹의 균형을 유지하였으나 1938년 12월 파혼 수상이 사임하고 피분이 이를 승계 받음으로써 군부는 정치 세력을 더욱 증대해 나갔다.

피분은 수상이 되자 강력한 타이 민족국가를 건설하고자 하는 야망을 갖고 랏타니욤이라 하는 국책을 골간으로 하여 태국 민족주의를 고취시키고 국제적 지위를 드높이기 위해 국력 특히 국방력을 강화하고 또한 군부의 정치적 지위를 향상시키고자 하였다. 대타이제국을 건설하고자 하는 이른바 범 타이주의(Panthaism)는 현대 태국의 국가 건설을 지향하기 위한 태국의 국민 국가 형성에 괄목할 만한 역할을 해내었다. 이러한 군국주의적 내셔널리즘은 피분이 이끄는 군부에 의해 1944년까지 태국 정부를 지배하게 되었으며 제2차 세계대전 종전 이후 쁘리디가 이끄는 문민정부는 1947년까지 잠시 정권을 장악하였으나 민주화의 기회를 활용하지 못하고 그 후 다시 1947년 11월 쿠데타에 의해 물러나게 되었고, 1948년 4월부터 피분이 신정부의 수상으로 복귀하여 신군부세력에 의해 정권을 장악할 수 있도록 해주는 결과를 초래하였다.

이렇게 하여 1957년까지 신군부세력이 정치에 개입할 수 있게 하였으며 이러한 정치 변동은 문민세력을 약화시키게 만들고 군부 지배 전통의 유산을 남겨 주었다. 1957년 싸릿에 의한 쿠데타가 있기까지 태국 정부는 피분이 영도하였던 3인 집권 정부에 의해 지배와 권위를 유지할 수 있었고, 피분 정부 역시 쿠데타로 축출 당함에, 이에 쿠데타는 정부를 교체시키는 용납된 방법이 되었고 군사력은 정치권력의 유일하고 정당한 원천이 되어버렸다.

싸릿의 쿠데타로 타넘이 등장하여 잠시 정권을 맡았으나 1958년 싸릿이 재쿠데타를 일으켜 수상이 되어 1963년 12월 병사할 때까지 타넘은 정치일선에서 일단 물러났었다. 싸릿이 전제적 군부 통치를 실시함으로써 태국의 민주정치는 발전을 할 수 없었고, 1963년에 승계를 받은 타넘 정권 역시 정치적 계파 간의 갈등으로 불안정할 수밖에 없었다. 이에 타넘 수상은 1971년에 친위쿠데타를 일으켜 헌법을 폐지하고 국회를 해산하였으며, 족벌 독재체제를 구축하게 되자 1973년 10월 군정 타도와 타넘 수상의 처형을 외치는 학생혁명으로 타넘정권은 붕괴되고 과도 민간 내각이 구성되었다.

이후 1975년 1월 총선거를 실시하여 크릿 쁘라못의 연립내각이 집권하였으나 정국의 불안으로 국회가 해산되고 1976년 써니 쁘라못의 내각 역시 정치적 혼란을 거듭하다가 그 해 10월 또다시 쿠데타가 발생하여 민정 3년 만에 다시 군부의 정치로 복귀하게 되었다.

1976년 군부 쿠데타는 쌍앗 찰러유 해군제독에 의해 정부의 좌경화 경향과 불안한 약체 연립 정부에 대한 불신과 왕정과 왕실을 보호하기 위한 명분으로 결행되었다.

당시의 정치적 불안정은 그로부터 1년 후 1977년 10월 타닌 수상을 축출하는 끄리앙싹 장군의 또 다른 무혈 쿠데타를 가져왔고, 끄리앙싹이 집권하였으나 당면한 경제 난국을 극복하지 못한 결과 물가 폭등의 책임으로 그의 측근이던 당시의 국방장관 쁘렘 장군에게 정권을 이양하게 되었다.

군부 쿠데타가 만연되고 있던 태국에 있어 1980년에 수상이 된 쁘렘은 재임 중 두 번의 불발 쿠데타를 겪어야 했다. 쁘렘 수상은 그의 집권 기간 중 군의 정치 개입을 조심스럽게 제거해 왔으며 군강경파의 개헌 요구를 두 차례나 좌절시키면서 정치 위기를 타개해 나갔다. 그러한 가운데 의원으로 선출되지 않은 수상 반대 운동이 거세어지면서 1988년 총선 이후 제1당인 찻타이 당의 당수인 찻차이 춘하완이 수상직을 수락함에 1976년 쿠데타 이래 12년 만에 선거에 의해 선출된 의원 출신 수상이 집권하게 되었다. 이러한 변화는 태국의 정치적 전환기가 새 시대로 향하고 있다는 것을 보여주는 지표이긴 하였으나 태국이 완전한 민주화로 발전하였다는 것은 아니었다.

1980년부터의 쁘렘 집권 8년, 그리고 1988년부터의 찻차이 정권 2년 반 기간을 합해 10년 반 동안 나름대로 민주적 정치체제를 유지해 온 태국은 또다시 쿠데타를 맞게 되어 모처럼의 민주화 추세에 제동이 걸리게 되었다. 1991년 2월 23일 태국군 최고 사령관 쑨턴 콩쏨퐁이 이끄는 국가 평화 유지 위원회가 정권을 장악하고 의회해산과 헌법 중지 그리고 계엄령 선포를 함으로써 찻차이 수상의 문민정부를 전복시키는 쿠데타를 일으켰던 것이다. 쿠데타를 주도한 국가 평화 유지 위원회는 직업 외교관 출신의 아난 빤야라춘을 과도 내각의 수상으로 임명하였으며 군부에 강력한 권한을 부여하는 새 헌법을 제정하였고, 이에 따라 군부가 상원 의원과 수상을 임명할 수 있도록 하였다. 이는 야당과 학생, 지식인들을 포함한 민주 세력이 의회 민주주의 회복을 위해 차기 수상은 반드시 국민이 선출한 의원이 되어야 한다는 반정부 시위를 가져오게 하였다. 1992년 5월의 민주화 사태는 태국 민주화 세력의 구심점이 된 짬렁 전 방콕시장이 신임 쑤찐다 수상의 사임을 요구하며 무기한 단식에 돌입하면서 본격화되었다.

반정부 시위의 진압을 위해 방콕에 비상사태 선포와 군의 발포와 유혈 진압 강화에도 불구하고 수십만의 시위 군중이 연일 쑤찐다 퇴진을 외치며 전국적으로 확산되는 가운데 소요정국은 급기야 푸미폰 국왕의 극적 개입으로 위기를 모면하게 되었다.

이 사태를 수습함에 있어 푸미폰 국왕의 역할은 태국이 입헌군주국으로서 국왕이 정치적 실권은 없으나 실제로 현실 정치과정에 매우 중요한 비중을 차지하고 있다는 사실을 알 수 있다. 물론 국왕이 국가의 원수로서 제한된 권한을 행사하고 있지만 국가의 법적 최고 권위의 상징으로 1932년 입헌 혁명 이후 발생한 수차례의 쿠데타나 군부 정권의 정통성에 추인을 하여 국왕의 상징성을 보여주었던 것이다.

1992년 5월 쑤찐다 수상의 사임 이후 파국 위기를 넘긴 태국은 아난 전 수상이 또다시 과도 내각 수상이 되어 태국 정치에서의 군부의 영향력을 제거시키기 위한 과업을 수행하여 군부 퇴진의 기틀을 마련하였으며 조기 총선을 하여 민주화의 길을 열어 놓았다.

1992년 9월 총선에서 추언 릭파이가 이끄는 민주당이 제1당이 되어 새 연립 정부를 구성하였으며, 이 정부는 공직자의 부패 척결, 군부의 정치 중립화, 경제 안정 등의 대대적 민주화 개혁을 목표로 한 바 있다. 이를 위해 공직자 부패 척결 위원회를 만들었으며, 군부 독재의 유산을 청산하여 군부의 정치적 중립을 도모하고 경제적으로는 도시와 농촌 간의 소득격차 해소와 지속적인 경제성장을 꾀하였다.

이러한 노력들은 1995년 토지부정분배 사건과 관련하여 추언 수상이 퇴진함에 따라 무산되었고, 반한 씬라빠아차의 찻타이 당이 제1당이 되어 또 다른 연정을 구성하게 되었으나 이 정부 역시 온갖 부패와 비리로 지탄을 받아 1년도 못되어 물러나게 되었다. 그 결과 1996년 11월 17일에 있은 총선에서 차왈릿의 쿠암왕마이 당(신희망 당)이 제1당이 됨에 6개 정당이 참여하는 차왈릿의 연정이 구성되었다. 이 정부 역시 야당과 민주화 세력이 요구해 온 헌법 개정안을 둘러싸고 첨예의 대립을 하였으며, 더욱이 바트화 폭락으로 야기된 최악의 경제 위기와 집권층의 부패를 들어 거센 도전을 받게 됨에 헌법 개정안을 수용하여 정치적 위기에서 벗어날 수 있었다. 그러나 연정의 불안정은 여전히 노정되었으며, 결국 수상직을 사임하게 되었다. 이로써 1997년 11월 19일 제2당으로서 야당이었던 추언 릭파이의 민주당이 주도하는 제2기의 연정을 구성하게 되었다.

1997년 9월 의회에서 통과된 새 헌법안의 주요 내용은 부패 방지를 위해 공직자 재산 등록과 각료급 이상의 재산 공개, 의원 및 각료직 겸임 금지, 그리고 민주화를 위해 5만 명 이상의 유권자가 탄원 시 부패 혐의 조사, 하원 소선구제 및 전국 비례대표제 도입, 상원의 직선제 도입, 학사 이상

학력 소유자에 피선거권 부여, 독립적인 선거 관리 위원회 구성, 상원의 하원에 대한 견제 기능을 갖도록 하는 것 등으로 되어 있다.

이 새 헌법안은 1932년 입헌군주제로 근대 헌법을 채택한 이래 국민 의사를 반영한 최초의 헌법안으로 학자, 변호사 등 99인의 민주화 세력이 헌법 기초위원이 되어 기초한 국민헌법이다.

위에서 살펴본 바와 같이 서구식 민주정치 제도를 도입한 이래 태국의 민주 헌정사상 17회의 빈번한 군사 쿠데타를 겪으면서 태국 정치는 군부 지배의 전통이 되었고, 합헌적 정부와 민주 절차에 대한 경험이 별로 없었기 때문에 문민정부가 능률적으로 통치하기 어려웠으며, 군부가 배후에서 실질적인 영향력을 행사하였던 것이다. 그간의 선거과정을 살펴보면 고질적인 정당의 이합집산이나 선거 분위기를 저해하는 요소들이 난무하였으며, 과반수 의석을 확보하는 정당의 부재로 인한 연합 정당에 의한 연립 정부의 약체성은 정치적 지도력의 취약성과 함께 정권 안정에 큰 문제점이 되어왔다.

그러나 2001년 1월 6일 실시된 하원의원 선거결과는 1957년 2월 총선에서 피분쏭크람의 쎄리마낭카씬라 당이 의회의 과반수 의석을 차지한 이래, 처음으로 타이락타이 당이 단독정당으로 과반수에 근접하는 의석수를 획득하여 정권의 안정을 가져오는 계기가 되었다.

타이락타이 당은 경찰중장 출신의 탁씬이 1994년에 정계에 진출한 이후 1998년에 창당하여 짧은 기간에 당세를 확장시켰으며, 당선가능성 있는 다수의 의원들을 영입하여 총선에서 압승을 거두어 여당이 되었고, 탁씬은 수상이 되었다. 이후 태국의 정치는 정치적 안정 속에 정당정치 발전의 큰 전기를 마련하였으며 정부는 일관성 있는 정책을 펴나갈 수 있었다.

2001년 2월 탁씬 친나왓의 내각이 발족한 이후 그해 6월에는 쎄리 탐당이 해산하여 타이락타이 당에 흡수 합병되었으며, 2002년 1월에는 쿠암왕마이 당 그리고 2004년 8월에는 찬 팟타나 당이 타이락타이 당과 합당하였다.

이로써 2005년 2월 6일 총선 이전에 여당의 지역구 의석수는 300석 중 264석이 되었는데, 이번 2005년 총선에서 타이락타이 당은 남부지역을 제외한 전국 지역구에서 압승을 거두어 태국정치사상 최초의 강력한 1당에 의한 정부여당이 되었다. 타이락타이 당은 하원의원 500석(지역구제 400석 정당 명부식 비례대표제 100석)중 377의석을 갖게 되었으며, 제2당은 96의석을 차지한 쁘라차티빳 당(민주당)이 되었다.

타이락타이 당은 정책정당으로서 많은 경제발전을 이룩하여 국민들의 강력한 지지를 받고 있었기 때문에 이미 총선의 압승이 예견되었으며, 오히려 남부지역에서의 패인은 남부국경지역에서의 잦은 테러사태와 선거 직전에 쓰나미피해로부터 기인하고 있다.

한편, 2005년 총선의 압승으로 인한 타이락타이당의 일당 독주는 탁씬 정권이 권위주의적인 행태를 보이고, 이에 반대하는 세력의 불만이 증대되자, 탁씬 일가의 부정부패 사건과 친(Shin)그룹주식 매각의 탈세의혹이 불거지면서 마침내 정권퇴진 운동으로 증폭되었다. 이에 대해 탁씬 수상(Thaksin Shinawatra)은 의회해산으로 맞서면서, 2006년 4월 2일, 또다시 조기총선을 실시하여 승리하였다. 그러나 주요 야당들이 총선을 보이콧한 가운데 실시한 일방적인 선거였으므로, 이를 인정하지 않는 국민민주주의연대(PAD)의 퇴진압력을 받게 되자, 탁씬은 잠시 수상 직에서 물러나고 부수상이 직무를 대행하였다. 그 후 헌법재판소는 총선무효 판결을 내려 2006년 10월 15일에 새로 총선을 실시하도록 결정하였다. 이러한 가운데 탁씬은 다시 수상 직에 복귀하였고, 이에 따라 반 탁씬 시위가 거세지면서, 정치적, 사회적 혼란이 가중되던 중, 결국 2006년 9월 19일 태국에서 18번째 쿠데타가 발생하여 탁씬 정권은 퇴진하게 되었다. 쿠데타 이후 쏜티(Sonti) 육군사령관이 이끈 민주개혁위원회(The Council for Democratic Reform)는 "현 정권의 국론분열, 부정부패 등을 척결하고, 입헌군주제에 입각한 민주주의 수호를 위한 정치개혁을 위해 군부와 경찰이 일시적으로 정권을 장악한다."고 주장했다.

쿠데타 후, 이 위원회는 국가안보위원회(The Council for National Security)라고 개칭하고, 전 육군사령관과 추밀원 위원을 지낸 쑤라윳(Surayud)을 과도내각 수상으로 삼았으며, 1년 이내에 새 헌법을 제정해 총선을 실시하여 민간정부에 정권을 이양할 것을 약속했다.

이에 따라 2007년 12월 23일 총선이 실시되어 사실상 타이락타이당의 후신으로 탁씬의 후원을 받은 신당인 팔랑쁘라차촌당(People Power Party)이 233석으로 최다 의석을 차지하여 당수인 싸막 쑨터라웻(Samak Sundaravej)이 제25대 수상이 되었다. 싸막 수상은 원래 쁘라차껀당의 당수로 탁씬 정권 시기에는 방콕시장을 역임하였고, 다선 하원의원 출신의 원로 정치인으로 강한 우익 보수로서 군부와도 우호관계를 유지해 온 인물이었다.

싸막의 내각은 팔랑쁘라차촌당을 포함한 6개 연립정당으로 구성되었으며, 쁘라차티빳당(Democrat Party, 아피씻 웻차치와 당수)이 유일한 야당이 되었다.

당시 하원 의석수(직선의원-400석, 정당명부식 비례대표의원-80석)를 보면 다음과 같다.

팔랑쁘라차촌당-233석, 쁘라차티빳당-165석, 찻타이당-37석, 프어팬딘당-24석, 루엄짜이타이찻팟타나당-9석, 맛치마티빠따이당-7석, 쁘라차랏당-5석

그러나 신정부가 출범한지 오래지 않아, 2008년 5월 말부터 국민민주주의연대(PAD)가 반정부 시위에 나서는 소요가 발생하여 8월에는 정부청사를 점거하고, 싸막 수상의 퇴진과 의회해산을 요구하였다. 이러한 와

중에 9월 9일에 헌법재판소는 싸막 수상이 요리프로그램에 출연한 것이 공직자의 이윤추구법 위반이라며 그의 수상 자격을 박탈하였다. 이에 따라 9월 17일에는 탁씬의 매제이자 수상권한 대행인 쏨차이 웡싸왓(Somchai Wongsawat) 부수상 겸 교육부 장관이 제26대 수상에 선출되었다. 그러나 국민민주주의연대(PAD)의 반정부 시위는 더욱 격화되어 11월에 이르러는 의사당이 봉쇄되고, 쑤완나품 국제공항까지도 이들에 의해 점거되었다. 한편으로는 독재저항민주연합전선(UDD)이라는 친정부 단체의 시위도 이에 못지않게 연일 계속되는 가운데 소요가 끊이지 않았으며, 12월 12일에 이르러 헌법재판소는 연정에 참여한 집권3당(팔랑탐당, 찻타이당, 마치마티빠따이당)에게 2007년 12월 총선 당시 선거법 위반을 적용하여 정당해체를 명령하고, 소속 당 간부 37명에게 5년 간 정치활동을 금지시켰다. 현행 헌법 237조는 정당간부가 선거부정을 했을 경우, 선거관리위원회와 검찰의 고발이 있으면 헌법재판소는 소속 정당의 해체와 함께 정당 간부들의 정치활동을 5년간 금지할 수 있도록 규정하고 있다. 이에 따라 쏨차이 수상은 두 달 반 만에 수상 직에서 사퇴하였다.

6개월여 탁씬계 정당의 집권을 반대하며 반정부 시위를 벌인 국민민주주의 연대(PAD)는 2005년에 결성되었으며, 다수 언론매체의 소유주인 쏜티 림텅꾼(Sonti Rimtongkul)과 전 방콕 시장인 짬렁 씨므엉(Jamrong Srimung)등 5명의 공동대표가 이끌고 있다.

헌재의 정당해체의 판결을 예상한 팔랑쁘라차촌당은 미리 프어타이당을 만들고 재집권을 준비하였으나, 2008년 12월 15일 우여곡절 끝에 하원 임시회에서 쁘라차티빳당의 아피씻 웻차치와(Abhisit Vejjajiva) 총재를 제27대 수상으로 선출하였다. 그는 1992년 27세에 하원의원에 당선되었고, 2005년에 당 총재가 되었다. 이번에 쁘라차티빳당은 헌재의 판결 이후 집권연정의 중심 당이었던 팔랑쁘라차촌당 소속 중도파와 찻타이당 등 3개 정당과 연립정부를 구성하였다. 아피씻 수상은 정국 혼란 속에 이

합집산하는 정치인들을 규합해 연정을 구성했기 때문에 새로운 내부갈등으로 인한 혼란방지라는 과제를 안고 출발하였다. 무엇보다도 경제회생과 정부 신뢰회복에 역점을 두어야 함은 물론, 국민갈등의 근본적인 갈등 구조인 계층 간 통합문제와 지역 간에 갈등해소가 최우선 과제이다. 뿐만 아니라 군부와 왕실 그리고 시민단체(NGO)와의 관계 정립도 주요한 현안으로 대두되었다.

그동안 겪어온 태국식 민주정치에서의 교훈이라면 정권교체는 무력에 의해서가 아니라 의회민주주의라는 제도적 틀 속에서 정당정치를 통해 합법적으로 이루어져야 한다는 점이다.

제10장

푸미폰 국왕의 역할

태국에는 1932년 입헌혁명으로 쑤코타이 왕국(Sukhothai: 1238~1438년) 이래 약 700년간이나 지속되어 왔던 절대군주제가 붕괴되었다. 혁명 후 입헌군주제가 도입된 이래 태국에는 모두 3명의 입헌군주가 즉위했다. 최초의 입헌군주가 되었던 라마 7세(1925~35년)는 혁명 주체세력과의 알력을 빚던 중 1935년 퇴위했다. 두 번째로 즉위한 라마 8세(1935~46년)는 즉위 당시에 성년의 나이에 이르지 못하여 섭정이 그 역할을 대신하던 중 1946년에 가서야 정식으로 왕위에 올랐으나 의문의 죽음을 당하게 되었다.

이어서 현재의 태국국왕인 라마 9세, 푸미폰 국왕(Bhumibol Adulyadej)이 즉위하게 되었다. 46년 즉위 당시 19세였던 푸미폰 국왕은 스위스의 로잔(Lausanne)대학에서 유학을 마치고 1950년 귀국하여 공식적인 대관식을 치른 후 입헌군주로서의 역할을 수행하게 되었다. 그는 성공적인 입헌군주직을 수행함으로써 1986년 12월 5일 60회 생일에 푸미폰 대왕(King Bhumibol Adulyadej "the Great")으로 추대되어 입헌군주로서는 최초의 대왕이 되는 영광을 누리게 되었을 뿐 아니라 1988년에는 태국 역사상 가장 오래 재위하는 국왕이 되었다.

오늘날 재위 반세기를 넘긴 푸미폰 국왕은 절대적인 카리스마를 발휘하면서 태국 사회의 가장 영향력 있는 인물이 되었다. 그의 카리스마는 오늘날 입헌군주제를 채택하고 있는 다른 국가의 입헌군주와 비교해도 탁월한 것이다. 카리스마를 한 인간의 비범한 자질로 정의한다면 푸미폰 국왕은 지도자로서의 비범한 자질을 입증해 보임으로써 국민들의 절대적인 신뢰를 받고 막강한 사회적 영향력을 발휘하게 되었다고 볼 수 있다.

이 글에서는 푸미폰 국왕이 절대적인 카리스마를 갖게 된 이유를 그의 사회적 역할을 중심으로 살펴보기로 한다.

1. 태국 왕권의 전통적 특징

푸미폰 국왕의 카리스마는 태국 국민들이 쑤코타이 왕국 이래 가장 이상적인 통치자상으로 인식해 왔던 전통적인 탐마라차 왕권(Dhammaraja)의 특징과 깊은 관계를 갖고 있다. 탐마라차는 불교로부터 유래하는 이상적인 국왕을 가리키는 것으로 전통적인 태국국왕들은 탐마라차가 되기 위해 노력해 왔으며 국민들은 이러한 국왕들의 비범한 자질을 존경해 왔다.

13세기 중엽 개국한 쑤코타이 왕국의 초기 통치형태는 가정을 기본단위로 삼았다. 이 같은 통치체제하에서 국왕은 아버지가 자식을 다스리는 것과 같이 국가를 통치했다. 국왕은 백성들의 평화롭고 행복한 생활의 영위를 위하여 백성들과 항상 친밀한 관계를 유지하면서 그들의 행・불행을 직접 돌보아 주었다. 이러한 국왕의 자비로운 아버지와 같은 통치형태를 상징적으로 보여 주는 것이 당시의 왕궁 앞에 설치해 놓았던 큰 종이었다. 억울한 일이 있는 백성은 누구나 이 종을 치면 국왕은 모든 문제를 합리적으로 해결해 주었다(따라서 쑤코타이의 백성들은 국왕을 아버지라고 부르게 되었다). 이 같은 가부장적인 왕의 통치 하에서 국민들은 평화를 누렸고 국가는 번영했다. 따라서 오늘날 태국 국민들은 쑤코타이를 "부러움을 느낄 정도로 만족을 누린"국가로 인식하게 되었다.

쑤코타이의 번영상은 람캄행 대왕(1279-1300년) 비문에 잘 설명되어 있다. "… 강에는 물고기가 있고 논에는 쌀이 있었다. 땅의 영주들은 상인에게 관세를 징수하지 않았다; 말을 팔고자 하는 자는 말을 팔았으며; 코끼리를 팔고자 하는 자는 코끼리를 팔았다; 은과 금을 팔고자하는 자는 은과 금을 팔았다…."

한편 쑤코타이 왕국 초기의 소위 가부장적인 국왕들은 3대 왕인 람캄행 왕 재위 이래 태국에 도입된 불교의 교리인 탐마를 중요한 통치수단으로 삼았다. 따라서 가부장적인 왕들은 동시에 탐마를 실행하는 왕인 탐마라차가 되어야 했다.

태국의 고대법전인 프라탐마쌋(Phra Thammasat)에 의하면 탐마라차는 시법(十法)을 준수할 때만이 국왕으로서의 정당성을 갖는다고 가르치고 있다. 시법은 국왕이 이상적으로 준수해야할 10가지의 통치덕목을 언급한 것으로 보시(布施), 지계(持戒), 희생, 공정, 온화, 노력, 불노(不怒), 불해(不害), 인내, 불역(不逆)등을 내용으로 한다. 불교에서는 이러한 법에 따라 정의롭게 통치하는 왕을 가장 이상적인 왕으로 여기고 그를 탐마라차라고 불렀다. 따라서 탐마라차는 법을 준수함으로써 통치의 정당성을 갖게 되며 법을 거슬러서 불법을 저지르는 왕은 통치의 정당성을 상실당하며 이러한 왕의 통치권을 거부하는 일은 정당화되기도 했다.

따라서 쑤코타이 왕국 이래 태국의 국왕들은 다양한 방법-사원건축, 토지하사, 노동력 제공, 우기가 끝난 후의 가사(袈裟)전달의식(텃까틴)으로 승가를 후원함으로써 법의 실행노력을 보이게 되었으며 시법에 의한 통치를 통하여 국민들로부터 탐마라차로서의 정당성을 획득하게 되었다.

쑤코타이의 비문에는 시법을 지키는 탐마라차의 모습을 다음과 같이 묘사하고 있다. "국왕은 시법을 준수하여 통치했다… 만일 그가 사기를 치거나 무례한 행동을 함으로써 범죄를 저지른 자, 음식물에 독을 넣어서 그를 병약하게 하고 살해하려는 자를 잡았을 때 결코 그들을 죽이거나 때리지 않았을 뿐 아니라 국왕에게 사악한 행동을 하는 자들을 용서해 주었다. 당연히 국왕 자신이 노여움을 표시해야 하는 상황에서도 감정을 억제한 이유는 부처가 되고자 하는 욕망 때문이었고 윤회라는 슬픔의 바다를 벗어난 곳으로 모든 중생들을 인도하고자 하는 욕망 때문이었다."

쑤코타이 왕국 이후 아유타야 왕국(1350~1767년) 때 역시 불교의 영향력은 지속되었으나 탐마라차 왕권의 유형과 더불어 왕의 신성(神性)이 강조되는 테와라차(Devaraja)이라는 새로운 왕권의 개념이 출현했다. 원래 아유타야 왕국은 힌두원류의 크메르문명과 브라마니즘의 영향을 강력히 받는 인도화 된 국가로서 왕은 신성을 부여받는 테와라차가 되었다. 왕은 시바(Siva)나 비시누(Visnu)와 같은 판테온(Pantheon)의 신 중 한 신의 세속적 화신이었으며 생명의 주인, 영토의 주인으로서 절대적 통치권을 행사한 절대군주였다. 따라서 왕은 신과 같은 경외의 대상이었기 때문에 어떤 누구도 왕 앞에서 감히 얼굴을 들지 못했으며 백성과의 관계도 더 이상 사적으로 친밀한 관계를 유지하지 못했다

그러나 이 같은 아유타야 왕국의 테와라차의 왕권개념은 탐마라차의 왕권과 병존하면서 발전했다. 아유타야의 왕권은 신왕(神王)과 미래불(未來佛)로서의 왕권의 개념이 혼합된 것으로 볼 수 있다. 아유타야 왕국 이후 태국의 왕들은 신성한 테와라차이기도 했으나 동시에 법을 실행하는 탐마라차가 돼야 했다. 아유타야 왕국의 절대군주들은 불교도로서 쑤코타이 왕국의 왕들과 같이 불교를 그들의 통치의 정당성을 강화하기 위한 수단으로 이용하게 되었으며 브라마니즘의 영향력에도 불구하고 불교는 여전히 아유타야 사회의 국교로서의 지위를 확보하고 있었다.

테와라차의 절대적이고 자의적인 왕권은 탐마라차의 왕권에 의해서 견제를 받게 되었으며 시법의 준수 정도에 따라 국왕에 대한 정당성의 평가가 달라지게 되었다. 아유타야 왕국의 몇 명의 왕들은 반란으로 인하여 폐위되거나 처형당했는데 반란 정당화의 이유는 왕들이 법을 실행하지 않았다는

것이었다.

따라서 "(아유타야의 국왕들은) 친척, 관료, 공동체, 왕국을 정의롭게 통치해야 했으며 세계의 정의로운 질서를 유지해야 했다. 그는 직・간접적으로 신하들의 모든 선행과 악행에 대하여 책임을 지고 있다고 인식되었다. 지배자가 정의로우면 국가의 모든 것이 옳다: 가뭄과 흉작, 기근, 페스트, 질병, 전쟁, 국민을 괴롭히는 악령까지도 국왕의 잘못에서 야기된 것으로 여겨졌고 국민들은 국왕이 지켜야할 도덕률을 지키지 못하고 왕국을 정의롭게 통치하지 못한다고 불평하고 의심하게 되었다.

테와라차의 왕권은 랏따나꼬씬 왕조(1782~현재 짝끄리 왕조, 방콕 왕조라고도 함)의 라마 4세와 5세의 통치기에 접어들어서 쇠퇴하기 시작했고 왕권은 다분히 탐마라차적이며 가부장적인 성격을 강하게 띠기 시작했다. 왕위에 오르기 전 오랫동안 승려생활을 하기도 한 라마 4세(1851~1868년)는 태국의 전통불교 개혁운동인 탐마윳(Thammayut) 운동을 주도하여 아유타야 시대 이래 신비하고 초자연적인 브라만사제들의 의식으로 특징지워졌던 신성한 왕권의 이미지를 불교사원의 주요한 인간적 보호자의 이미지로 바꿔놓게 되었으며 쑤코타이 왕국 람캄행 대왕의 전례를 따라서 억울한 일을 당한 백성들을 위해서 왕실 앞에 큰 북을 달아놓기도 했다. 또한 그는 국왕의 행차 시 대문이나 창문을 닫는 일, 왕이나 왕족을 쳐다보는 것을 금지시켰던 구관습을 폐지하여 백성들과 친근한 관계를 유지하는 왕이 되고자 했다.

그의 뒤를 이은 라마 5세 쭐라롱껀 왕(1868~1910년) 역시 라마 4세와 같이 백성들을 위해서 법을 실행하고 백성과 가까운 왕이 되고자 노력했다. 그는 소위 짝끄리 개혁이라고 불리는 태국의 근대화를 주도하여 노예제와 프라이제를 폐지했을 뿐 아니라 민정시찰을 통하여 국민들의 생활상을 직접 파악하고 복지향상을 개선시키기 위한 실로 수많은 노력을 하게 되었다. 근대화 작업을 추진하면서 그는 전통적인 태국 국민들의 삶을 획기적으로 바꾸어 놓았다. 그의 이러한 업적은 공공건설과 교육 분야의 근대화를 통하여 잘 나타나고 있다. 그는 수많은 운하를 건설하고 근대식 도로를 만들었으며 철도부설, 인쇄기 도입, 관보 발행, 전보와 우편제도 도입, 전화 개설, 전기 발전소 건설, 관개시설 건축, 왕립병원, 왕궁학교, 쑤언꿀랍 왕실 시종학교, 국립학교, 교육국, 군사대학, 해군대학, 사범학교 등을 설립하는 등 눈부신 업적을 남기게 되었다.

2. 푸미폰 국왕의 사회적 역할

푸미폰 국왕은 태국의 전통적인 국왕들이 가졌던 탐마라차의 자질을 계승했을 뿐 아니라 다음과 같은 사회적 역할을 통해서 그러한 자질을 강화시키는 데 성공하게 됨으로써 카리스마를 갖게 되었다.

2.1 종교의 수호

태국 헌법에는 "국왕은 불교도며 종교의 수호자다"(1997년 헌법 9조)라고 규정하고 있다. 태국은 전통적으로 불교국가이며 국민들의 대다수는 불교도이다. 불교적 가치들은 국민들이 가장 중요하게 인식하고 있는 가치이며 국가적 정체성의 상징일 뿐 아니라 국가의 정당성을 확보하는 데 가장 중요한 수단이 되어 왔다. 따라서 불교도로서 불교를 숭배하고 불교교단인 승가의 후원자 역할을 하고 있는 국왕을 태국 국민들은 신뢰하고 있다. 또한 국왕은 불교뿐 아니라 모든 종교의 후원자가 됨으로써 다른 종교를 믿는 사람들도 국왕을 신뢰하고 있으며 국왕은 국가통합의 구심적인 역할을 하게 되었다.

1946년 치러진 대관식에서 푸미폰 국왕은 "모든 태국 국민들의 복지를 위하여 법에 따라 통치할 것"임을 선언한 이래 재위기간 중 불교에 깊은 관심을 기울였다. 우선 왕은 법의 가르침을 충실히 수행하는 중요한 방법으로 역사상 모든 탐마라차가 행했던 관례에 따라 단기간의 출가경험을 갖게 된다. 1956년에는 왕실사원에서 대승정의 주재 아래 수계식을 거행하고 푸미파로라는 법명을 받았으며 이어서 56년 10월 22일부터 11월 5일까지 버원니웻 사원에서 단기간 승려생활을 하게 되었다. 이 기간 중 왕은 탁발의식을 행하고 엄격한 계율의 수도생활을 함으로써 법을 실천하는 탐마라차로서의 면모를 보이게 되었다.

이후 국왕과 불교와의 밀접한 전통적 관계는 싸릿정권(1958~63년) 이래 강조되었다. 싸릿은 1957년 쿠데타 후 정권의 정당성을 확보하기 위하여 이른바 락타이(Lak Thai) 이데올로기에 의존하게 되었다. 락타이는 싸릿 이후 오늘날 까지도 태국의 이상적인 국가질서가 되고 있다. 락타이의 개념은 태국의 삼색기를 통하여 상징화되고 있다. 삼색 중 적색은 국가, 백색은 종교, 청색은 국왕을 상징한다. 이 세 가지 요소 중 국왕과 불교와의 관계가 락타이의 핵심을 이루고 있다. 앞에서도 언급한 바와 같이 태국의 이상적인 왕권개념인 탐마라차는 불교의 법을 실행함으로써 통치의 정당성을 확보하게 되었다. 이러한 원리에 착안하여 싸릿은 국왕이 불교의 수호자가 되는 락타이의 국가질서를 지지함으로써 정당성을 확보하고자 했다.

싸릿통치 이후 락타이의 핵심을 이루고 있는 "국가, 종교, 국왕"의 세 가지 요소는 태국의 유일한 국가적 이데올로기로서 정당성을 갖게 되었다. 1980년대 초 태국의 국가정체성 위원회는 태국 사회에서 락타이 이데올로기의 유용성을 다음과 같이 강조했다. "쑤코타이가 창건된 이래 태국은 국가, 종교, 국왕이라는 세 가지 요소가 통일되는 피라미드식 정부구조를 갖게 되었다... 1932년 입헌군제가 도입되었으나 이러한 원칙은 거의 변화되지 않았다... 수세기 동안 피라미드의 공고성을 확인시켰던 것은 두 가지 요소이다. 즉 국왕과 불교로서 역사적으로 이 두 요소는 국가를 단결시켰다...".

락타이를 국가적 이데올로기로 채택한 싸릿은 국가의 상징으로서 국왕의 역할을 확대시키면서 32년 혁명 후 중요성이 감소되었던 불교가치의 부활을 통해서 국왕과 불교 간의 전통적인 관계를 복원시켰다. 그 대표적인 예가 전통적인 가사전달의식의 복원이었다. 이러한 종교적 활동을 통해서 국왕은 불교의 수호자로서 전통적인 탐마라차로서의 위상을 확고히 할 수 있었다. 이후 푸미폰 국왕은 불교행사에 참여하여 행사를 주재하고 공덕을 쌓음으로써 법을 실행하는 탐마라차로서의 정당성을 확인받게 된다. 이러한 목적을 위하여 국왕이 참가하는 불교행사는 다양하다.

우선 그는 불교국경일행사에 참가한다. 그 대표적인 행사는 다음과 같다. 국왕은 음력 3월 보름 완 마카부차(万佛節), 음력 6월 보름 완 위싸카부차(佛誕節), 음력 8월 보름 완 아싼하부차(初轉法輪日), 음력 8월 16일부터 시작되는 완 카오판싸(入安居日)에 참여한다. 이외에도 국왕은 큰 사원에서 행해지는 다양한 종교행사에도 참여한다. 대표적인 예로서 사원의 지붕위에 무늬를 새긴 나무를 얹혀 놓는 욕처파 행사, 사원의 성스러운 지역을 표시하기 위하여 땅에 묻어 두는 둥근 돌을 박는 행사인 황룩니밋 행사, 사원의 가장 큰 불상에 금 옷을 입히는 깐테텅프라쁘라탄 행사 등이 있다. 또한 국왕은 낡은 사원의 복원, 사원의 신축, 법당의 보수공사 등에 관심을 기울여 탐마라차가 되기 위해 노력하고 있다

2.2 국왕 개발계획의 실시

푸미폰 국왕의 탐마라차로서의 자질을 가장 잘 보여주고 있는 것은 국왕개발계획이다. 그는 이 계획을 통하여 국민들의 복지향상을 성공적으로 이루어 태국 국민들이 전통적으로 가장 이상적인 왕권으로서 인식했던 가부장적이고 탐마라차적인 왕권의 정당성을 입증해 보임으로 국민들의 신뢰를 받고 카리스마를 갖게 되었다.

국왕개발계획은 라마 5세가 근대화를 통하여 태국 국민들의 전통적인

삶의 방식에 획기적인 변화를 가져다줌으로 국민들의 존경을 받았던 것과 비교되곤 한다. 따라서 라마 5세와 라마 9세는 랏따나꼬씬 왕조의 국왕들 중 두 명의 대왕으로 태국인의 추앙을 받고 있다. 푸미폰 국왕이 즉위한 후 가장 역점을 두었던 입헌군주로서의 활동은 지방의 국민들과의 직접적인 접촉이었다. 국왕의 지방여행은 1955년경브터 이루어지기 시작했다. 그의 최초의 방문지는 태국에서 사회, 경제적인 상태가 가장 열악한 동북부지방이었다. 국왕의 동북부방문은 이후 그의 지방방문의 모델이 되었으며 북부, 남부, 서부의 다른 지역까지 방문의 기회를 확대했다. 오늘날 푸미폰 국왕과 왕실가족들은 방콕 외의 지역에 세워져 있는 네 곳의 왕궁-북부 치앙마이, 동북부의 싸꼰나컨, 타이만에 위치한 중부의 후어힌, 남부의 나라티왓-에 거주하면서 일 년의 절반 이상 지방을 방문하고 있다.

지방 순시를 통하여 푸미폰 국왕은 국민들의 행과 불행에 대해서 직접 귀를 기울임으로써 쑤코타이의 자비로운 아버지와 같은 왕의 면도를 과시하고 법을 실행하는 탐마라차가 되고자 하는 전통을 계승, 발전시키려는 노력을 보이게 되었다. 이러한 노력은 구체적으로 국왕개발계획의 실시를 통해 나타나게 되었다. 국왕개발계획에서 주요대상으로 삼았던 것은 농민들이었으며 국왕은 도시와 비교해 생활수준이 열악한 농촌지방의 삶의 개선에 기여했다.

푸미폰 국왕은 시법에 나타나는 보시, 자기희생, 노력, 인내 등의 덕목에 입각하여 국민들의 이익과 행복의 추구를 위하여 국왕개발계획을 추진함으로써 세계에서 가장 열심히 일하는 국왕, 태국 역사상 국민들로부터 가장 사랑받는 국왕이 되었다. 따라서 태국 왕실에 대한 이미지는 다른 나라와는 달리 중노동, 막중한 책임감, 끝없는 인내, 그리고 국민들에 대해 모범을 보이는 등의 이미지를 갖게 되었다.

국왕이 주도하는 경제 사회개발계획은 태국의 총 56개 짱왓, 4,000개 부락에서 1,300개 이상의 계획이 추진 중이다. 이 계획은 "국왕이 희망하는 계획", "국왕계획", "국왕후원계획", "국왕주도계획"의 4가지 형태로 나뉘어지고 있다.

"국왕이 희망하는 계획"은 국왕이 거주하고 있는 찟라다(Chitralada) 왕궁에서 국왕이 개인적으로 관심을 갖고 사비를 투자하여 연구, 실험하는 계획이다. "국왕계획"은 태국 북부에 거주하는 소수종족인 고산족 개발, 복지계획이다. 이 계획의 성공으로 고산족은 국왕을 "자비로운 아버지 같은 왕"이라고 일컫고 있다. 이 계획은 1988년 막사이사이(Magsaysay)상을 수상하기도 했다. "국왕후원계획"은 국왕의 자문을 받아 민간분야에서 자본 및 인력을 이용하여 계획을 추진하고 있다. 대표적인 계획은 쁘라쭈업키리칸 도의 협동마을 개발계획과 청소년을 위한 사전편찬계획 등이 있다. "국왕주도 계획"은 국왕이 계획하여 정부와 함께 추진하는 계획이다. 이 계획을 감독, 통제하기 위하여 1981년 국왕주도계획조정위원회가 설립되었다.

이상과 같은 국왕과 관련된 계획을 이 글에서는 국왕개발계획이라고 통칭하기로 한다. 국왕개발계획은 보통 수자원 및 관개개발, 토지개발, 농업개발, 연구개발, 보건위생, 교육개발 등의 범주로 분류할 수 있으며 여기에서는 이러한 범주에 속하는 중요한 몇 가지 계획을 소개하기로 한다.

2.2.1 수자원 및 관개개발계획

이 계획은 보통 5가지 형태로 구성되어 있다. 첫째는 농산물 재배와 식수용 수자원의 개발계획이다. 둘째는 수원 형성을 위하여 소규모의 저수지를 만드는 계획으로서 태국 북부와 동북부에서 주로 실시되고 있다. 셋째는 전력생산을 위한 수원의 개발계획으로서 소규모의 전력을 생산하고 있다. 대표적인 예는 치앙마이의 팡군에 설치된 앙캉 수력발전소이다. 넷째는 배수계획으로서 방콕 동쪽 배수계획을 예로 들 수 있다. 다섯째는 홍수조절 계획으로서 치앙마이 홍수조절을 위한 매응앗쏨분촌 저수지계획을 예로 들 수 있다.

2.2.2 토지개발계획

태국 농민 대다수는 자신의 농지를 소유하고 있지 않다. 따라서 국왕은 토지개발계획을 통하여 황무지나 삼림훼손 지역을 개간하여 농민들에게 분배해 주었으며 농민들은 협동조합 형태로 그 농지를 사용하게 되었다. 이 계획에 따라 최초로 설립된 협동조합은 펫부리의 후웁까퐁 협동조합이며 이후에 다수의 협동조합계획—펫부리의 더이 쿤 후어 이, 쁘라쭈업키리칸의 넝 프랍, 차이야품의 퉁 루이라이, 나라티왓의 까루워, 쁘라쭈업키리칸의 쁘라나부리, 왕실재산국의 토지개발계획—이 수립되었다.

2.2.3 농업개발계획

농업개발계획 중 대표적인 계획은 인공강우연구개발계획과 물소은행계획이다. 국왕은 1971년 인공강우연구개발계획을 실시했다. 사실상 국왕은 1956년부터 인공강우 만들기에 관심을 기울여 왔으며 1969년 나컨랏차씨마 빡청 군에서 최초로 인공강우 만들기에 성공했다 1971년에는 실제로 농민들에게 이 계획의 혜택이 돌아갔다. 현재 국왕은 화학물질과 드라이아이스를 실은 로켓을 높이 쏘아 올려 구름과 인공강우를 만들어 농업개발에 크게 기여하고 있다.

물소은행 계획은 농민들에게 물소를 빌려주는 계획이다. 국왕은 고가의 물소 임대비를 경감시켜주기 위하여 1979년 실험적으로 쁘라찐부리의 왓타나나컨과 싸깨우 지역에 2개의 물소은행을 만들고 가축개발국, 협동조합진흥국과 함께 민간기업이나 개인의 후원을 받아 이 계획을 추진토록 했다.

현 국왕이 거주하고 있는 찟라다 왕궁에는 낙농장과 우유생산 공장이 있다. 낙농장은 1961년 설립되었으며 과학적인 젖소사육을 연구한다. 우유생산공장은 우유 살균, 균질 강화, 포장 및 시장 배급을 목적으로 후일 설립되었으며 여기서 만들어진 우유는 저가로 일반에게 판매된다. 또한 국왕은 1969년 분말우유공장을 만들기도 했다.

왕궁에는 양어장이 있다. 국왕은 대형 양어장을 건설하여 1965년에 일본으로부터 수입된 조기 양육할 수 있는 물고기 등을 실험 양육하여 전국의 농민들에게 나누어 주었다. 또한 왕궁에서는 1961년부터 다양한 토양 환경에 적합한 쌀 경작을 할 수 있도록 쌀 경작계획을 추진했다.

2.2.4 연구개발계획

국왕은 농민들에게 근대식 농업기술을 익히게 하고 각 지역에 적합한 농업기술을 연구하기 위해서 6개의 연구소를 설립했다-북부 치앙마이 더이싸껫 군의 후어이헝크라이, 동북부 싸꼰나컨의 푸판, 중부 차청싸오 파놈싸라캄 군의 카오힌썬, 동부 짠타부리 타마이군의 쿵끄라벤만(灣,) 서부 펫부리 차암 군의 후워이싸이, 남부 나라티왓의 피꾼텅 개발연구소..

2.2.5 보건, 위생개발계획

국왕이 주도하는 보건, 위생개발계획은 8가지가 있다. 왕실의료단 계획은 국왕에 의해서 임명된 왕실의료단을 공산주의자들이 준동하는 태국 북부의 치앙마이, 치앙라이, 매헝썬 등지에 파견하여 환자들의 건강을 돌보게 하는 계획이며 왕실의료단은 파견지 의사들의 도움을 받아 공동으로 임무를 수행했다. 이동왕실의료계획은 국왕이 방문하여 거주하는 지역에 왕실 의료진을 동행케 하여 그곳 주민들의 건강을 돌보게 하는 계획이다. 특별의료계획은 국왕이 특별히 보건, 위생상태가 열악하고 교통시설이 미비하다고 생각되는 지역에 의료단을 파견하여 상시적으로 주민에게 의료서비스를 담당케 하는 계획이다. 이동왕실치과의료단 계획은 전국 오지에 치과의사 자원봉사단을 파견하여 초・중・고등학교학생들과 주민들의 구강위생을 담당케 하는 계획이다.

또한 외과의사 자원봉사단 계획은 수술을 필요로 하는 환자가 있는 지역에 자원봉사 외과의사를 파견하는 계획이다. 파견된 외과의사들은 지정된 도청소재 병원에서 왕실의료단과 함께 수술을 담당한다. 이비인후과 및 풍토병치료를 위한 의료단계획은 이 분야의 질병을 앓고 있는 환자치료를 위하여 자원봉사 의료단을 파견하는 계획이다. 촌락단위의 기초의료담당자 육성계획은 촌락에서 일정한 정도의 교육수준을 갖춘 자를 선발, 훈련시켜 기초적인 의료기술을 습득케 하여 기초진료를 담당케 하는 계획이다. 마지막으로 왕비비서실 환자보호계획은 방콕에 입원해야 하는 환자의 입・퇴원수속 일체를 전담케 하는 계획이다.

2.2.6 교육개발계획

국왕의 교육에 관한 관심은 1955년 아난타마히돈 장학재단을 설립함으로써 나타났다. 이 재단은 라마 8세 아난타마히돈 왕을 추모하기 위하여 설립되었으며 대학졸업자에게 장학금을 제공하여 해외유학을 주선해 주었다. 1963년 설립된 랏차프라아누크러재단은 천재지변 희생자들을 돕기 위해 만들어졌으나 가난한 학생들이나 지방의 학교건설 등을 위한 지원도 하고 있다. 국왕은 왕실자제들의 교육을 위하여 찟라다학교를 설립했으며 이 학교는 후일 평민의 자제에게도 입학이 허용되었다. 지방에는 1978년 복지학교계획에 의거하여 초등교육을 담당하는 사원학교를 설립하였으며 교사 중 일부는 학식 있는 승려로 충원했다.

또한 국왕은 전국에 소규모 도서관 쌀라루엄짜이를 설립하여 책과 자료들을 비치하여 국민들의 지식함양에 도움을 주고 있으며 지방고유의 민속자료를 비치해 두고 그 지방의 직업교육의 장으로도 사용하게 하고 있다. 고산족 어린이들을 위한 학교-짜오퍼루엉우빠탐학교-를 설립하여 고산족을 태국인화 시킴으로써 국민통합에 기여했다. 1975년에는 대학에 진학하지 못하는 가난한 학생들을 위한 직업교육을 실시하기 위해서 프라다봇직업훈련센터를 설립했다. 1969년 국왕은 청소년 사전편찬 계획을 발표했다. 이외에도 국왕은 국립대학교 학위수여식에 직접 또는 왕실가족을 대리로 참석시켜 학위 증서를 수여함으로써 교육에 대한 열의를 표시하고 있다.

2.2.7 국왕계획(고산족개발 복지계획)

태국 북부에는 22개 짱왓에 걸쳐 700,000여 명의 고산족이 거주하고 있다. 이들은 화전경작으로 인해 삼림과 수원을 파괴하고 아편을 재배함으로써 심각한 경제・사회・국제적인 문제를 야기하고 있다. 이러한 문제를 해결하기 위하여 국왕은 왕립 앙캉연구소를 설립하였다. 이 연구소는 1969년 국왕 고산족계획(Royal Hill Tribe Project)을 실시하였다(국왕 고산족 계획은 후일 Royal Northern Project라고 명명되다가 지금은 Royal Project라고 명명되고 있다). 이 계획에 따라 화전경작 근절, 황무지 개간, 재조림사업, 토지개발, 농지개간, 보건, 교육, 수산업, 축산, 사회복지사업을 추진했다.

또한 아편재배를 근절시키고 고산족의 생활개선을 위하여 고산지대에 적합한 현금작물을 재배토록 했다. 이 계획이 성공적으로 추진됨에 따라서 U.N.의 마약퇴치기구, 미국, 캐나다, 대만의 농업연구기관 등의 원조를 받게 되었다. 현재 100종류 이상의 현금작물-일본산 살구, 복숭아, 감, 건포도, 딸기, 중국산 살구, 시계초, 씨 없는 포도, 커피, 석류, 국화, 버섯, 그라디오라스, 카네이션-이 재배되고 있으며 이러한 작물들은 국내뿐 아니라 해외에도 시판되고 있다.

2.2.8 푸른 「이싼」 계획

태국 전 국토의 3분의 1을 차지하고 1,800만 명의 인구가 거주하고 있는 동북부지방은 건조한 고원과 산악지역으로 이루어져 단기간 지속되는 우기에는 홍수가 범람하며 1년 대부분의 기간은 건기로서 비가 많이 내리지 않는다. 따라서 국왕은 1987년 육군주도로 관계기관의 협조를 받아 동북부문제를 포괄적으로 해결하기 위해 푸른 이싼계획(이 계획은 일명 국왕의 은혜계획이라고도 불리고 있다)을 추진하게 되었으며 이 계획은 1987~1992년까지 5년간의 한시적 계획으로 동북부지방의 녹색혁명을 정책목표로 삼았다.

태국 국민들은 전통적으로 탐마라차의 자질을 갖춘 국왕들을 신뢰해 왔으며 그 카리스마에 복종해 왔다. 푸미폰 국왕 역시 이러한 탐마라차로서의 자질을 갖추고 있을 뿐 아니라 사회활동을 통하여 국민들에게 이러한 자질을 입증해 보임으로써 카리스마를 갖게 되었다. 그는 종교의 수호자로서 국가통합의 구심적인 역할을 하고 있을 뿐 아니라 국왕개발계획을 성공시킴으로써 전통적인 탐마라차의 자질을 계승, 발전시켰으며 카리스마의 일상화에 성공하게 되었다.

앞으로도 재위기간 중 그의 카리스마는 지속될 것이다. 태국의 국가적 이데올로기로서 정당성을 확보하고 있는 락타이 이데올로기가 존속되는 한 종교(불교)를 수호하는 국왕의 정당성과 카리스마는 유지될 것이다. 지금까지 태국에는 락타이를 대체할 어떠한 이데올로기도 개발된 적이 없다. 또한 푸미폰 국왕은 국왕개발계획의 지속적인 성공을 통하여 입헌군주제의 실용성을 확인시킴으로써 카리스마를 강화해 나갈 수 있을 것이다. 국왕개발계획의 성공을 가장 확실하게 담보하고 있는 것은 푸미폰 국왕이 갖는 재정적 능력이다.

푸미폰 국왕은 싸얌 상업은행과 싸얌 시멘트회사를 소유하고 있다. 후자의 기업은 현재 태국에서 가장 큰 기업이기도 하다. 이 두 개의 기업은 복합기업으로서 왕실재산국이 경영에 참여하고 있다. 또한 왕실재산국은 40개의 기업과 관련을 맺고 있으며 수많은 부동산을 보유하고 있다. 왕실재산국은 현재 태국 제2위의 자산가이며 4위의 투자가이다. 이러한 국왕의 재정적인 능력은 국왕개발계획의 성공에 결정적인 역할을 할 것이다.

푸미폰 국왕의 카리스마는 법적, 제도적인 장치에 의해서도 강화되고 있다. 영국과 일본 같은 20세기 대부분의 입헌군주제 국가에서는 왕실을 보호하는 법적 규정이 없을 뿐 아니라 있다 하더라도 거의 적용되지 않는다. 그러나 태국의 경우에는 예외이다. 태국 헌법 6조에는 왕은 지존의 존재이며 누구도 왕의 지위를 침해할 수 없으며 왕을 비난하거나 고소할 수 없다고 규정하고 있다. 태국 형법 112조에는 국왕, 왕비, 그의 상속자나 섭정을 비방, 모욕하거나 위협하는 자는 3년에서 15년까지 형벌에 처해지도록 규정하고 있다.

뿐만 아니라 푸미폰 국왕의 카리스마는 매스컴을 통해서도 강화되고 있다. 군과 정부 홍보국이 소유하고 있는 TV방송국들은 왕실의 역할을 널리 홍보하고 있다. 군방송인 채널 7 또는 5는 1979년경부터 태국의 전 지역에 방영되고 있다. TV보급률은 1980년대 중반에는 도시세대의 90%가 소유했고 1980년대 말까지는 농촌인구의 70%가 소유하게 되었다. TV 프로그램은 제일 먼저 왕과 왕실활동을 방영하고 수상, 군사령관 및 다른 주요 정치, 군사적 중요인물들의 활동을 방영함으로써 사회의 권위주의 계서화에 중요한 역할을 담당하고 있다.

한편 푸미폰 국왕의 카리스마 유지에 역기능적으로 작용할 요인도 있다. 지금까지 국왕의 카리스마는 불교의 세계관과 함께 태국 국민의 정치의식에 절대적인 영향력을 발휘해 왔으나 앞으로 정치적 가치와 구조의 세속화, 분권화를 지향하고 있는 태국 국민의 정치의식 변화에 따라 영향력이 축소될 수도 있다. 그렇더라도 태국 사회에서 "국가, 종교, 국왕"이라는 락타이 이데올로기의 유용성과 입헌군주제의 실용성이 인정되는 한 급격하게 국왕의 카리스마에 대한 반대여론이 조성될 가능성은 그리 크지 않다고 볼 수 있다.

또 다른 역기능적 요인은 입헌군주제에 대한 도전세력의 존재이다. 지금까지 입헌군주제에 대한 가장 큰 도전세력은 터국공산당이었다. 그러나 그들은 1970년대 중반 이후 국왕제의 폐지까지 주장한 적이 있으나 대다수 국민들의 지지를 전혀 얻지 못했다. 더욱이 1980년대 초 정부의 대대적인 공산주의자 소탕운동이 전개된 후 현재 공산주의자들의 영향력은 상실되었기 때문에 국왕의 카리스마 유지에 아무런 영향을 미치지 못할 것이다.

제11장

외 교

태국의 외교정책의 기본으로는 국가안보, 국가이익, 세계평화 그리고 자유 등 네 가지를 들 수 있다. 이러한 대외적 선전명분 속에서 태국 외교를 실제적으로 지배해 온 가장 중요한 지도원칙으로는 국가의 독립유지라는 목표이다. 경제적 실리나 세계평화도 물론 중요하지만 그보다는 국가안보와 연결된 정치적 자유의 확보라는 현실적 목표야말로 시대와 집권세력을 초월하여 태국 외교정책을 주도하여 온 주요한 특색이 아닐 수 없다.

태국을 연구하는 외교관들이나 많은 학자들은 태국 외교의 특성으로 기회주의성을 들고 있다. 그러나 이러한 기회주의성을 태국의 입장에서 보면 주변 강대국 세력 속에서 중립과 독립을 유지하려는 약소국의 현실성과 신축성을 포함하는 것으로 해석될 수 있다. 역사적으로 격변의 소용돌이 속에서 자주 나타났던 것처럼, 중요한 외교적 사태가 발생하면 태국인은 자신의 태도를 먼저 결정함이 없이 그 사태의 전개방향이나 결과를 냉정하게 주시하고 또 기다린다. 그런 후에 유리하게 전개되는 방향으로 자신의 태도를 결정하며 그렇게 함으로써 승자의 입장에 서서 자신의 독립을 지킬 수 있게 된다는 것이다.

이와 같은 태국 외교의 특색은 마치 가늘고 연약해 보이는 갈대나 대나무가 바람이 부는 방향에 거슬리지 않고 그에 따라 순응하며, 그런 방법으로 생명을 유지하는 것에 흔히 비유되고 있다. 탁월한 현실성과 놀라운 신축성을 발휘하여 비교적 성공리에 독립을 지켜 온 태국의 외교를 흔히 '대나무외교'(bamboo diplomacy)라고 표현하고 있는 것도 이 때문이다.

1. 근대 이전의 외교

근대 이전의 태국 외교는 대(對)중국외교가 주류를 이루었다. 중국은 태국인들에게 강대국의 위협이 어떠한 것이며 또 강대국과의 외교를 어떻게 수행해야 자국의 이익을 유지할 수 있느냐를 일깨워준 세력이라고 할 수 있다.

13세기에 건설된 쑤코타이 왕국은 몽고족의 확장정책으로 인하여 처음으로 강대국의 위협에 직면하게 되었다. 쑤코타이 왕국은 중국이 제시한 정책인 일방적 우호관계 요구를 수락하게 되었는데, 이때의 경험과 대외 자세가 태국 외교상 최초의 경험적 근간이 되었다고 볼 수 있다. 쑤코타이 왕국은 대중국외교에 강대한 외부세력의 힘을 처음부터 그대로 인정하고 그 토대 위에서 자국의 정치적, 군사적 발전을 도모한다는 현실적 실리성이 중요한 지도원칙의 하나가 되었다. 이 원칙은 중국에 대해서는 그 종주권을 인정하여 아주 우호적인 관계를 유지해 나가면서 주변 영토에 대해서는 중국의 세력을 등에 업고 적극적으로 확장하여 갔다.

쑤코타이 왕국의 3대왕이었던 람캄행 대왕은 인근 여러 나라들과는 형제지국이라는 동등한 위치에서 우호관계를 유지한 반면 중국 강대세력에게는 종속의 지위를 스스로 인정하였다. 3년에 한 번씩 정기적으로 중국(원)에 조공사절단을 파견하여 종주국의 예우 속에서 우호관계를 돈독히 하고 한편으로는 중국과의 교역을 통한 문물교류에도 중점을 두었다. 이러한 현실적 자세가 효력을 나타내어 람캄행 대왕은 몽고제국으로부터 각별한 지지를 받아서 오히려 자신의 영토 확장을 위해 몽고의 세력을 이용하였다.

또한 람캄행 대왕은 중국의 세력을 인정하고, 중국에 대하여 우호적이고 복종적 입장을 취했으며, 몽고 또한 당시 동남아에서 최대 강국이었던 크메르제국을 약화시키는 수단으로써 정책적으로 쑤코타이 왕국을 강화시키려는 입장을 취했기 때문에 이러한 정책은 태국에게 크게 도움이 되었다.

쑤코타이 시대 이후에도 태국의 역대 왕조들은 중국과 우호관계를 유지하기 위하여 대륙에서 왕조가 바뀔 때마다 사절단을 파견할 정도였다. 이 사절단도 처음에 정치적 성격이 강하였으나 점차로 무역으로의 성격이 높아져 갔다. 조공사절단 파견은 아유타야(A.D. 1350~1767) 시대에 30회 가량에 달했으나 현 랏따나꼬씬 왕조(A.D. 1782~현재)의 4대 왕인 몽꿋 왕(라마 4세)에 이르러 영국과의 아편전쟁에서 중국이 패배하고 태평천국의 난이 일어나 중국이 혼란에 빠지게 되자 이에 중국이 더 이상 강대국이 아니라는 계산 하에 태국 스스로 조공사절단의 파견을 중지하였다.

쑤코타이 왕국이 쇠퇴해지면서 1350년 아유타야 왕국이 들어서자 국왕들은 중국과의 관계에 있어서 능숙한 외교로 중국의 종주권을 인정하면서 우호적 관계를 지속하여 북으로는 쑤코타이 지역으로부터 서남쪽으로는 벵갈만, 그리고 남쪽으로는 말레이반도에까지 세력을 뻗치는 강력한 왕국을 확립할 수 있었다.

한편 이 시기에는 중국 이외에도 서양과의 교섭이 처음으로 시작되었는데 그 대상은 주로 네덜란드, 영국, 프랑스로서 경제적인 이해관계와 외교적, 종교적인 문제로 이루어졌다. 태국이 서구와 최초의 교섭을 가진 해는 1512년으로 이때 포르투갈이 말라카로부터 아유타야에 사절을 보냄으로써 그 접촉이 이루어졌는데 아유타야에서는 완전한 통상의 자유와 교회까지 세우도록 허용하였다. 그 후 약 1세기 후에 네덜란드와 그리고 뒤이어 영국인들이 들어오게 되었다.

이후 네덜란드의 영향력이 태국 정치에 광범위하게 미치자 네덜란드와 아유타야 왕국 간의 관계에 갈등이 발생하였고, 1657년에 등극한 나라이 왕이 네덜란드세력을 견제할 목적으로 영국의 동인도회사의 태국진출을 지원하였으며, 네덜란드와 분쟁이 생겼을 경우 군사적 지원을 받을 수 있는 조약을 체결하려고 노력하였지만 당시 영국의 이해가 태국으로부터 보다 많은 통상상의 양보에 한정되고 있어서 협상이 되지 않자 나라이 왕은 방향을 바꾸어 영국 대신 프랑스에게 적극적으로 접근하는 정책을 썼다.

나라이 왕은 프랑스에게 교역과 선교활동에 있어서 특권을 부여했으며, 1685년에는 우호통상조약을 체결하였고 프랑스 고문관을 받아들였다. 그 결과 이후 3년 동안 프랑스인들은 태국에서 전성기를 누리게 되었다. 영국의 선박에서 선실보이 노릇을 했던 그리이스인 콘스탄틴 휠컨(Constantine Phaulkon)이라는 사람이 당시 태국의 대외무역을 전담하는 「짜오프라야 프라클랑」 지위에까지 올랐다. 3명의 프랑스 선교사들과 함께 그는 태국을 가톨릭화하고, 프랑스의 전진기지로 만들려고 루이 14세를 설득하여 프랑스 군대를 태국에 파견하였다. 이에 외국의 개입을 두려워한 아유타야의 프라펫라차 왕은 1688년에 나라이 왕이 사망한 틈을 타서 궁정혁명을 일으켜 휠컨을 처형했으며 선교사를 비롯한 많은 외국인들을 추방하였다. 이러한 휠컨 사건을 계기로 태국은 모든 유럽인들과의 관계를 단절하고 일종의 쇄국의 길을 걷게 되었으며, 이후 랏따나꼬씬 왕조의 2대왕 때 이르러서야 서양과의 교섭이 재개된다.

이와 같이 아유타야 시대의 대 서양과의 교섭에 있어서도 태국의 외교교섭의 일면이 확연히 드러나고 있음을 알 수 있다. 즉 어느 강한 외부세력 한 나라에 의존하지 않는, 항상 균형을 이루는 대외정책을 수행하는 것으로 이는 이후 시기의 랏따나꼬씬 왕조의 외교정책과 유사한 점을 보이고 있다.

2. 랏따나꼬씬 왕조와 대 영·불 외교

태국의 현 왕조인 랏따나꼬씬 왕조는 417년 간 계속된 아유타야 왕국이 1767년에 버마에 의해서 멸망한 후 15년 간의 톤부리 시대를 거쳐 1782년 라마 1세에 의해서 창건된 후 현재까지 계승되고 있다.

아유타야 왕국 시대부터 서양과 교섭을 시작해 온 태국은 현 왕조의 라마 2세 때부터 본격적으로 서양제국과의 교섭을 시작하였다. 1826년 영국과 버니(Burnay)조약을 체결하여 서양국가와 평등한 우호통상조약을 체결할 수 있었던 태국은 서구 세력의 팽창이라는 시대적 배경 하에서 어쩔 수 없이 불평등조약을 체결해야 했다.

19세기 서구 제국주의의 팽창으로 아시아의 최강국이었던 중국은 아편전쟁에서 영국에 패하였고, 베트남, 캄보디아, 라오스는 프랑스의 식민지가 되어가고 있었으며, 또한 영국과 프랑스는 태국을 사이에 두고 식민지 확장을 위한 강력한 팽창정책을 취하였기 때문에 이로 말미암아 태국의 외교정책은 시련기를 맞게 되었다.

태국에 경제적인 관심을 계속 보여 온 영국은 절대적인 무역의 우위를 보장받을 수 있는 조약체결을 원하게 되었고 그 결과 태국은 정치적, 경제적 열세를 감수해야 하는 바우링(bowring) 조약을 영국과 1855년에 체결하였다. 태국은 바우링 조약의 체결로 정치, 경제적인 면에서 열세를 감수할 수밖에 없었으며 이 조약은 뒤이어 체결된 서양각국과의 불평등 조약에 선례를 남기게 되는 결과를 가져왔다.

서양 및 국제정세에 이해가 깊은 라마 4세의 즉위는 태국으로 하여금 불평등한 관계의 조약임에도 불구하고 호의적인 태도로 조약에 임하게 하였으며 이러한 조약 체결은 강제성을 띤 무력행사에 의하지 않은 표면상으로 자발적인 문호개방을 가능케 하였다. 영국 정부는 태국의 양보에도 불구하고 태국에서의 영향력 확대를 위하여 조약을 수정하여 태국의 열세를 더욱 심화시켰다.

1860년대에 이르자 인도차이나반도에서 세력을 떨치고 있던 프랑스의 위협이 점차 증대되기 시작하였다. 프랑스의 제국주의에 희생되는 주변지역을 목격하면서 태국은 프랑스의 세력 확장을 견제하기 위하여 영국과 프랑스 사이에서의 세력 균형적 중립보다는 영국에 기울어졌다. 처음에 영국은 태국의 중요성을 별로 인식하지 못하였다. 그러나 1893년에 태국 영토의 일부가 프랑스에 할양되자 영국의 개입으로 인도차이나에서의 태국의 지위에 대한 합의에 도달하였다. 이 합의는 태국의 독립에 대한 공식승인을 의미하는 것이었고, 태국은 더 나아가 1897년에 영국과 비밀조약을 맺어 독립에 대한 확고한 지원을 다짐받은 바 있었다.

인도차이나반도에서 프랑스의 팽창이 계속되어 베트남을 장악하고 1867년에는 태국의 속국이었던 캄보디아와 태국령인 6개의 섬을 차지하였다. 그러나 팽창정책이 계속되자 태국은 1886년, 1893년, 1904년 그리고 1907년 등 4차례에 걸쳐 동부와 동남부 등의 영토를 프랑스에 할양하면서 자신의 독립을 유지하였다. 뿐만 아니라 태국은 영국에게도 1909년에 말레이반도의 싸이부리(Kedah), 끌란딴(Klantan), 뻐리스(Perlis), 뜨랭까누(Trenganu) 등 4개 주를 할양하였다.

이와 같이 하여 태국은 자신의 속국과 영토의 일부를 스스로 포기함으로써 정치적 독립을 유지할 수 있게 되었는데 이러한 역사적 사실이야말로 태국 외교의 특징을 선명하게 보여주는 사례라고 할 수 있다. 특이한 사항으로는 이러한 일부 영토의 포기와 그 대가에 의한 독립유지가 비록 실제적으로는 강제적 상황에 의한 것이었지만, 외형상으로는 시종일관 태국의 자의에 의한 것이라는 형식을 취했다는 점이다. 여기에서 바로 급변하는 주변정세에 능동적으로 대처하는, 그러나 강대국 세력의 압력 속에서의 약소국의 수동적 순응을 엿볼 수 있는 것이다. 이것이야말로 태국 외교의 전형적 특징의 하나로 지적되는 '대나무 외교'를 의미한다고 할 것이다.

3. 제1차 세계대전 중의 외교

19세기 말엽에 거듭되어 온 독립상실의 위기를 모면하면서 태국은 보다 많은 새로운 강대국과 우호관계를 모색하기 시작하였는데 미국, 러시아, 일본 등이 그 대상 국가들이었다. 특히 제1차 세계대전의 발발은 태국에게 그들의 새로운 국제적 지위를 얻을 수 있는 아주 좋은 기회를 주었다. 이때는 영국과 프랑스의 압력에 오래 시달리던 라마 5세가 승하하고 그 아들 라마 6세(와치라웃)가 새로운 왕으로 등극하여 1910년 이후 태국을 통치하고 있을 때였다.

와치라웃 왕이 즉위하자 그는 선왕의 뒤를 이어 태국인의 근대화에 주력하였다. 보이스카웃을 창단하고 민족주의를 고취시켜 국민들을 계몽하였으며, 당시 태국의 경제권을 장악하고 있던 중국인을 '동양의 유태인'이라고 비난하며 탄압하였다. 한편 대외적으로는 선왕 대에 맺어진 서구 열강과의 불평등조약을 폐기하고 국제사회에서 타국과 대등한 입장에 서려고 노력하였다.

제1차 세계대전이 일어나자 태국은 처음에 중립을 견지하였다. 왕 자신이 영국에서 교육을 받아 영국을 선호하는 경향이 있었지만 당시에는 독일에 유학한 고급장교나 왕자들 중심의 친 독일세력도 만만치 않았다. 또 영국과 프랑스와는 달리 독일과의 불편한 과거도 없었을 뿐만 아니라 독일이 태국의 철도개발에 직접 도움을 주고 있었기 때문에 영국측에 기울지 않고 중립을 유지할 수 있었다.

1917년 4월 미국이 참전을 결정하고 선전포고를 하자 연합국측의 승리가 명백해졌다. 이에 태국은 1917년 7월 22일 독일에 대하여 선전포고를 하고 이어 1918년 4월에는 약 1,000명의 군대를 프랑스에 파병하였다. 그 결과 태국은 연합국측의 일원이 되어 승전 진영의 지위를 누릴 수 있게 된 것이다.

여기에서도 태국 외교의 탁월한 순응성 및 유연성을 엿볼 수 있다. 태국이 연합국측에 가담하게 된 데에는 다음과 같은 두 가지 의도가 내포되어 있다고 하겠다.

첫째, 서양의 강대국으로부터 승전국의 일원으로 인정받고자 하는 점이다. 그렇게 함으로써 전리품 분배문제에서 유리한 입장을 차지하게 되고, 특히 태국의 독립유지라는 태국 외교의 지고의 목적을 달성할 수 있을 것이다. 실제로 태국은 베르사이유 평화회의에서 승전국의 일원으로 발언하고 국제연맹의 창설국가가 되었다.

둘째, 영국, 프랑스를 포함한 다른 서구국가와 과거에 맺은 불평등조약을 바로 잡고자 했던 점이다. 베르사이유회의에서 태국은 정치적으로, 경제적으로, 그리고 사법적으로도 완전한 자주독립국임을 세계열강들에게 인식시키려고 노력하였다. 이러한 노력은 윌슨 미국 대통령의 인정을 받게 되었으며 미국과의 조약의 수정을 약속 받기에 이르렀다.

1920년 12월 태국과 미국은 새로운 우호통상조약을 맺었는데 이 조약으로 미국은 오랫동안 태국에서 누려온 치외법권을 포기하고 경제적 권리의 수정에 동의하는 등 태국과의 완전한 평등을 인정하였다. 이러한 미국의 양보는 태국인들에게 친미적 성향을 심어주었다. 그러나 다른 유럽 국가들과의 교섭은 순탄치 않았다. 이에 태국은 윌슨 미국 대통령의 사위인 세이어(Francis B. Sayre)박사를 외교고문으로 임명하여 유럽을 방문케 하는 등 설득외교를 전개하였다. 그 결과 1926년에 이르러 대부분의 불평등조약을 폐기할 수 있게 되어 태국은 명실상부한 주권국가의 면모를 가질 수 있게 되었다.

이와 같이 와치라웃 왕의 외교는 태국 외교의 특질을 잘 반영해주고 있다. 태국은 전쟁에서의 승리가 분명해질 때까지 어느 편에도 가입하지 않고 정세를 냉정히 관망하는 '기다리는 외교'를 전개하는 것이다. 강대세력 속의 한 약소국이 취할 수 있는 생존전략으로서의 외교정책의 전형이 어떤 것인가를 태국 외교는 잘 보여주고 있다고 할 것이다.

태국 외교는 대체로 강한 나라에게는 순종의 태도를 취하고 주변의 약한 나라에 대해서는 강압적인 정책을 고수하면서 실리를 취해 왔다. 이러한 예는 태국이 아편전쟁에서 중국이 패망하자 중국을 외면하고 승자인 영국 편에 가담, 의존하였으며, 후술하겠지만 제2차 세계대전 중에는 아시아의 강자인 일본에게, 그리고 전후에는 미국에 의지한 데서 잘 나타나고 있다.

4. 제2차 세계대전 중의 전시외교

유럽에서 제2차 세계대전이 일어나기 직전에 태국은 여러 면에서 국내외적으로 변화가 있었다. 우선 1932년 무혈혁명으로 인하여 절대왕정이 붕괴되고 그 대신 서양 선진국가에서 교육받은 젊은 엘리트들이 중심이 되어 입헌군주체제의 민주주의제도를 도입하였다. 그러나 당시 국방상이었던 피분 쏭크람 원수가 1938년에 수상이 되자 혁명 후의 태국 정치는 민주주의라기보다는 군부 중심의 극단적 민족주의 조류에 휩쓸리게 되었다.

1939년에는 '랏타니욤' 정책을 표방하는 '범태국운동'(Pan-Thaism)이 국내에서 전개되어 태국인의 영광과 긍지를 고취하려고 노력하였다. 또한 국내적으로 화교의 활동을 제한하고 과거에 영국과 프랑스에게 빼앗긴 영토를 회복하여 쑤코타이 시대와 같은 전성시대를 꿈꾸었다. 그리고 인도차이나반도에서 태국어를 구사하는 모든 종족으로 구성된 거대한 태국국가를 건설하려고 했을 뿐만 아니라 중국인 등 국내의 소수민족들도 태국인화 시키려고 시도하였다. 이러한 야심은 1939년에 피분 쏭크람 정부가 국호를 싸얌(Siam)에서 타이랜드(Thailand)로 바꾼 사실에서도 잘 나타나고 있다. 태국에서 피분이 이러한 국수적인 정책을 추구한 데에는 일본의 '아시안을 위한 아시아', '대동아 공영권 건설'이라는 구호가 강한 영향을 미쳤기 때문이라 볼 수 있다.

제2차 세계대전이 발발하자 태국은 제1차 세계대전 때와 마찬가지로 중립을 표방하고 전쟁의 추이를 관망하였다. 그러면서도 전쟁에 대비하여 1940년에는 영국, 프랑스, 일본과 상호불가침조약을 맺기도 하였다. 1941년 여름 일본이 캄보디아를 점령하자 태국은 새로운 위협세력으로 등장한 일본을 경계하여 신흥 강국인 미국과 영국에게 무기의 제공 등 군사적 원조를 요청하였다. 그러나 당시 미국은 필리핀 방어에 급급하였으며 영국은 싱가포르와 말레이반도에 무기를 공급하느라 여념이 없었기 때문에 별다른 성과는 없었다.

1941년 12월 8일 일본군은 사전통고도 없이 싸얌만(현재의 타이만)에 들어와 태국주재 일본대사를 통해 버마와 말레이 반도로 진격하는 통로를 제공하라고 통첩하였다. 그러면서 태국이 일본에 협조하면 과거에 태국이 영국과 프랑스 양국의 강압에 의해서 상실한 영토를 회복시켜주겠다고 제의하였다. 태국은 이러한 일본의 요구와 제안에 순응하였다. 그 배경으로는 첫째, 피분 쏭크람 수상이 일본의 승리를 믿고 있었으며, 둘째, 과거에 태국이 영국과 프랑스에게 할애한 영토를 일본이 찾아주겠다고 한 약속을 들 수 있을 것이다. 이렇게 갑자기 태도를 바꾼 태국은 1941년 12월 21일 일본과 공수동맹을 맺고 1942년 1월 25일 미국과 영국에 대하여 선전포고를 하였다.

제2차 세계대전 중의 대외관계를 검토함에 있어서 태국 외교의 이중성에 대해 이해할 필요가 있다. 피분쏭크람은 당시 친일 외교파의 중심이었고, 라마 8세의 섭정으로 활약하고 있던 쁘리디가 대 연합국 외교파의 중심이었다. 피분이 일본군대를 받아들였을 때 당시 재무상이었던 쁘리디는 각료직을 사임하고 왕의 섭정직에 임명받아 반일세력의 중심으로 활동하였다. 쁘리디는 국내 반일세력을 지휘하였을 뿐만 아니라 미국과 영국 내의 태국인이 중심이 되어 전개한 반일 운동인 '자유타이운동'(Free

Thai Movement)과 관련을 맺어 연합국의 인도차이나 지역 내의 활동을 도와주었다.

이러한 쁘리디 중심의 자유타이운동은 제2차 세계대전이 끝난 후에 태국을 패전국이 아닌 승전국의 일원이 될 수 있도록 하는 데 큰 기여를 하였다. 전쟁이 진행 중이던 1942년에 피분쏭크람이 "이 전쟁에서 어느 편이 패배하리라고 생각하느냐? 패배하는 쪽이 바로 우리의 적이다."라고 한 말을 보면 어떻게 하여 쁘리디가 피분 쏭크람의 방해를 받지 않고 활동할 수 있었던가를 짐작하게 할 수 있다.

5. 제2차 세계대전 이후－현재까지의 외교

1944년 7월 일본의 패색이 완연해지자 피분쏭크람 수상이 사임하고 대신 중도파의 거두인 쿠엉 아파이웡이 수상이 되어 전후 사태에 대비하였다. 이로써 태국은 또 다시 전승국의 입장에 서서 독립을 보존할 수 있었다. 1945년 8월 15일 일본의 항복으로 전쟁이 끝나자 쁘리디는 그 다음날부터 제2차 세계대전 중에 처했던 태국의 입장을 연합국 측에 해명하고 그들의 지지를 얻으려고 노력하였다. 쁘리디는 1942년의 대 영국과 미국에 대한 선전포고는 국민의 동의를 얻지 못한 위헌적 행동이며, 따라서 그 선전포고는 무효라고 역설하였다. 또한 1943년에 일본으로부터 얻어낸 영토를 모두 반환하겠으며 국호도 다시 싸얌으로 복귀할 것이라고 선언하였다.

이어 제2차 세계대전 중에 주미대사였던 쎄니 쁘라못이 귀국하여 수상에 취임하고 쁘리디와 함께 미국, 영국, 프랑스 등과 협상을 개시하였다. 영국과 프랑스에 대한 태국의 양보, 미국의 협조, 그리고 소련과 중국과의 타협에 성공함으로써 태국은 1946년 12월에 이르러 패전국인 독일이나 일본과는 달리 승전국의 일원으로 유엔에 가입할 수 있었다. 이렇게 되자 태국 내에서도 쁘리디와 쎄니가 중심이 된 진보주의적 민간세력이 민족주의 및 군국주의를 대신하게 되었다. 국제적으로는 영국에서 새로운 강대국인 미국으로 방향을 돌려 주로 미국에 의존하게 되었다.

1946년 5월에 아난타마히돈 왕(라마 8세)이 암살당하자 태국은 극단적 보수 세력인 군부가 집권하였다. 뿐만 아니라 이 시기에는 태국의 주변정세도 매우 혼란하였는데 즉 버마, 말레이, 북베트남 등 인도차이나의 대부분의 국가들이 공산세력의 반란으로 내란에 휩쓸리고 있었으며, 특히 중국 본토에서는 중국공산당의 승리가 확실시 되는 등 동남아시아 전체에 공산주의 세력의 위협이 현실적으로 증대되고 있었다. 이러한 내외정세의 영향을 받아 1948년에 재집권한 피분 쏭크람 정권은 미국을 중심으로 하는 반공세력에 점점 더 의존하게 되었던 것이다.

1950년 한국전쟁이 발생하고 미국과 소련 간의 냉전이 고조되자 태국은 직접 한국에 군대를 파견하고 반공전선에 적극 참여하여 친 서방 진영임을 과시하였다. 또한 1954년에는 동남아조약기구(SEATO)에 가입하고 그 본부를 방콕에 설치하는 등 미국과의 밀월관계가 계속되었다. 한편 미국의 입장에서도 공산세력의 팽창을 동남아에서 봉쇄하고 드 그 중심지로 태국이 필요했기 때문에 태국에 대하여 막대한 군사 및 경제 원조를 제공하였다.

1957년 10월 싸릿이 무혈혁명에 성공하고 그의 뒤를 이어 1963년에는 타넘 끼띠카쩐이 수상이 되었다. 이 두 수상도 친 서방 외교정책을 고수하였다. 그러나 1960년대에 들어서자 태국의 외교는 변화하는 주변정세에 적응하면서 변화를 모색하기 시작하였다. 미국과 중국세력의 틈바구니에 끼인 태국은 강대국의 사이에서 독립을 유지하기 위하여 1967년 8월에 말레이시아, 필리핀, 인도네시아, 싱가포르와 함께 지역협력기구인 동남아국가연합(ASEAN)을 창설하게 되었다.

이에 앞서 1966년 6월 14일 아스팍(ASPAC) 1차 회의에서 당시 태국의 타낫 커만(Thanat Koman) 외무장관은 "태국은 반(反)중국도, 반(反)소련도, 반(反)북한도, 반(反)북베트남도 아니다. 우리는 어느 나라와도 적대관계에 있지 않다."고 말하여 중립노선의 의사를 확고히 한 바 있으며, 1969년 2월에도 평화를 위한다면 중국과 협상할 것이라고 발표하였다. 또한 3월에 타낫은 "이제 우리는 미국이 장래에도 계속해서 원조해 줄 것을 확신하지 못한다. 그러므로 우리는 계획이 있어야 한다. 중국은 강대한 나라이고 고립주의 정책을 추구한다. 우리는 중국을 고립시키는 것보다 평화적인 공존정책을 추구하는 것이 바람직하다."고 역설하였던 것이다.

이러한 변화는 1969년의 닉슨 독트린과 1972년의 닉슨 대통령의 중국 방문을 계기로 더욱 가속화 되었다. 1973년 10월 14일 혁명으로 들어선 민간정부는 중국과의 개방정책을 추구하게 되었다. 1975년 3월 크릿 쁘라못 수상은 태국에 호의를 갖고 있는 모든 국가와는 정치적 이념이나 정부체제 등을 초월하여 우호관계를 맺을 것이며, 중국과의 정상관계를 위해서 일 년 내에 미군을 태국으로부터 철수시킬 것이라고 선언하였다. 실제로 태국은 1975년 7월 1일 중국과의 외교관계를 개설하기에 이르렀으며, 동시에 동남아조약기구(SEATO) 해체에 참여하였다.

1970년대 후반기에 태국은 1941-1942년의 경우와는 정반대의 사태에 처해 있었다. 미국이 베트남 전쟁에서 패배하고 아시아에서 손을 뗀 상황에서 최대한으로 인근 주변의 공산주의세력과도 교섭하여 스스로 생존을 도모해야 한다는 입장에 처하게 된 것이다. 특히 1979년 소련의 지원을 등에 업은 베트남의 캄보디아 침공은 아세안 국가 특히 태국의 안보를 심각하게 위협하였다. 따라서 캄보디아를 인도차이나 반도에서의 베트남 세력 확장을 저지하는 완충지역으로 간주하고 있었던 태국은 그들의 완충지역을 상실하였기 때문에 베트남에게 캄보디아의 완전철수를 강요함으로써 완충지역을 회복하려고 노력하였다. 이러한 노력으로 태국은 인도차이나 문제에 있어서 그 동안 아세안 각국을 캄보디아 문제에 통일된 입장으로 유도하는 일에 외교정책의 기조를 두어 왔고 베트남에 대하여 스스로 영향력 있는 입지를 가지고 다른 아세안국가들이 행했던 것보다 더욱 깊이 국가안보에 대처하였으며 그 결과 더욱 문제해결에 의지를 보여 왔다.

정치이데올로기나 이념에 집착하지 않고 상황에 따라 변할 수 있는 실리주의에 입각한 태국 외교는 1980년대 진가를 발휘했다. 베트남 군대가 크메르에서 철수할 것을 동의하는 데 일익을 담당하여 인도차이나반도의 평화유지에 노력하였고, 미얀마, 라오스, 크메르, 베트남 등의 인도차이나 국가와 평화공존체제를 끊임없이 모색하는 데 큰 역할을 담당하였던 것이 좋은 예라고 할 수 있다.

1988년에 찻차이 수상은 "현재 국제정치적 상황은 국제관계에 있어 상호 독립적, 불간섭 방향으로 급속히 발전하고 있는 중대한 상황에 직면해 있기 때문에 자국의 미래와 운명을 위해서는 약화되어 있는 현재 태국 외교정책의 일면을 경제우선주의로 전환하여 국제정치면에서 점진적인 완화를 꾀해야 한다"고 주장함으로써 태국은 1990년대 이후 탈냉전 시대 이후 개방정책을 더욱 확대하여 이념과 정치체제가 다른 나라들과의 대화의 통로를 확대하고 기능적 관계를 수립하고자 하는 노력의 일환으로 외교정책을 수행해 왔다.

즉 1990년대에 들어서면서 국제무역환경의 불확실성과 세계적인 지역화 추세에서 태국은 동남아지역 차원에서는 아세안자유무역지대(AFTA)를, 동아시아지역 차원에서는 동아시아경제협의회(EAEC) 추진에 중요한 역할을 담당함으로써 보다 광역의 아시아-태평양지역 차원에서 APEC과의 연계를 추구해 왔다. 또한 태국은 유럽과 동아시아 지역 간 새로운 정치, 경제적 연계망 구축을 목표로 했던 아시아-유럽 정상회의(ASEM)에서도 주도적인 역할을 하였다. 또한 지역안보협력 문제에 있어서도 태국은 AFTA라는 가시적인 경제협력 성과에 버금가는 주요 사안으로 다자간 안보협력체제인 아세안지역포럼(ARF)을 중심으로 한 안보협력 분야에도 능동적으로 참여함으로써 동남아의 정치적, 안보적 분위기를 일신하는 데 주도적인 역할을 담당하였다.

지금까지 언급한 바와 같이 태국 외교의 최고 목표는 어느 시대, 어느 정권을 막론하고 독립의 유지에 있었으며, 이를 성취하기 위한 현실성과 신축성, 그리고 변화하는 주변 상황에의 적응성이 태국 외교의 주요한 특성이라 할 것이다. 또한 그 유연함과 실용주의적 외교노선을 오랫동안 잘 지켜와 주위의 강대국들이 부침할 때마다 열강들과의 직접 대결을 피하고 이들과 협력하거나 때로는 변화하는 세력균형을 교묘하게 이용함으로써 왕국을 보전하고 국가의 실리를 도모해왔다고 하겠다.

제12장

예 술

1. 음 악

1.1 민 요

1.1.1 자장가

태국의 자장가는 사랑, 존경, 걱정, 아이에 대한 어머니의 애정, 젊은 남녀의 구애, 어머니에 대한 불만의 표현, 갈등의 표현 등을 노래하였으며, 부도덕한 사람들을 풍자하거나 사회를 풍자한 내용의 자장가도 있다.

1.1.2 어린이 놀이에 사용되는 노래

태국 어린이들의 놀이에는 혼자 하는 놀이, 여자들만 하는 놀이, 남자들만 하는 놀이, 떼를 지어 하는 놀이 등이 있으며 노래가 곁들인 놀이가 있고 노래가 없는 놀이가 있다. 노래가 있는 놀이의 예를 들면 짱찌, 먼썬파(수건돌리기), 리라 카우싼(두 명이 손을 마주잡고 높이 들면 그 안으로 줄을 지어 지나가는 놀이), 퐁팡(눈 가리기), 쓰어 라이무(여러 명이 손을 잡고 원을 그리면 원 안과 밖에 1명씩 있어서 밖에 있는 사람이 안에 있는 사람을 잡는 놀이) 등이 있다. 이런 놀이에 불리는 노래는 놀이의 호기심과 흥을 불러일으킨다.

1.1.3 청춘 남녀 간의 놀이에 부르는 노래

남녀가 서로 질문과 응답을 주고받으며 부르는 노래와 남녀가 춤을 추거나 놀이를 할 때 또는 추수나 모내기 등 부락민들이 모여서 같이 일을 할 때 부르는 노래가 있다. 내용은 주로 쏭팡, 쏭크람 프언, 착끄라단 등 구애를 표현하는 노래가 많다. 태국식 새해인 쏭끄란 날에 부르는 노래는 해덕마이, 핏탄, 클렁창, 차짜오홍, 푸엉말라이 등이 있으며 특별한 때를 가리지 않고 부르는 노래로는 쁘롭까이, 르어, 처이, 쏭크르엉, 이쌔우, 나야이, 에우클라우써 등이 있다.

1.1.4 의식에 부르는 노래

태국에서 의식을 치를 때 부르는 노래는 백성들의 일상생활과 밀접한 관계가 있는 토속 문화를 표현한 노래들이며 주로 곡식이 잘 자라기를 염원하는 기원의 노래가 많다.

1.2 민속 악기

태국의 민속 악기는 연주하는 형태에 따라 4종류로 나뉜다.

첫째, 줄을 손이나 나무나 동물의 뿔 등으로 튕겨서 소리 내는 악기들로는 쓰응, 짜케, 끄라짭삐, 핀낭따오 등이 있다.

둘째, 줄을 활로 문질러 소리 내는 현악기들로 써썽싸이, 써쌈싸이, 써두엉, 써우, 써러 등이 있다.

셋째, 손이나 나무로 두드려서 소리 내는 타악기들로 라낫엑, 라낫렉, 컹, 컹쿠, 컹웡, 컹라우, 뽕랑, 반터, 끌렁냥, 끄랍푸엉, 끌렁캑, 끌렁썽나, 톤, 끄랍, 짭, 칭, 따폰 등이 있다.

넷째, 입으로 불어서 소리 내는 악기들로는 삐, 삐차와, 삐차나이, 클루이, 레라이너, 캔, 뗑 등이 있다.

1.2.1 민속 악기로 악단을 구성하는 방법

태국의 각종 민속악기들을 배합하여 악단을 만드는 방법에는 세 종류가 있다.

1) 크르엉싸이 악단 : 주로 현악기로 이루어져 있는 악단이다. 구성된 악기로는 써두엉, 써우, 짜케, 컴과 관악기인 클루이, 타악기인 칭과 톤람마나로 이루어져 있다. 이 크르엉싸이 악단은 때때로 피아노나 오르간과 같이 연주할 때도 있다.

2) 삐팟 악단 : 주로 타악기로 이루어져 있는 악단이다. 구성된 악기로는 라낫엑, 라낫툼, 컹웡야이, 컹렉, 삐나이, 칭, 끌렁으로 이루어져 있다. 때때로 삐팟크르엉야이 악단일 때에는 라낫엑렉과 라낫툼렉이 프함된다.

3) 마호리 악단 : 이 악단은 크르엉싸이 악단과 삐팟 악단이 결합된 악단이다. 이 악단은 써썽싸이, 써두엉, 써우, 짜케, 클루이, 라낫엑, 라낫툼, 컹웡렉, 삐, 칭, 끌렁으로 이루어져 있다.

태국의 민속악기들은 연주할 때 규칙이 있다. 각 악기마다 그 악기의 고유 위치가 있고 임무가 있다. 타악기는 리듬을 정하는 중요한 기본 악기이고 타악기 이외의 악기는 음을 인도하는 크르엉남과 크르엉남을 따라가는 크르엉땀으로 나뉘어진다. 예를 들면 라낫엑이 크르엉남이라면 라낫툼은 크르엉땀이고 써두엉이 크르엉남이라면 써우는 크르엉땀이다.

1.2.2 음악의 리듬

태국 음악의 본래 리듬은 단조로운 리듬이었다. 태국 음악은 주로 연극이나 의식에 사용되거나 자장가에 사용되었다. 그러나 후에는 타민족인 중국, 말레이, 크메르, 몬족 등의 음악과 섞여 좀 더 복잡하고 다채롭고 재미있는 리듬이 생겨났다. 태국의 음악은 예로부터 태국 국민의 일상생활에 없어서는 안 되는 중요한 역할을 해왔다. 종교적 의식이나 국가 행사, 콘, 연극 등에 사용되어 왔다. 그러나 현대에 와서는 서양의 문화가 들어오면서 태국음악이 쇠퇴하고 전수하기가 어려워졌으며 태국 음악의 역할이 감소하고 있는 추세이다.

2. 미 술

2.1 회 화

회화는 800년 전의 그림이 아직 남아 있지만 아마도 아주 오랜 옛날부터 그림을 그려 왔으리라 짐작된다. 태국의 그림들은 불교와 관련된 것들이 대부분이다. 태국인의 95% 이상이 불교도인 만큼 불교는 일상생활에서 배제할 수 없는 지대한 영향을 주고 있다. 그러므로 태국의 회화는 불교에 관한 인물들의 일생이나 불교적인 행위·행사 등을 표현하고 있다.

예를 들면 옛날 불교성인이나 고승들의 행적, 보살들의 행적이나 행위들을 묘사한 것, 역사적인 사건을 묘사한 것도 있다. 태국의 회화는 불교에 관한 것이 대부분이지만 이외에도 미풍양속에 관한 것, 여러 학문에 관한 것, 문학 작품을 묘사한 것, 역사적인 사건을 묘사한 것들도 있다. 태국의 회화는 벽에 걸 수 있도록 천에 그리기도 하고, 종이, 나무판, 대문, 창문, 벽이나 바닥 등에 그리기도 한다. 우리가 태국의 회화를 감상하기 쉬운 곳은 사원이다.

태국은 불교국가인 만큼 사원 또한 많이 있어 사원 내부나 벽 등에 그림을 그렸으며, 이외에 동굴, 정자 등에서도 그림을 볼 수 있다. 그리고 태국의 회화나 조각, 건축 등에 사용되는 여러 무늬들이 태국의 독특한 개성을 나타내 주고 있으며, 태국의 여러 무늬들은 화려하고 섬세하게 기교와 멋을 부린 것들이 많다.

2.2 조 각

태국의 조각 또한 회화와 마찬가지로 대개 불교경전에 관한 내용들이 많고 문학 작품을 묘사한 것, 건축물의 치장을 위하여 조각한 것, 영험한 동물들, 인간, 도깨비, 신, 놀이기구, 일상생활에 사용되는 물건, 각종 무늬들을 조각한 것들이 있다. 조각에 사용되는 재료로는 흙, 돌, 나무, 시멘트, 금속, 코끼리 상아, 고무, 가죽, 종이, 바나나 줄기, 과일, 밀납 등이다. 조각에서 빼놓을 수 없는 것은 불상이다. 태국의 불상은 초기에는 인도의 영향을 받아 인도 불상과 비슷했지만 후에는 태국의 독창적인 기법을 살려 독특한 태국식 불상이 되었다.

2.3 건 축

초기 건축양식은 인간이 살 집을 짓는 데 사용되어 튼튼하고 안전한 것에 중점을 두었다. 그러나 후에는 시간이 지날수록 건축양식의 발전으로 미적인 요소를 추가하여 좀 더 아름답고 주거에 편한 건물을 만들게 되었다. 모든 타민족의 건축양식도 그러하듯이 태국의 건축양식도 태국의 지리조건, 기후, 사회적 배경, 역사적 배경, 종교 등에 의하여 영향을 받는다.

예를 들면 태국은 국토의 대부분이 평지이다. 그래서 태국의 탑을 보면 매우 높고 땅에서부터 곧바로 세워져 있다. 산위에 지어진 탑들은 평지의 것보다 작다. 평지에 지어진 거대한 탑으로는 나컨빠톰에 있는 프라빠톰쩨디, 나컨씨탐마랏에 있는 프라씨마하탓 절 내의 프라마하탓, 톤부리에 있는 아룬랏차와라람 절 내의 프라픗타쁘랑, 나컨파놈에 있는 프라탓파놈, 쑤코타이에 있는 마하탓 절 내의 프라마하탓 등이 있다.

태국은 열대몬순기후이라서 여름에는 후덥지근하고 우기에는 단시간

내에 홍수가 날 정도로 비가 많이 온다. 또한 중부와 북부, 남부지방의 기후가 다르므로 태국의 열대성 기후와 각 지방의 기후와 알맞게 가옥의 건축형태가 조금씩 다르다. 건축 양식에 영향을 주는 사회적인 요소인 토속신앙, 태국인들의 기호, 농촌사회에 알맞게 지어진다.

앞에서 언급하였듯이 태국은 국민의 95% 정도가 불교를 믿는다. 그러므로 건축양식 또한 불교로부터 많은 영향을 받았으며, 태국에서 일반 가옥만큼이나 흔히 볼 수 있는 것이 불교사원이다.

사원은 태국의 회화, 조각, 건축양식을 한 눈에 감상할 수 있는 태국 건축물의 결정체라 할 수 있다. 사원이나 가옥 외에도 궁전, 정자, 건물 등이 있지만 여기서는 대표적으로 태국의 사원과 가옥의 건축양식을 간단히 소개하고자 한다.

사원은 예로부터 종교의식을 행하는 장소 외에도 지역사회의 중심적인 역할을 하는 장소이므로 마을 중심이나 사람들이 쉽게 다닐 수 있는 곳에 위치하여 있으며 사람들이 항상 많이 모이는 곳이다. 그러므로 사원이 차지하는 면적은 대체로 매우 넓다. 불상을 모신 곳으로 불사가 행해지는 구역, 승려들의 거주구역, 승려들이 밤을 지새울 때 기거하는 곳이 따로 정해져 있는데, 승려의 수행처는 아주 조용한 곳에 위치한다. 이 외에 사원이 소유한 토지인 불전답이 있으며 신자들이 공양한 토지 등이 있다. 태국의 사원은 매우 화려하고 아름답게 꾸며져 있다. 태국인들은 사원을 아름답고 화려하게 꾸밀수록 부처님에 대한 불심이 깊다는 것을 표현한 것이라고 믿는다. 이런 이유 외에도 보는 이로 하여금 기쁨과 관심을 끌기 위한 이유도 있다.

태국의 전통가옥은 태국 건축양식의 여러 가지 특징을 보여준다. 가옥은 크게 두 가지 형태로 나뉘는데 하나는 대나무나 종려나무 종류의 잎을 엮어서 만든 모옥, 즉 오두막집이고 또 하나는 티크 등의 경목으로 지은 목조가옥이 있다. 또한 태국의 전통가옥은 지상에서 약 1.5~2m가량 위로 올려 짓는 것이 특징이다. 추운 건기일지라도 난방을 하야 할 정도로 춥지 않기 때문에 난방시설을 할 수 있도록 건축되어 있지 않다. 각 지방마다 기후의 특성이 다르므로 가옥의 형태도 조금씩 다르다.

태국 중부 지방은 덥고 우기에는 홍수가 날 정도로 비가 많이 오기 때문에 홍수의 피해로부터 벗어나기 위하여 지면으로부터 높이 올려 짓고 지붕의 끝은 뾰족하고 경사가 급하여 비가 흘러 땅에 바로 떨어지도록 'ㅅ' 자 형태로 되어있다. 또 더위를 막고 통풍이 잘 되도록 천장과 지붕은 떨어져 있다. 이것이 태국 중부 지방 가옥의 두드러진 특징이다. 반면 태국의 북부지방은 중부지방보다 홍수가 적고 비교적 시원하며 추울 때가 많다. 그러므로 중부 지방의 가옥만큼 지면에서 높이 떨어져 있지 않다. 또 벽은 기둥에서 멀리 떨어져 있다. 바람이 직접 들어오지 못하도록 하기 위하여 최대한으로 바람을 막을 수 있게 되어 있으며 중부지방만큼 비로 인한 피해가 없으므로 지붕은 경사가 급하지 않고 완만하다. 태국의 가옥은 기후조건 이외에도 신분에 따라 형태와 크기에 영향을 주고 있다.

3. 춤과 연극

3.1 춤

태국의 춤은 「람」 또는 「라밤」이라 부른다. 즉 무용 또는 춤이라는 뜻이다. 「람」과 「라밤」의 뜻은 비슷하다. 다른 점이 있다면 「람」은 혼자 추는 춤이거나 소수의 사람들이 추는 춤을 말한다. 「람」에 해당하는 춤에는 「람추이차이」, 「람씨누언」 등이 있다. 「라밤」에 해당되는 춤에는 「라밤텟반텅」, 「라밤놉파랏」 등이 있다. 또 태국의 춤은 다른 측면으로 2가지로 나뉜다. 「훤」과 「쓰엉(또는 썽)」이다. 이 두 가지의 뜻은 비슷하다.

그러나 지방에 따라 「훤」과 「쓰엉」으로 나눈 것이다. 「훤」은 고대 「란나」, 즉 현재 태국 북부에 있는 8개 도(짱왓)에서 추는 춤을 말한다. 「훤」

은 대개 리듬이 부드럽고 느리다. 예로 「훤렙」(긴 손톱을 손가락에 끼고 추는 춤), 「훤티안」(촛불을 들고 추는 춤), 「훤만무이씨앙따」 등이 있다. 흥겨운 「훤」도 더러 있다. 예로 「훤답」, 「훤쯔엉」 등이다. 「쓰엉」은 태국의 동북부에서 추는 춤을 말한다. 리듬은 좀 빠르고 아주 흥겹고 재미있다. 「쓰엉」 춤으로는 「쓰엉끄라띱」, 「쓰엉쓰윙」, 「쓰엉카우」 등이 있다.

태국민족은 일상생활에서 춤과 노래를 즐기는 민족이므로 태국의 춤 또한 우리나라의 춤 못지않게 수많은 종류가 있다. 태국은 어릴 때부터 유치원이나 학교에서 기본적으로 간단한 태국의 전통춤을 가르친다. 평소 흥겨운 자리나 행사, 명절 때 서양춤 대신에 어린 꼬마들부터 노인들까지 즐겨 출 수 있는 태국 전통춤을 춘다. 그중 태국적인 특징이 잘 나타나 있고 태국인들이 즐겨 보고 추는 춤 몇 가지를 소개하고자 한다.

3.1.1 람

1) **람의 형태** : 람의 형태에는 람나팟과 람봇 두 가지 종류가 있다. 람나팟이란 음악의 리듬에 맞춰 추는 춤을 말한다. 나팟뽁까띠와 나팟찬쑹이 있으며, 람봇이란 내용에 따라 추는 춤으로 소리 없이 몸의 움직임으로 의미를 전달하는 춤을 말한다.

2) **람의 종류** : 람의 종류에는 춤을 추는 사람의 숫자에 따라 세 가지로 나뉘는데 람디여우, 람쿠, 람무가 있다.

첫째, 람디여우는 혼자 추는 독춤을 말하는데 추는 사람의 기술과 춤 솜씨가 잘 나타난다. 람디여우에는 추이차이라는 춤이 있는데, 이 춤의 리듬은 부드럽고 느리다. 이 춤은 또 태국 고전연극에서 배역들의 성격이나 특징을 춤으로 묘사하는 데 쓰인다. 이 춤에는 톳사깐 괴물을 묘사한 추이차이톳싸간, 하누만이라는 원숭이 신이 톳사깐으로 변장해서 추는 춤인 추이차이 톳사깐쁠렁, 추이차이벤까이쁠렁, 추이차이프람 등이 있다.

둘째, 람쿠는 쌍이 추는 춤으로 노래가사 없이 한 쌍이 서로 전투하는 춤이 있고, 한 쌍이 음악에 맞춰 추는 춤이 있다. 이 춤에는 금꽃 은꽃을 들고 추는 람덕마이응언덕마이텅이있다.

셋째, 람무는 2명 이상의 사람들이 추는 춤으로 이 춤에는 평소 태국인들이 전문 무용가뿐만 아니라 일반 사람들까지도 흥겨운 자리라면 일반적으로 많이 추는 람웡맛뜨라탄이 있고 람콩, 람끄라탕, 람팟 등이 있으며 민속춤인 람끌렁야우, 람여이 등이 있다.

3.1.2 훤

훤은 태국의 북부지방에서 추는 춤이다. 이 춤은 여러 사람이 함께 추는 람무춤이며 노래의 리듬은 주로 부드럽고 느리며, 우아하고 현재 태국에서 가장 많이 추는 훤에는 태국의 관광 잡지나, 포스터에서 흔히 볼 수 있는 손톱에 금색으로 된 긴 손톱을 끼고 추는 훤렙을 비롯하여 훤티안, 훤라우팬, 훤만우이 차아따, 훤만봉, 훤답 등이 있다. 태국의 북부지방은 기후가 시원하고 살기 좋으므로 훤을 출 때 입는 의상 또한 기후에 맞게 여자는 긴 치마에 긴팔 상의에 어깨에 걸치는 싸바이를 하고 머리는 높이 말아 올려 꽃으로 장식한다. 북쪽 지방은 기후가 꽃이 피기에 적합한 기후이므로 아름다운 꽃들이 많이 있어 손쉽게 구할 수 있는 꽃들로 머리치장을 한다. 이 춤은 부드럽고 상냥한 태국 여인들의 특징이 잘 나타나 있다.

3.2 연 극

태국의 연극은 춤과 무용이 곁들어진 종합 예술이다. 사람이 직접 연기하는 연극도 있고 가죽으로 인형을 만들어 사람이 목소리를 내어 하는 연극도 있다. 태국의 연극 중 태국인들이 가장 즐겨 보고 좋아하는 대표적인 연극들 몇 가지를 소개하겠다.

3.2.1 낭야이

낭야이란 가죽으로 연극의 등장인물을 조각하여 관중 앞에 천을 치고 그 뒤에 불빛을 비춰서 천으로 만든 막 뒤에서 가죽으로 만든 각 인물들을 움직여서 변사가 대사를 말하며 하는 연극으로, 낭야이는 등장인물의 크기가 크다. 우리나라의 만석중 놀이와 비슷하다. 낭야이는 고대 귀족들이나 신분이 높은 사람들이 즐기던 오락의 하나이며 오래전부터 전해 내려오는 놀이이다. 이 낭야이의 이야기는 주로 태국 고전인 라마끼얀이다. 이 낭야이에 필요한 구성 요소로는, 큰 가죽 한 장에 갖가지 등장인물과 동물들, 배경을 줄거리에 맞게 조각을 한 것과 조각된 가죽을 비추는 큰 스크린 역할을 하는 막이 있어야 한다. 이 막은 보통 가로 6미터, 세로 16미터가 되며 흰색 천으로 되어 있다. 또 하나의 구성요소는 큰 가죽에 대나무를 붙여서 움직이는 사람이 필요하고 등장인물이나 동물들의 대사를 말하는 변사가 필요하다.

낭야이에 필요한 악기로는 삐팟 악단이나 삐팟크르엉야이나 삐팟크르엉쿠가 쓰인다. 낭야이는 주로 초저녁부터 시작한다. 왜냐하면 어두워야 막에 조각된 가죽들의 그림자가 잘 비춰지기 때문이다. 낭야이에서 볼만한 것은 섬세하게 조각된 등장인물과 배경들 그리고 재미있고 우스꽝스러운 내용이다. 낭야이에서 쓰이는 대사는 태국운문 형식의 하나인 깝을 사용한다.

3.2.2 낭딸룽

낭딸룽도 낭야이와 같이 가죽에 등장인물들을 조각하여 변사가 대사를 말하면서 하는 연극놀이다. 그러나 낭딸룽은 낭야이보다는 등장인물들의 크기가 작으며 가죽 한 장에 배경들을 조각하는 것이 아니라 등장하는 인물 하나하나, 동물 하나하나를 각각 따로 조각하며 등장인물들이 움직일 수 있도록 만든 것이다. 낭딸룽의 연극 내용은 예전에는 라마끼얀을 주제로 하였지만 지금은 창작극도 있고 전해 내려오는 전설, 민담 등도 연극 내용으로 다루고 있다.

낭딸룽은 다른 연극처럼 태국 중앙부에서 생긴 것이 아니라 태국 남부에서 하는 연극놀이이다. 본래 낭딸룽은 인도에서 말라유(현재 말레이시아와 태국 남부 국경부근)로 전해져 태국의 남부로 전해진 놀이이다. 낭딸룽을 공연하는 공연장은 예로부터 따로 극장을 마련하였으며 지면에서 2미터 높은 곳에 사각형의 무대 위에 지붕과 양쪽에 벽을 만들고 뒤쪽을 반만 가려서 어둡게 한다. 앞쪽은 세로 3.5미터, 가로 2.5미터 되는 흰색 천으로 막을 만든다. 흰색 천 가장자리는 빨간 천으로 두른다. 아래는 낭딸룽의 등장인물들을 꽂을 수 있도록 바나나 나무를 가로로 놓는다. 막 뒤쪽에는 그림자가 생길 수 있도록 불빛을 비춘다. 낭딸룽에는 등장인물들을 움직이는 사람이 직접 대사를 한다. 등장인물을 조정하는 사람 이외에도 조수들이 2-3명 더 있다. 이외에 대사를 말하는 변사와 추임새를 하는 사람이 한 사람 더 있다. 낭딸룽을 상연하는 사람은 한 사람이 여러 인물들의 대사를 하기 때문에 성우적인 기질도 있어야 하고 지식과 재치도 있어야 한다. 낭딸룽의 대사는 태국 운문의 한 종류인 끌런으로 되어 있다. 낭딸룽에는 삐팟차뜨리 악단이 쓰인다.

3.2.3 콘

콘은 사람이 등장인물들의 성격에 맞춰 가면을 쓰고 내용에 맞춰 춤을 추며 하는 연극을 말한다. 춤을 추는 사람은 음악 속에 담긴 대사내용에 맞춰 의미를 전달하는 동작을 하고 말은 하지 않는다. 콘은 등장인물의 동작 하나하나에 담긴 뜻을 알면 무척 재미있는 연극이다. 콘은 의상이 화려하고 내용 또한 재미있고 해학적이다.

콘은 아유타야 시대부터 전해 내려오는 것으로 태국의 왕실이나 귀족들이 즐기던 연극이다. 콘에 사용되는 작품은 태국 고전인 라마끼얀이다.

이 라마끼얀은 인도 고대서사시인 라마야나로, 내용은 인간사에 관한 것이 아니라 신과 나쁜 도깨비들이 싸우는 내용이다. 도깨비들이 불로장생하는 신비의 물을 갖기 위하여 갖가지 수를 쓰는데 프라나라이가 먼저 신비의 불로장생수를 얻어 도깨비들은 죽고 신들이 천상을 지배한다는 내용이다.

콘은 인도에서 직접 영향을 받은 것이 아니라 크메르를 거쳐 영향을 받은 것으로 여겨진다. 그러므로 콘이라는 이름도 크메르 언어에서 온 것이다. 현재 콘은 왕족이나 귀족들이 모이는 자리나 국가의 중요행사인 왕의 대관식 때나, 왕이나 왕족의 생일 때 축하 행사의 하나로 공연한다. 여기서는 콘에 나오는 주요 등장인물들만 간단히 살펴보기로 하겠다.

콘에 나오는 등장인물들만 알아도 콘을 보고 이해하는 데 많은 도움이 될 것이다. 인물들은 크게 4종류로 나눈다. 남자 인간과 남자 신, 여자 인간과 여신인 뎁압빠썬, 도깨비들, 원숭이들 이외에 엑스트라들이 있다. 선한 나라의 남녀 주인공에는 프라람과 씨다가 있고 그 외에 프라람의 동생인 프라락과 프라프롯, 원숭이 신격인 하누만, 쑥크립, 타우마하촘푸, 께썬타말라 등이 있고 도깨비들에는 도깨비 우두머리인 톳싸깐, 피펙, 인트라칫, 꿈파깐, 마이랍, 쌩아텃, 마호턴, 빠오와나쑨, 까루나랏 등이 있다. 라마끼얀의 주된 내용은 롱까국 밖에 사는 프라람의 군대와 롱까국에 사는 톳싸깐의 군대와의 전투이다. 예전에는 콘을 연극하는 사람들은 왕궁 내에서는 여성으로, 왕궁 밖에서는 남성들로 구성되었지만 현재에는 여자역할은 여자들이 한다.

콘은 고도의 춤솜씨가 필요하므로 콘을 공연하기 위해서는 적어도 8살에서 10살 정도부터 시작하여야 한다. 콘에 사용되는 대사는 태국운문 형태의 하나인 끌런이 사용된다. 콘에 사용되는 악기로는 삐팟악단이다. 콘은 내용과 연극하는 사람들의 춤솜씨 이외에도 의상과 장식, 가면들이 아주 볼 만하다. 무척 화려하고 많은 장식들을 달며 모두 수작업으로 만든다. 한 인물의 의상과 몸을 치장하는 데는 보통 5~6시간이 걸린다.

3.2.4 훈

훈이란 큰 인형을 사용하여 상연하는 태국식 인형극이다. 훈은 300년 전부터 해오던 인형극이다. 예전에는 종류가 훈야이와 훈루엉쁘이었는데 짝끄리 왕조 라마 5세 이후에 훈렉, 훈끄라벅, 라컨렉 등의 종류가 생겨났다. 훈에 사용되는 작품으로는 라마끼안, 우나룻, 쌍텅, 쌍씬라빠차이, 쿤창쿤팬 등이 있다. 가장 많이 상연되고 태국인들이 좋아하는 작품으로는 쑨턴푸의 프라아파이마니가 있다.

3.2.5 리께

리께는 태국 무슬림의 영향을 받은 연극 형태이다. 리께는 콘처럼 춤을 추며 하는 연극이지만 콘처럼 아름답고 화려하거나 고도의 기교를 필요로 하는 것이 아니라 춤의 동작이 아주 평범하고 쉽다. 예전에는 남자들만이 출연할 수 있어서 여장남성이 여성 배역을 했는데 현재는 여자도 같이 출연한다.

지금까지 태국의 예술에 대하여 간략하게 살펴보았다. 태국의 예술 또한 타민족의 문화가 받아들여지면서 많은 영향을 받아 태국식에 맞게 고치고 다듬어서 태국만이 갖는 독특한 양식으로 변화되었다. 지금까지 언급한 바와 같이 태국의 예술은 음악, 춤, 미술 각 분야 모두 부드럽고 섬세하며 화려하다고 볼 수 있다. 태국의 예술을 전반적으로 간단하게 소개만 하여 깊이 다루지 못했다. 위에 소개한 것들 이외에도 흥미로운 것들이 많이 있다.

제13장

문 학

어느 나라든 마찬가지이지만 한 나라의 문학을 얘기할 때, 그 나라의 역사를 빠뜨리고는 얘기할 수가 없다. 이것은 그 사상적 근거를 진화론에 바탕을 두고서 인간 세상의 모든 것을 역사의 산물로 보는 역사주의적인 시각과 인과적 · 문화사회학적 시각에서 비롯된 것이다. 이러한 시각에서 문학 또한 인간이 사회를 이루고 살고 있는 세상에서 문화적 활동의 한 영역을 차지하고 있다는 점에서 예외가 될 수 없다고 하겠다. 오늘날 우리에게 익히 알려지고 우리 한국의 근대문학에 큰 영향을 끼쳐온 서구를 중심으로 한 외국문학에 대한 연구는 역사적 배경은 물론이고 각개 작품에 이르기까지 오랫동안 진척되어 와 학문적 한 자리를 차지하고 있다. 이에 비해 상대적으로 우리와의 상호 영향과 관계가 적어 우리에게 잘 알려지지 않은 국가들의 문학, 특히 서구권이 아닌 국가 중 중국과 일본을 제외한 아시아 국가 및 아프리카 국가의 문학은 개개의 작품이 소개되기는 했지만 학문적인 입장에서의 작품에 대한 분석이나 그 작품이 탄생된 해당 국가의 사회와 역사적 배경에 대한 연구가 거의 없었던 것이 사실이다.

이러한 관점에서 여기서는 태국 문학을 문학적 관점보다는 실용적 측면에서 사회역사적 시각과 결부시켜 논하고자 한다.

태국 문학은 여타 다른 국가의 문학처럼 크게 두 가지로 구분할 수 있다. 즉 태국 사회의 근대화를 가져온 서구의 영향이 미치기 시작한 기점을 두고 두 가지로 양분할 수 있다. 태국의 건국과 함께 형성되어 발전해온 전통문학으로서의 고전문학과 태국이 서구의 영향 아래 문호를 개방하기 시작한 이후에 형성되기 시작해 현재에 이르기까지 발전해 온 근대문학이 그것이다.

그러면 우선 태국의 고전문학을 살펴보자.

1. 태국의 고전문학

일반적으로 태국의 고전문학을 구분하자면 태국의 고전문학은 보통 쑤코타이 시대와 아유타야 시대, 톤부리 시대, 랏따나꼬씬 시대 등 왕조별로 구분하고, 그중에 태국의 고전문학이 융성했던 아유타야 시대를 초기, 중기, 후기로 구분하는 게 통념이다. 그러나 이러한 시대별 구분이 연대상의 확실성이 부족하여 많은 제반 문제를 안고 있으며, 1238년에 건국된 쑤코타이 왕국 이전의 문학에 대한 언급이 전혀 없어 여러 가지 문제가 뒤따르고 있다. 그리고 태국 고전문학 시대가 언제 끝나느냐 하는 것 또한 정확하게 연대로 표현하기에는 태국 학자들 간에서도 아직 문학사적 쟁점으로 거론되고 있는 문제점을 갖고 있다.

그러나 여기에서는 일단 태국 교육부의 문학사 교재를 토대로 다음과 같이 태국 문학을 시대적으로 구분하여 소개하고자 한다.

1.1 쑤코타이 시대의 문학

태국이 부족국가로서 타 부족과의 전쟁과 주거지의 이동이 빈번한 시기에서 벗어나 부족 간의 영토를 병합하여 1238년에 쑤코타이에 도읍을 정하고 국가를 처음 건국하면서 쑤코타이 시대가 시작된다. 태국 문학이 구전이 아닌 근거를 이룰 수 있는 자료를 가지기 시작한 것도 이 쑤코타이 시대부터이다. 람캄행 대왕이 1277년 쑤코타이 왕국의 제3대 왕으로 왕위에 오르면서부터 태국은 인도차이나 반도에서 막대한 세력을 떨쳤고, 1283년 태국문자의 창제와 함께 태국 최초의 문학작품인 람캄행 대왕 <비문 1호>를 탄생시켰다. 람캄행 대왕은 자신이 창제한 태국문자로 1292년경 당시의 경제 · 사회 · 문화 등 국가적 내력을 기록한 운율이 내재한 산문을 사각 돌기둥에 기록해 놓았는데 현존하는 최초의 태국문자는 이 비문의 것으로 평가된다.

이외에도 교훈적인 속담을 모아놓은 <쑤파씻 프라루엉>과 리타이 왕(?~1374) 때 후궁으로 태국 최초의 여류문인으로 여겨지는 낭 놉파맛이 지은 당시의 미풍양속에 관한 내용을 담고 있는 <땀라타우씨쭐라락>(일명 <땀랍타우씨쭐라락>), 리타이 왕이 직접 지은 불교적 사상과 믿음에 관한 <뜨라이푸미까타>(일명 <뜨라이푸미까타>) 등의 작품이 있으며, 이 작품들은 후세 작가들이 그 내용을 운문형식으로 자신들의 작품에 많이 인용하였으며 태국인의 가치관 형성에 큰 영향을 주었다.

쑤코타이 시대의 문학은 수록된 내용으로 볼 때, 역사적 사실의 서술, 왕의 위업칭송, 불교교리 설명을 중심으로 한 윤리적 교훈에 관한 내용이 대부분으로 쑤코타이 왕국의 건국과 관련해 국가운영에 필요한 국민에 대한 계도와 교육을 목적으로 하고 있다는 특징이 있다. 그리고 형식적인 면에서 산문적 형태로 지어졌으나 운율이 조화를 이루고 있다.

1.2 아유타야 시대 초기의 문학

우텅 왕(라마티버디 1세)이 1350년 아유타야 왕국을 세우고 이후 역대 왕들이 영토를 확장하는 과정 속에 아유타야 왕국은 쑤코타이 왕국과 전쟁을 벌이는 한편, 수차례의 왕위찬탈로 인한 내분이 있었으나 버롬뜨라이록까낫 왕이 즉위하면서 비로소 국내적으로 안정을 찾게 되었다. 이후 행정제도 및 관제가 정립되고 쑤코타이 왕국을 합병하여 강력한 중앙집권국가를 형성한 시기까지 아유타야 시대 초기는 국가적 단합을 이루기 위한 목적을 가진 문학작품들이 많이 만들어졌다. 내용상 대부분 쑤코타이 시대의 문학과 비슷하게 종교적으로 백성들을 계도하고 군주에 대한 충성심과 국가에 대한 애국심을 가지도록 하는 것을 목적으로 하고 있다.

왕에 대한 충성과 왕의 존재를 신격화하는 내용의 <릴릿 옹깐챙남>을 비롯하여 치앙마이 왕국과의 전쟁에서 아유타야 왕국의 승리를 찬양한 <릴릿 유언파이>, 부처의 일생을 담은 <마하찻 캄루엉>, 영국의 문호 세익스피어의 명작 로미오와 줄리엣에 견줄 수 있는 <릴릿 프라러>(이 작품은 태국판 <로미오와 줄리엣>이라고 하기는 하지만 내용상 남녀 간의 애절한 사랑보다는 어미와 자식, 주인과 하인, 부부 간의 정직과 효심, 복수, 용기 등에 대한 믿음과 훈계가 그 주가 되어 있다) 등의 작품이 있다. 그러나 이 시기는 아유타야가 막 국가를 일으키고 전쟁이 많았던 때라 대부분이 파손 또는 소실되어 남아 있는 문학작품은 몇 편 되지 않는다. 시어의 유형이 쑤코타이 시대 때보다 격식이 있었고 릴릿이라는 시형식을 선호하였다. 또 모두 운문으로 지어졌고 산문체는 일체 없었으며, 언어상으로 크메르어, 팔리어, 싼스크릿어가 많이 사용되는 등 내용과 형식적인 면 모두 크메르와 인도의 영향을 많이 받았다.

1.3 아유타야 시대 중기의 문학

아유타야 시대 중기는 쁘라삿텅 왕 시대부터 나라이 왕 시대까지, 1630년부터 1688년까지 58년간이다. 이 시기의 태국 문학은 크게 융성하게 되는데, 특히 나라이 왕이 태국을 통치했던 1656년부터 1688년까지는 태국 고전문학의 황금시대라고 일컬어질 정도로 문학작품의 양과 질적인 면에서 많은 발전을 보았다. 이 시기의 문학이 이렇게 발전하고 융성하게 된 것은 무엇보다도 나라이 왕의 문학에 대한 지대한 관심과 지원, 그리고 이를 가능케 한 국가의 부강이 그 원인이었다고 말할 수 있다. 문학발전에 간과할 수 없는 태국어 학습서가 나라이 왕대에 발간되었다. 당시 왕사(王師) 호라티버디가 <찐다마니>를 제작하였다.

나라이 왕은 아유타야 왕국의 제28대 왕으로 즉위기간 중 버마의 침공으로 인한 4번의 전쟁을 모두 승리를 거두었을 뿐 아니라, 즉위기간 중 외국과의 친교를 발전시키고 서양과 무역관계를 맺어 아유타야는 동서양을 잇는 무역의 중심지가 되었다. 또 나라이 왕은 자신이 철학자이자 시인이었으며, 시인들을 후원하고 많은 시인들을 배출시켜 문학을 부흥시켰다.

특히 천재시인 씨쁘랏은 자신의 아버지가 나라이 왕으로부터 답시를 지어오라고 내린 시에 나라이 왕이 탄복할 만큼 멋지게 답시를 지어 어릴적부터 나라이 왕의 총애를 받기도 했다. 그러나 씨쁘랏은 천재적인 문학성을 가진 반면에 천성적으로 호색가이자 호주가로 실수 끝에 결국 왕의 노여움을 사 말년에 가서 유배생활을 하고 유배지에서 죽음을 맞는 기구한 운명을 살았고, 나라이 왕은 그의 죽음을 크게 아쉬워했다고 한다.

이러한 나라이 왕의 시에 대한 애정과 시문학에 대한 장려로 인해 당시의 "태국인들은 숨을 쉬는 것도 시로 쉬었다"라고 할 정도로 시를 사랑하고 문학적 분위기를 풍미하였다고 당대의 기록들은 말하고 있다. 그리고 이전의 태국 문학이 주로 종교적, 정치적 색채를 가졌던 반면에 이 시기에 들어서는 남녀 간의 감정이나 사랑, 즉 남녀상열지사를 다루는 내용이 등장하기 시작했다. 그러나 한편으로 이 시기에 서양과의 빈번한 무역으로 당시 외국 선교사들에 의한 서양식 교육과 기독교 포교로부터 태국과 태국인들을 보호하기 위해 태국어를 쉽게 배울 수 있도록 태국 최초의 문법 교재인 <찐다마니> 등의 작품이 나오기도 했다. 형식적인 면에서 이 시기는 문학의 황금기라는 명성에 걸맞게 클롱, 니랏, 찬, 깝 등 다양한 시형식이 출현하였다.

1.4 아유타야 시대 후기의 문학

나라이 왕이 1688년 사망하자 태국 문학은 왕위계승을 둘러싼 분쟁으로 인해 국가적 혼란이 계속되면서 문인들의 작품 활동이 중단되는 등 쇠퇴의 길로 접어들게 되었다. 왕위찬탈 쿠데타가 이어지는 속에서도 문학적 관심이 높았던 버롬마꼿 왕 시대에 이르러 다시 한 번 문학의 부흥을 기도하기도 하였으나, 그것도 일시적이었을 뿐 이후 태국 문학은 1767년 엑까탓 왕 때 아유타야가 내분으로 약해진 틈을 타 침공한 버마에 의해 패망할 때까지 쇠퇴의 길을 걸었다.

아유타야 시대 후기의 문학은 다른 시기와는 달리 시문학보다는 극문학이 더 유행·발전하였다. 즉 태국의 전통극인 라컨과 가면무용극인 콘 등이 크게 유행하였다. 이러한 극문학의 유행은 자연히 전래 설화나 신화의 줄거리를 바탕으로 시로 짓는 傳형식의 서사극적 시가 발전하게 되어 <大이나오>, < 小이나오>, <아니룻> 등의 작품이 등장했다. 그리고 다양한 시형식이 나타나는 가운데 내용상으로는 종교적이면서도 오락적 색채가 짙은 작품들이 많이 나타났으며, 태국 최초의 船歌(뱃노래)로 후대 뱃노래의 전형으로 여겨지는 <깝 헤르어>라는 작품과 니랏이라는 기행시 형식의 작품이 등장하였다.

1.5 톤부리 시대의 문학

아유타야 왕국의 딱이란 지역의 성주였던 씬이 아유타야가 버마에 의해 멸망한 뒤에도 굴하지 않고 버마세력을 몰아내고 태국민족의 독립국가인 톤부리 왕국시대를 연 15년간의 짧은 기간이 이 시기이다. 이 시기는 버마로부터 독립을 쟁취하고 새로운 왕국을 건설하는 등 분주한 시기였으나, 버마의 침략으로 잿더미가 된 아유타야 시대의 문학작품들을 복구하고 개정하여 다음 랏따나꼬씬 시대의 문학적 기틀을 마련해 주었다고 볼 수 있다.

그리고 버마와의 전쟁 중이었던 관계로 <라마끼얀> 같이 태국민족에게 용기와 기상을 북돋는 문학작품이 창작되었다. <라마끼얀>은 발미키가 지은 인도의 서사시 <라마야나>를 태국의 실정에 맞게 변형시킨 작품으로 오늘날 태국의 국립극장에서 가면무용극 콘으로 자주 무대에 오르고 있다.

이 시기 동안 태국 문학을 복구시키려는 딱씬 왕의 열정은 대단하였지만, 점차 시간이 흐르면서 왕 스스로 망상에 사로잡혀 실정을 하게 되었고 결국 왕은 다음 랏따나꼬씬 왕국을 건국한 짝끄리 장군에 의해 처형을 당하였다.

1.6 랏따나꼬씬 시대 초기의 문학

랏따나꼬씬 시대는 왕국의 시조인 짝끄리 장군의 이름을 따 일명 짝끄리 시대라고도 한다. 랏따나꼬씬 시대 초기의 문학은 형식상이나 내용상으로 화려하고 미적인 요소를 보다 강조했는데, 이것은 버마의 침략에 의해 멸망한 후 독립국가로서의 자존심에 상처를 입은 태국민족의 자존심과 긍지를 회복하고 전화의 상처를 씻고자 한 것으로 볼 수 있다. 또 이 시기에 즉위한 왕들과 왕족들은 모두 문학에 대한 관심을 가지고 지원을 아끼지 않았으며 문학적 재능도 있었던 것으로 나타난다. 특히 랏따나꼬씬 왕국을 건국한 라마1세(1782~1809)는 아유타야 시대의 영광의 재현을 꿈꾸며 주변국들과의 전쟁을 벌여야 했기에 용기와 용맹을 북돋우는 문학이 필요했고, 이를 위해 많은 문인들을 배출시켜 문학을 꽃피우고자 노력했다.

라마1세를 비롯하여 라마2세, 라마3세 등의 집권 시기는 태국의 운문문학이 새로이 집대성된 시기로 여겨진다. 이 시기의 유명한 시인을 들자면 아유타야 시대의 씨쁘랏과 함께 태국의 시성으로 여겨지고 영국의 세익스피어와 견주어 볼 수 있는 쑨턴푸를 들 수 있다. 쑨턴푸는 시인으로 평민이었지만 글재주가 뛰어나 라마 2세 때 관료로 등용되어 왕의 총애를 한 몸에 받았으나, 그 또한 씨쁘랏과 마찬가지로 호색, 호주의 버릇 때문에 라마3세의 노여움을 사 낙향하였다. 그러나 형장의 이슬로 사라진 씨쁘랏과는 달리 그는 라마 4세 때 복권해 생애를 마쳤다. 그의 작품은 뛰어난 상상력을 발휘하여 정치, 사회, 문화적 변화를 유도하는 것들로 <프라아파이마니>를 비롯한 9편의 니랏류의 기행시, 연가 등을 남겼다.

이 시기의 태국 고전문학의 특징은 산문문학이 등장하여 빠른 속도로 발전했다는 사실이다. 사실 태국의 고전문학을 얘기하자면 운문을 빼놓고는 얘기할 수 없을 정도로 고전문학의 시대는 운문일변도의 운문문학의 전성기였다고 할 수 있다. 그러나 랏따나꼬씬 시대 초기로 넘어와 1802년 중국의 <삼국지연의>와 몬의 역사소설 <라차티랏>이 태국어로 번역되어 소개되면서 많은 독자를 끌어 모으자 태국에서도 산문문학이 발전하기 시작하였다. 산문문학은 라마2세와 라마3세 시대 때 기독교 전파를 위해 태국으로 들어온 미국인 선교사들에 의해 전해진 인쇄술의 보급으로 더욱 발전되었고, 태국 문학이 운문위주의 고전문학의 시대에 종지부를 찍고 서구식 근대문학으로 전환하게 만든 촉매제 역할을 하였다.

2. 태국의 근대문학

태국 문학은 랏따나꼬씬 시대의 제4대왕인 라마4세의 집권시기였던 1800년대 중반부터 근대문학으로의 첫발을 디디기 시작하는데, 태국 문학의 근대문학으로의 출발은 산문문학의 출현과 서양의 영향력에 의해 시작되었다고 볼 수 있다.

태국의 고전문학은 궁정을 중심으로 발달한 왕조문학이며, 그 대부분이 형식을 중요시하는 운문이었으나, 19세기에 들어서 중국의 <삼국지연의>와 몬의 역사소설 <라차티랏>이 태국어로 번역되면서 산문이 발달되기 시작되었다. 태국의 고전문학이 근대문학으로 변환하는 과정에서 이와 같은 산문의 발전은 그 밑거름이 되었다.

또한 라마4세 시대부터 시작된 서구로부터의 선진문물 및 기술 전래에서 비롯된 인쇄출판업의 발달과 라마5세 때 국가개혁의 일환으로 시행된 교육개혁 등 근대적인 사회제도의 도입, 이에 따른 태국 국민들의 가치관의 변화 등 태국 사회에 들이닥친 변화의 물결은 태국 문학에 큰 영향을 끼쳐 문학작품의 형식과 내용상으로 태국 사회의 발전에 따라 많은 변화를 나타내었다. 태국 근대문학의 발전과정을 나누어보면 다음과 같다.

① 고전문학에서 근대문학으로의 전환기(1858~1932)

② 격동기의 근대문학(1933~1963)

③ 의미를 추구하는 시대의 문학(1964~1972)

④ 새로운 시대를 향하여(1973~현재)

2.1 고전문학에서 근대문학으로 전환기(1858~1932)

이 시기는 태국의 고전문학이 근대문학으로 이전하는 전환기라고 할 수 있다. 라마4세의 집권시기인 1858년 공무사항을 수록한 관보의 성격을 띤 최초의 신문인 <라차낏짜누벡싸>가 나왔다. 이후 여러 신문들이 줄을 이어 발행되어 문학작품을 소개하고 연재하기도 하면서 문학작품의 발전에 크게 기여한다. 태국이 서구에 대한 문호를 개방하면서 태국 사회는 서구의 영향을 받아 급속도로 많은 변화를 가지기 시작하였다. 라마5세 때부터 유럽에서 여러 학문을 공부한 해외유학생들이 서구에서 쌓은 지식과 생각, 가치관을 가지고 귀국하면서 태국 사회는 전기와 수도, 전화, 기차 등의 개설과 여러 행정제도 및 교육제도의 정비 등 물질적인 면에서만 발달한 것이 아니라 풍속관습, 복장, 가치관의 변화, 노예제 폐지 등과 같은 문화적인 면에서도 많은 변화를 보였다.

1897년부터 판매되기 시작한 여러 신문잡지들은 사회의 새로운 가치관과 생각, 지식을 전파 보급하는 중요한 장이 되면서 문학은 이 시기에 태국문화의 변화를 가장 많이 반영하는 매체가 되었다. 당시의 문학작품들은 외국 장편 및 단편소설의 번역 및 번안이 많았고, 모험소설, 탐정소설, 범죄소설, 역사소설, 애정소설 같은 서구식을 따른 태국인 장편 및 단편소설작가가 출현하기 시작했다.

역사보고, 전기 등 각종 논픽션과 정치사설이 널리 유행하였는데, 이는 서구로부터의 새로운 사상에 고취된 이유였다. 라마5세와 라마6세도 친필 사설을 발표했고, 꺼.써.러.꿀랍, 떠.워.써. 완나포, 크루텝, 씨부라파 등의 사설이 많이 읽혀졌다. 시 또한 이전의 서사적 장편시의 형식을 탈피해 상징적 단편시로 전환했다. 특히 정치사상을 표현하고 태국의 정치, 경제, 사회의 상태를 비판하고자 한 시, 예를 들어 태국 내 중국인들의 경제적 장악을 비판한 <룩응이얍>(조용한 침입)은 라마6세의 친필 사설인 <이우 행 부라파팃>(동방의 유태인)과 같은 시각을 가지고 있다.

1932년 민주주의 체제로 통치변화가 있기 전 3년간은 특히 정치적 성향의 문학작품이 많이 나타났다. 당시 태국의 당면과제는 이전 시대의 과소비와 세계적인 경제공황으로 인해 어느 시대보다도 침체상태에 빠져 있던 경제위기였고, 경제적 위기는 정치적 문제와 통치 불안 및 동요를 야기하였다. 이에 태국이 절대군주제에서 입헌군주제로 통치개혁을 하고 새로운 사회를 향해 변화해 가도록 촉구하는 내용을 가진 정치사설이 신문지상을 통해 발표되어 널리 유행하면서 그런 사설을 실은 신문들이 정간당하는 결과를 낳았다. 그리고 소설문학이 태국화해 가면서 사회의 변화와 갈등을 다룬 장편 및 단편소설이 나타나기 시작하였다.

1929년 발표된 멈짜오 아깟담끙 라피팟의 <라컨행치윗>(삶이라는 이름의 연극)으로 태국 사회에 나타나고 있는 가치관의 혼란과 변화와 격동하는 삶의 변화를 본격적으로 그린 소설로 볼 수 있다. 멈짜오 아깟담끙 라피팟 이외에 씨부라파, 덕마이 솟, 매아농 등이 이러한 사회의 변화와 갈등을 즐겨 다룬 작가들이다. 씨부라파는 쑤팝부룻(신사동인)이라는 문인단체를 결성하고 1929년에 쑤팝부룻이라는 동인지를 발간하는 등 태국의 근대문학의 부흥을 주도하는 젊은 작가들로 활동했다. 한편 당 시대의 여성을 대표하여 덕마이 쏫은 급변하는 태국 사회 속에서 적응치 못하는 태국인들의 모습을 형상하면서 근대적인 사고와 가치관을 제시한 <쌋뜨루 컹 짜오런>(그녀의 적)을, 씨부라파는 도스또엡스키 등의 러시아 리얼리즘소설에서 영향을 받은 <쏭크람 치윗>(삶의 전쟁)을, 말라이 추피닛(매아농)은 <팬딘 컹 라오>(우리 조국)를 발표하는 등 활발한 창작활동을 벌여 나갔다.

2.2 격동기의 근대문학(1933~1963)

1932년 파혼요틴과 육군, 해군, 시민, 상인들로 구성된 카나랏싸던(인민당)이 국가의 지위를 개선, 향상시키고 민주제도를 도입해 국가를 안정, 발전시킨다는 명목 아래 입헌혁명을 일으켜 정권을 잡았다. 카나랏싸던에 의한 통치개혁 이후 태국 사회는 전과는 다른 많은 변화를 겪었다.

왕족과 귀족을 대신하여 중산층이 경제와 정치, 사회를 통괄하게 되었고 그러한 이유로 이 시기의 문학은 부상된 중산층 사람들의 모습과 국민의 자유와 평등을 중요하게 강조하는 민주주의적 사고방식이 거의 모든 문학작품 속에 뚜렷하게 나타나 있다. 특히 사회계층 간의 평등 및 남녀 간의 평등의식이 확산되면서 이 시기의 문학작품 속에 등장하는 여성 등장인물의 성격이 운명적이고 순종적이었던 모습을 점점 탈피해 가는 변화는 주목할 만한 점이다. 이 시기에 역시 개혁 이전부터 활약했던 덕마이 쏫은 <푸디>, <능나이러이> 등을 통해 새 시대 여성의 모습을 표현하고자 했다. 씨부라파는 신구의 가치관과 사회적 갈등을 그린 <캉랑팝>이라는 수준작을 발표하며 문단에서 위치를 굳혔고 머.러.워. 니밋몽콘 나와랏은 1939년 <므엉니밋>이라는 이상주의적 정치소설을 발표했다.

또 마낫 짠용은 오 헨리, 기 드 모파상류의 프랑스 단편소설에 영향을 받은 단편소설을 발표했다.

이 시기의 장편 및 단편소설은 사회의 변화로 인해 전통적인 상류층이 몰락하고 자본주의 시대의 중심인 상업중산층이 대두하는 태국 사회의 변화의 현장을 보여주는 동시에 새로이 변화하는 사회적 가치와 믿음, 사고의 갈등을 주로 다루는 사실주의적 태도를 취했다.

1941년 태국은 제2차 세계대전의 소용돌이 속에 떨어졌고 일본이 영국과 미국에 선전포고를 하면서 태국은 특히 경제적으로 전쟁의 영향을 받아 전국적인 내핍현상이 일어나 인쇄용 종이 값이 올라가고 몇몇 신문이 자진해서 폐쇄해야 했다. 제2차 세계대전의 영향 이외에도 1942년에 피분쏭크람 수상의 랏타니욤(國家主義)에서 비롯된 문화 및 언어 개혁정책으로 태국 문학과 작가들은 많은 수난을 당했다. 이로 인해 많은 작가들이 한동안 창작활동을 중단하기도 했다.

제2차 세계대전 후 태국 문학은 "씰라빠 프어 씰라빠(예술을 위한 예술)"파와 "씰라빠 프어 치윗(삶을 위한 예술)"파의 사상충돌이 심각하게 야기되어 작가들이 크게 양분되었다. 전자는 여러 형태로 낭만적인 내용에 비중을 둔 작품들을 생산했고, 후자는 사회를 통치변화 이전에 설정한 원래의 목표대로 변화시키기 위한 견해를 제시하는 데 비중을 둔 작품을 생산했다. 양자 모두 제각기 비슷한 양의 작품을 생산해 냈으며 문학작품 시장을 양자 모두 만족할 만큼 점유하였다. 그러나 후자가 정치적으로 진보적인 입장에 있었기 때문에 양자 간의 극심한 사상적 갈등을 빚었고 이것은 사실상 작가와 정부 간의 사상충돌이었다.

1950년에 문인협회가 결성되었지만 1952년 까봇싼띠팝(평화반란)이라고 불리는 정치적 숙청으로 인해 해체되어야만 했다. 씨부라파를 주축으로 한 신문기자 및 대학생, 대학교수, 지식인층, 일반국민 등은 출판인쇄법과 검열제도를 철회를 요청하다가 내란죄로 체포, 투옥되었다. 이 사건과 함께 1957년 쿠데타를 일으켜 정권을 장악한 육군원수 싸릿 타나랏 군사정권의 공산주의자 소탕 및 정치적 안정유지라는 혁명위원회령(令) 선포로 진보적 성향의 작가들에 대한 지적 자유 박탈과 체포, 투옥 등으로 태국 문학은 암흑기로 빠져들었다. 이로 인해 작가들 중 일부는 자신의 안전을 위해 창작노선을 바꾸어야 했다. 삶을 위한 노선의 문학이 중단되고 예술을 위한 노선의 문학이 오히려 발전하였다.

그러나 예술을 위한 노선의 문학을 표방한 허황되고 방탕한 내용의 작품들이 판을 쳐 후대에 "완나깜 남나오"(썩은 물의 문학작품)이라고 불리는 문학이 출판도서시장을 점령하는 동안 독자들의 지성을 자극하던 문학이 거의 자취를 감추게 되었다.

그러나 이러한 상황 속에서도 작가들의 정의를 요구하는 독재에 대한 항거는 미미하게나마 계속되고 있었다. 특히 시에서 각 대학의 문학 동아리를 중심으로 이런 운동이 지속되었는데, 1962에 발간된 <쌍콤쌋쁘리탓>(사회비평) 창간호에 실린 앙칸 깐라야나퐁의 무형식의 시는 문학적 자각을 크게 일으키게 한 계기가 되었다. 이와 함께 문학적 용어로 쑤찻 싸왓씨가 주창한 쌈늑 까봇(저항의식)이 당시 지식인 및 대학생들에게 창조적 정신을 불어넣어 그 동안 조용히 숨을 죽이고 있어야 했던 당대 사회에 대한 비판의식이 광범위하게 전파되기에 이르렀다.

2.3 의미를 추구하는 시대의 문학(1964~1972)

육군원수 싸릿 타나랏의 독재권력 시대가 종식되고 이후의 정권도 별 차이 없는 노선을 견지했으나, 군부독재시대에 계속되었던 정치적으로 긴장되어 있던 분위기는 어느 정도 완화되었다. 이 시기의 태국 문학은 전국의 각 대학 학생 동아리가 연합하는 과정에서 나타났다.

<쌍콤쌋쁘리탓>을 필두로 각 대학의 문학 및 학술동아리는 문학잡지 발행을 통해 사회에 만연된 부패와 태만한 정치 분위기, 반사회적 행동을

표현하면서 신세대들과 대학생들에게 크게 환영을 받았다. 마침내 1963년 각 대학의 학생들이 연합단체를 결성해 정부를 비판, 논평하고 베트남 전쟁을 반대하는 견해를 표명하는 논설과 시, 단편소설 등을 실은 <쩻싸타반>(일곱 학교)이란 책을 발행하며 신세대 작가들을 배출했다. 이들 중 위타야껀 치양꾼, 쑤찻 싸왓씨, 쑤완니 쑤콘타, 나롱 짠트엉, 마낫 쌋따야락, 르엉차이 쌉니란, 파이분 웡텟, 나오와랏 퐁파이분 등 각 대학의 문예회 작가들이 각양각색으로 사회에 대한 불만을 표현한 작품을 발표하기 시작했고 의미에 대한 사고를 추구하는 운동이 지속되었다.

이 시기의 문학작품은 형식 및 내용 모두에 큰 변화를 보였는데, 형식적인 면에서 의식의 흐름식 서술과 초현실주의류의 작품 등의 새로운 서술기법이 선보였고 내용 면에서도 주변사회에 대한 견해를 표명하는 쪽으로 발전했다. 그리고 동남아조약기구가 1968년부터 우수소설상을 수여하기 시작하면서 소설창작계는 문학상이 잇따라 제정되며 활기를 띠었다.

이와 같은 문학상을 수상한 작품이 대부분 사회상을 반영한 소설이었으며, 논픽션 부문에서는 정치적 사건과 엉망진창인 사회상황에 대한 심층적 폭로, 일본, 미국 등의 외국 자본주의제국의 침략, 중국본토에 대한 인정 요구 등을 논평하는 사설이 출현했다.

이 시기의 사회에 대한 문학의 영향력은 그 어떤 시기보다도 컸다고 할 수 있으며 이와 같이 문학이 사회적 영향력을 확장하게 된 것은 아마도 태국 사회가 오랫동안 지적 탄압을 받아온 것 때문이었다고 볼 수 있다. 이 시기엔 당시의 신진작가들의 문학작품 이외에도 선배작가인 씨부라파, 티빠껀, 나이피, 쎄니 싸오와퐁의 사설 및 문학작품 등이 재출판 되어 널리 읽혀졌다.

이 시기에 가장 두드러진 역할을 한 신진작가는 위타야껀 치양꾼으로 그는 논설 및 단편소설, 희곡, 시 등 다방면에서 한결같이 많은 작품을 낸 작가였다. 1971년 출판된 <찬 쯩 마하 콰마이>(그래서 나는 의미를 찾아

왔다)라는 작품집은 젊은 대학생들 사이에 베스트셀러로 떠올랐다. 또 한 사람 쑤찻 싸왓씨는 단편소설 및 자유시를 <콰응이얍>(침묵)이라는 제목의 한 권의 책에 모아 내 각광을 받았다.

이 시기는 이러한 활발한 문학 활동과 함께 비평과 문학이론 분야의 발전도 같이 가져왔고, 시민학생들에게 정치의식을 불러일으키고 그러한 정치적 힘을 응집시켜 시민학생들이 민주적 권리를 요구해 성공을 거둔 1973년 10월 14일 민주화운동에 지대한 영향을 끼쳤을 뿐 아니라 또한 중요한 역할을 담당하였다.

2.4 새로운 시대를 향하여(1974~현재)

1973년 10월의 민주화운동 이후는 태국에 민주주의가 도래하면서 도서출판업계는 아주 활기에 찼다. 신구서적 모두가 여러 차례 재판을 거듭해야만 했는데, 이것은 오랫동안 참고 참았던 시민들의 지적 갈망을 보여준 것이었다. 베스트셀러로는 사회상을 반영하거나 독재체제에 항거하는 내용이나 각계의 부정을 들추어 폭로한 내용의 책, 그리고 육군원수 싸릿 타나랏이 위세를 떨치던 시대 때부터 끔찍한 괴물로 그려졌던 중공과 소련 등 공산주의국가와 공산주의에 관한 지식을 담은 책에 이르기까지 다양했다.

이러한 사회적 분위기 속에서 이 시기의 문학은 질적, 양적으로 모두 융성하였다. 독재 권력을 추방할 수 있다는 시민들의 승리에 대한 확신으로 작가들은 더욱더 형식적으로나 내용적으로 자기 자신들의 문학성향을 뚜렷이 가지고 공개적으로 용감하게 표현하였다. 이 기간의 문학의 내용은 사회문제상을 반영하고 또 사회문제의 발단을 지적하기도 하면서 여러 방식으로 사회문제에 깊이 파고들었다. 작가들은 농촌 내의 의료진 부족 문제, 농민들이 자본가 및 불공정한 권력과 맞서 싸워야하는 문제, 무산노동자계급 문제, 창녀문제 등 농촌 및 도시의 문제상을 보여주었다.

신진작가들이 비평가 및 독자층의 증가와 더불어 많이 늘어났고 문학은 시민들에게 여러 가지 견해를 전달하는 매체가 되었다.

그러나 1976년 10월 6일 정치는 문학을 다시 한 번 우롱하였다. 타닌 끄라이위치얀의 정부가 극우정책을 펴며 내무부가 204가지 도서 중 총 15개 목록에 해당하는 금지령을 내리도록 명령해 삶을 위한 문학노선의 책에 대한 탄압을 가했다. 당시의 조처는 지적 자유를 크게 위협하는 것이었으며, 이를 수행하면서 뒤따른 유혈사태는 강한 충격을 낳았고, 수많은 사상가 및 작가, 대학생, 일반시민들이 국외나 산속으로 도피하도록 하는 결과를 가져왔다.

반면 국내에 남은 사람들도 극렬한 태도와 자신들의 생각을 드러내 놓고 표현하는 것을 자제하였다. 문학의 중단은 1977년까지 약 일 년 간 계속되었으나, 이후 국내사정이 완화되고 상황이 호전되었기 때문에 문학은 다시 활기를 띄기 시작했다. 비록 반쪽에 불과했지만 민주주의를 되찾게 되어 서적출판업계도 보다 평탄하게 되었고, 비록 많은 작가들이 자취를 감추었지만 신진작가들이 그들을 대신해 등장했다. 이것은 독자층 및 작가층 모두의 자각이 있었다는 것과 사회문제를 반영하고 사회정의를 추구하는 유형의 문학이 다른 유형의 문학보다 많은 인기가 있었다는 것을 보여주고 있다.

이 시기의 태국 문학은 시, 소설, 비평 등 각 분야에서 모두 진일보하였는데, 특히 단편소설 부문에서 형식 및 내용의 발전이 많이 두드러졌다. 이것은 단편소설이 장편소설보다 사상을 목적에 맞게 충분히 간결하고 명쾌하게 나타낼 수 있기 때문이었다. 그러므로 삶을 위한 노선의 단편소설이 장편소설보다는 질적 양적으로 많이 증가되었고, 1970년대 이후 도서시장을 석권하고 있는 단편 대부분이 삶을 위한 문학 계열의 단편이다. 특히 날카로움과 가벼움을 동시에 가지며, 간간히 웃기기도 하는 풍자적인 단편소설과 달콤한 사랑이야기를 다루고, 섬세하고 멋있는 어후로 즐거움을 주고 독자들이 작가를 찬미하는 단편 및 소설이 인기가 있다.

오늘날 태국 문학에서 단편이 각광을 받고 있는 이유는 각종 잡지와 어문협회, 태국도서관협회 등의 단편소설 콩쿠르 같은 품평회가 만들어져 우수단편을 선발해 <록낭쓰>(책 세계) 등의 문예월간지에 게재하고 상을 수여하기도 하며, 끌룸완나깜피닛(관찰문학그룹)같은 항상 철저하고 신중한 현대 단편문학 비평그룹도 태국창작단편 10선, 올해의 창작단편 등 우수단편을 모은 단행본을 출간하기 때문이다. 또 각종 일간 및 주간, 월간잡지 대부분도 단편을 위한 지면을 할애하고 있는데 이로 인해 태국의 단편문학은 큰 발전을 이룩하고 있다.

아무튼 1970년대 이후 태국 문학은 1980년대와 1990년대를 거치며 큰 시련 없이 꾸준한 발전을 하고 있으며, 최근 들어 급속화한 산업화의 진행 속에 나타나는 비인간적 삶과 고향에 대한 그리움, 가족 간의 반목과 이해, 상업주의의 범람으로 인한 사고의 가벼움, 결손가정, 인간성 회복, 자연환경 등등을 주제로 한 작품들이 다양한 형식장르와 내용으로 저마다 독자들을 확보하고 사랑을 받고 있다.

제14장

여성의 지위

동・서양을 막론하고 일반적으로 여성의 지위와 위치는 남성에 비하여 낮다고 볼 수 있다. 태국 여성의 사회적 지위는 전제군주시대로부터 입헌군주시대에 이르러 오늘날까지 많은 변화가 있었다. 과거 농경사회에서 여성들의 주된 일은 남편의 시중, 가사업무와 자녀양육 등이었다. 안오클리는 전통적으로 여성의 역할에 대해 "여성의 제1차적 신분은 주부이며, 여성의 근본적 위상은 남편의 아내이자 아이의 어머니이다"라고 규정하였다. 사실상 태국 여성들은 문화적으로나 법적으로 남성에 종속되어 있었으나, 1973년 10월 혁명 이후에 제정된 1974년 헌법에서 비로소 여성과 남성의 평등권 조항이 삽입되어 과거 여성이 누리지 못했던 자유권을 많이 획득하게 되었다. 그 이후 태국의 정치변동으로 인한 여러 차례의 헌법 개정을 통하여 남녀의 성차별 조항이 많이 개선되었음에도 불구하고, 태국의 관습법상 남녀불평등 요소는 아직도 잔존해 있다. 각 시대별로 태국 여성의 사회적 지위를 법적인 측면에서 살펴보면 다음과 같다.

1. 쑤코타이 왕조(1238-1438)

쑤코타이 왕조는 일반적으로 9명의 국왕이 200여 년 간 통치하였다. 람캄행 대왕의 비문에 "양해인 1205년(서기 1238년)에 람캄행 대왕이 태국문자를 창제하노니, 이 문자를 관료와 백성들이 널리 쓰도록 함이니라"라고 기록되어 있다. 람캄행 대왕의 태국문자 창제는 남녀 모두에게 교육의 기회를 똑같이 주기 위한 것이었고, 여성과 남성이 평등하다는 것을 의미한 것이었다. 리타이왕의 총애를 받은 궁녀 낭놉파맛이 쓴 편지에 의하면 남녀 교육의 기회는 본인의 소망과 지혜, 그리고 가족의 신분에 따라 다르다고 적혀 있다. 그러나 실질적으로 여성은 남자보다 교육의 기회가 적었으며, 학문을 익히기보다는 집안 살림에 필요한 바느질, 베짜기 등을 배웠다.

<뜨라이품 프라루엉>(프라루엉의 삼계)에 의하면 '아내는 남편에게 충심으로 봉사해야 하며, 남편을 존경해야 한다'고 기록되어 있다. 즉, 아내는 남편에게 충직스러운 시종이며, 남편에게 정직하고 신중히 행동해야 하는 것이다. 람캄행 대왕 비문의 제1조에 백성이 준수해야 할 여러 가지 사항 중 여성에 관한 항목이 있다. 고소 또는 고발권에 있어서 남녀평등권이 기록되어 있고, 또한 상속권에 있어 법률적으로도 부모가 사망하면 그 유산을 자식인 딸과 아들에게 똑같이 배분하도록 규정되었다.

<망라이쌋 법전>(란나타이 왕국의 망라이 왕이 제정한 법전으로 <위닛차이망라이>라고도 함)에서 부모사망 시 부모에 대한 부양의 책임과 재산관리가 딸에게 있으므로 아들보다 더 많은 유산을 상속받도록 하였다. 본처와 첩의 자식에게 동등한 재산상속 분배권이 있었다. 그리고 만일 어머니가 가장의 역할을 한 경우에 전남편과 새남편의 자식에게 똑같이 재산을 분배하도록 하였다. 이는 아내가 남편과 동등한 가장의 지위에 있었기 때문이다.

이 <망라이쌋 법전>에 의하면 부부의 공동재산권 분배를 다음과 같이 규정하였다. 만일 남자가 결혼 전 재산이 없고 여자가 결혼할 때 가지고 온 재산이 있고 부부가 함께 일을 해서 공동으로 재산을 증식했을 경우, 이들이 헤어질 때 여자가 결혼할 때 가져온 재산을 공제하고 나머지

현재 재산을 4로 분배하여 여자가 3, 남자가 1에 해당하는 것을 가지게 된다. 그러나 만일 남자가 가사를 돕지 않았다면 남자는 단 한 푼도 가질 수 없다. 반면에 여자가 가사를 소홀히 했을 경우에는 현 재산을 3으로 나누어 여자에게 2, 남자에게 1에 해당하는 재산으로 분배하게 된다. 이는 여자가 집안의 주인이며 남자는 집안일을 돌보는 자이기 때문이다.

부채의 경우에도 남편과 아내에게 똑같이 상환의 의무를 부여한다. 즉, 아내 모르게 남편이 빚을 지고 남편이 사망했을 경우, 아내는 남편이 진 부채를 갚을 필요가 없다. 왜냐하면 부부가 같은 집에 살고 남편이 빚을 졌지만 채권자는 이 사실을 아내에게 알려야할 의므가 있기 때문이다. 마찬가지로 만일 아내가 빚을 지면 채권자는 남편에게 이 사실을 알려야 한다. 직업에 있어서도 "농사철이 끝나면 여자는 천을 짜고, 남자는 대장장이 일을 한다"라는 격언이 시사하는 바와 같이 여성과 남성은 동등한 노동의 권리를 소유했던 것이다.

이처럼 쑤코타이 시대에는 국왕이 백성을 통치하는 데 있어서 아버지가 자식을 돌보듯이 온정주의 정치와 풍요로운 자연환경에 의해서 선정정치가 이루어졌으며, 법적으로 남녀평등권이 보장되었으나 사실상 대다수 여성들은 교육을 받지 못했으므로 위와 같은 사실을 알 수 없었다.

2. 아유타야 왕조(1350-1767)

아유타야 왕조는 라마티버디 1세 또는 우텅 왕을 시조로 33명의 국왕이 417년 동안 통치하였으며, 이 시대의 태국 사회는 계층사회로 지배자계급, 관료계급, 평민(프라이)계급, 그리고 노예계급으로 구분되었다. 일반 평민여성의 경우 가정 내 생활에서 남자보다 더 많은 책임을 지게 된 모계중심의 생활이며 법적으로도 가족에 대한 책임을 여자에게 더 많이 부과하였다.

2.1 아유타야 초기(1350~1569)

아유타야 왕국의 시조인 라마티버디 1세는 모두 10개 법률인 프라아이깐락싸나푸어미야 법을 제정하였는데 그중 여성과 관련된 사항은 8개 법률이며 즉, 증거법(1351년), 형사법(1352년), 소송법(1355년), 유괴법(1358년), 절도법(1358년), 민사법(1360년), 부부법(1361년), 부부법 개정판(1362년)으로 되어 있다. 아유타야 초기 태국 여성의 가족 내에서 역할은 아마도 '프라이(서민, 평민)'에서 알 수 있듯이 평민계층의 여성도 프라이에 속하여 당시 여성의 지위는 쑤코타이 시대 보다 낮았다. 이는 쑤코타이 시대의 온정주의 통치형태와 달리 아유타야 시대는 '주인과 종'의 관계인 절대왕정체제이었기 때문이다.

라마티버디 1세부터 시행된 3권으로 제정된 '프라아이깐락싸나푸어미야'는 남편과 아내의 의무를 제정한 태국 최초의 가족법이다. 이 법전의 내용은 남녀사이의 신분의 차별, 남성 상위의 신분, 그리고 여성과 남성, 아내와 남편과의 관계에서 학대에 관한 합법적인 조항이 있었다. 예를 들면, 남편은 아내가 잘못을 했을 경우 아내를 구타하고 학대할 권리가 있었다(제60조). 부부가 서로 마음이 맞지 않을 경우 이혼이 성립된다고 규정하였다(제67조 제1항). 이혼에 있어서 아내와 남편에게 똑같은 권리를 인정하였다. 특별한 이혼절차는 없으나, 증인 앞에서 남편은 아내에게 이혼사유를 적은 증서를 주고, 아내 역시 남편에게 똑같이 그 증서를 주어 이혼이 성립되었다.

또한 남자는 여러 명의 아내를 둘 수 있으며(제139조), 양친의 승낙 하에 맞아들인 본처(미야끌랑므엉), 남자가 정식으로 구혼한 첩(미야끌랑넉), 돈으로 사들인 처(미야끌랑타씨), 그리고 심지어 아내를 선물로 제공할 수도 있었다(제141조). 반면에 여자에게 정부(情夫)가 있으면 벌을 받았다(제55조). 결혼 후 재산 분배도 남편이 아내보다 더 많이 가질 수 있었다(제1권). 이는 여성을 아버지 또는 남편의 부속물로 여기는 인도문화의 영향에서 비롯된 것이다.

1362년에 개정된 부부법에는 이혼할 경우 재산분배에 관한 법을 제정하였다. 첫째, 부부가 결혼 후 형성한 공동재산은 공동으로 분배한다. 둘째, 여러 명의 아내를 둔 남편인 경우, 재산분배 시 본처에게 2, 미야끌랑넉에게 1, 그리고 미야끌랑타씨에게 1/2을 분배한다. 프라버롬뜨라이록까낫 왕(재위 1448- 1488년)은 새로 법을 제정하였는데 그중에서 여성의 지위와 관련된 조항은 다음과 같다. 1) 싹디나 제도(1455년) 2) 형사법 개정(1455년) 3) 궁정법규(1458년)이다.

아유타야 초기의 법은 여성에게 매우 불리하였다. 즉, 남자의 축첩을 허용하였으며, 부부법과 재산상속법은 아내의 지위에 따라 분배하도록 하여 쑤코타이 시대보다 여성의 권리가 제한되었다. 이는 아유타야의 통치형식이 신권정치의 크메르의 통치제도와 문화를 받아들였기 때문이다.

2.2 아유타야 중기(1569~1688)

버마와의 전쟁으로 인하여 주권을 잃었으나 나레쑤언 대왕(재위 1590-1605년)이 1592년에 주권을 회복시키고 그 후에 태평시대를 누리게 되었다. 엑까톳싸롯 왕(재위 1605-1610년) 시대에 일본, 네덜란드, 영국 등과의 교역이 시작되자 외국인과 결혼한 태국 여성이 생겨났다. 이에 나라이 국왕은 태국전통문화의 유지라는 명분을 내세워 외국인과의 결혼금지법을 공포하여 여성의 결혼자유권을 제한하였다. 특히 나라이 대왕(재위 1656년-1688년) 시기에는 서구와의 교류가 그 어느 때보다 활발해짐에 따라 서양인과의 접촉이 잦게 되자, 국왕은 아유타야 초기보다 여성에 관한 법률을 많이 제정하였다.

나라이 대왕이 지은 최초의 태국어교본인 '찐다마니'가 발간되어 신학문의 기틀이 마련되었고, 상류층 여성들은 서구식 교육을 받기 시작하였다. 한편, 일반 평민여성의 경우는 여전히 교육의 기회가 없었으며 휴식

시간이 없을 정도로 하루 종일 일을 해야만 하는 의무가 있었다. 즉, 남자가 6개월 간 부역을 나가면 아내, 어머니, 그리고 딸로서의 의무로 식구들을 위해서 양식을 구해야만 한다. 부역을 마치고 돌아온 대다수의 남자는 특별한 기술이 있는 훈련을 받지 않았기 때문에 건실한 직업에 종사할 수 없었다.

일반적으로 샴(당시의 Siam) 남성들의 생활은 게으른 편으로 그들은 부역이 끝나면 거의 아무 일도 하지 않고, 사냥하러 가지도 않고, 그냥 먹고 즐기며 담배를 피우고 앉아 있기만 한다. 반면에 아내는 보통 아침 7시경에 일어나서 음식을 준비하고 잠시 휴식을 취한 다음, 12시 경에 점심을 먹은 후 저녁시간까지 논농사를 짓거나 도시에 농산물을 팔러 가기도 한다.

이처럼 태국남성은 부역의 의무를 가장의 의무로 인식하고 가족의 생계에 대해서는 책임을 지지 않으나, 여성은 가사업무와 가정 밖의 업무에도 책임을 져야 하는 이중의 역할을 하게 되었다. 또한 여성은 남편과 자식과 함께 식사할 권리가 없었다. 이러한 남성의 가부장적이고 권위주의 성향은 태국 여성의 지위를 더욱 낮게 하였다. 이 시기의 태국 여성의 권리와 신분을 살펴보면, 일부다처제의 결혼제도에서 본처인 경우 남편이 사망하면, 본처와 본처 자식에게 유산이 분배되지만 첩과 첩의 자식에게는 상속권이 없었다.

쁘라쌋텅 왕(재위 1629-1655년)은 우텅 왕이 제정한 상속법과 부채법을 개정하였다. 그중에서 여성과 관련된 상속법 내용은 다음과 같다. 첫째, 관직에 있는 남편이 사망한 이후에 유산분배는 그가 사용하던 각종 무기, 코끼리, 말 그리고 큰 배 등은 먼저 국고에 귀속시키고 남은 재산을 네 부분으로 나눈다. 즉, 프라클랑루엉, 부모, 형제, 그리고 아내에게 분배된다. 그러나 미야끌랑타씨인 경우에는 유산을 받을 권리가 없고 단지 자유의 몸이 될 수 있다. 둘째, 선물로 받은 첩이 사망하면 결혼 전 재산과 공동재산을 합쳐 세 부분으로 나눈다. 즉, 국고, 남편, 그리고 죽은 자의 친척에게 배분한다. 셋째, 과부가 재혼한 지 3년 안에 남편이 죽으면 재산은 국고에 1/2이 귀속되고 나머지가 그 과부의 몫이 된다. 그러나 재혼한 지 3년이 안 된 경우에는 유산을 받을 권리가 없다. 이처럼 여성의 권한은 거의 없었으며 여성은 단지 남자의 재산의 일부분으로 간주되었다.

또한 부채법에서조차도 여성은 법적으로 권리가 없는데 그 내용은 다음과 같다. 첫째, 부부가 빚을 지고 남편이 멀리 여행을 떠나서 돌아오지 않으면, 채권자는 그 아내에게 원금 반환을 요구할 수 있으나 이자는 지불하지 않아도 된다. 그러나 만일 남편이 돌아오면 원금과 이자를 지불해야 한다. 둘째, 부부가 돈을 빌려 쓰고 그 후 이혼을 하는 경우에는 남편 측에게 그 빚의 2, 아내에게 그 빚의 1 상환의무가 있다. 그러므로 남편과 아내가 똑같이 빚을 갚을 필요는 없다. 셋째, 만일 남편이 아내 모르게 가족부양을 위해 빚을 진다면 아내는 원금과 이자 모두를 빚으로 인정해야 한다. 넷째, 만일 본처가 빚을 지고 채권자가 사전에 남편에게 알리지 않았다면 남편은 원금만 갚으면 된다. 그러나 만일 미야너이(첩)가 빚진 것을 사전에 남편에게 알리지 않았으면 채권자는 남편에게 그 부채상환을 요구할 수 없다.

이 시기의 이혼은 주로 남자의 요구에 의하여 이루어졌으며, '여성은 이혼한 당일에 재혼할 수 있다'라는 조항이 제정되어 아유타야 중기 여성들은 아유타야 초기보다 많은 자유를 갖게 되었다.

2.3 아유타야 말기(1688~1767)

이 시기에는 국내반란과 프랑스세력과의 투쟁으로 국력이 쇠퇴해지기 시작하였다. 여성도 전투에 참가해야 하므로 남성과 비슷하게 보이기 위해 머리도 잘랐으며 민첩하게 움직이려고 쫑끄라벤을 입었다. 즉, 여성도 국가에 대해서 책임감과 용감성을 갖추어야만 하였다. 아유타야 말기의 국가적 상황으로 12개의 법률이 제정되었으며, 여성교육은 아유타야 중기와 비슷하여 상류층 여성에게는 교육의 기회가 있었지만 일반 여성에게는 그렇지 못하였다.

법적 측면에서 아유타야 중기와 마찬가지로 여성의 신분은 남성보다 낮았으며, 여성은 가족 부양의 의무를 가졌다. 만일 아내가 도망치면 노예보다 낮은 벌금을 냈다. 여자노예의 노동임금은 남자노예 노동임금의 1/2로 규정하여 여자노예의 지위도 남자노예보다 낮았다. 만일 남자노예가 아파서 일을 할 수 없으면 하루에 300비야(조개, 화폐단위), 여자노예는 150비야를 임금 대신 지불해야 한다. 이는 노예제도에 의하여 노동력에 따라 가격을 정했기 때문에 여성의 지위를 낮게 한 것이다.

부부법 제17조 제1항에 의하면 부부싸움에 관한 규정이 있다. 즉, 부부싸움을 할 때 남편이 아내를 구타하고 칼로 찔러 아내가 죽게 되면, 다른 사람이 그런 행위를 한 것과 같이 벌을 준다. 만일 여자가 남편을 때리고 칼로 찔러 죽게 되면 마찬가지로 벌을 준다. 만일 고의성 없이 때리고 칼로 찔러 사망하게 되면, 직위에 따라 벌금을 부과한다.

위 규정 제33조 제1항에 따르면, 결혼을 하지 않은 여자가 남자와 서로 비방하고 싸우다 남자의 옷을 벗기는 비열한 행위를 하는 경우에는 그 여자는 결혼할 수 없으며 피해자에게 7만 비야의 두 배로 벌금을 부과한다. 만일 남자가 여자에게 그와 같이 행한 경우에는 8만 비야의 두 배로 벌금을 부과하고, 남편이 있는 여자가 그와 같이 행한 경우 17만 비야의 두 배로 벌금을 부과하고 망신을 준다. 이는 법적으로도 여성에게 남성보다 가혹한 벌과 벌금을 규정함으로써 여성의 지위를 통제하였던 것이다.

아유타야 시대에는 초기부터 말기까지 상류층 여성에게는 학문의 기회가 있었으나, 일반평민여성의 교육 기회는 없었다. 가정생활에서 여성이 남성보다 많은 책임을 지고 가족부양의 의무가 있었다. 그리고 여성의 권리가 제한되는 법률이 제정되어 남성보다 낮은 지위에 있게 되었다.

3. 톤부리 왕조(1767~1782년)

아유타야 말기 버마와의 전쟁으로 인하여 아유타야 왕국이 멸망하자 1767년 백성을 모아 구국운동을 전개한 딱씬은 톤부리 왕조의 시조이자 마지막 왕이었다. 딱씬 왕의 재위 15년 간 거의 매년 전쟁으로 인하여 국가가 매우 혼란스러웠기에 여성의 지위는 아유타야 말기와 비슷하였고, 오히려 가사업무 이외에도 남성과 함께 전쟁에 참가해야만 했다.

4. 랏따나꼬씬 왕조(1782~현재)

랏따나꼬씬 시대는 프라풋타엿화쭐라록 왕(라마 1세: 재위 1782-1809년)을 시조로 현재까지 9명의 국왕이 통치하고 있으며, 현 푸미폰아둔라야뎃 대왕은 제9대 왕으로 1946년에 대관식을 치른 후 가장 오랜 기간을 통치하고 있는 국왕이다.

4.1 라마 1세~라마 3세(1782~1851)

이 시기에는 아유타야 시대의 영광과 번영을 재현시키고 근대국가로서의 기반을 닦기 위해 통치제도도 아유타야 왕국의 제도를 모델로 수정・보완하였다. 포르투갈, 영국, 그리고 미국 등 서구 열강국가와의 외교관계를 맺고 중국을 비롯한 인접국가와의 무역을 하였다. 태국 사회는 싹디나 제도를 기본으로 하는 계층사회로 왕과 왕족계급, 귀족 또는 관료계급, 평민계급, 그리고 노예계급으로 구성되었다. 백성을 통제하는 프라이제도로 인하여 평민은 귀족이나 왕족에게 소속되어야 하고 무보수로 이들을 위해 부역해야 했다. 1828년에 미국 선교사들이 기독교 포교활동을 시작하고 서양식 학교를 설립하여 태국의 상류층 여성에게도 서구식 교육이 보급되었다. 이들은 영어 및 서양문물에 관한 학문을 습득하였으나, 일반평민여성의 경우 여전히 교육에서 제외되었다. 이 시기의 여성의 사회적 지위는 아유타야 말기와 비슷하였다.

4.2 라마 4세~1932년 입헌혁명

이 시기의 라마 4세(재위 1851-1868년)와 라마 5세(재위 1868-1910년)는 태국의 근대화 기틀을 마련해 준 탁월한 국왕들로 여러 가지 개혁을 단행함으로써 입헌민주주의의 기반이 되었다. 서구국가의 영향을 받은 라마 4세 왕명에 의해서 아버지 또는 남편의 재산에 속했던 구시대의 여성의 권리에 대한 최초의 법적 변화가 이루어졌다. 비록 그 당시 사회적 여건이 여성의 독립을 위한 많은 대안책이 따르지 않았더라도, 여성의 권리와 여성의 사회적 지위에 대한 거대한 변화였다.

서구학자에 의해 교육을 받은 라마 4세는 그 당시 국제관계 상황을 인식하고 여성들의 사회적 지위를 개선시킬 수 있는 몇 가지 수정 법령을 제정하였다. 즉, 남편이 아내의 승낙 없이 아내를 팔 수 없도록 법을 제정하였다. 또한 여성에게 남편에 의한 매매거절 또는 부모중매의 거부에 대한 선택권을 부여하였다. 라마 4세는 여성 자신이 배우자를 선택할 수 있도록 법을 제정함으로써 여성의 낮은 지위를 차츰 향상시키려고 시도하였다. 따라서 부모들은 자신의 딸들에게 부모가 정해준 사람과 결혼을 강요할 권리가 없었다.

그러나 실질적으로 이 법에 관심을 기울이는 사람은 거의 없었고, 오히려 전보다 더 많은 중매쟁이가 생기게 되었다. 이는 과거 오랫동안 전해내려온 결혼 풍습이 왕명에 의한 것일지라도 백성들의 의식까지 변화시킬 수 없었기 때문이었다.

더욱이 국왕 자신도 여성의 지위를 향상시키기 위하여 후궁들에게 후궁생활을 청산하고 평민과 결혼할 것을 허락하였으나, 후궁들은 왕실을 떠나지 않았다. 그들은 자신들의 지위를 왕실의 아내로서 즐겼으며 궁중생활이 보다 행복하였기 때문이다. 또한 국왕이 백성들에게 일부일처제를 명하였으나, 대다수 백성들은 전통적 관습에 젖어 이를 시행하지 않았으며, 오히려 일부다처제는 사회의 고위층에서 더욱 많이 잔존하였다.

실질적인 여성의 법적지위는 라마 5세 통치기간에 변화하기 시작하였다. '짠'이라는 여성은 자신이 남편에 의하여 팔리는 것에 항의하여 국왕에게 재판을 청원하였다. 국왕은 심사숙고하여 그녀가 자신의 동의 없이 동물처럼 팔리는 것이 옳지 않다고 판결하였다. 그리하여 1870년에 국왕은 구법을 폐지시키고, 여성이 가축처럼 시장에서 팔리는 것을 보호하기 위하여 왕명을 공포하였다. 이는 여성이 재산의 일부가 아니라 한 인간으로서 지위가 규정된 것을 의미하는 것이었다.

그러나 여전히 여성에 관한 불평등 조항이 있었다. 즉, 남편에 대한 순종과 법적으로 남편이 혼인상 부부의 대표이며, 주거지의 선택권을 갖고, 가정의 유지와 부양을 위하여 아내에게 지시할 수 있는 권한이 있었다. 다시 말하면, 남편은 아내의 권리를 장악할 수 있는 권위를 가졌으며, 아내의 직업에 대한 영향권도 행사할 수 있었던 것이다.

라마 5세의 근대화 개혁정책의 일환으로 교육확대를 위하여 관료를 위한 인재양성기관인 시종학교, 지도학교, 법률학교, 체신학교, 문관관료학교 등을 설립하였고, 평민과 노예를 위한 직업교육을 실시하였다. 이 학교들은 역시 남자에게만 입학이 허락되었고, 1868년에 이르러서야 비로소 여성을 위한 학교가 설립되었다. 1874년 미국인 선교사 부부가 방콕에 태국 최초의 기숙사가 있는 여학교인 현재 왓따나위타야라이의 고체가 되는 '끈라싸뜨리 왕립학교'를 설립하여 여성에게 교육의 기회가 주어짐에 따라 여성의 지위도 차츰 변화하기 시작하였다.

4.3 1932년 입헌혁명~1976년 군부쿠데타

태국은 1932년 입헌혁명에 의하여 민주제도를 도입하여 절대군주체제에서 입헌군주체제로의 정체가 변화되어 최초로 1932년 12월에 헌법이 공포되었다. 따라서 1932년에 태국에서도 여성이 참정권을 갖게 되었으나 실질적으로 선거에서 투표권을 거의 행사하지 않았다. 1934년에 전 6권의 민・상법전이 제정되어 가족법(프라아이야깐락싸나푸어미아)을 폐지하고 민・상법전 제5권 가족법을 제정하여 1935년 10월부터 시행하도록 공포하였다. 이는 법적으로 기혼여성과 미혼여성 사이의 여러 가지 불리한 조항을 지적하여 여성의 권리를 개선하였다. 예를 들면, 약혼 및 결혼의 연령제한 규정, 남녀차별 규정, 보호자, 자식에 대한 양육 등이다. 더욱이 1935년에 한 명 이상의 아내를 두는 것을 금지하는 법이 제정됨으로써 여성들은 더 이상 다른 부인들과 경쟁을 하지 않아도 되었다. 그리하여 여성의 지위는 제법 향상되었으나, 그들은 여전히 사회적 지위에 있어서 남성들과 동등하지는 않았다.

1935년 민・상법전 제5권 가족법은 태국의 민주헌법을 요구한 1973년 10월 혁명 이후 1974년 신헌법이 제정될 때까지 40여 년간 시행되었다. 1969년 여성법률협회는 신문과 TV 토론을 통해 1935년 가족법이 여성과 남성이 동등한 권리를 갖고 있지 않았다는 점을 지적하고 법 개정을 요구하였다. 즉, 결혼한 여성의 공동재산소유권, 남편의 동의 없는 직업선택권, 그리고 남편의 본처 이외의 결혼(중혼)에 관한 법적 허점을 개정하도록 주장하였다.

1973년 10월 혁명 이후 1974년 헌법에 최초로 남녀평등권 조항이 제정되어 여성의 지위가 크게 향상되었다. 1974년 헌법 제3장 제27조에 "모든 사람은 법 앞에서 평등하며 법의 보호를 평등하게 누린다"라고 규정하고, 제3장 제28조에 모든 사람이 헌법상에서 동등한 권리와 자유가 있음을 명백히 밝혔다. 이는 남녀의 평등권을 보장한 것이며, 2년 동안 유예 기간을 거쳐 여성차별 조항을 개정하도록 하였다. 개정된 헌법에는 노동 부문에서 여성에게 보다 많은 기회를 부여했다. 그리하여 남녀가 동등한 임금을 받게 되었고, 여성이 사법분야의 전문직에 종사할 수 있게 되었다. 1976년에 민・상법전 제5권 가족법이 개정되어 10월 16일부터 시행토록 하였으나 불행하게도 1976년 10월 6일 군부쿠데타로 헌법이 폐지되어 개정된 가족법 시행이 중지되었다.

1976년 가족법 개정에는 여성의 성차별에 저항한 많은 조항이 포함되었고, 배우자에 대한 동등한 권리를 포함시켰다. 남편이 부부 혼인상의 대표이며 주거지 선택권과 가사운영에 대해 지시한다는 조항을 폐지하였다. 즉, 아내 직업에 대한 남편의 승낙 폐지, 부권(父權)에 대한 권리 폐지와 공동재산소유권을 인정하였다. 그러나 결혼 유무를 확인하는 제도는 여전히 없었으므로 결혼 전 남편의 혼인사실에 관한 확인과정이 법적으로 전혀 보장되지 않았다. 많은 남성들은 이것을 이용하여 결혼한 이후에 혼인신고를 하였다. 아내들은 남편의 사망 이후에 다른 혼인 사실을 알게 되고, 둘째 부인은 결혼사실 무효로 인하여 공동재산권이 없었다(1976년 민상법 제5권 제1498조). 이는 둘째 부인의 재산상의 손해와 고통의 문제로 남게 되어 가족법에는 여전히 성차별 조항이 많이 잔존하였다.

4.4 1976년 군부쿠데타~현재

1990년 개정된 가족법에는 남자가 여성이 결혼에 동의하는 대가로 여성의 보호자 또는 양육자인 부모에게 재산을 줄 수 있도록 제정하였다. 그러나 만일 그 결혼이 성사되지 않으면 남자는 그 재산의 반환 주장도 가능하였다. 1991년 2월 쿠데타는 태국의 민주정치를 일시적으로 후퇴시켰으나, 1992년과 1996년 헌법개정안이 의회에서 통과되어 약혼, 결혼, 그리고 이혼의 경우 부정(不貞)에 대한 보상금 지불에 관한 법을 폐지함으로써 여성에게도 남성과 똑같이 평등권을 인정하였다. 즉 만일 어느 한 측의 부정이 입증되면, 그 약혼 또는 결혼을 취소시킬 수 있는 권리를 남녀 모두에게 준 것이었다. 사실 이전에는 약혼녀의 경우, 자신의 약혼자가 다른 여성과 성적 관계가 있었을지라도 보상을 요구할 권리가 없었다. 반면에 남자는 자신의 약혼녀와 성적 관계를 가진 남성에게 보상을 청구할 권리가 있었던 것이다.

지난 60여 년간 아내는 단지 자신의 남편이 다른 여성에게 재정적인 지원을 하거나 또는 공개적으로 그녀를 자신의 아내로 대우했을 경우에만 이혼을 요구할 수 있었다. 그런데 남편이 재정적 지원을 하지 않은 첩 또는 작은 부인을 두게 되면, 그의 부인은 간통을 사유로 이혼을 요구할 수 없었다. 그러나 이 헌법개정안에는 여성이 자신의 남편과 간통한 여자와 남편에게 보상을 요구하기 위해 민사법정에 소송을 제기할 수 있도록 하였다. 이는 결혼한 여성이 남편의 간통을 사유로 이혼소송을 할 수 있도록 여성에게 평등권을 보장한 것이다.

1997년 9월 신헌법이 통과된 이후 2003년 6월 성명법이 개정되어 여성이 결혼하면 자신이 사용하던 처녀 때 성(姓)을 그대로 유지하든지 또는 이전처럼 남편의 성을 사용할 수 있는 선택권이 주어져 여성의 지위는 향상되었다. 그럼에도 불구하고 여전히 법적으로 여성에 관한 차별조항이 존재하는데 그 단적인 예는 비구니 또는 매치(여승, 여수행자)를 불교의 포교자로서 인정하지 않는다는 점이다.

제15장

음식과 문화

세계의 각 민족들은 제각기 자신들이 처해있는 자연환경과 그 사회의 관습에 따라 먹는 음식과 음식 문화가 다르다. 주로 유럽의 각 민족들은 밀과 빵을 먹고 아시아 각 민족들은 쌀과 밥을, 아프리카 민족들은 수수를, 멕시코 인들은 옥수수를 주식으로 먹으며, 아르헨티나인들은 물고기를 거의 먹지 않으나 육류를 많이 섭취한다. 그런가 하면 인도의 힌두교도들은 종교적인 이유로 동물의 생명을 높이 받들기 때문에 대부분이 육류나 물고기를 먹지 않는 엄격한 채식주의를 실천하고 있다.

음식은 인간에게 있어서 동물의 경우와는 달리 생명 유지만을 위한 것일 뿐만 아니라 심리적 충족감을 갖게 하며 사회적으로 인간 사이의 교류와 친분 관계를 돈독히 하는 역할을 하므로 인류는 그들의 생활역정에서 맛이 좋고, 먹음직스러운 양질의 음식 조리법을 연구 개발하는데 온갖 지혜와 노력을 기울여 왔으며, 또한 조상으로부터도 그 고유의 조리법을 전수 받아왔다. 그런 의미에서 한 나라의 전통음식은 그 민족의 문화유산이라 할 수 있는 것이다. 그러므로 오늘날 태국인들이 어떠한 식관습과 문화를 가졌는가에 대해 살펴보는 것은 그들의 문화의 일면을 이해하기 위한 한 방법이 될 수 있을 것이라고 생각한다.

1. 태국 음식과 문화사적 원류

태국은 지리적으로 아열대에 속해 있으며 그 비옥한 토지와 풍부한 물과 태양열은 이 나라에 내린 천혜의 선물이다. 13세기 초 태국 최초의 통일 왕국인 쑤코타이의 "람캄행"대왕이 자신의 치적비의 내용 중에 "물에는 물고기가 있고, 논에는 쌀이 있도다."(나이남 미쁠라 나이나 미카우)라고 당시 태국의 풍요로움을 상징적으로 표현했듯이 태국은 예로부터 세계적인 곡창 지대이며 열대 과일과 향신료가 풍부한 나라이다. 내륙의 강과 운하에는 어느 때라도 잡아먹을 수 있는 다양한 민물고기들이 있고 반도부에는 삼면이 바다와 접해 있으므로 각종 해산물이 풍부하다.

태국은 또한 한 번도 외세의 침략을 받지 않은 아시아의 유일한 나라이다. 그러므로 전쟁의 아픔을 겪어 보지 않은 태국인들은 오랜 역사 속에서 자유와 평화와 풍요를 누리면서 살아왔다. 이러한 자연환경과 사회환경 하에서 그들은 식량난을 걱정해 본 일이 없으며 오히려 맛 좋고 영양가 높은 양질의 음식을 다양하게 개발하여 먹음으로써 도락을 찾는 이른바 식도락과 미식가들이 자연적으로 많이 생기게 되었다. 그러므로 많은 태국의 남성들은 자기가 좋아하고 맛있다고 생각하는 한두 가지의 음식을 손수 조리하여 가족과 함께 먹고 즐기며 화목을 다지는 것을 낙으로 삼는다.

뿐만 아니라 태국은 전통불교국의 찬란한 문화유산을 바탕으로 일찍이 관광 산업국으로 발전하여 연간 약 7백만 명에 달하는 관광객을 세계 각국으로부터 유치하고 있으며 음식도 중요한 관광자원의 일부라는 인식 하에서 관광객들에 대한 배려와 서비스 차원에서 전통 태국 음식 외에도 맛있고 다양한 종류의 음식 개발이 활발히 이루어져 왔으며 이 점도 오늘날 태국 음식 문화가 발달하게 된 요인 중의 하나라고 말 할 수 있다. 그 대표적인 음식이 이른바 "Sea Food"라고 일컬어지는 각종 해산물에 향신료를 첨가하여 다양한 방법으로 조리한 해산물 요리들이다. 태국의 "Sea

Food" 는 그 독특한 향미(香味)에 있어서 세계적으로 정평이 나 있다.

태국은 국민 구성에 있어서 타이 족이 그 중심이 되고 있지만, 역사적으로 타이족의 이동 과정에서 이민족(異民族)의 동화와 통합을 거듭한 복합 민족국가라고 말할 수 있으며 이러한 이질적 문화 요소들이 융합되어 오늘날 하나의 전통 문화를 형성하고 있다고 할 수 있다. 그러므로 태국의 음식 또한 복합적인 성격을 띠고 있다.

태국의 음식 문화는 태국 고유의 음식문화에 몬, 크메르, 인도, 중국, 말레이 그리고 서양의 음식 문화 요소가 융합된 것이라고 말 할 수 있다.

예를 들어 각종 향신료와 야자 즙을 사용한 국물이 진한 「카레」의 일종인 「깽」 종류의 일부가 인도의 영향을 받은 음식이고, 「꾸어이띠여우」, 「바미」의 국수류, 「끼여우」, 「싸라빠오」, 「카놈찝」의 만두류, 맵지 않은 각종 볶음음식과 담백한 각종 탕류, 「쪽」(粥), 그리고 「뻿양」, 「무댕」 등의 오리고기와 돼지고기 구이 등은 중국 음식의 영향을 받은 태국 음식이며 「훠이텅」, 「텅입」, 「텅엿」, 「쌍카야」 등의 계란을 재료로 조리한 달고 촉촉한 맛의 단과자류는 아유타야의 나라이 왕(1657～1688) 때에 포르투갈 음식에서 전래된 것이라고 한다.

2. 태국인의 식관습

2.1 태국 일반인의 상차림과 식사법

태국의 재래식 식사 관습은 준비한 음식을 반상 또는 대나무나 원목으로 만든 마루바닥이나 돗자리 위에 모두 차려 놓고 빙 둘러앉아 손으로 먹는다. 이러한 관습은 랏따나꼬씬시대까지 이어져 오다가 1900년대 초 쭐라롱껀 대왕의 현대화 개혁과 1932년의 입헌혁명 등으로 서구 문화가 유입되면서부터 점차 손으로 먹는 식관습에서 숟가락과 포크를 사용하는 식사 관습으로 변화하였다. 그러나 아직도 일부 농촌의 노년층은 손으로 먹던 습관을 쉽게 바꾸지 못하고 있다. 태국을 비롯한 동남아 각국, 서남아 그리고 중동의 전지역의 사람들이 과거부터 손으로 먹는 습관을 가졌었는데, 이러한 습관의 가장 큰 이유 중의 하나는 기후 때문일 것이다. 즉 그들은 열대의 기후에서 살기 때문에 모든 음식을 뜨거운 상태에서 먹지 않고 식혀서 먹어야만 했고 따라서 뜨거운 음식을 즐겨 먹는 추운 지방에서처럼 숟가락의 사용이 불필요했을 것이다.

오늘날 대체로 도시에서는 식탁을 사용하고 식기는 납작한 접시와 우묵한 대접들을 사용한다. 원래 태국 음식의 조리 방법이 식품 재료들을 잘게 썰어서 조리하는 것이기 때문에 식사할 때에 나이프를 사용하지 않으며, 두 손으로 숟가락과 포크만을 사용한다. 포크의 용도는 접시의 음식을 숟가락으로 뜰 때 보조역할을 하며, 스푼에 붙은 음식을 제거하는데 사용한다. 그러므로 식사 때 숟가락과 포크의 부딪치는 소리가 많이 들리는 편이다. 그리고 이러한 숟가락과 포크는 개인의 접시에 담겨있는 음식을 떠먹을 때만 사용하며 다른 그릇에 담겨있는 공동의 음식을 먹을 때는 개인이 사용하는 숟가락으로 직접 떠먹지 않고 「천끌랑」이라고 하는 "중앙공동스푼"을 사용해서 각자의 식기에 덜어 온 다음 개인의 숟가락으로 먹어야 한다. 태국 음식 중 공동으로 먹는 국물이 있는 음식에는 반드시 이 「천끌랑」이 따라 나온다. 이러한 식관습은 매우 위생적이다.

그밖에 태국인들의 식사예절로는 음식을 먹을 때는 빨리 먹지 말 것, 소리 내고 먹지 말 것, 음식을 씹을 때는 입을 오무리고 씹을 것, 음식이 입 안에 있을 때는 말을 하지 말 것, 국물 있는 음식을 먹을 때는 들이 마시지 말고 숟가락으로 떠먹을 것 등을 가르친다.

2.2 태국 일반인의 평상음식

태국인들은 하루에 세끼의 식사를 하지만, 그 식사량은 비교적 적은 편이며, 그 대신 과일이나 과자, 떡류로 간식을 매우 즐기는 편이다. 그리고 지방에 따라 먹는 음식의 종류와 방법이 약간씩 차이가 있다.

방콕을 중심으로 한 중부 지방과 남부 지방에서는 아침 식사로 흰죽, 「쪽」(粥), 식빵 등 가벼운 음식을 많이 먹고, 일부 젊은 층과 근르자들은 태국식 카레라이스인 「카우깽」을 먹기도 한다.

점심은 주로 「꾸어이띠여우」라고 하는 면 종류와 「끼여우」, 「카놈찝」, 「싸라빠오」 등의 만두 종류 또는 밥과 다양한 반찬을 먹는다. 면류를 먹을 때는 젓가락과 숟가락을 사용한다.

저녁 식사는 하루 중 가장 중요시해서 푸짐하게 먹는다. 먹는 음식으로는 「크르엉찜」 또는 「남프릭」이라고 하는 쌈장과 각종 야채 그리고 생선 튀김이나 생선구이가 기본 음식이고 거기에 볶음음식, 「깽」, 계란요리, 육포나 염장어 등이 형편에 따라 추가된다. 그리고 후식으로 과일과 각종 「카놈」(떡류), 과자류를 먹는다. 태국어로 후식을 「컹완」이라고 하는데 태국에는 옛부터 가난한 사람들도 이 「컹완」을 반드시 먹는 관습이 있었다고 한다.

저녁음식 중 볶음음식과 「깽」이 가장 특별한 음식으로서 어떤 재료를 어떻게 사용했느냐에 따라 그 저녁 음식의 질을 논할 수 있다. 그리고 태국 가장들이 가끔 손수 조리하는 음식도 바로 이 두 가지 음식인 경우가 많다.

특히, 대부분의 「깽」은 각종 향신료와 야자 즙이 사용되어 조리하기가 까다로운 요리이다. 어떤 종류의 향신료가 어느 정도 들어가는지 드 이를 작은 화강암 돌절구에 넣고 찧어야 하는데 그 찧는 강도와 횟수에 따라 맛이 달라진다는 것이다. 그러므로 태국인의 가정에는 돌절구가 없는 집이 없고, 농촌에는 「끄라따이」라고 하는 야자 살을 긁어내는 기구가 없는 집이 없다. 도시의 경우는 기계로 긁은 야자를 시장에서 구입할 수 있기 때문에 「끄라따이」가 없는 집이 더러 있다.

3. 태국 문화의 특질을 나타내 주는 음식 종류와 조리법

태국 음식 맛의 특징은 음식에 따라 다르지만 대체로 고소하고 맵고 신맛이 나는 편이다. 거기에 다양한 향신료가 첨가됨으로 독특한 향미도 난다. 고소한 맛의 음식은 주로 야자 즙의 맛이며, 야자를 사용하는 음식류는 과자와 떡 종류를 포함해서 백여 종류가 있다. 그리고 신맛을 내는 재료는 「레몬」, 「타마린드」 열매의 과육, 식초 등이다. 특히 「타마린드」(Tamarind)는 태국어로 「마캄삐약」 이라고 하는데 피를 깨끗이 하는 약효가 있어서 산후조리하는 임산부에게 그 과육을 물에 개서 3, 4일간 마시게 한다.

한편, 북부지방과 동북부지방은 찹쌀밥이 주식이므로 세끼 모두 찹쌀밥을 먹는다. 이 두 지역이 고원지대이고 토양이 찹쌀 경작에 더 적합하기 때문에 다른 지역보다 찹쌀을 더 선호한다. 이 찹쌀밥은 대나무 시루에 쪄서 익힌 꼬들꼬들한 꼬드밥이기 때문에 손이나 용기에 붙지 않고 오래 두고 먹을 수 있다. 이 찹쌀밥을 손으로 조금씩 떼어서 다른 반찬과 함께 먹는다. 반찬으로는 닭고기 구이, 「랍」 이라는 소고기 무침, 「쏨땀」 이라는 「파파야」 생채무침, 「냄」 이라는 돼지고기 발효 음식, 「남프릭 엉」 이라고 하는 쌈장과 각종채소, 「느어켐」 육포, 「깽헷」 이라는 버섯국, 「캡무」 돼지가죽 튀김 등 그 고장의 토속 음식들을 잘 먹는다. 이곳에서는 중앙부나 남부에서처럼 물고기를 많이 선호하지 않고 가끔 구이를 해 먹을 정도이며 신맛 나는 음식을 즐기지 않는 편이다. 이곳에서도 역시 후식은 먹는다.

태국인들이 가장 좋아하는 단백질 식품은 물고기이다. 태국인의 단백질 섭취량의 50% 이상이 각종 물고기에서 비롯된다고 한다. 태국에는 특히 「쁠라천」(가물치)과 「쁠라둑」(메기)이 매우 흔하다. 그러나 가격 면에서 가장 부담 없이 먹을 수 있는 물고기는 바다 고기로서 「쁠라투」 라는 것이 있다. 그 다음이 육류인데 돼지고기, 소고기, 닭고기, 오리고기의 순으로 선호한다. 가격면에서도 돼지고기 값이 소고기 값보다 약 40%가량 더 비싸다. 그러나 태국 남부 지방의 「말레이 무슬림」 들은 이슬람교의 종교적 금기 율법에 따라 돼지고기는 먹지 않는다. 그 외의 단백질 식품으로 계란과 오리알을 많이 먹는데 태국인들은 계란보다 오리알을 더 선호한다. 그 외에 태국음식을 논하면서 빼놓을 수 없는 것은 다. 태국의 「남찜」은 매우 발달하여 음식 종류에 따라 곁들여 먹는 「남찜」의 종류가 각각 다 다르다. 어림잡아 30여 종은 될 것이다.

그런데 대도시 젊은 세대들의 식관습이 변해 가고 있다. 태국인들은 본래부터 가족 단위로 외식을 즐기는 경향이 있지만, 젊은 세대들 중에 외식을 즐기는 인구가 많이 늘어나고 있다. 신세대들은 미국에서 들어온 fast-food 회사인 Mc. Donald, Kentucky Fried Chicken, Pizza Hut, Burger King 등의 음식들을 꽤 즐기는 편이다. 하지만 태국 전통음식에 비해 값이 5～6배가량 비싸므로 자주 먹을 수 없는 실정이다. 이들 음식값이 1인당 70～150바트(2000원～4000원)인데 비해 태국 음식값은 고작 20～30바트(600～900원)밖에 안 된다.

일부 젊은 맞벌이 부부들은 집에서 음식을 조리할 시간적 여유가 없기 때문에 저녁에 부부가 밖에서 만나 외식을 하고 집으로 들어가거나 아니면 완전 조리된 비닐봉지 포장 음식을 사서 집으로 가지고가 전자렌지나 가스렌지에 비닐봉지 포장 음식(반찬)을 데우고 밥만 새로 지어서 먹는 게 보통이다. 주말이 되어야만 비로소 각자 취향과 구미에 맞는 음식을 집에서 조리하게 된다. 그들이 즐겨 사가지고 가는 음식들은 대부분이 각종 「깽」 종류이며 이러한 포장 음식을 파는 음식점들은 각 시장이나 백화점, 큰 버스 정류장 그리고 사람들이 많이 밀집해 있는 장소에는 어디든지 있다. 그래서 요즘 태국에는 "손끝의 맛" 또는 "국자 끝의 매력"(싸네 뻘라이 짜왁)이란 말 대신 "비닐봉지 주부"라는 말이 새로 나오게 되었다.

3.1 승려에 대한 신도의 상차림

태국의 불교 재가 신도들이 일상적으로 매일 아침에 탁발승려에게 음식물을 보시하는 것 이외에 결혼식, 집들이, 개업식, 준공식 등 각 가정의 여러 가지 경사스러운 행사가 있을 때마다 승려를 초빙하여 염불과 법문을 듣고 승려들이 공양할 음식을 보시하는데 이때의 상차림은 대략 다음과 같다.

① 카우밧(밥류) : 발우에 담은 밥
② 컹화밧(염장 음식류) : 삶은 염장 오리알, 「카놈」, 「카우니여우깨우」
③ 쌈랍카우(마른 반찬류) : 태국식 소시지, 돼지고기 순대, 「약유안」, 「룸」, 날고추, 건어, 제육볶음
④ 쌈랍키양(국물 있는 반찬류) : 「깽펫」, 「깽번」(가물치 토란국), 「카놈찐 남야」(세시풍속 및 민속 의례 음식)
⑤ 쌈랍 완(후식) : 「텅입」, 「훠이텅」, 「카놈모깽」, 「카놈찬」, 「마프라우깨우」, 「투웨이후」

이상에서와 같이 태국의 상좌부불교(上座部 佛敎)는 율법상 승려가 육식을 해도 무방한 것으로 되어 있다. 그것은 붓다의 재세시부터 걸식 행각 또는 탁발 행각을 할 때 재가 신도들이 보시하는 대로 공양해야 하는 승가의 풍속을 따르는 것이기 때문이다. 그러나 1일 2식만 해야 하며 정오가 지나서부터는 일체 공양할 수 없다. 다만 물과 엽차는 허용된다. 만약 이를 어기면 파계된다. 따라서 승려에게 "오늘은 무슨 음식을 공양하시고 싶습니까?"라고 물어 보는 것은 금물이다.

3.2 궁중(宮中)음식

일반적으로 궁중음식하면 어느 나라의 것을 막론하고 특별한 음식으

로서 영양가가 높고 맛이 좋은 양질의 음식으로만 인식하기 쉽지만 태국의 궁중요리는 그렇지만은 않은 것 같다. 옛날부터 태국의 궁중음식들은 대부분이 지극히 평범한 보통의 일반음식이라는 것이 여러 자료에서 입증되고 있다. "「쭐라롱껀」 대왕에 대한 「나린」 백작의 비망록"이라는 자료에 의하면 「랏따나꼬신」 왕조 초기에 라마 1세 왕이 왕립 「에메랄드」 사원의 준공을 축하하기 위한 연회를 베풀었는데 이때 초빙된 고승과 비구, 비구니, 남녀 고관대작에게 제공된 음식은 다음과 같은 것들이었다. 「컹카우」(간을 한 음식)로는 「싸이끄럭」, 「파냉까이」, 「깽런」, 「무팟꿍」, 「남프릭」, 「마크어춥카이」, 「카이찌여우」, 「룩친」, 「꿍」, 「너마이」, 「쁠라행 팟땡모」, 「카놈찐 남야」 등이 있고, 「컹완」(후식)으로는 「카놈훠이」, 「카우니여우깨우」, 「카놈핑」, 「카놈싸이까이」, 「끌루웨이 찹」, 「룩」, 「나띠양(라띠양)」, 「쌍카야」, 「훠이텅」, 「카놈 따라이」 등의 음식이 있다.

그리고, <「놉 끄라이럭」에 대한 「프라야 부룻 랏따나 팔롭」 백작 작위 하사에 관한 어필(御筆)사본>(서기 1905년)이란 책에 의하면 「쭐라롱껀」 대왕이 「두씻」 궁의 준공 축하연 개최 시 여러 후궁과 왕자, 왕손, 그리고 궁궐내의 남관(男官) 및 여관(女官)들에게도 각각 음식을 마련해 오도록 하명하였다. 이때의 음식은 「쭐라롱껀」 대왕 자신이 직접 조리한 「깽까이」(닭고기 찌개)를 포함해서 총 29종류가 되는데 그중 남관 3인이 준비한 6종류의 음식만 중국요리이고 다른 23종류의 음식은 대부분이 보통의 태국음식이다.

이러한 태국의 궁중음식은 오늘날에도 일반 태국음식과 별 차이가 없다고 한다. 이와 같이 태국의 궁중음식이 보통의 태국음식과 별 차이가 없다는 것은 바꾸어 말하면 당시의 태국 일반 백성들도 궁중에서 먹는 음식 못지않게 풍요로운 식생활을 하고 있었다는 것을 충분히 이해할 수 있게 한다. 다만 궁중의 평상식이 아닌 별식으로 가끔 중국요리(중국의 서민음식이 아닌 「아한 헝떼」(皇帝料理)라고 하는 고급요리)와 서양음식이 별도로 준비되었을 것이라는 추측을 할 수 있게 한다.

「프라옹짜오 쭌라짝끄라퐁」 왕자가 지은 <짜오치윗>이라는 책에서 그는 「쭐라롱껀」 대왕이 <서양음식 조리법>이란 책을 한 권 발간하였는데 그 책에 46종류의 스프, 36종류의 쇠고기와 양고기 요리, 15종류의 돼지고기 요리, 49종류의 닭, 오리, 날짐승 요리, 7종류의 새우요리, 31종류의 물고기와 게 요리, 14종류의 샌드위치, 12종류의 샐러드의 조리법이 자세히 기술되어 있었으며 대왕 자신이 이러한 요리들을 직접 조리하였다고 언급하고 있다.

그 외에 또 한 가지 일반인과 차이가 있었을 것이라고 생각되는 것으로서는 궁중에서 사용하는 각종 식기들은 최고급의 중국 도자기와 서양의 크리스탈 컵, 태국제 금, 은 수저 등이었을 것이다.

3.3 세시풍속과 민속의례 음식

세시풍속 중에서 「쏭끄란」 이라고 하는 우리나라의 구정 또는 민속의 날 같은 명절이 있는데 방콕 인근의 「프라쁘라댕」 이라는 곳에서는 「카우쏭끄란」 이라는 향미(香米)로 밥을 지어 만든 우리나라의 감주 또는 식혜와 비슷하나 물기가 거의 없는 일종의 발효음식을 절의 승려에게 보시하고 주민들도 먹는다. 그리고 우리나라의 송편을 빚거나 가래떡 먹듯이 「까라메」 라고 하는 달콤하고 야자 향이 짙게 풍기는 태국 고유의 과자를 만들어 손님을 대접하는 관습이 있다. 「부엇낙」 의례(관례), 혼례, 집들이 그리고 기타 모든 경사스러운 민속의례시에는 특별한 음식들을 푸짐하게 만들어 먹는 관습이 있지만 그중에서도 빼 놓을 수 없는 가장 중요한 음식은 「카놈찐 남야」 이다.

이 「카놈찐 남야」 는 멥쌀로 만든 길고 희고 가느다란 국수인데 가물치젓, 삶은 생 가물치살, 야자 즙, 각종 향신료를 재료로 해서 조리한 소스와 함께 먹는 음식이다. 이 음식을 경사스러운 날 반드시 먹는 이유는 그것이

맛있는 음식이기도 하지만, 국수의 색상이 흰색이므로 맑고 밝음을 상징하고 면발의 길이가 길기 때문에 수명과 모든 인간관계와 길한 일들이 오래 지속됨을 상징하기 때문이다. 그러므로 상례 때는 이 음식을 먹지 않는다.

한편, 북부 「치앙마이」의 세시풍속 민속의례 음식으로는 「칸똑」이라고 하는 찹쌀밥과 메기를 재료로 조리한 「깽엄」, 돼지가죽 튀김의 「캡무」, 「깽항래」, 쌈장의 「남프릭엉」, 각종 생야채 그리고 소고기 구이인 「찌뻉」 등으로 구성되어 있다.

3.4 어장(魚醬)문화의 발달

우리나라를 비롯한 동북아 지역이 대두장(大豆醬)문화권인데 비해 태국을 비롯한 동남아 지역은 어장(魚醬)문화권이라고 말할 수 있다. 태국에는 「남쁠라」라고 하는 물고기를 원료로 만든 간장이 있는데 이는 물고기와 소금을 적당한 비율로 섞어서 오랫동안 발효시킨 물고기 액젓이다. 우리나라의 멸치액젓과 맛이나 그 가공 방법이 거의 같은 것이다. 태국인들은 이것을 우리나라의 간장 대신 사용한다.

동남아는 원래 물고기가 풍부하고 예로부터 어업 기술이 발달했으며, 각종 젓갈, 건어, 염장어, 어장(魚醬) 등의 물고기 식품 가공법이 발달했다. 이 외에 우리나라의 고추장과 된장을 대신할 수 있는 십여 종의 「크르엉찜」 또는 「남찜」이라는 것이 있는데 이는 야채와 곁들여 먹는 일종의 쌈장이다. 이 역시 새우나 물고기를 그 원료로 하고 있다. 그 예로서,

① 남프릭파오 : 우리나라의 고추장과 비슷하나 새우나 물고기를 그 원료로 한다. 고추와 물엿, 향신료가 첨가된다.

② 남프릭까삐 : 보라색 작은 새우(곤쟁이)로 가공한다. 마늘과 태국의 매운 고추, 레몬즙이 첨가 된다.

③ 쁠라라 쏭크르엉 : 가물치 젓을 주원료로 한다. 양념으로 마늘, 풋고추, 보라색 쪽파를 은박에 싸서 불에 약간 구운 다음 삶은 생가물치

살과 함께 작은 돌절구에 넣고 적당히 찧다가 가물치젓과 그 젓국물을 끓여 부어 한번 더 찧는다. 맨 마지막으로 레몬즙을 짜 넣고 잘 혼합한다.

이 외에 「남프릭마무엉」, 「까삐쿠어」, 「쌩와」, 「쁠라라론」, 「남쁠라완」, 「남프릭눔」, 「남쁠라프릭키누」, 「남프릭댕」, 「남프릭엉」 등이 있다.

태국에서 대두장이 발달하지 못한 이유는 기후가 고온 다습하기 때문일 것이다. 우리나라에서도 기후가 비교적 건조하고 서늘한 가을부터 겨울 동안 메주를 발효시킨다. 그렇지 않으면 콩이 발효되기 전에 부패되기 때문이다. 그런데 태국 내에서도 기온이 가장 시원하고 습도가 낮은 고산지대인 북부 「치앙마이」 일대에서는 우리나라와 비슷하게 콩을 발효시켜 메주 분말을 만들어 조미료로 사용하는 곳이 있지만 간장이나 된장을 담아 먹지는 않는다. 이 조미료를 "투어나우"라고 한다.

3.5 주식과 부식

3.5.1 주식

태국인들의 주식은 쌀밥이지만, 지역에 따라 약간 차이가 있다. 즉 중앙부와 남부 지방에서는 멥쌀밥을 선호하고 북부 지방과 동북부 지방에서는 멥쌀밥보다는 찹쌀밥을 더 선호한다. 그것은 이 두 지역이 고원 지대이고 토양이 척박해서 찹쌀 경작에 더 적합하기 때문이다. 라오스와 중국 운남성 일부에서도 찹쌀밥을 먹는다. 그러나 태국인들은 잡곡 섞인 밥을 먹지 않는다. 어떤 밥을 주식으로 먹느냐에 따라서 부식도 달라진다.

1) **멥쌀밥의 조리 방법** : 멥쌀밥의 경우 두 가지 조리 방법이 있다. 그 한 가지는 냄비에 물을 넉넉하게 넣고 끓이다가 쌀알이 퍼지기 시작하면 냄비

를 기울여 밥물을 따라 낸 후, 약한 불에 뜸을 들인다. 이러한 조리 방법을 「훙 카우」라고 한다. 이렇게 지은 밥은 접시에 담았을 때 확 퍼지고 끈기가 없지만, 더운 기후에도 잘 쉬지 않는 장점이 있고, 소화도 잘 되는 편이다.

그리고 또 한 가지의 조리 방법은 여러 개의 알루미늄 공기에 쌀과 물을 적절한 비율로 담아 찜통에 넣어 찐다. 이러한 방법을 「능 카우」라고 하며 일부 중국계 태국인들이 이 조리 방법을 사용한다.

2) **찹쌀밥의 조리 방법**: 찹쌀을 전날 저녁부터 물에 담가 놓았다가 「티이크」 목으로 만든 기구나 대나무로 엮어 만든 바구니 시루에 넣어 질그릇이나 보통 냄비에 걸어 놓고 찐다. 쪄낸 찹쌀밥을 큰 쟁반이나 목판에 담아 김을 뺀 다음 적당한 크기로 떼어 내어 뚜껑이 달린 원통형(圓筒形)대나무 밥바구니(꺙카우)에 넣는다. 이렇게 쪄낸 밥은 꼬들꼬들하고 수분이 적어서 손에 묻지도 않고, 잘 쉬지도 않는다. 그러므로 아침에 한 번 찐 찹쌀밥으로 아침(카우 응아이), 점심(카우떤), 저녁(카우랭) 세끼를 먹는다. 이 찹쌀밥을 먹을 때는 일반 멥쌀밥을 먹을 때와는 달리 손으로 조금씩 떼어 내어 먹는다.

3.5.2 부식

1) **볶음음식**: 태국은 더운 나라이기 때문에 특별한 경우를 제외하고는 가능하면 뜨거운 음식류를 피하는 경향이 있다. 그러므로 국이나 탕류보다 볶음 음식이 매우 발달했으며, 그 종류도 매우 다양하다. 이중 기본양념과 향신료를 넣은 것이 정통 태국 요리이고, 맵지 않고 담백한 맛을 내는 볶음 음식은 중국식의 영향을 받은 것으로 생각된다. 이 두 종류의 볶음음식은 주로 야채를 곁들인 육류나 어패류의 볶음음식인데 어떠한 재료를 사용했느냐에 따라 볶음음식의 이름이 결정된다. 즉 사용할 수 있는 모든 야채와 어육류의 명칭만큼이나 요리의 명칭도 다양하다 해도 과언

이 아니다.

조리 방법은 기본적으로 돼지기름에 마늘을 볶다가 취향에 따라 원하는 재료를 넣고 볶는다. 식성에 따라 맵게 또는 담백하게 볶는다.

2) 「깽」과 「똠」: 「깽」은 주로 국물이 적은 카레와 같은 음식을 칭하고, 「똠」은 주로 탕과 같은 국물이 많은 음식을 지칭하지만 때로는 그런 명확한 구분 없이 융통성 있게 명칭을 사용한다.

이는 맛과 형태에 따라 여섯 종류로 구분할 수 있다. 즉 야자 즙을 사용한 것, 야자 즙을 사용하지 않은 것, 매운맛이 나는 것, 담백한 것, 국물이 많은 것, 국물이 적은 것 등이다.

그리고 이 역시 어떠한 재료를 사용했느냐에 따라 그 이름이 결정된다. 첫째, 각종 육류와 야자즙과 각종 향신료를 사용하여 섬세하게 조리한 「깽펫」, 「깽깔리」, 「깽까티」, 「깽키여우완」, 「깽맛싸만」, 「깽쿠어」, 「깽엄」이 있는데, 이런 종류의 「깽」은 인도, 중동, 말레이시아의 영향을 받은 것으로 알려져 있으며 맛이 고소하고 매콤하고 향이 짙으며 국물이 진하다. 둘째, 육류와 어류에 야자즙을 사용하지 않고, 각종 향신료만 사용한 「깽쏨」, 「깽르엉」, 「똠얌」, 「깽댕」, 「깽키렉」 등의 약간 새콤 매콤한 탕 종류인데 이런 음식은 태국의 정통 음식이라고 볼 수 있다. 셋째, 야쟈즙과 향신료를 사용하지 않고, 어육류와 각종 야채, 버섯을 재료로 사용해서 담백한 맛을 내는 「깽쯧」과 「똠쯧」은 중국 음식의 영향을 받은 음식이다.

태국인들은 이 「깽」이나 「똠」을 우리나라의 국 종류처럼 개인 별로 떠놓고 먹지 않고 찌개처럼 중앙에 놓고 먹되 각자 개인 수저로 직접 떠먹지 않고 반드시 중앙 공동 수저를 사용해서 개인 접시나 국그릇에 음식을 덜어다 먹는다. 그리고 대부분 태국인은 「깽」과 「똠」을 뜨겁게 먹지 않고, 식혀서 먹는다. 태국의 「깽」이란 말의 어원은 한자어의 갱「羹」에서 유래한 것으로 추측되는데, 우리나라에서도 이조시대에 반갱「飯羹」(국밥), 담갱「淡羹」

(맑은 장국), 동아갱「冬瓜羹」(고기새우젓국), 석화갱「石花羹」(국밥)등으로 사용했으므로 매우 흥미롭다.

3) 무침 음식(각종 냉채) : 태국의 무침음식은「얌」,「랍」,「플라」,「땀」등 그 조리 방법에 따라 명칭이 다르며 그 맛과 종류가 다양하다. 주로「따클라이」(lemon grass), 보라색 쪽파, 고추, 레몬즙,「바이 싸라네」(박하 잎),「팍치」(고수) 등을 주된 양념으로 사용하며 그 종류로는「랍느어」(소고기 무침),「얌쁠라」(생선 무침),「얌쁠라행」(마른 담수어 무침),「꿍뗀, 꿍플라」(새우무침),「얌꿍행」(마른 새우무침),「얌운쎈」(당면 무침),「얌허이클랭」(조개무침),「얌팍깟덩」(야채 절임 무침),「얌뿌덩」(게장무침),「쏨땀」(파파야 생채)등이 있다.

4) 발효 음식 : 발효 음식에는 식물성 발효 음식과 동물성 발효 음식이 있는데 식물성 발효 음식으로는「팍깟덩」,「팍씨얀」이라는 채소 절임이 있다.

밥을 지을 때에 따라 낸 밥물과 소금물을 섞은 것에 채소를 절여 숙성시킨 것이다. 우리나라의 짠지나 오이지와 비슷하나 우산균의 생육이 활발해서 약간 새콤한 맛이 난다. 이 채소 발효 음식을 잘게 썰어서 파, 마늘, 태국 고추, 레몬즙 등의 기본양념을 넣어 무쳐 먹는다. 이것이 이른바「얌팍깟덩」이라는 것이다.

5) 돼지고기 발효 음식「냄」: 잘 다진 순수 돼지 살코기와 돼지가죽을 삶아서 채 썬 것을 원료로 해서 익은 밥과 마늘 다진 것, 맵고 작은 고추「프릭키누」, 소금 등을 잘 배합한 다음 보통의 소시지 크기와 모양으로 바나나 잎에 싸서 어두운 곳에서 발효시킨 돼지고기 발효 음식이다. 요즘은 바나나 잎 대신 소시지처럼 비닐 주머니에 넣어 발효시킨다. 약 3일간 숙성시킨 다음 얇게 썰어서 상추, 실파, 땅콩, 생강, 레몬 껍질 등을 곁들여

먹는다. 이 종류의 음식은 북부 지방의 토속 음식인데, 동북부 지방에서는 소고기를 위와 똑같은 방법으로 발효시킨다. 이 소고기 발효 음식을 이름하여 「찐쏨」 이라고 한다.

3.6 주식 대체 식품

멥쌀밥과 찹쌀밥 이외에 주식 대체 식품으로서 각종 죽 종류와 면, 만두, 「카놈」(떡)등이 있다. 태국인들에 있어서 죽은 옛부터 이미 절량가(絕糧家)의 음식이나 구황식(救荒食)이라는 개념이 없고 모든 일반 가정에서 기호 음식으로 먹거나 간식으로 먹는다. 죽의 종류는 수십 가지가 되는데 이를 종류별로 구분하면 다음과 같다.

1) **흰죽** : 가정에서 조리해 먹는 죽과 죽 전문 음식점에서 반찬과 함께 파는 죽이 있는데, 가정에서 먹는 흰죽의 경우 대개 반찬이 염장 어물 튀김, 계란 부침, 각종 장아찌, 육포 튀김, 채소 절임, 볶음음식, 양념한 각종 젓갈 등인데 대개 아침 식사로 먹는다. 그리고 죽 전문 음식점에서 파는 죽은 주로 식욕이 없는 사람이 가볍게 먹고자 할 때, 바쁜 사람이 손쉽게 음식을 먹고자 할 때, 또는 간식으로 먹고자 할 때 많이 이용된다.

이 죽 전문점의 유래는 19세기 말부터 중국「쿨리」 들의 이민을 수용함으로써 이들을 상대로 저렴한 가격의 음식을 제공하기 위하여 생겨난 것이다. 그러므로 그 당시에는 가장 값싼 음식으로 인식되었었지만 지금은 죽 자체보다 죽을 먹기 위한 반찬값이 매우 비싸서 서민들의 싼 음식이라고 만은 볼 수 없다.

2) **쪽**(粥) : 중국의 영향을 받은 음식으로 절미(折米:싸라기)를 사용해서 조리한 죽의 일종이다. 쌀알이 보이지 않게 죽 국물이 엉기도록 끓인 다음 돼지 살코기 다진 것과 돼지 내장을 잘게 썰어 넣고 함께 익힌 음식이다.

뜨거운 「쪽」에 날계란을 풀고 실파 다진 것과 채 썬 생강을 넣어 먹는다.

3) **혼합죽** : 사용하는 재료에 따라 각각의 이름이 붙여지는 죽인데, 예를 들어 생선죽, 닭죽, 새우죽, 홍합죽 등 단백질 식품을 사용한 기호음식으로서 주로 일몰 이후 늦은 밤사이에 간식으로 먹는다. 이러한 죽은 포장마차 형태의 전문 음식점에서 판매한다. 그러나 우리나라에서처럼 아욱죽, 시래기죽, 깨죽, 잣죽, 팥죽과 같이 채소나 잡곡류를 혼합한 죽은 태국에는 없다. 이점도 우리나라의 식문화와 다른 부분이다.

4) **면류와 만두류** : 태국의 면 종류는 「꾸어이띠여우」, 「바미」, 「카놈찐」 등 매우 다양하며 값도 싸고 맛도 좋다. 그러나 세시 풍속 및 민속의례 음식인「카놈찐 남야」를 제외하고 각 가정에서 조리해 먹기보다는 주로 면 전문 음식점에서 매식하며 점심때와 늦은 저녁에 간식으로 많이 먹는다. 이 면류와 만두류는 중국 음식의 영향을 받은 것이지만 오늘날의 태국 음식을 대표할 만큼 유명한 음식이기도 하다.

조리된 면류에는 물면, 비빔면(건면), 볶음면 등이 있고, 사용하는 어·육류의 재료로는 「느어 쁘어이」(소고기 곰국), 「느어 솟」(생소고기), 「룩친 느어」(소고기 완자), 「룩친 쁠라」(물고기완자), 「룩친 꿍」(새우완자), 「느어 뿌」(게살), 「느어 무」(돼지고기), 「크르엉나이 두」(돼지 내장), 「느어 까이」(닭고기), 「느어뻿」(오리 고기)등이 있으며 면발의 종류로는 쌀을 원료로한 「꾸어이띠여우 쎈야이」(굵은 쌀 국수), 「꾸어이 띠여우 쎈렉」(가는 쌀 국수), 「쎈미」(말린 쌀 국수), 「꾸어이짭」(넓은 쌀 국수), 「카놈찐」(원형(圓形)쌀국수)그리고 「바미」(밀국수) 등이 있어 각자 기호에 따라 다양하게 선택할 수 있다.

태국 면의 특징은 그 종류에 다양성에도 있지만 우선 맛 좋고 면발의 양은 적되 어육류의 재료들을 푸짐하게 제대로 넣어 준다는 점과 미각을 돋

우기 위해서 고추를 썰어 담근 양념 식초를 넣어 먹는 것이라고 말할 수 있다. 그러나 우리나라의 냉면과 같은 찬 음식은 없다.

대부분의 면 전문 음식점에서 면과 함께 취급하는 또 한 가지의 음식으로 만두가 있다. 만두 종류도 다양해서 「끼여우남」 물만두와 「끼여우 행」, 「카놈찝」, 「싸라빠오」 등의 찐만두가 있다. 속을 넣는 재료로서 돼지고기, 새우, 닭고기, 오리고기 등을 사용한다.

5) **「카놈」(떡)종류** : 태국에는 주식의 대체 음식으로 먹기도 하고 간식이나 후식으로 먹는 음식인 「카놈」(떡)종류가 오십여 종류가 있는데 그중 대표적인 떡 두 가지만 소개 하고자 한다.

6) **「카우 팟」** : 향이 좋고 크기가 작은 종자의 바나나를 껍질을 벗겨 놓고 물에 담가 두었던 찹쌀과 삶은 팥 그리고 야자 즙을 잘 혼합해서 그 바나나에 옷을 입힌 다음 길이가 10cm정도 되게 바나나 잎으로 여러 겹 싼다. 그리고 가느다란 대나무 껍질로 양옆을 묶어서 찜통에 넣어 찐다. 이 떡은 바나나와 야자 향 그리고 바나나 잎의 향이 잘 어우러져서 매우 맛이 좋다.

7) **「카우람」** : 찹쌀과 검정콩, 팥, 야자 즙, 약간의 설탕을 잘 배합해서 직경 6~7cm, 길이 30cm정도의 한 끝이 마디로 막혀 있는 통대나무 속에 집어놓고 잘게 벗겨낸 야자의 겉껍질을 바나나잎으로 싸서 마개를 만들어 또 한 쪽 끝을 막는다. 그리고 마개 쪽을 하늘을 향하게 세워 놓고 그 주위를 화목으로 불을 때서 익힌다. 다 익은 다음 약 한 시간 정도 식힌 후에 통대나무를 쪼개면 대나무 속에 있는 얇은 막에 의해 「카우람」 떡이 싸여져 있고 노릇노릇하게 대나무의 독특한 향이 배어져 있어 야자 향과 함께 어우러져 매우 맛이 좋다.

4. 맺음말

이상에서 살펴본 바와 같이 태국은 타이 민족의 이동 과정에서 이민족과의 동화와 통합을 거듭하면서 이질적 문화요소들을 융합해서 오늘날 하나의 전통문화를 형성했다. 이에 자연환경과 사회환경적 요인이 부가되어 오늘의 풍요로운 음식문화가 발달되어 왔으며 옛부터 태국의 궁중음식이 다른 나라의 경우와는 달이 보통의 일반음식과 별로 차이가 없었다는 사실과 태국의 많은 남성들이 손수 음식을 만들어 먹는 것을 낙으로 삼는 식관습이 생긴 것은 오랜 세월동안 풍요와 평화를 누려온 여유에서 생긴 것이다.

태국은 어장(魚醬)과 젓갈 음식문화가 매우 발달했으며 우리나라를 비롯한 동북아에도 그 영향이 미쳤을 것으로 생각된다.

죽이 태국에서는 구황식(救荒食)이나 절량가(絕糧家)의 음식이라는 개념이 아니라 모든 일반 가정에서 기호 식품이나 간식으로 먹는 음식으로 인식되어있다.

요즈음 태국의 젊은 세대들은 fast-food의 외식을 즐기고 젊은 맞벌이 부부들은 포장음식에 길들여지고 있는데 이러한 상황 변화는 세계화, 국제화 시대 조류에 따르는 것이라 할 수 있으며 거의 세계적인 추세로 나타나고 있다.

국제화 시대를 맞이해서 우리가 목표를 세워 추진해 나아가야 할 해외진출에 앞서 이러한 태국인들의 식관습과 문화를 이해하는 것은 대우 유익한 일이 될 것이다.

제16장

풍습과 명절

1. 풍 습

1.1 「부엇낙」 의례

한국의 관례의식이나 서양의 성년식처럼 태국에는 「부엇낙」 또는 「윱빠쏨봇」 의식이 있다. 「부엇낙」은 불교의식에 기초한 것으로 태국에서 남자가 일시적으로 출가하여 수도자가 되는 것을 말하며 득도식이라고도 한다.

이 의식은 순수한 자행적 수행의식과 석가모니불의 은덕에 보은의 덕을 표하는 불교의식으로서 인도에서 전래되었으며, 이것이 태국에 유입되면서 토착화된 민속적 불교의식으로 발전되었다. 태국은 남자는 만 20세 이상이 되면 대체로 한 번은 일시 출가하여 수도생활을 하는 풍습이 있다. 태국 최초의 통일 왕국인 쑤코타이 왕국 시대에 리타이 왕(1347~1374)이 왕의 신분으로서는 최초로 출가하였고, 그 후의 역대 왕들도 따라하게 되었다. 이러한 출가행위가 당시의 백성들에게까지 전파되었고, 그 후 하나의 풍습으로 정착하게 되었다.

공덕을 쌓는 행위로는 사찰을 건립하거나 보수하는 일, 출가하여 수도자가 되는 일, 승려에게 보시하는 일, 자선하는 일, 5계, 8계를 수지하여 실천

하며 불사를 돕는 일 등 다양하게 있는데 그중에서 일반국민이 할 수 있는 최대의 공덕은 일시적이라도 출가하여 수도생활을 하는 것이다. 대개 우기 3개월 동안의 「카오판싸」(입안거入安居) 기간에 가장 많이 출가한다.

부모나 가까운 친척이 사망하였을 때 망인이 지옥에 떨어질 것이 염려되어 자식으로서 또는 혈육으로서 불문에 입문하면 망인에 대한 구제가 가능하고 승천하게 할 수 있다고 믿는 데서 장례식이 끝난 후 곧바로 출가하는 경우도 있다. 이를 「부엇나화이」 또는 「부엇나쏩」(불 앞 또는 시신 앞에서 출가한다는 뜻)이라고 한다. 이는 가장 큰 효행으로 세간으로부터 많은 칭찬을 받게 된다. 수도기간은 일정하지 않으나 대체르 3개월이 일반적이고 짧게는 일주일에서 길게는 일 년 또는 일생 동안 환속하지 않기도 한다.

수도생활 중에 227계를 수지하여 철저히 수행하며 매일 고승 앞에서 팔리어로 된 경장・율장・논장의 삼장을 배우며 하루에 세 번씩 암송한다. 매일 아침 아집과 자만을 없애기 위한 훈련방법의 하나로 걸식행각인 탁발(발우를 들고 음식물을 공양 받으러 다님) 행각을 한다.

태국의 상좌부불교는 승려의 경제활동이나 생산활동을 전면 금지하므로 승려의 식생활은 모두 재가신도들이 바치는 완전히 조리된 음식물 공양으로 이루어진다. 승원 또는 사찰에는 부엌도 없고 채소를 가꾸는 텃밭도 없다. 승려는 돈이나 금품을 휴대할 수 없으며, 음식은 재가신도들이 보시하는 대로 공양하기 때문에 육식, 채식을 가리지 않지만 1일 2식만을 공양(아침공양은 7시 이전에, 점심공양은 정오 이전에 마친다)한다.

출가자가 일정기간 수도한 후 환속하면 도덕적으로 완숙된 인간으로 인식되며 성관의 의미로 「팃」(배우고 깨달아 인격을 갖춘 자)이라는 경칭을 이름 앞에 붙여 부른다. 이는 참된 삶의 가치를 부여하는 불교적 윤리체계의 행동화와 사회적 인간관계, 사회적 활동능력을 동시에 인정받는 것을 의미한다. 직장에서 중책을 맡기거나, 신용거래를 하거나, 청혼을 하거나 그밖에 모든 사회생활을 하는 데 있어서 「팃」의 경칭은 책임과 신뢰의 표상이다. 청혼을 할 때 남성의 수도생활 경력은 필수요건이다. 여자 측의 부모는 신랑감의 가문이나 재산, 인물, 지위 등을 보는 것 외에 「팃」이냐 아니냐를 중요시 여기는데 이는 외적조건보다 내면을 중시하는 가치관을 가졌기 때문이다. 그래서 「부엇껀비얏」(결혼 전 수도생활)이라는 말도 있다.

출가할 사람은 부모가 준비해 준 향・초・꽃을 쟁반에 담아들고 문중 어른들과 존경하는 분들을 일일이 찾아다니며 "출가하겠습니다."라고 인사를 하는데 이를 「깐라부엇」이라고 한다. 인사를 받는 사람은 「싸투」(선과가 이루어지다)라고 말하며 기뻐하고 칭찬해주며, 형편에 따라 축의금을 주는 관습이 있다. 「부엇낙」 의식 때 비용을 부담하거나 직접 행사를 거드는 일은 큰 공덕을 쌓는 것으로 간주된다. 출가로 인해 장기간 결근을 하는 일이 발생해도 어느 직장에서도 이때만은 유급휴가를 허락하는 것이 당연지사로 되어있다. 대기업에서는 취업조건에 직원들의 출가를 위한 휴가기간과 인원수를 명문화하여 근로조건을 향상시키고 있다. 공무원의 경우도 마찬가지인데 현직에 있는 중이라도 얼마든지 출가를 허락받을 수 있다.

「부엇낙」은 미혼 남성들이 출가하지만 간혹 나이든 기혼자가 출가하기도 한다. 아내나 애인이 출가를 방해하면 수행의 방해자인 「만」(사마邪魔)이라고 비난을 받는다. 미성년자가 출가하는 경우는 「쌈마넨」(사미승)이라고 하며 출가의식은 간단하고 수지하는 계율도 10가지뿐이다.

돈을 빌렸거나 죄를 범하여 출가를 반대하는 사람이 있으면 출가할 수 없다. 그러므로 출가 전에 채권자나 피해자를 찾아다니면서 부채를 상환하거나 양해를 구해야 한다. 청정한 마음이 없으면 수도의 효과를 거두지 못하기 때문이다.

출가의식과 환속의식은 가문의 큰 경사에 속한다. 출가의식은 집에서

성대하게 행하는데 여유 있는 가정에서는 2-3일간 큰 잔치를 벌이기도 해서 비용이 결혼식에 드는 비용과 거의 같다. 환속의식은 가족들만 사원으로 가서 간단한 의식을 치른 후 집에 돌아온다.

1.1.1 「탐콴낙」 의식

「부엇낙」 의식은 2단계로 행하는데 첫 단계는 집에서 행사를 하고, 두 번째 단계는 사원에서 행사를 한다. 택일한 「짜오낙」(출가하는 사람)은 향・초・꽃을 들고 어른들을 찾아뵙고 출가의 뜻을 전한다. 출가 의례가 행해지는 전날 오후에는 집에서 일가친척, 친지들을 모시고 「탐콴낙」 의식을 행한다.

「탐콴낙」 의 목적은 부모의 은혜를 깨닫고, 사회에 공헌하는 사람이 되고, 불법을 배워 오성을 가지며 속세를 떠나는 데 따른 불안감과 긴장감을 극복하고 용기와 신념을 불어넣고자 하는 데 있다. 「짜오낙」 은 삭발하고 목욕재계한 후 흰색 천으로 만든 예복을 입고 식장에 나온다. 가족과 친지들이 「짜오낙」 을 중심으로 빙 둘러 앉는다. 참석자들은 각자 준비한 「크르엉버리칸」(앗타버리칸이라고도 하는데 승려의 8가지 생필품으로 가사삼의, 발우, 면도칼과 숫돌, 실・바늘통, 허리띠, 거름망 물통 등)과 향・초・꽃 기타 예불에 필요한 물품, 다음날 절에 시주할 공양물들을 식장에 갖다 놓는다. 이는 참석자들이 출가자와 함께 공덕 쌓는 일에 동참한다는 의미가 있다.

식이 시작되면 의식을 주도하는 사람은 시문축사를 운율에 맞춰 낭송한다. 낭송이 한 수 끝날 때마다 참석자들은 북과 꽹과리를 두드리며 환호한다. 의식을 주도하는 사람은 주로 「짜오낙」 부모의 친구나 동네에서 덕망 있고 예법을 잘 아는 분을 초빙한다. 식이 끝나면 「짜오낙」 의 부모는 참석자들에게 술과 음식을 대접한다. 이 잔치는 다음날까지 계속된다. 보통 민속악단을 불러 연주하게 하기도 하고 여유 있는 집에서는 가두와 무술공연을 곁들여 참석자들을 즐겁게 한다.

1.1.2 「웁빠쏨봇」 의식

집에서 「탐콴낙」 의식과 잔치를 모두 끝낸 후, 다음날은 사원에서 「웁빠쏨봇」 의식을 행하는데 이는 「짜오낙」이 계율을 받들어 승려가 되는 의식을 말한다. 먼저 「짜오낙」이 말이나 가마를 타거나 친구들의 목말을 타고 사원으로 간다. 거리가 멀 경우에는 승용차를 이용해서 가기도 한다. 이때 축하행렬이 있는데, 행렬 맨 앞쪽에 민속악단, 승려에게 시주할 공양물을 든 사람, 오색 꽃을 든 사람, 「짜오낙」 그리고 그 뒤에 가족과 친지들이 따르며 민속악단이 연주하는 흥겨운 가락에 맞춰 행진한다.

사원에 도착하면 법당 주위를 오른쪽 방향으로 세 번 돈다. 첫 번째는 석가모니불에 대한 은덕, 두 번째는 불법에 대한 은덕, 세 번째는 승려에 대한 은덕을 기리기 위한 것이다. 법당 안으로 들어가기 전에 「짜오낙」은 법당 앞에 있는 신성의 상징인 「씨마」에 참배한다. 법당에 들어가서 향·초를 밝히고 부처님 앞에 세 번 절을 하고 부모님으로부터 가사삼의를 받는다. 「짜오낙」은 부모님께 한 번 절하고 받은 가사삼의를 양팔 위에 얹어 놓고 10명 이상의 「우빳차」(계사戒師, 계화상戒和尙, 즉 계법을 주거나 사표가 되는 승려)가 참석해 있는 곳으로 무릎걸음으로 기어서 간다.

「우빳차」는 11개 항목에 걸쳐 질문을 한다. 즉 그대는 인간이냐? 그대는 간질병이 있느냐? 그대는 나병이 있느냐? 그대는 폐병이 있느냐? 그대는 종양이 있느냐? (공무원일 경우)그대는 정부로부터 출가의 허락을 받았느냐? 그대는 부모로부터 출가의 허락을 받았느냐? 그대는 남자냐? 그대는 만 20세가 되었느냐? (옛날에는 노예 신분이면 출가를 금했으므로) 그대는 자유인이냐? 하는 질문에 통과하고 나면 227계를 수계한다. 이때 대부분의 「짜오낙」들은 「우빳차」 승려들의 위엄에 압도되어 식은땀을 흘리고 말을 더듬거리며 대답을 잘 못한다. 수계의식이 끝나면 입고 있는 흰색 예복을 벗고 황색 가사삼의로 갈아입는데 이때 속세를 떠난다는 감회와 긴장감으로 인해 혼자서는 갈아입지 못하고 예법을 잘 아는 사람이 옆에서 도와준다. 맨 마지막으로 이제 승려신분이 되었다고 선언하는 염송의식을 행한다. 의식이 끝나면 가족과 하객들은 준비해 온 시주물을 승려에게 공양한 후 귀가하고, 「짜오낙」은 예정된 기간 동안 수도생활에 들어간다.

1.2 혼 례

태국의 결혼풍습은 옛날부터 주로 데릴사위제도였으며, 신부가 신랑집으로 시집가는 경우도 더러 있었다. 데릴사위제도를 「위와하몽콘」이라고 하며, 결혼식도 신부집에서 치른다. 신부가 신랑집으로 시집가는 것은 「아와하몽콘」이라고 하며, 이때는 신랑집에서 결혼식을 한다.

태국에서는 대부분 집에서 결혼식을 하며, 대도시의 일부 계층단이 각종 클럽이나 협회, 호텔에서 결혼식을 하기도 한다. 결혼의식은 브라만교의 영향에 의해 전래된 것으로 보이는 전통혼례의식이 있다. 승려를 초빙하여 독경을 외우고 법수를 뿌리고 삼귀의문과 오계를 염송하는 등 불교의식을 먼저 한다. 그러나 이 종교의식 자체가 바로 결혼의식에 포함되는 것은 아니다. 결혼식은 먼저 승려를 초빙하여 불공을 드리고 보시하여 공덕을 쌓는 종교의식 다음에 행하는 관습이 있다.

1.2.1 혼례절차

부모는 혼기가 찬 자식의 배필을 정해주는데 「매쓰」 혹은 「퍼쓰」 라는 중매인을 내세워 상대측에 결혼의사를 타진한다. 그러고 나서 반드시 남자측에서 「타오깨」 라고 하는 주혼자를 정하여 여자측 부모에게 보내 정식으로 청혼하고 허락을 받아 낸다. 남자측 부모나 결혼 당사자가 직접 여자의 부모를 찾아가 청혼하는 것은 법도와 예의에 크게 어긋나는 것으로 인식한다. 이 「타오깨」는 주로 평소 친분이 있는 분으로 사회적 지위와 덕망이 있는 분을 모시면 좋지만, 여의치 않으면 문중 어른 중에서 가장 덕망 있는 분을 내세우기도 한다. 「타오깨」는 중매인과는 신분상으로도 다르고, 그 역할도 다르다. 남자측 부모를 대신하여 여자측 부모에게 청혼을 하고, 허락을 받아 내며, 남자측에서 여자측 부모에게 보내는 혼수예물의 액수를 정하는 일, 약혼 및 결혼식의 택일, 혼수예물을 담은 「칸막만」(일종의 함)을 여자네 집으로 가지고 가는 일 등을 한다.

남자측 「타오깨」가 여자측 부모를 방문하여 정식으로 청혼하면 남자의 생년월일과 출생시간을 물어 보는 경우도 있다. 이는 궁합을 보기 위해서인데, 만약 상대가 마음에 들지 않을 경우 상대방의 체면을 손상시키지 않으면서 혼인을 거절하는 수단으로 이용되기도 한다.

태국에서는 결혼할 때 양가의 합의에 따라 남자측에서 여자측 부모에게 혼수예물을 보내는데 이를 「씬썻텅만」이라고 한다. '딸을 잘 키워주셔서 고맙습니다.'라는 의미로 보내는 것이며 「카남놈」(젖 값)이라고도 한다. 혼수예물은 주로 황금이나 현금으로 보낸다. 이것은 나중에 결혼당사자들에게 되돌아가는데, 황금의 중량과 현금 액수가 많을수록 결혼의 성대함을 나타낸다. 요즘에는 다이아몬드 반지를 주고받기도 한다.

택일은 약혼식일 경우는 연중 어느 때라도 상관없지만 결혼식 날짜는 반드시 짝수의 달을 택한다. 짝수의 달 중에서도 어린이의 건강과 행운을 기원하기 위한 삭발의식인 「꼰쭉」의 달인 2월과 우안거가 시작되는 8월은 피한다. 한편 홀수의 달 중에 9월은 허용된다. 9의 「까오」가 발전의 뜻을 가진 「까오나」의 앞 음절인 「까오」와 동음어이므로 9월에 결혼하면 발전한다고 믿기 때문이다.

1.2.2 약혼식

태국의 약혼은 남자측 「타오깨」가 혼수예물을 여자 집에 전달하고 여자측에서 이를 확인함으로써 성립된다.

「타오깨」와 남자측 문중의 어른 한 분, 그리고 남자 친구들이 「칸막만」이라는 은제용기 두 개에 홍색계통의 예쁜 보자기를 씌워서 여자 집으로 가져간다. 하나의 은제용기에는 양가합의에 의한 황금, 현금 등의 혼수예물과 녹두, 검은깨, 나락을 종이봉지에 조금씩 넣어 담고, 또 하나의 용기에는 「막플루」라고 하는 태국인이 담배 대신에 껌처럼 즐겨 씹는 「막」(빈랑)나무의 열매와 「플루」 나뭇잎을 담아 보낸다. 여자측에서도 「타오깨」를 내세워 이를 받는다. 녹두, 검은깨, 나락은 번성함을 상징하는 것으로 장차 부자가 되고 자손이 번성하라는 뜻이고, 「막플루」는 존경과 우정, 친밀을 상징하는 것으로 사돈을 맺었다는 의미가 있다.

「칸막만」 일행이 여자 집에 도착하면 예쁜 옷을 입고 기다리고 있던 여자아이가 손님 접대용으로 쟁반에 담아놓은 얇게 저민 「막」 열매의 속살과 담배처럼 동그랗게 말은 「플루」 나뭇잎을 신랑측 「타오깨」에게 권한다. 「타오깨」는 「막」과 「플루」를 받고 답례로 아이에게 얼마간의 돈을 주고 그 아이의 안내를 받아 집 안에 들어간다. 여자 집에서는 일행에게 술과 음식을 대접한다. 이로써 약혼식은 끝나고 이후부터는 남자가 여자 집을 자유로이 왕래할 수 있게 된다.

1.2.3 결혼의식

태국의 결혼의식은 1) 종교의식 2) 「파와이」와 「칸막땡」 의식 3) 「롯남쌍」 의식 4) 「뿌티넌」 의식의 4단계로서 아침부터 저녁까지 진행되며 각 단계마다 참석자도 구분된다. 가까운 친척친지들만 참석하고, 저녁의 피로연에는 보다 많은 사람들을 초대한다. 시골에서는 마을 사람들을 위해 결혼식 전날 저녁때부터 노래, 춤, 영화 등의 각종 흥겨운 놀이마당이 펼쳐지고 잔치를 벌여 다음날 아침까지 이어진다.

1) **종교의식** : 오전 10시경에 신부측의 친인척들만 모신 가운데 스님을 8~10분을 초빙하여 독경을 외고 법수를 뿌리고 불교의식을 행한다. 승려의 숫자는 짝수로 초빙한다. 이는 양가의 합의에 따라 같은 수의 승려를 양가에서 각각 초빙하기 때문이다. 승려가 축원하고 독경하는 동안 신랑과 신부, 신부측 친인척들은 앉아 합장을 하고 독경을 경청한다. 독경이 끝나면 상좌 승려가 참석자들에게 법수를 뿌려준다. 신랑과 신부는 하나의 주걱을 함께 잡고 밥을 떠서 보시하는데 이는 협동과 조화를 보여주는 것이며 승려의 공양을 끝으로 의식을 마친다. 이 종교의식은 탐분이라는 공덕을 쌓는 행위로서 결혼식을 하기 전에 승려에게 공양하는 것이 목적이며 그 자체가 결혼식의 일부를 이루는 것은 아니다.

2) **「파와이」와 「칸막땡」** : 종교의식이 끝나면 신랑집에서 신부집으로 「파와이」(결혼식 때 신랑집에서 신부의 부모와 어른에게 보내는 옷감)와 「칸막땡」(결혼식 때 혼례품)을 보낸다. 신랑집 이웃사람들이 「칸막땡」을 운반한다. 「칸막땡」에는 여러 가지 음식물이 포함되기 때문에 운반하는 사람도 여럿이다. 「칸막」 행렬에 참여하는 사람들은 남녀 모두 전통의상을 입고 행진할 때 북, 징, 피리 등의 악기소리로 흥을 돋운다.

「칸막땡」에도 두 가지 은제용기를 쓰는데 하나는 쌀, 「막」 열매, 「플루」 나뭇잎, 녹두, 검은깨를 담은 것으로 「칸막엑」이라고 부른다. 또 하나에는 떡, 귤, 바나나 등의 각종 과일을 담은 것으로 「칸막토」 또는 「칸막레우」라고 부른다. 그밖에 술을 담은 「판싸이라오」와 삶은 돼지고기, 「허목」(메기나 가물치를 갖은 양념으로 버무려서 바나나 잎으로 싸서 찜통에 찐 음식) 그리고 국수의 일종인 「카놈찐」을 담은 「띠얍」이 있다. 「띠얍」, 「판싸이라오」, 「칸막토」는 하객들에게 대접하는 음식인데 양가의 합의에 따라 수량이 정해진다.

행렬이 신부집에 도착하면 신부측의 두 사람이 긴 천으로 양끝을 잡고 대문을 가로막는다. 「칸막땡」 행렬을 인솔하는 신랑측 「타오깨」 가 "이것은 무슨 문이요?"하고 묻는다. 한 사람이 「쁘라뚜차이」(개선문입니다)라고 대답하면 적절한 통과세를 주고 지나간다. 그 다음 울타리와 집 사이 또는 집 앞의 층계에서 또 다른 두 사람이 비단천으로 양끝을 잡고 통로를 가로 막는다. "이것은 무슨 문이요?"라고 물으면 한 사람이 「쁘라뚜응언」(은문입니다)라고 대답하면 「타오깨」 는 개선문을 통과할 때보다 더 많은 통과세를 지불하고 통과한다.

마지막으로 집으로 들어가기 직전에 금목걸이로 가로막는 금문을 통과하려면 가장 많은 통과세를 내야 한다. 이처럼 문과 통로를 가로막고 통과세를 지불하는 풍습을 「뻿쁘라뚜칸막」 이라고 한다. 「칸막땡」 이 신부집에 도착하면 신랑과 신부는 「파와이」 세 벌 중 한 벌을 신부집 조상에게 바치고 절을 하는데 이를 「피티와이피」 라고 한다.

3) 「롯남쌍」 의식 : 「롯남쌍」 의식은 결혼식 중 하이라이트로서 오후 4~5시경에 시작한다. 신랑측 친인척들과 일반하객들은 이때부터 참여한다. 신랑신부가 나란히 앉아 엎드린 자세를 취하고 앞에 놓인 20㎝ 높이의 받침대에 손을 합장하여 얹어 놓으면 「몽콘짝」 이라고 하는 법사를 꼬아서 안경테처럼 만든 흰색 끈을 신랑신부의 머리에 씌워서 두 사람을 연결시킨다. 결혼식 아침에 승려가 만들어 놓은 「남쌍」(경사 때 쓰는 성스러운 물)을 「쌍」 이라고 하는 대형 소라껍질로 금박을 씌워 장식한 용기에 넣어서 합장한 신랑신부의 손에 조금씩 부어주며 덕담과 축하의 말을 한다.

저녁에 신랑신부를 신방으로 데리고 들어갈 하객 중 가장 덕망이 있는 어른이 부어 주고 나서, 다음으로 양가의 부모와 일반하객 순으로 부어준다. 신랑신부보다 연하인 사람은 이 의식에 참여할 수 없다. 의식이 끝나면 피로연이 이어진다. 대도시에서는 음식점을 이용하기도 하며, 대개는 집에서 대접하고 시골에서는 태국전통음식을 장만하여 대접한다. 피로연 동안 신랑신부는 하객들의 테이블마다 돌아다니며 꽃송이나 또는 두 사람의 이름이 새겨진 작은 기념품을 증정하기도 한다.

4) 「뿌티넌」 의식 : 피로연이 끝나고 하객들이 다 돌아가고 나면 「뿌티넌」 의식이 치러진다. 뿌티넌은 '잠자리를 편다.'라는 뜻이다. 양가의 「타오깨」가 협의해서 하객 중에서 가장 덕망 있고, 부유하고, 자녀를 다 훌륭하게 키우고, 해로하면서 다복한 생활을 하는 부부를 주례로 모셔서 신랑과 신부를 데리고 신방에 들어간다.

「확」(호박의 일종)한 개, 물을 담은 새 질그릇 하나, 녹두와 검은깨를 담은 쟁반 그리고 태방 생약을 가는 돌을 함께 가지고 들어가서 침구 옆에 놓는다. 「확」은 열을 식혀주는 음식이고, 물은 깨끗하고 시원함을 상징하는 것으로 신혼부부가 맑은 마음을 가지고 살라는 뜻이며, 돌은 굳은 것을 상징하므로 굳은 의지를 가지고 변치 말고 서로 사랑하라는 뜻이며, 녹두와 검은깨는 번성을 상징하는데 발전하고 번성하라는 뜻이다.

주례부부는 침대를 사용하는 집에는 침대 위에 베개를 놓아 주고, 침대가 없으면 침구를 깔고 베개를 놓아 준다. 신랑의 베개는 오른쪽, 신부의 베개는 왼쪽에 놓고 주례부부가 잠자리에 잠시 누웠다가 일어난다. 그리고 신혼부부에게 덕담을 들려준다. 신혼여행은 필수적인 것이 아니며 가지 않는 사람이 더 많다.

1.3 상례

전통적인 상례의식은 불교의식이 주를 이루며 민간신앙이 가미되어 전해지고 있다. 승려부터 왕족, 일반 국민에 이르기까지 화장을 한다. 매장하는 풍습도 있으나 중국계 태국인들과 타종교를 믿는 사람들이 주로 행한다.

화장에는 두 가지 방법이 있다. 하나는 5일장이나 7일장을 지낸 후 화장하는 것으로 생화장이라고 한다. 다른 하나는 100일재를 지낸 후나 그 이상 오랜 기간 시체를 보관해 두었다가 화장하는 것으로 건화장이라고 한다. 보통 전자를 택하지만 후자를 택하여 고인을 잃은 슬픔과 충격이 가실 때까지 기다리는 경우도 있다. 시신은 상가에 그대로 모셔두기도 하고 절에 모셔두고 일정한 보관료를 내기도 한다.

화장터는 시, 군 단위로 국립사원 경내에 있는데 시청, 군청에서 관리한다.

상복은 상제・조객이 하나의 조례복으로 통일되어 있다. 남자는 제복을 착용한 경우 검정색 완장을 좌측 소매 상단에 두르고, 사복정장일 경우 흰색 상의와 바지, 검정색 넥타이, 검정색 구두와 양말을 신고 검정색 완장을 좌측 소매 상단에 두른다. 여자는 검정색 평복을 착용한다. 장례기간 동안이나 화장할 때 상제가 조용히 울기는 해도 소리를 내어 곡을 하지는 않는다.

시신을 대문 밖으로 운구하기 전에 밀림을 상징하는 밀림문을 만든다. 긴 나뭇가지 두 개를 대문 기둥 위의 좌우 양쪽에 꽂아 놓고 끝부분을 맞닿게 하여 아치형을 만들고 시신을 통과시킨 다음 그 나뭇가지를 뽑아 없앤다. 한 번 나간 혼령이 다시 집으로 돌아오지 못하도록 설치한 문을 뽑아 버리면 혼령이 들어갈 문을 찾지 못한다는 것이다. 이는 죽은 사람의 혼령이 현세에서 방황하지 말고 지체 없이 내세에 환생하도록 하라는 뜻이 있다.

운구의식을 행할 때 대나무를 펴서 깐 마룻바닥에 세 쪽의 대나무를 빼서 세 개의 질그릇을 두드려 깨뜨린다. 세 쪽의 대나무는 중생이 태어나서 사는 욕계, 색계, 무색계의 삼계를 의미하는 것이고 세 개의 질그릇은 유년기, 중년기, 노년기를 의미한다. 즉 중생이 이 세상에 태어나서 살다가 각자의 업보에 따라 일찍 죽거나 늦게 죽으며 그 누구도 영원할 수 없다는 뜻이다.

「탐분」은 공덕을 쌓는다는 뜻으로 장례 때의 「탐분」은 사망한 사람이 내세에 태어나서 안락할 수 있도록 명복을 비는 것이다. 7일재, 50일재, 100일재 등 세 번의 재를 지낸다.

2. 명 절

태국인들은 재미있게 노는 것을 즐기고 감정이 풍부하여 잘 웃고 또 슬플 때는 눈물을 보이기를 주저하지 않는다. 따라서 명절, 기념일 등에 행해지는 축제행사는 태국인의 생활 속에서 매우 중요한 위치를 차지하고 있다. 태국에서는 매년 과거를 기념하기 위한 행사 또는 각종 축제가 개최되고 있다.

태국의 많은 축제들은 유쾌하고 화려하여 관광객들의 흥미를 끈다. 반면 엄숙하고 장엄한 행사도 있다. 흥미 있는 가장행렬이나 불교의식, 이국적인 행사 등으로 인해 태국이 아시아에서 아주 이국적인 나라 중의 하나임을 느끼게 한다.

태국의 축제행사는 대부분 불교와 매년의 농사, 그리고 역대 왕을 추모하는 것과 관련되어 있다. 「완마카부차」, 「위싸카부차」, 「완아싼하부차」, 「완카오판싸」 등은 중요한 불교행사이며 4월 13일의 「완쏭끄란」은 태국의 전통적인 신년명절이다. 일부 행사는 양력에 의거하여 행해지지만 불교와 관련된 행사들은 태국음력을 기준으로 하여 이루어지기도 한다. 또한 이 중에는 공휴일도 있다.

2.1 「완마카부차」(만불절 : 万佛節)

마카달 보름날에 행하는 특별 봉헌날이다. 「마카부차」는 옛날에 부처의 설법을 듣기 위하여 1,250명의 제자들이 자발적으로 모인 것을 기념하는 날로 태국력 3월 보름이며 공휴일이다. 태국 국민들은 이날을 맞아 스님들에게 공양을 하고 새와 물고기들을 방생하며 스님들의 설법을 듣는다. 해가 지고 나면 태국 전역의 사원에서는 스님들이 촛불을 밝힌 사람들을 이끌고 사원 주위를 세 번 돈다. 참가자들은 각자 꽃과 향, 불 밝힌 양초를 손에 들고 부처와 그의 가르침, 그리고 부처의 제자들에 대한 경의를 표한다. 이 행사는 원래는 공식행사가 아니었으나 현 랏따나꼬신 왕조의 4대왕 때부터 공식적으로 행해져 왔다.

2.2 「완쏭끄란」 축제

「쏭끄란」은 태국 고유의 설날이며, 태국에서 가장 무더운 달인 4월의 13일이 「쏭끄란」 축제일이다. 이날 태국인들은 새나 물고기를 방생하기도 하고 웃어른께 세배도 드리는데, 서로 간에 향수를 뿌려주며 축수하는 풍습이 있다. 깨끗한 물에 향수를 약간 탄 다음 오가는 사람에게 뿌려 주기도 한다. 특별히 치앙마이에서는 이 기간 동안 성지순례, 미인선발대회, 무용공연, 사람들에게 물을 끼얹으며 축복을 하는 등 다양한 행사가 벌어진다.

「쏭끄란」이란 뜻은 '자리 이동', 즉 태양이 새 별자리로 이동하는 것을 의미한다. 따라서 새해가 떠오른 것을 반기는 새해맞이 축제가 「쏭끄란」 축제이며 4월 13일, 14일, 15일 모두 3일간은 공휴일로 지정되어 있다. 이 명절이 도래하기 전에 서로 경쟁적으로 치장품을 장만하는 것으로 이야기꽃을 피운다. 누가 어떤 장식을 했다는 소문이 돌면 너도나도 다 같이 따라서 구입하고자 해서 그날로 장식품이 동이 날 정도다. 그밖에 공덕을 쌓는 일로 분주하고 이웃집과 물건을 나누어 가지며 서로 모여서 흥겹게 춤을 추며 논다.

이 「쏭끄란」 날은 옛날에 처녀 총각이 돌아다니며 서로 만날 기회를 갖기에 적합한 재미있는 축제였다. 벼 베기를 끝낸 뒤라서 놀러 다닐 여유 자금도 있고, 계속해서 농사짓는 계절을 즐거이 맞이하기 위해서 잠시 휴식을 취하는 것이다.

이날 아침에는 스님께 음식공양을 한 후 모래 쌓기를 한다. 절에 모래를 쌓는 것은 대단한 공덕 행위로 본다. 북부지방에서는 재운이 있기를 빌며 모래 쌓기 하는 것을 좋아한다. 절에 운반해 들여오는 모래처럼 행복이 넘치고 재물이 흘러 들어오기를 비는 것이다.

물을 끼얹는 것은 좋은 운수로 간주하며 서로 새해 복을 빈다. 처녀 총각들이 아주 재미나게 상대에게 물을 끼얹는데 이때 사용하는 물에 보통 향수를 섞는다. 그러나 더러운 물을 끼얹는 등 지나친 장난을 하는 경우도 있는데 이는 올바른 풍습이 아니다.

자신이 평소에 존경하던 웃어른을 찾아뵙고 복을 빌며 물을 붓기도 한다. 어른은 주로 앉아 있고 물 붓는 사람이 다가가 물을 어른의 손에 부으면 어른은 덕담을 한다. 어른이 승려라면 승복을 바치고, 일반인이라면 통천과 흰 면천을 선사하기도 한다.

북부지방에서는 어른이 물 붓고 축원하는 것을 「담후어」라고 한다. 나이 많고 존경하는 어른이 물을 부어주면 평소에 도에 지나친 행동을 한 것에 대해 어른께 용서를 빌거나, 어른으로부터 새해 축복의 인사를 받는다. 「담후어」 하러 가는 사람들은 「담후어」 할 단지를 들고 무리를 지어간다. 「담후어」 행렬이 집에 당도하면 집주인은 자리에 앉도록 권유한 다음 "오늘은 좋은 설날이다. 여러분 모두에게 행복이 있기를 빈다."는 말로 축원하며 젖도록 물을 붓는다. 축복을 받은 후 「담후어」 하러 간 사람도 답례로 물을 붓고 복을 빈다.

새와 물고기를 방생하는 것은 과거에 저질렀던 죄를 씻는 것이다. 그리고 액막이를 하고 새해에 행복과 평안이 있기를 빈다. 저녁에는 아름답고 화려한 행진이 있다. 한밤중에는 「싸바」 놀이를 하며 처녀 총각이 서로 가깝게 만날 기회를 갖는다.

2.3 「완픗몽콘」

방콕의 싸남루엉 광장에서 5월 초에 개최되는 이 행사는 태국 국왕이 직접 주관하며 본격적인 농사철을 맞이하여 브라만의식의 재현 및 한 해 농사의 풍년을 기원하는 기념의식이 거행된다.

2.4 「완위싸카부차」(불탄절 : 佛誕節)

「위싸카부차」는 불교신자에게 있어서 가장 거룩한 날로 태국력 6월 보름이며 공휴일이다. 이날은 부처의 출생, 득도 및 해탈을 기념하여 각종 행사가 벌어진다.

부처는 태어나서부터 35년 만에 득도하고, 그 후 45년 후에 해탈하였으나 탄생・득도・해탈한 날이 모두 동일한 「위싸카」 달 보름날이라고 해서 이날 부처님을 경배하는 것이다. 이는 쑤코타이 시대 때부터 있던 것으로 행사는 「마카부차」 때와 동일하게 한다. 즉 불을 밝힌 초와 향, 꽃을 절에 들고 가서 바친다. 그러나 「마카부차」와 다른 점은 절에 등을 달고 설법을 듣는다. 이 등을 「위싸카」 등이라고 한다.

2.5 「완아쌴하부차」(초전법륜일 : 初轉法輪日)

태국력 8월 보름에 해당하는 날로 태국 불교명절 중의 하나이다. 이날은 불타가 처음으로 설법을 한 날로, 이 세상에 불교가 처음 태동한 날이라 할 수 있다. 이날 첫 신자가 생겨났으며 그 신자가 출가함으로써 첫 승려가 태어나게 되었다. 그리하여 불교의 삼보(三寶)인 불(佛)・법(法)・승(僧)이 모두 갖추어지게 되었다. 그러나 태국에서 이날을 불교경절로 삼은 것은 비교적 최근의 일로 불기 2501년부터이다.

2.6 「완카오판싸」(입안거일 : 入安居日)

태국력 8월 16일부터 11월 15일까지 우기 석 달 동안 이루어지는 「카오판싸」(입안거, 入安居)는 불교를 신봉하는 태국인들의 전통에서 유래된 의식의 하나이다. 「카오판싸」는 가장 중요한 국가적, 불교적인 행사이다. 이 행사가 시작되는 입안거일인 태국력 8월 16일은 나라의 공휴일이며 「쌍카랏」(승가의 법왕, 한국의 종정과 같음)의 특별 설법을 비롯해서 국왕이 국립사원을 참배하여 고승들에게 법의를 봉헌하는 등 대대적인 국가 행사로 거행된다.

평신도인 재가신도들은 한 달에 네 번 정해져 있는 「완프라」라고 하는 재계일에만 수행하던 독경, 법문 듣기, 세속 5계 또는 8계의 실천 등을 이 「카오판싸」 기간에는 매일 수행하며 외출이 금지되어 있는 승려들을 위해 음식물을 사원으로 가지고 가서 보시하는 등의 신앙생활을 통해서 집중적으로 선업을 쌓는다.

의무적인 것은 아니지만 대개 태국 남자의 경우 일생 동안 한 번은 일시 출가하여 승려생활을 체험하는 것이 관습화되어 있는데 주로 이 「카오판싸」 기간에 출가의식을 가지게 된다.

태국인들은 황색 법의를 걸치고 발우를 들고 나가서 수련과정을 거칠 때까지는 인간으로서 성숙하지 못했다고 믿는다. 공무원들도 이 기간에 유급으로 출가하여 수도생활을 경험한다. 역대 왕들처럼 현재의 푸미폰 국왕도 삭발을 하고 승려생활을 체험했다. 이는 승려생활의 체험을 공덕행위 중에서 최고의 공덕 중 하나로 믿기 때문이다.

2.7 「완억판싸」(출안거일 : 出安居日)

태국력 11월 15일은 「억판싸」의 첫날이다. 우기 석 달간 승려는 다른 곳에 기숙하지 않고 고정된 장소에 머물렀다가 이날 그 고정적으로 있던 곳에서 나오는 것이다. 이날은 우기가 끝나고 태국 전역에 봉헌기간인 「까틴」 시기가 시작되는 것을 기념하여 스님에게 앞으로 다가오는 수도기간 동안 사용할 새로 지은 의복과 기타 물품들을 선물한다.

2.8 「응안러이끄라통」

「러이끄라통」은 태국인들에게 가장 큰 사랑을 받는 명절로서 태국력 12월 보름에 행해지는 축제이다. 이날을 맞아 태국인들은 「끄라통」이라고 하는 조그마한 연꽃모양의 바나나 잎으로 만든 작은 배에 불을 밝힌 초와 향・꽃・동전 등을 실어서 강물이나 운하 또는 호수로 띄워 보낸다. 그러고 나서 노래 부르고 춤을 추며 흥겹게 논다.

이 축제는 태국의 축제 중에서 가장 낭만적인 축제로 사람들은 이렇게 함으로써 물의 신을 기리고 전년도의 죄를 씻을 수 있다고 믿는다. 「끄라통」을 띄워 보낼 때 각자의 액운과 재난을 함께 띄워 보낸다는 마음가짐을 갖고 또 각자 앞날의 소망을 말하거나 행운이 있기를 기원한다. 이때 촛불이 꺼지지 않고 멀리 떠내려가면 소원이 이루어진다고 믿는다. 밝은 보름달빛 아래 고요하고 잔잔하게 흐르는 물을 따라 촛불을 깜박이며 부드럽게 까딱까딱 흔들거리며 떠내려가는 많은 끄라통을 보는 것은 미학적 즐거움이자 그야말로 장관의 극치이다.

떠내려가는 「끄라통」은 보통 수명이 짧다. 출발지에서 멀리 떠내려가면 아이들은 물의 흐름을 따라 헤엄을 치며 따라가서 「끄라통」을 잡기도 한다. 만약 아름다운 「끄라통」이라면 서로 손아귀에 넣고자 쟁탈전을 벌인다. 평범한 「끄라통」이라면 그냥 무시하지만 그러나 「끄라통」 안에 넣은 동전을 챙기는 것은 잊지 않는다.

「러이끄라통」은 기념적인 의식행사가 없고 단지 「끄라통」에 있는 초와 향에 불을 붙여 물에 띄우는 것뿐이다. 그러나 안에 넣는 동전과 촛불 그리고 향이 일종의 의식이라고 할 수도 있다. 그런 의식이 물의 여신에게 용서를 구하는 행동이라고 하는 사람도 있다. 인간이 여러 가지 방법으로 물을 더럽힌 것에 대해 용서를 청한다는 것이다.

현 랏따나꼬신 왕조의 5대왕(1868-1910)은 「러이끄라통」은 어떤 인정할 만한 의식은 아니고 단지 모든 국민이 참여하여 즐기는 것이며 불교나 브라만 의식과도 관계가 없다고 하였다.

「러이끄라통」의 기원에 대해 추적해 보면 첫째, 해마다 물의 정령에게 제사를 지내며 다가오는 모든 죄를 씻고 고난을 물리치고자 물에 떠내려 보낸다는 설이다. 북부 치앙마이와 동북부인들은 커다란「끄라통」을 만들고 횃불을 밝히고 그 안에 식량과 의복을 넣고 떠내려 보냈다. 이것은 출발지에서 멀리 떨어진 하류에 사는 가난한 사람들에게 전달되었으며 이러한 행동을 통해 자신이 지은 죄를 씻고자 한다는 것이다. 둘째,「러이끄라통」은 물의 여신에게 감사의 제를 올린다는 설이다. 이것은 경제적 삶의 원천이 되는 물의 풍요에 의존해 사는 농경민에 의한 감사의 축제라는 것이다. 셋째, 저녁시간을 밖에서 보내기 위한 축제라는 설이다. 사람들은 즐거운 분위기 가운데 넘칠 듯한 물 가까이서 보내고 싶어 아이들처럼 무엇인가를 떠나보내려 한다는 것이다. 이는 심리학적 견지에서 본 해석이라 할 수 있다.

제17장

관 광

'미소의 나라'로 알려진 태국은 천혜의 자연환경과 친절한 국민성, 그리고 정부의 꾸준한 관광진흥정책 등에 힘입어 관광대국으로서의 입지를 다져가고 있다. 이에 따라 관광수입 또한 매년 크게 증가하고 있다. 이렇게 관광산업이 발전할 수 있었던 주요 요인 중의 하나인 국가의 관광진흥정책을 살펴보면 태국 정부가 얼마만큼 관광객유치에 노력을 경주하는지를 잘 알 수 있을 것이다.

우리나라도 1987년 여행자율화 이후 가장 많은 한국인 관광객이 찾는 나라 중의 하나가 바로 태국이다. 그 수도 매년 증가하여 태국관광청의 통계에 따르면 연간 80만 명 이상의 한국인이 태국을 찾고 있는 것으로 나타났고 전체 관광객들 중에 한국인이 차지하는 비율도 급속히 증가하고 있다고 한다.

태국은 동남아시아의 중앙에 위치하고 있으며 아세안 회원국의 하나로서 동남아 경제와 교통의 중심지라 하겠다. 해안선이 2,614km에 달하고 동쪽으로는 타이만과 서쪽으로는 안다만 해와 각각 접하고 있어 많은 뛰어난 경관을 가진 휴양지들이 도처에 산재해 있다. 뿐만 아니라 북쪽은 산악지역으로서 수려한 산세와 산악 트레킹도 즐길 수 있다.

이러한 태국은 지리적 특성상 크게 4개 지역으로 나눈다. 즉, 수도 방콕을 중심으로 한 중부지역, 푸껫 섬을 비롯한 많은 해변휴양지가 있는 남부, 메콩 강을 끼고 라오스, 캄보디아와 접해있는 동북부, 그리고 많은 고산족들과 골든트라이앵글로 우리들에게 더 잘 알려진 북부지역 등으로 나눈다. 각각의 지역들은 산악지역 혹은 해안지역 등으로 차이가 있을 뿐만 아니라 나름대로의 독특한 문화적, 역사적 특색이 있기 때문에 관광객들로서는 참고해야만 할 주요사항이기도 하다.

1. 방콕 및 중부지역

1.1 방콕시내

일명 '천사의 도시'라고 불리는 방콕은 태국의 수도이자 태국의 경제, 사회, 문화의 중심지이며, 아울러 동남아 경제의 중심지이자 교통의 중심지답게 수많은 외국의 기업들과 국제기구들이 모여 있는 동남아 최대의 도시 중 하나이다.

1) 왓 프라깨우(에메랄드 사원) : 정식 명칭은 "왓 프라 씨 랏따나 싸싸다람"이다. 절 안에는 높이 75cm의 에메랄드 불상이 모셔져 있다. 이 불상은 톤부리 왕조의 시조인 딱신 왕 때에 당시 프라마하까쌋쓱(후에 라마 1세가 됨)이 라오스를 정벌하고 1778년에 그 전리품으로 가져온 것이다. 그러나 현재는 태국 내에서 가장 숭앙받고 있으며 그 불상은 황금가사를 입고 있는데, 계절이 바뀔 때마다 국왕이 손수 가사를 갈아입히는 행사를 갖기도 한다.

2) 왕 궁 : 왓 프라깨우 뒤편에 위치한다. 현재의 왕은 이곳에 살고 있지 않으며 과거 7대왕 때에 왕궁으로 쓰였던 곳이다. 이곳은 아름다운 태국의 전통 건축양식을 한눈에 볼 수 있는 여러 채의 건물들이 있다.

왓 프라깨우와 왕궁에 들어갈 때에는 반바지나 슬리퍼 등을 착용하고 입장할 수 없다. 만일 이런 경우가 생길 때는 정문 옆에 무료로 옷을 빌려주는 곳이 있어 단정하게 복장을 갖추고 들어가야 한다. 왕궁과 왓 프라깨우는 오전 8시 30분부터 오후 3시 30분까지 입장 가능하며 입장료는 125 바트이다. 이 금액에는 '위만멕 궁'의 입장권이 포함되어 있으므로 다음에 '위만멕 궁'에 갈 경우 다시 사용할 수 있다.

3) 왓 포(열반의 사원) : 왕궁 옆에 위치한 사원으로서 정식명칭은 '왓 프라체뚜폰위몬망칸라람'이다. 이 사원에 열반을 뜻하는 길이 49m 높이 12m의 거대한 와불상이 있기 때문에 '왓포(열반의 사원)'로 더 잘 알려져 있다. 이 사원의 본래의 명칭은 '왓포타람'이었으며 아유타야 시대에 세워졌다. 그 후 방콕 왕조에 들어서 라마 1세에 의해 개축되었다. 본래 이 사원은 승려들의 수행을 목적으로 하여 세워졌다가 라마 3세 시대에 이르러 의학을 중심으로 시 작법, 태국어 등을 교육하여 당시 대학과 같은 역할을 담당하기도 하였다. 아직도 사원의 뒤편에는 유리관 안에 그 당시의 유적들이 잘 보관되어 있다. 또 사원 내에는 과거의 교육과목 중의 하나였던 태국식 전통 마사지 스쿨이 있어 관광객들이 직접 마사지를 받을 수도 있다.

입장료는 20바트이며 오전 8시부터 오후 5시까지 개방한다.

4) 왓 아룬(새벽 사원) : 왕궁과 짜오프라야 강을 끼고 마주한 톤부리에 위치하고 있다. 정식 명칭은 '왓 아룬랏차와라람'이며 톤부리 왕조 딱신왕 때부터 지어지기 시작하여 라마 3세 때 완성된 사원이다. 이 사원에는 높이 82m의 '프라쁘랑(탑)'이 있어 멀리에서도 볼 수 있으며 그 주위로 4개의 작은 탑들이 둘러싸고 있다. 이 4개의 탑들은 각각 부처의 탄생, 출가, 득도, 설법을 나타낸다고 한다. 중앙에 있는 탑은 가파른 계단을 통하

여 올라갈 수 있다.

이 사원으로 가는 방법은 왓포 근처의 '타 티얀(티얀 선착장)'에서 배를 이용해 가는 것이 가장 편리하며 요금은 1바트이다. 사원의 입장료는 10바트이며 오전 8시부터 오후 5시까지 개방한다.

5) 왓 벤짜마버핏(대리석 사원) : 라마 5세에 의해 완성된 사원으로 방콕에서는 비교적 연대가 짧은 사원 중의 하나이다. 지붕은 중국산 기와로 되어 있으며 건물의 외벽은 이탈리아에서 들여온 하얀 대리석으로 되어 있어서 일명 대리석 사원이라고도 불린다. 또한 고대 로마 양식을 기초로 한 정면 입구의 원기둥과 스테인드글라스로 된 창 등은 서구의 건축술을 도입한 흔적임을 알 수 있다.

입장료는 20바트이며 오전 8시부터 오후 5시까지 개방한다.

6) 락 므엉(도시의 신전) : '락 므엉'이란 '도시의 신전'이란 뜻으로 태국의 대부분의 도시에서 볼 수 있다. 라마 1세가 방콕에 새로운 왕조를 열면서 세운 돌기둥인 방콕의 락므엉은 수도 방콕의 발전을 기원하는 의미를 담고 있다. 여기에서는 전통극을 공연하기도 한다. 입장료는 무료이며 해가 뜨면 문을 열고 해가 지면 문을 닫는다.

7) 국립박물관(피핏타판 행 찻) : 에메랄드 사원에서 북쪽으로 1km 정도 떨어져 있다. 선사시대부터 현재에 이르는 태국의 역사유물들이 전시되고 있다. 태국의 역사는 물론 문화와 풍습 등을 한눈에 볼 수 있는 다양한 전시품들이 있어 꼭 들러 보아야만 할 곳이다.

입장료는 40바트이며 월요일과 화요일은 휴관이다.

8) 차이나 타운 : 방콕의 중심도로인 라마 4세 거리에 접해 있으며 야와

랏 거리에 위치하고 있어서 일명 '야와랏'이라고도 한다. 많은 중국계 사람들과 한자 간판들로 인해서 한눈에 차이나타운이라는 것을 알아볼 수 있다. 이곳은 진품 골동품에서 조잡한 모조품까지 그리고 최신상품에서부터 중고품까지 없는 것이 없을 정도로 다양한 상품들을 판매하고 있다. 이 거리에 들어서면 가장 많이 눈에 띄는 것이 금은방이며, 각종 약재를 취급하는 한약방도 많이 있다. 이러한 상품들뿐만 아니라 이곳에서는 값싼 음식부터 진귀한 고급 음식까지 다양한 음식들을 맛 볼 수 있다. 여러 가지 이유로 인해서 한국인 관광객들이 가장 많이 찾는 지역 중의 하나가 되었다.

1.2 방콕근교

1) 로즈가든(쑤언 쌈 프란) : 방콕에서 차로 1시간 거리로 방콕에서 남서쪽으로 약 32km 떨어져 있는 열대의 대정원이다. 장미가 피는 계절은 겨울철인 11월～1월뿐이지만 이 정원 안에는 넓은 잔디뿐만 아니라 레스토랑, 유원지, 수영장, 골프코스, 호텔 등 일체의 위락시설이 갖추어져 있다. 그리고 이곳에서는 오후 2시에 태국민속공연이 펼쳐지는데 공연내용은 전통무용, 타이복싱, 투계, 소수민족의 전통문화 등 매우 다양하여 짧은 시간 안에 태국의 문화를 이해하기에 가장 적합한 장소이다.

버스터미널에서 버스를 이용해서 가는 방법도 있고 방콕 내의 대부분의 여행사에서 팩키지 상품으로 취급하고 있으므로 그것을 이용하는 것도 편리한 방법 중의 하나이다.

2) 악어농장(Farm 쩌라케) : 방콕으로부터 남동쪽으로 약 30km 떨어져 있는 싸뭇 쁘라간에 위치하고 있는 세계 최대의 악어농장이다. 남국적인 분위기의 농장 내에는 약 2만 마리 정도의 악어가 사육되고 있다. 하루에 약 7～9회에 걸쳐 악어쇼가 펼쳐지는데 대형악어와 사육사가 펼치는 묘

기가 볼 만하다. 또한 이곳에서는 악어의 가죽으로 만든 각종 제품들을 판매하고 있으며 악어고기도 요리해서 팔기도 한다. 그 외에도 다수의 동물들도 사육되고 있다.

입장료는 80바트이며 오전 7시부터 오후 5시까지 개장한다. 방콕 시내에서 에어콘 버스를 이용하거나 여행사를 통해 갈 수도 있다.

3) 고대도시(므엉보란) : 싸뭇쁘라깐에 위치하고 있으며 태국의 역사와 문화를 한꺼번에 둘러볼 수 있는 일종의 야외유적박물관이다. 태국 전역에 있는 100여 개의 역사유적지를 모아 놓은 곳으로 실물보다 약간 축소하여 만들어 놓았다. 이곳의 전체적인 형태는 태국 국토의 모양을 하고 있으며 쑤코타이, 아유타야 등의 왕궁과 사원 그리고 각종 건축물들이 잘 배치되어 있어 태국을 잘 알기 위해서는 꼭 가보아야 할 곳 중의 하나이다.

입장료는 50바트이며 차를 타고 들어갈 수도 있는데 추가의 요금을 지불해야 한다. 방콕시내에서 에어콘 버스를 이용하거나 여행사를 통해 갈 수 있다.

4) 수상시장(딸랏 남) : 방콕의 남서쪽으로 약 80km 떨어져 있다. 이곳의 지명을 따서 '담넌싸두억 수상시장'이라고 부르기도 한다. 태국사람들은 예전부터 많은 운하를 도로처럼 이용하였으며 집이나 상점들을 운하주변에 지었다. 시장도 운하 위에서 형성되는데 이것이 '딸랏남'이다. 아침 일찍부터 야채, 과일, 생선, 꽃 등은 물론 국수와 밥, 반찬 등을 조그마한 배에 싣고 나온 상인들이 배에 탄 채 직접 매매하는 수상시장은 태국인들의 전통적인 생활양식 그 자체로서 외국인들에게는 매우 흥미로운 볼거리 중의 하나이다.

방콕시내에서 버스를 이용할 수도 있으나 여행사를 통하는 것이 편리하다. 이 수상시장은 오전 5시에 시작해서 10시면 거의 파장하기 때문에 시간을 잘 맞추어 가야만 하기 때문이다.

5) **프라빠톰 쩨디** : 방콕으로부터 서쪽으로 약 60km 떨어져 있는 나컨빠톰 시의 중심에 위치해 있는 세계 최대의 불탑이다. 나컨빠톰은 본래 최초로 태국에 불교가 전해진 지역이기도 하다. 이 블탑은 높이가 127m로 스리랑카 양식의 종 모양을 하고 있다. 표면에는 주황색의 타일이 붙어 있으며 꼭대기에는 황금색의 첨탑이 있다. 탑 주위에는 불상들로 둘러싸여 있으며 서쪽에 위치한 불당에는 커다란 금불상이 고셔져 있다.

방콕의 남부터미널에서 버스를 이용하거나 롯뚜로 갈 수 있다.

2. 중부지역

2.1 아유타야

방콕으로부터 북쪽으로 약 80km 떨어져 있는 아유타야는 쑤코타이에 이어 태국의 두 번째 왕국의 수도였던 곳이다. 한때 찬란한 문화를 꽃피웠던 도시였으나 1767년 버마에 의해 멸망하면서 도시는 거의 폐허가 되었으며 현재도 그 당시의 모습 그대로 남아 있어 후세 사람들에게 많은 교훈을 남겨주고 있다.

아유타야는 규모가 그다지 크지 않은 자그마한 도시로 시가지는 짜오프라야 강과 빠싹 강에 의해 둘러싸여 있다. 아유타야의 주요 거리는 강의 안쪽, 시가지에 모여 있어서 걸어서도 관람이 가능하다. 그러나 강 외부의 북서쪽과 남동쪽에도 유적이 있으므로 다른 교통수단을 이용하는 것이 좋다.

아유타야로 가는 방법은 방콕의 후아람퐁 역에서 기차를 이용하는 방법도 있고 북부 버스터미널에서 버스를 이용하는 방법도 있다. 그리고 여행사에서 패키지 상품을 이용하는 방법도 있다.

1) 왓 프라 씨 싼펫 : 아유타야의 중심에 있는 왕궁 앞에 있는 왕궁사원이다. 이 사원에는 과거에 큰 금불상이 있었으나 아유타야 왕조의 멸망과 함께 사라지고 말았다. 현재 왕의 유골을 모신 3개의 불탑이 경내에 있으나 이것은 짝끄리 왕조에 이르러서 복원된 것이다.

입장료는 20바트이며 오전 8시부터 오후 5시까지 개방한다.

2) 왓 프라 몽콘 버핏 : 왓프라씨싼펫의 바로 남쪽에 위치한다. 이곳에는 16세기에 조성된 태국에서 가장 큰 청동불상이 모셔져 있다. 이곳의 불당 역시 1767년 소실되었다가 짝끄리 왕조 1956년에 재건되었다.

입장료는 20바트이며 오전 8시부터 오후 5시까지 개방한다.

3) 왓 프라 마하탓 : 14세기 말 라메쑤언 왕에 의해 세워진 사원이다. 지금 남아 있는 부서진 탑들과 목이 잘린 불상들은 버마군에 의한 파괴의 흔적이 그대로 남아 있어 당시의 참혹함을 전해주고 있다.

입장료는 20바트이며 오전 8시부터 오후 5시까지 개방한다.

4) 왓 야이 차이 몽콘 : 태국인들은 '왓 야이(큰 절)'라고 부른다. 1357년 아유타야 왕국의 초대왕인 우텅 왕이 당시 스리랑카에서 유학하고 돌아온 승려들을 위해 건립한 사원이다. 1592년 버마와의 전쟁에서 나레쑤언 왕이 버마의 왕자에게 코끼리를 타고 맨손으로 싸워 이긴 것을 기념하여 이 사원 안에 커다란 불탑(쩨디)을 세웠다. 이것은 버마가 강 반대편에 세운 '쩨디 푸카오 텅'에 맞서서 세운 것이기도 하다.

입장료는 20바트이며 오전 8시부터 오후 5시까지 개방한다.

5) 방빠인 궁 : 아유타야에서 남쪽으로 약 20km 떨어진 방빠인에 위치한 궁전으로 짝끄리 왕조의 별궁으로도 유명하다. 아유타야 왕조의 쁘라

쌋텅 왕에 의해 세워졌으며 아유타야의 멸망과 함께 폐허가 되었다가 짝끄리 왕조의 라마 4세, 5세에 의해 재건되어 왕실의 별장으로 이용되고 있다. 르네상스 양식의 건물로부터 동서양의 다양한 형태의 건물들이 아름다운 정원과 함께 환상적인 모습을 하고 있다. 대표적인 건물로는 별궁 내의 호수에 자리 잡고 있는 '프라 티낭 아이싸완 티파얏'이라는 정자로서 전형적인 태국 건축양식으로 지어진 것이다. 그리고 왕의 집무실로 사용되었던 '프라 티낭 웨핫 참룬' 궁전은 중국의 건축양식으로 지어졌으며 외부는 붉은색으로 칠해져 있다. 그리고 라마 5세가 전망대로 사용하기 위해 지었다는 '허 위툰 탓싸나' 등이 있다.

방빠인 궁의 입장료는 50바트이며 매일 오전 8시 30분에서 오후 3시 30분까지 개방한다.

2.2 깐짜나부리

깐짜나부리는 미얀마와의 국경지대에 위치한 도이다. 우리에게는 '콰이 강의 다리'로 더 잘 알려진 곳이기도 하다. 콰이 강이라는 명칭은 본래 태국어로 '쾌 강'이며 '쾌너이'와 '쾌 야이'로 나뉘어진다. 이것이 합쳐져서 끌렁, 강을 만들게 된다. 깐짜나부리는 평야지대인 중부지역에 있는 몇 안 되는 산악지대로서 휴양지가 많이 있으며 자연경관도 뛰어나고 조용하기 때문에 많은 사람들이 찾고 있는 곳이다. 또한 선사시대 유적부터 캄보디아 유적, 제2차 세계대전 유적 등 많은 역사 유적들도 있다.

방콕시내의 남부 버스터미널에서 버스를 이용할 수도 있고, 톤부리 역에서 하루 두 번 출발하는 기차를 이용할 수도 있다.

1) 쾌 강의 다리(싸판 매남 쾌) : 깐짜나부리 시내 북쪽에 위치해 있으며 제2차 세계대전 당시 일본이 버마 침략을 위한 철도건설의 일환으로 연합군 포로들을 동원하여 건설한 다리로서 많은 포로들이 여기서 사망

하였던 곳이기도 하다. 현재의 다리는 폭격에 의해 부서진 것을 나중에 복구한 것이다. 현재도 하루 세 번 관광열차가 이 다리 위로 다니고 있다. 시내에서 다양한 교통수단이 있어서 쉽게 갈 수 있다.

2) 에라완 폭포 국립공원(남똑 에라완) : 깐짜나부리에서 버스로 두 시간 거리에 있다. 폭포주변이 석회암지대여서 모양이 특이하다. 폭포는 모두 7단계로 되어 있으며 정상까지는 왕복 3시간이면 충분하다. 입장료는 25바트이며 오전 6시부터 오후 6시까지 개방한다.

2.3 차암과 후아힌

차암과 후아힌은 방콕의 남서쪽, 타이만의 서쪽에 위치하고 있으며 가족을 위한 휴양지로는 최적의 장소이다. 이들 지역은 지리적으로는 남부에 속하나 행정구역상으로는 중부에 속한다. 차암은 방콕에서 약 173km, 후아힌은 198km 떨어져 있다. 차암과 후아힌은 평온한 휴식을 즐길 수 있는 조용한 해변이 그 특징이다. 이곳에는 많은 호텔들과 숙박시설들이 있으며 외국인보다는 주로 태국인들이 이용하는 휴양지이기도 하다. 또한 이곳은 다른 태국의 휴양지들에 비해 오염되지 않은 자연경관을 갖추고 있으며, 후아힌은 태국에서 가장 오래된 휴양지로도 유명하다. 라마 7세 왕이 그곳에 여름별장을 지으면서 '끌라이 깡원(걱정은 멀리에)'라는 별칭을 수여할 정도로 평화롭고 조용한 분위기를 가지고 있다. 이러한 이유로 인해서 태국 상류계층의 사람들이 휴양지로 각광받기 시작했으며 요즘도 왕족들이 일정기간을 후아힌에서 휴가를 보낼 정도이며, 현재는 태국인들뿐만 아니라 외국관광객들에게까지도 널리 알려져 있는 곳이다.

한편 차암은 후아힌보다 아담한 지역으로, 내륙 쪽으로는 파인애플 농장이 장관이며 길게 뻗은 오염되지 않은 해변을 자랑하고 있다. 숙박시설 또한 다양하여 각종 오락과 여흥시설이 완비되어 있는 최고급 호텔에서부터 가격이 저렴한 해변가 방갈로에 이르기까지 그 종류가 다양하다. 아울러 이 두 곳은 싱싱하고 저렴한 해산물요리를 맛볼 수 있는 곳이기도 하다. 그 외에 다양한 전통특산물과 골프도 즐길 수 있다.

방콕시내의 남부버스터미널에서 버스를 이용할 수도 있고, 후아람퐁역에서 매일 9차례 출발하는 기차를 이용할 수도 있으며, 항공편도 가능하다. 또한 여행사의 패키지 상품들로 많이 있다.

2.4 팟타야

방콕에서 약 147km, 차로 2시간 반 정도 거리에 있는 팟타야는 태국 최고의 휴양지로 매년 많은 외국인 관광객들이 찾고 있는 세계적인 휴양지이다. 본래 팟타야는 베트남 전쟁 때에 미군 휴양소로 개발된 곳이며 현재는 다양한 호텔과 식당 그리고 유흥시설이 밀집해 있으며 각종 해양 스포츠를 즐길 수 있어서 많은 관광객들이 선호하는 관광지이다. 요즘은 많은 한국관광객들이 이곳을 찾기도 한다. 팟타야는 크게 팟타야 해변과 쩜티얀 해변으로 나뉘는데, 팟타야 해변에 모든 시설이 밀집되어 있으며 반면에 쩜티얀 해변은 조용한 분위기를 원하는 관광객들이 많이 찾고 있는 곳이다.

방콕의 동부버스터미널에서 버스가 수시로 출발하며 항공편도 가능하다. 또한 여행사들의 가장 대표적인 관광코스이기 때문에 어려움 없이 갈 수 있다.

1) 팟타야 해변 : 전체 길이가 약 4km에 수심이 얕아 해양스포츠의 중심지로서 연중 내내 수많은 관광객들이 찾고 있다. 해변을 중심으로 호텔과 레스토랑을 비롯한 각종 유흥장소가 많아 해가 지면 화려한 유흥가로 바뀐다. 해변이 좁고 깨끗하지는 않지만 일광욕과 수영을 즐기기에는 부족함이 없다.

2) 쩜티얀 해변 : 팟타야 만 남쪽 언덕을 넘어가면 또 하나의 해변이 나타난다. 팟타야 해변보다 조용해서 수상 스포츠를 즐기기에 좋으며 해변이 넓은데다 팟타야 해변보다는 깨끗해서 최근 조용한 곳을 선호하는 관광객들이 많이 찾는 편이다.

3) 꺼 란(산호섬) : 팟타야 해변 앞바다에 떠있는 산호섬으로 수상 스포츠가 활발한 곳이다. 비교적 맑고 깨끗한 바다를 간직하고 있기 때문에 스노클링이나 스쿠버다이빙도 즐길 수 있다.

팟타야 해변에서 수시로 배가 출발하고 있으며 요금은 왕복 200바트이다.

4) 농눗 빌리지(쑤언 농눗) : 파타야 해변에서 남쪽으로 약 15km 정도에 있는 대규모 레저랜드이다. 이곳은 난초와 각종 열대식물로 꾸며져 있으며 태국 각 지방의 민속공연이 하루 3회 공연되고 있으며 한국어로도 설명해 준다. 그 외에 코끼리 쇼와 로즈가든에 버금가는 다양한 쇼를 볼 수 있다.

입장료는 250바트이며 파타야 해변으로부터 버스로 30분 소요된다.

3. 북부 지역

태국의 북부지역은 많은 부분이 삼림으로 이루어져 있다. 이러한 산악지역 안에는 약 70만 명에 이르는 소수민족이 살고 있어서 그들을 고산족이라 부르며 이들 중 상당수는 골든트라이앵글이라 불리는 밀림 속에서 과거에는 양귀비 재배로 생계를 꾸려 나갔으나 현재는 커피, 콩 등 환금작물을 재배한다.

3.1 치앙마이

1296년 멩라이 왕이 건설한 고대 란나 타이 왕국의 수도로서 오랜 역사와 아름다운 자연을 자랑하는 인구 155만 명의 치앙마이 도의 도청소재지이다. 방콕에서 북쪽으로 약 700km 떨어져 있으며 17만 명의 인구가 살고 있는 치앙마이는 태국 제2의 도시이며 미인이 많기로도 유명하다.

치앙마이로 가는 교통편은 항공편, 기차, 버스 등 매우 다양하므로 손쉽게 갈 수 있다.

1) **왓 프라 씽**: 치앙마이 최대의 사원으로서 랏차담넌 거리의 서쪽 끝에 있다. 사원 내에는 3기의 부처가 모셔져 있는데 스리랑카에서 만들어진 것으로 매우 신성시 된다. 또 법당 내부에는 건립될 당시 사람들의 생활을 묘사한 벽화가 있어서 당시의 전통 관습과 전통 의상 그리고 생활, 문화 등을 이해하는 데에 귀중한 자료가 되고 있다.

2) **왓 프라탓 더이쑤텝**: 치앙마이 시내에서 16km 정도 떨어진 더이쑤텝 산 중턱에 서 있는 사원으로 왕실사원이며 치앙마이 관광의 절정이라고 할 수 있다. 1383년에 건립된 이 사원은 부처의 사리를 도시고 있어 많은 태국인들의 독실한 신앙의 대상이 되고 있다. 입구에는 306개의 계단이 있고 그 양 옆으로는 거대한 용이 조각되어 있어 '용의 계단'이라고 불리기도 하는데 사원까지 참배객들을 안전하게 지켜주는 역할을 한다고 전해진다. 경내에 도달하면 찬란한 황금빛 탑이 모습을 드러내는데 높이 22m의 이 탑에는 부처의 사리가 모셔져 있어 탑 주변에는 많은 참배객들이 끊이지 않는다.

3) **푸핑 여름궁전**: 시내에서 약 21km 북서쪽에 있는 푸핑 궁전은 1961년에 건축되었다. 왓 프라탓 더이쑤텝에서 약 5km 정도 더 산을 올라간 지

점에 위치한 태국 왕실의 별궁이다. 정원은 각종 꽃으로 잘 꾸며져 있고 현대식 건물들이 들어서 있다. 왕이 머무르지 않을 때는 일반인에게도 공개되며 금요일부터 일요일까지 오전 8시에서 오후 4시 30분까지 개방된다. 입장료는 없다.

4) 버쌍 마을 : 가지각색의 천이나 종이에 그림을 그린 대나무 우산으로 유명한 이 마을은 시내에서 약 9km 정도 떨어져 있다. 마을 안에는 대나무 우산뿐만 아니라 티크가구 공장, 은 세공 공장 등 다양한 수공예품을 만드는 공장들이 밀집되어 있다. 수공예품을 만드는 과정을 직접 볼 수도 있고 원하는 모양으로 주문생산도 가능하다.

5) 싼깜팽 : 버쌍 마을에서 약 5km 정도 떨어져 있으며 태국 실크와 면제품으로 유명한 곳이다. 이곳에서는 누에고치에서부터 실을 뽑아 실크를 만드는 전 과정을 한눈에 볼 수 있다. 선물용품점의 수가 많아 각종 제품들을 저렴한 가격에 구입할 수 있다.

6) 올드 치앙마이 컬츄럴 센터 : 시내의 남쪽에 있는 관광객을 위해 만든 고산족 마을이다. 이곳에서는 '칸똑 디너쇼'라는 것이 열리는데 고산족의 전통음식과 더불어 고산족의 전통 민속공연이 이어진다. 음식은 바닥에 앉아 먹는 방식이며 나오는 음식은 자극적이지 않아서 한국인의 입맛에도 잘 맞는 편이다. 민속공연은 1, 2부로 나뉘어져서 실내공연과 야외공연으로 구성되어 있으며 출연자들과 관람객이 함께 민속무용을 출 수 있는 기회도 제공된다. 요금은 250바트이다.

7) 야시장(나이트바자) : 치앙마이 시내에 세워지는 야시장은 조잡한 물건을 파는 노점상에서부터 큰 상점에 이르기까지 다양한 종류의 상품

들이 매일 저녁거리를 메운다. 그러나 고가의 상품이나 고급품은 찾아볼 수 없다. 그리고 다양한 먹거리들이 판매되고 있는데 각종 패스트 푸드점을 비롯하여 맥주집, 태국 음식점 등 다양한 음식들을 맛볼 수 있다.

3.2 치앙라이

치앙마이에서 약 200km 정도 떨어져 있는 이 도시는 북부 제2의 도시이다. 1262년 멩라이 왕이 건설하였으며 1296년 치앙마이로 수도를 옮기기 전까지 란나타이 왕국의 수도였다. 1556년 미얀마의 침략으로 란나타이 왕국이 멸망한 후 미얀마에 의해 200여 년 동안 지배를 받기도 하였다.

1) 왓 프라깨우 : 치앙라이에서 가장 유서 깊은 사원으로 현재 방콕의 에메랄드 사원에 있는 에메랄드 불상이 원래부터 모셔져 있던 곳으로 유명하다. 이 에메랄드 불상은 역사의 흥망성쇠 속에서 치앙마이, 람빵을 거쳐 라오스까지 옮겨졌었다. 그러나 1778년에 톤부리 왕국이 라오스를 정복하면서 전리품으로 톤부리로 옮겨졌다가, 랏따나꼬씬 왕조의 라마 1세가 왕립 에메랄드 사원을 짓고 방콕의 현재 위치에 안치했다.

2) 매싸이 : 치앙마이에서 260km 정도 떨어진 매싸이는 태국의 최북단에 위치하여 미얀마와 다리 하나를 사이로 마주보고 있는 국경도시이다. 국경너머에서 생산된 일용품과 수공예품들이 이곳의 시장에서 팔리고 있다. 외국인들은 태국 이민국에 증명서 및 사진을 제출하고 300바트의 돈을 지불하면 국경을 넘을 수 있다. 요즈음 들어 개방하기 시작한 미얀마의 모습을 보기 위해 많은 관광객들이 모여들고 있다.

3.3 치앙쌘

1328년 란나타이 왕국 시대에 건설되었다. 한때 북부 란나타이 왕국과도 교류를 했을 만큼 번성하기도 하였다. 16세기 미얀마에 의해 멸망되었으며 200여 년 동안 미얀마의 지배를 받기도 하였다. 많은 사원들과 유적지 등의 다양한 볼거리들이 있다.

- 골든트라이앵글 : 치양쌘의 북쪽으로 9km 떨어진 곳에 있으며 태국과 라오스, 미얀마의 국경이 만나는 지역을 말하며 아편재배 및 매매지로 유명한 지역이기도 하다.

3.4 핏싸눌록

방콕에서 북쪽으로 377km 떨어진 곳에 위치한 도시로 태국 중부와 북부 그리고 북동부를 연결하는 교통의 요충지이며 북부지역의 행정의 중심지이기도 하다. 방콕에서 항공편, 기차, 버스 등이 수시로 운행되고 있어 매우 편리하다.

유명한 관광지로는 '왓 프라 씨 랏따나 마하탓'사원으로 이곳에는 1357년 쑤코타이의 리타이 왕 때 만든 것으로 알려진 태국에서 가장 아름다운 불상인 '찐나랏 불상'이 모셔져 있는 곳이다.

3.5 쑤코타이

'행복한 새벽'의 뜻을 가진 쑤코타이는 방콕에서 북쪽으로 427km 떨어져 있다. 태국 최초의 국가인 쑤코타이 왕국의 수도였다. 전성기 때에는 쑤코타이 지방을 중심으로 말레이반도 전역을 지배하였던 강력한 국가였다. 불교를 받아들이고 문자를 창제하는 등 태국 초기문화의 기반을 다졌으나 차츰 국력이 쇠퇴하여 1438년 아유타야에 합병되었다.

방콕의 신북부터미널에서 버스를 이용하거나 항공편을 이용할 수도 있다. 철도편은 쑤코타이를 통과하지 않으므로 불편하다.

1) **쑤코타이 역사공원** : 1978년 UNESCO의 도움을 얻어 쑤코타이 왕국

의 모습을 재현하기 위해 당시의 왕궁, 사원, 성 등을 복원시켜 놓은 곳이다. 이곳은 '세계문화유산'으로 지정되어 영구보존할 수 있게 되었다.

입장료는 20바트이며 오전 8시 30분부터 오후 4시 30분까지 개방한다.

2) 람캄행 국립박물관 : 1964년에 개관하였으며 쑤코타이의 유적들을 복원하면서 발굴된 유물들을 전시하고 있다. 이곳의 각종 불상들과 다양한 유물들은 당시의 쑤코타이의 생활상과 문화수준을 엿볼 수 있게 한다.

입장료는 30바트이며 오전 9시에서 오후 4시까지 개방한다.

람캄행 대왕의 동상과 창제한 문자로 비문을 만드는 모습과 비문

3) 왓 마하탓 : 사적공원 내의 중앙에 위치하고 있다. 이곳은 과거 왕궁 앞에 있었던 왕실사원으로서 쑤코타이에서 최대의 규모를 자랑한다. 부처님의 진신사리가 모셔진 불탑과 많은 불상들이 남아 있다.

4) 람캄행 대왕 기념 동상 : 쑤코타이 왕국 역사상 가장 황금기였고 최대의 영토를 지배하였던 태국 역사상 가장 위대한 왕 중의 한 사람이다.

뿐만 아니라 람캄행 대왕은 1283년 먼과 크메르 문자를 모방하여 태국문자를 창제하였다. 이 대왕의 업적을 기리기 위한 동상이 세워져 있으며 그 아래쪽에는 쑤코타이 시대에 만들어진 '람캄행 대왕비'의 모형이 세워져 있다. 그 비석의 진품은 현재 방콕의 국립박물관에 전시되어 있다. 그리고 대왕비를 둘러싼 4개의 부조에 그의 생애에 대한 내용이 새겨져 있다.

4. 동북부 지역

태국의 동북부지역을 태국인들은 '이싼'이라고 하기도 한다. 대부분 산지로 이루어져 있으며 생활수준이나 자연환경이 타 지역에 비해 매우 열악한 편이다. 대부분 화전이나 농사를 짓지만 수확이 그다지 많지 않아서 농한기 때에는 방콕이나 기타 지역으로 일거리를 찾아 대이동을 하기도 한다. 방콕의 후아람퐁 역에 가면 노숙하고 있는 사람들을 쉽게 볼 수 있는데, 이들은 대부분이 동북부에서 일자리를 찾아온 사람들이다.

이 지역은 메콩 강을 사이에 두고 라오스와, 그리고 남쪽은 캄보디아와 국경을 접하고 있는 지역으로서 과거 영화를 누렸던 크메르 제국의 영토로서 당시의 유적이 많이 남아있고 그 외에도 선사시대의 유적 등 다양한 볼거리들이 있다. 그러나 이곳을 찾는 관광객의 수는 그다지 많지 않은 편이다.

4.1 나컨랏차씨마

방콕에서 약 240km 떨어져 있으며 이싼 지역으로 들어가는 관문이고 동북부 최대의 도시이자 중심도시이다. 태국인들은 흔히 이 지역을 '코랏'이라고 부른다. 이곳에서 길이 두 갈래로 나뉘어 지는데 북으로는 컨깬, 넝카이를 지나 라오스까지 이어지며 동쪽으로는 부리람, 쑤린, 우본랏차타니로 이어진다.

이곳의 관광명소로는 시내에 '타오 쑤라나리 기념동상'이 세워져 있는

데 타오 쑤라나리는 과거 코랏 지방의 부지사의 아내로 1826년 라오스의 침략에 맞서 싸워 승리를 거둔 영웅이다. 코랏 시민들뿐만 아니라 태국 국민 전체로부터 추앙받고 있는 인물이기도 하다. 코랏 시내를 약간 벗어나면 '쁘라쌋힌 프놈완'이라는 과거 크메르 유적지가 있는데 규모는 작지만 현재도 계속 발굴과 복원이 되고 있는 중이다.

방콕의 동북부버스터미널에서 버스를 이용하거나 후아람퐁 역에서 기차를 이용해서 갈 수도 있다.

4.2 피마이

작은 시골마을로 이곳에는 태국에서 가장 유명한 크메르식 사원이 있는데 힌두사원으로서 '쁘라쌋 힌 피마이'라고 하며 약 1,000년 전에 세워진 것으로 추정된다. 크고 작은 탑들이 주를 이루고 있다. 또한 세계 최대의 보리수나무인 '싸이 응암'과 선사시대 유적인 '반 쁘라쌋'은 선사시대의 유물과 유골이 발견된 곳이다.

4.3 쑤린

쑤린은 방콕에서 457km 떨어져 있다. 캄보디아와 접해 있으며 많은 크메르 유적과 11월 말에 열리는 코끼리 축제는 전국에서 이 축제를 보기 위해 관광객들이 몰려올 정도로 매우 유명한 축제이다.

4.4 우던타니

방콕에서 동북쪽으로 564km 떨어져 있으며 월남전 때 세워진 미군 공군기지로 인해 급성장한 도시이다. 이싼의 경제, 교통, 문화의 중심지이다. 이곳에는 시내에서 약 50km 정도 떨어진 곳에 '반치앙'이라는 세계적인 선사시대 유적지가 있는데 메소포타미아 문명보다 오래된 것으로 추정되고 있다. 이 지역 특유의 항아리가 아직도 마을에서 만들어지고 있고 반치앙 국립박물관에는 발굴된 유적들이 잘 전시되어 있다.

입장료는 30바트이며 오전 9시부터 오후 4시까지 개방한다.

4.5 넝카이

이싼의 북쪽 끝에 위치한 넝카이는 방콕으로부터 615km 떨어져 있고 라오스의 수도 비엔티얀과는 불과 25km 밖에 떨어져 있지 않으며 라오스까지 다리로 연결되어 있어 육로로 라오스에 입국하는 사람들은 대부분 이곳을 거쳐 간다. 태국과 라오스를 연결하는 다리는 '우정의 다리(싸판 밋뜨라 팝)'라고 부르며 1994년에 개통되었다.

방콕의 동북부버스터미널에서 버스를 이용하거나 후아람퐁 역에서 기차를 이용하면 열차의 종착역이 넝카이이다.

5. 남부지역

태국의 남부지역은 서쪽으로는 안다만 해, 인도양과 동쪽으로는 타이만, 태평양 등 대부분 바다와 접해 있어 뛰어난 경관을 자랑하는 휴양지들이 많이 있다. 해변도 많이 오염되지 않았고 일부 관광지를 제외하고는 외국인 관광객들이 그다지 많이 찾지 않는 곳이라 조용하기도 하다. 또한 남부는 태국에 최초로 불교가 유입된 곳이기도 하며 말레이시아를 통해 이슬람교가 유입된 곳이기도 하다. 아직도 타이무슬림의 중심지이며, 태국 내 무슬림 중 90% 이상이 남부 4개 짱왓(빳따니, 얄라, 나랏티왓, 싸뚠)에 분포되어 살고 있다.

5.1 푸껫

푸껫은 인도양에 있는 섬으로 방콕에서 약 862km 떨어진 곳이다. 태국의 대표적인 휴양지로 많은 관광객들이 찾고 있으며 세계적인 주석 산지이기도 하다. 섬이기는 하지만 현재는 다리가 놓여 있어 내륙과 연결되어 있다. 섬 내에는 14개에 달하는 아름다운 해변이 있으며 각종 해양스포츠가 성황을 이루고 있다. 그리고 이 섬에는 주석광산에서 일하기 위해 많은 중국인들이 이주해 와서 그들만의 독특한 문화와 생활양식이 뿌리내려져 있다.

방콕에서 남부버스터미널에서 버스를 이용하거나 항공편은 국내선과 국제선이 모두 운항되고 있어 매우 편리하다.

1) 랑 언덕 : 푸껫 시내의 북쪽에 있는 작은 언덕이다. 자연공원으로 정비되어 있고 언덕길에는 운동하는 사람들도 많이 있다. 정상에서 바라보는 푸껫 시와 푸껫 만의 경치는 매우 아름답다. 차를 타고 올라갈 수도 있고 그리 멀지 않아 걸어서 올라가기도 한다.

2) 푸껫 수족관 : 푸껫 시내에서 남쪽으로 10km 떨어진 판와 곶 끝에 있는 수족관으로 100여 종에 달하는 열대어들과 해양생물들을 볼 수 있다. 규모는 작지만 진기한 열대어가 많고 잘 정리되어 있어 관광객들이 많이 찾는 곳이다.

입장료는 20바트이며 오전 8시 30분부터 오후 4시까지 개방한다.

3) 프롬텝 곶 : 푸껫의 최남단에 있는 바다 쪽으로 튀어나온 곳으로 안다만 해에 떠있는 수많은 섬들을 볼 수 있다. 이곳은 가장 아름다운 낙조를 볼 수 있는 곳으로 유명하다. 해가 질 때면 낙조를 보기 위해 모여드는 관광객들을 보는 것도 큰 구경거리이다.

4) 빠떵 해변 : 푸껫 시내에서 서쪽으로 15km 떨어져 있는 빠떵 해변은 푸껫의 대표적인 해변이다. 3km에 이르는 해변이 남북으로 이어져 있다.

하얀 모래와 따뜻한 바닷물이 자랑이며 여러 가지 해양 스포츠를 즐기기에 좋다. 해변을 끼고 세워진 수많은 숙박시설과 유흥시설들이 이곳이 푸껫 최대의 휴양지임을 알 수 있게 해준다.

5) 까론 해변 : 빠떵 해변 남쪽 4km 지점에 있다. 푸껫에서 두 번째로 유명한 해변이다. 앞바다가 넓게 트여져 있어 빠떵보다 시원한 느낌이 드는 곳이다. 빠떵에 비해 덜 개발되어 조용한 분위기였으나 지금은 점점 개발되어 빠떵처럼 변해가고 있다. 그러나 아직은 조용한 분위기를 즐길 수 있다.

5.2 팡아

푸껫에서 95km 떨어져 있는 팡아는 작은 항구도시이며 도시 안에는 관광지가 전혀 없다. 그러나 팡아 만 앞바다에는 20km에 걸쳐 161개의 섬들이 펼쳐져 있으며 태국에서도 그 경관이 아름답기로 소문난 국립공원이다. 많은 섬들 중에 이름난 섬들은 70년대 중반에 촬영된 '007 황금 총을 가진 사나이'의 주 촬영무대였던 일명 '제임스본드 섬(꺼 핑칸)'이 있고, 그 섬 앞에는 못을 닮았다고 해서 '못섬(꺼 따뿌)'으로 불리는 섬 등이 대표적인 볼거리이다.

팡아로 가는 방법은 방콕에서도 갈 수 있지만 푸껫에서 거리가 멀지 않으므로 대부분 푸껫에서 출발한다. 푸껫의 여행사들에서 대부분 팩키지 상품으로 취급하고 있으므로 그것을 이용하는 것이 편리할 것이다.

5.3 끄라비

푸껫에서 약 180km 떨어져 있는 끄라비는 인구 16,000여 명의 중소도시로서 매우 아름답고 조용한 해안도시이다. 끄라비는 전부터 널리 알려진 관광지로 관광시설도 잘 되어 있고 신선하고 값싼 해산물도 즐길 수 있는 곳이다. 또한 주위의 해변에는 아름답고 깨끗한 휴양지들이 많아 관광객들이 끊이지 않고 모여드는 곳이다.

• 피피 섬(꺼 피피) : 끄라비에서 서쪽으로 40km, 푸껫에서 남동쪽으로 48km 떨어져 있는 피피 섬은 "세계에서 가장 아름다운 해변", "지구 최후의 낙원" 등의 수식어가 따라 붙을 정도로 매우 아름다운 곳이다. 총 6개의 섬으로 이루어져 있지만 가 볼 수 있는 곳은 피피던 섬(꺼 피피던)과 피피레 섬(꺼 피피레) 두 곳이다. 피피던 섬은 피피 섬의 중심지로 여행자들이 이용할 수 있는 모든 편의시설과 숙박시설이 이곳에 있다. 그 남쪽의 작은 섬이 피피 레 섬인데 절벽으로 이루어진 무인도이다. 해수욕을 즐길 수 있는 모래사장이나 숙박시설은 전혀 없다. 이 섬에는 과거에 바이킹들이 살았다는 바이킹 동굴이 있는데 거기에는 벽화가 그려져 있고 고급음식의 재료로 쓰이는 제비집의 채취장소이기도 하다. 1년 중 정해진 기간에 허가받은 사람들만 채취할 수 있으므로 채취하는 모습을 보기는 어렵다.

피피 섬으로 가는 방법은 대부분 끄라비에서 출발하지만 푸껫에서도 버스편을 이용하거나 여행사를 통해 쉽게 갈 수 있다.

5.4 싸무이 섬 (꺼 싸무이)

싸무이 섬은 방콕에서 약 720km, 쑤랏타니에서 약 80km 떨어진 태국의 동쪽 해안에 있는 섬이다 신비의 섬이라 불리는 싸무이 섬은 주위에 크고 작은 80여 개의 섬들이 있으며 그중에는 싸무이 섬, 파 응안 섬, 그리고 따오 섬 등 세 개의 섬이 주요 섬들이다. 과거 1970년대 배낭족들이나 히피들이 즐겨 찾으면서 개발되기 시작하여 1980년대 들어서면서 본격적으로 개발된 곳이다. 지금은 최고급 호텔이 들어설 정도로 발전되고 항공편도 운항되고 있어서 과거와는 달리 관광하기에 전혀 불편함이 없다.

섬으로 가는 방법은 매우 다양하다. 방콕에서 항공편이 운항되고 있고, 쑤랏타니 등지에서 고속 페리도 운항되고 있다. 그 외에 방콕에서 조인트 티켓을 이용할 수도 있는데 쑤랏타니까지는 기차로 쑤랏타니에서 싸무이 섬까지 페리로 가는 모든 비용이 포함된 것이다.

1) **차웽 해변** : 싸무이 섬에서 가장 크고 화려한 해변이다. 공항에서 가까이 있기 때문에 항공편으로 도착한 여행객들이 많이 찾아오는 곳이다. 여행객을 위한 모든 편의시설과 다양한 숙박시설, 유흥시설, 그리고 해양스포츠 시설까지 모든 것이 완벽하게 갖추어져 있다.

2) **라마이 해변** : 싸무이 섬에서 두 번째로 큰 해변이며 차웽 해변 남쪽에 위치해 있다. 바다와 바람에 의해 만들어진 기암괴석들이 매우 아름다우며 싸무이 섬이 개발되기 이전에는 이곳에 더 많은 관광객들이 찾았던 곳이기도 하다.

5.5 쏭클라

남부 최대의 도시 쏭클라는 방콕에서 950km 떨어져 있으며 태국에서 가장 유명한 해변 휴양지 중의 하나이다. 남부 최대의 교통 요충지이자 말레이시아로 넘어가는 관문인 핫야이가 도청소재지인 쏭클라보다 더 발전되었고 화려하다. 이를 빗대어 태국인들 중에는 '쏭클라 도 핫야이 시'가 아니라 '핫야이 도 송클라 시'라고 부르는 사람들도 있다. 이 핫야이 시가 발전하는 데는 말레이시아인들의 영향이 가장 컸다고 할 수 있다. 지리상 가깝고 또 말레이시아는 이슬람국가로서 그곳에 사는 무슬림들이 휴가를 즐기기 위해 이곳으로 많이 찾아온 이유 때문이다.

또한 핫야이에는 대규모의 암시장이 형성되어 있는데 대부분 싱가포르나 말레이시아에서 들어온 밀수품들로서 가격이 저렴한 편이라 많은 태국인들도 물건을 사기 위해 핫야이로 오기도 한다. 이 외에도 쏭클라에는 아름답고 깨끗한 해변들과 호수, 폭포, 사원 등 다양한 볼거리들이 많이 있고 방콕과는 다른 분위기를 느낄 수 있는 곳이기도 하다.

방콕에서 버스를 이용하거나 항공편을 이용할 수도 있다. 철도편은 쏭클라는 통과하지 않으며, 핫야이에 역이 있다.

제18장

예 절

흔히 태국인은 친절하고 잘 웃으며, 태국은 "'마이뻰라이'의 나라"라고 한다. 태국어의 "마이뻰라이"는 "괜찮다, 됐다, 걱정 말아라, 문제없다" 등등의 반부정 · 반긍정의 의미를 갖는 말이다. 태국인의 천성은 일반적으로 낙천적이며 놀기 좋아하고 또 아무리 어렵고 심각한 일이라 해도 간단하고 쉽게 생각한다고 한다. 합장한 모습으로 방긋 웃으며 "싸왓디(안녕하십니까)", "커톳(죄송합니다)", "컵쿤(고맙습니다)"이라고 하는 태국인을 보면 "정말 태국인은 친절하고 예의바르구나!"라고 생각하게 된다.

태국은 상좌부불교 국가이며 왕을 최고의 정점으로 하고 있는 국가이다. 생활 곳곳에 불교적인 색채가 짙게 깔려 있다. 인사법도 불교식으로 가슴 위에 두 손을 모은 합장한 모습이다. 13세기 이래 현재까지 왕국이라는 정치적 전통을 고수하고 있는 까닭에 태국은 인간관계도 윗사람은 아랫사람에 대해 관대하고 후덕하게 베풀고 보살펴 주며, 절대로 아랫사람을 이용하여 이득을 챙기지 않는다. 왕실과 승단은 태국 사회에서는 서로 독립된 조직이나 상호보완적인 위치에 있다. 왕실은 왕실대로, 승단은 승단대로 일반 태국인과는 다른 경어를 쓰며, 인칭대명사가 매우 발달되어 있어 연령, 사회적 신분 등에 따라 자신이나 상대방을 올리고 내림으로써 상대방의 지위를 인정해주고 체면을 세워준다. 태국인의 예의범절도 이러한 도덕적, 윤리적 기준 위에서 형성되어 왔다고 생각하면 기억하기 쉽다.

현재 방콕은 인구 1,000만 명에 가까운 거대한 도시이며 국제드시이다. 1990년대에 급속히 이루어진 산업발달의 결과로 방콕을 비롯한 대도시는 고층빌딩의 숲을 이루고 있다. 사무실용 고층빌딩을 위시하여 동서남북으로 방콕을 관통하는 고가도로, 지상철, 지하철, 도로를 메우다시피 늘어서 있는 크고 작은 각양각색의 자동차들로만 방콕을 설명할 수는 없다.

고소득자들은 커다란 단독주택이나 맨션에, 신흥 중산층들은 콘도미니엄에, 저소득층을 위한 연립주택과 타운하우스 및 아파트를 비롯해 빈곤층이 사는 양철지붕의 오두막과 판자집이 공존하고 있다. 이 각 계층들에 속한 이들은 자신의 신분에 맞는 사고와 행위를 한다. 다시 말하면 현재의 처지를 수용하는 입장이 강하다. 그러므로 태국인들은 일반적으로 계층 간의 차별성을 인정하고 그 속에서 조화를 찾아내며 일상생활 속에서 정직, 정의, 그리고 순종과 겸손을 미덕으로 삼고 있다고도 할 수 있다.

방콕에 사는 사람들은 방콕에서 태어나 교육받은 후 정착해 사는 방콕이 고향인 사람, 방콕 주변이나 해외에서 온 비교적 부유한 거주자, 그리고 가난에서 벗어나기 위해 고향을 떠나 방콕에 와서 노동을 하며 사는 사람들로 구별된다. 혹자는 비록 같은 직종에 종사하는 태국인이라 해도 외국인인 우리가 질문을 할 때 친근한 미소를 띠우며 묻는 말에 정성스럽게 대답하는 사람은 지방에서 온 가난한 집안 출신이며, 묻는 말에 미소 없이 요점만 대답하거나 대답하지 않거나, 또는 아예 거들떠보지도 않는다면 그 사람은 최고의 고등교육을 받은 본래 있는 집 출신의 방콕 태생이라고 한다. 왜냐하면 태국인은 특히 지방에서 온 사람들은 고향을 떠나 의지를 여행한 경험이 거의 없기 때문에 외국인을 무조건 숭배하고 자기보다 높은 수준의 교육을 받았다고 생각하는 경향이 비교적 강해서 친절하게 대한다는 것이다. 그러므로 태국에서 태국인과 같이 생활하면서 태국인의 문화를 이해하고 원만한 관계를 유지하기 위하여 다음의 몇 가지 사항을 알아두면 편리할 것이다.

1. 일상생활에 관한 사항

① 태국사람들은 어려서부터 작거나 낮은 음성으로 담소하도록 훈련되었다. 목소리 자체가 작거나 은밀한 이야기를 하기 위해 소리를 작게 내거나 목소리를 낮추는 것이 아니라 그렇게 하는 것이 예의바른 행동으로 배웠기 때문이다. 어떤 사람은 잘 알아들을 수 없을 정도로 작게 속삭이듯 하기도 한다.

만일 태국인의 목소리가 커졌다면 그것은 감정을 억제할 수 없을 만큼 화가 나있다는 증거이며, 다음 단계의 행동은 극단적인 것이 될 것인데, 그 정도는 아무도 예측할 수 없다는 것을 의미한다고 해도 크게 틀리지 않는다. 그러므로 태국인의 자존심을 건드리는 언행은 삼가도록 한다.

② 태국에서 커다란 목소리로 식당이나 공공장소에서 말하는 사람도 있다. 이러한 사람들은 대부분이 중국인이거나 중국계 태국인, 아니면 중국인이나 한국인 같은 외국인이다. 교양 있는 태국인들은 그런 행동을 무례한 행동으로 간주한다.

③ 태국에서는 쉽게 흥분하거나 화를 내지 말아야 한다. 태국인들은 소곤대듯이 작은 소리로 말하는 사람이 적지 않다. 평상시에 조용한 목소리로 이야기하는 것이 보통이고 화가 났다 해도 언성을 높이는 경우는 극히 적다. 목소리에 자신의 감정을 나타내지 않는다. 배움이 없는 교양 없는 행위로 간주되기 때문이다. 화가 났다 해도 직접적으로 표시해 곧 남이 알 수 있게 하지 않는다.

④ 태국인을 고용할 때 해야 할 일과 해서는 안 될 일을 정확히 주지시켜야 하며 규칙을 어겼을 경우에 받아야 되는 벌에 대하여도 분명히 해주

어야 한다. 외국인에 대해 경외감을 갖지만, 자신들의 생각에 비추어 규정에 없는 벌을 주거나 어떠한 행위를 가할 때 그들은 자존심이 상했다고 생각하고 예기치 못할 해를 가할 수도 있기 때문이다.

⑤ 길을 가다가 실수로 몸이 부딪히거나 손이 닿았을 경우 잘잘못을 차치하고 우선 미소를 띠우고 "미안합니다", 죄송합니다"라는 의미의 태국어인 "커톳", 또는 "톳티" 등을 말한다. 고마울 때는 "고맙습니다"라는 의미의 태국어인 "컵쿤"이라는 인사말을 잊지 않는다. 그런 경우, 어느 경우나 살짝 미소를 보내며 "마이뻰라이"라는 말로 응답해주는 것이 좋다.

⑥ 태국인들의 성명은 이름이 앞에 오고 성은 뒤에 온다. 태국인의 이름과 성은 보통 다음절로 되어 있어 길고 외우기 힘들다. 물론 좋은 의미를 가진 언어들로 되어 있다. 흔히 태국인들은 첫 번째 만남에서 "츠렌"이라는 이름의 별명 또는 애칭을 가르쳐 준다. 다음에 만났을 경우 애칭만을 불러 주던지(친하거나 동년배인 경우) 아니면 애칭 앞에 "쿤(氏)"이라는 태국어를 붙여 부른다. 예를 들어 "삐약"이라는 애칭을 가진 여성은 "쿤삐약"이라고 부른다.

물론 존칭어도 있다. 일반적으로 여성은 "카"를, 남성은 "크랍"이라는 단어를 말끝이나 문장의 맨 뒤에 붙이면 된다. 예를 들어 "쿤삐약 크랍(카)"이라는 표현은 "쿤삐약"보다 더 겸손하고 예의바른 표현법이다. 필요한 경우에는 본 이름을 기록해두어 기억해야 하며, 명함을 받았을 경우 애칭을 적어두는 것이 필요하다.

⑦ 태국 사람들, 특히 시골 사람들은 수요일을 기피하고 상점 문을 닫는 경우도 종종 있다. 일부의 태국인들은 수요일에만 손톱이나 머리를 자르거나 손질하기도 한다.

⑧ 물건을 건네거나 음식을 먹을 때, 또 악수할 때 오른손을 사용하고 왼손은 사용하지 않는다. 도시에는 각종 휴지가 보급되고 화장실 문화가 서양식으로 바뀌었지만 시골에서는 아직도 전통적인 방법을 사용하고

있기도 하다. 그러므로 왼손은 일반적으로 오른손보다 더 천한(낮은?, 험한?) 일에 사용한다는 생각이 태국인에게는 지배적이다. 왼손잡이라고 해도 물건을 주고받는 데는 오른손을 쓰도록 노력하는 것이 바람직하다.

일반적으로 어른에게서 물건을 받거나 어른에게 건넬 때는 공손히 두 손을 다 사용하지만 오른손 하나만 사용해도 실례가 되지 않는다. 집게손가락으로 사람을 가리키거나 손가락질을 하지 않는 것이 좋다. 특히 상대방의 기분이 좋지 않을 때는 삼가는 것이 좋다.

⑨ 태국인들은 특별한 경우를 제외하고 다른 사람이, 더군다나 낯선 사람이 자신의 몸을 만지는 것을 좋아하지 않는다. 머리, 손, 그리고 발 등 세 부분의 신체 부위에 대해 각별한 생각을 갖고 있다.

태국인에게 있어서 머리는 신체의 맨 위에 있는 부분으로 매우 중요한 부분으로 인식된다. 그러므로 태국인의 머리를 손으로 짚거나 만지는 것은 금기에 해당되는 사항이다. 귀엽다고 어린이의 머리를 쓰다듬는 행위는 조심해야 한다. 머리에 무엇인가가 떨어져 있어 털어 주어야 할 경우 미리 양해를 구하거나 필요성을 인식시키는 것이 좋다. 농촌에 가면 사람들은 승려들보다 낮은 자리에 앉고, 젊은이는 어른보다 낮은 자리를 찾아 앉는 것도 이러한 맥락에서 이해될 수 있다.

⑩ 발은 신체에서 가장 낮은 곳에 있어 가장 더럽고 낮은(천한) 부분으로 인식된다. 그러므로 방향이나 사람을 가리킬 때 발을 사용하는 것은 절대로 안 된다. 여기저기 늘어져 있는 신발을 발로 모아 가지런히 하는 것도 예의에서 벗어난 행위이다.

승려나 종교와 관련된 물건, 왕이나 왕족은 물론 이들의 사진, 또는 사람을 향해 발을 올리거나 올려놓아서는 안 된다. 이들의 사진을 깔고 앉거나 찢거나 하는 등의 훼손행위는 절대 금한다.

사람의 신체의 일부라 해도, 예를 들어 가로 누워있는 사람의 다리부분이라 해도, 그 위로 가로 건너지 않는 것이 좋다. 어깨나 머리 위로 물건을 건네거나 주고받는 행위도 피해야 한다.

⑪ 태국인들은 자존심이 강하고 남의 일에 간섭하거나, 남이 자신의 일에 참견하는 것을 좋아하지 않는다. 특히 자신의 결점을 들추어 비판하는 행위를 참지 못한다. 꼭 조언을 해야 할 경우는 부드럽고 완곡한 표현을 쓰는 것이 바람직하며, 직선적으로 단점이나 시정사항을 말하지 않도록 한다. 태국인들 앞에서 태국의 문화, 사회, 성격 등을 비롯하여 태국인이 신성시하고 존경하는 것을 비판하는 일은 삼가는 것이 좋다.

⑫ 상대방의 사회적인 지위가 자신보다 높거나 연령이 높은 분 앞에서는 늘 그분의 눈높이보다 자신을 낮추어야 한다. 그리고 상대방의 문화를 비하는 언행을 해서는 안 된다.

2. 종교생활에 관한 사항

① 태국인들은 집에 불단을 모셔놓고 아침저녁으로 기도한다. 그러므로 자주 절에 가지 않아도 그들은 스스로 불교도라고 생각한다. 이와는 달리 기독교인들과 이슬람교도들은 자주 교회와 이슬람 사원, 마싸힛을 찾아 기도한다.

이미 아는 바와 같이 무슬림들은 시간만 되면 사원이나 사원을 향해 기도하므로 그들의 기도습관을 존중해야 한다.

이외에도 불교나 이슬람, 기독교 등 종교에 관한 책이나 사진 등은 소중하게 다루어야 한다. 실수로 불교나 승려에 관한 책이나 내용을 훼손하거나 깔고 앉는다거나 또는 바깥이나 노상에 방치해서는 안 된다. 불상과 같은 성물(聖物)은 아무리 작아도 던지는 등 예의 없는 행위를 하지 않는 게 좋다.

태국인들이 목에 호신불들이 주렁주렁 달려있는 목걸이를 하고 있는 것을 보게 된다. 그 호신불을 사든가 얻든가 할 때 돈을 내더라도 "산다"는 어휘를 쓰지 않고 "차오(빌리다)"라는 단어를 쓴다. 성물은 사고파는 흥정의 대상이 아니다. 성물 대신에 아예 몸에 문신을 하는 경우도 적지 않다.

② 태국의 불교 성직자는 남성과 여성이 있는데 우리나라와 달리 남성들은 어린 사미승일 경우도 황색 승복을 입고 '프라' 또는 '넨'이라 불리는데, 여성 승려들은 흰색 승복을 입고 "매치"라고 불린다. 매치는 프라보다 더 많은 계율을 지키며 사회사업을 위시하여 승려를 도와 사원의 살림을 맡으면서 스스로 수행한다.

③ 태국 여성들은 승려와 신체적 접촉을 해서는 절대로 안 된다. 혹시 여성이 시내에서 버스를 타고 있을 때 승려가 그 버스를 탈 것 같으면 여성들은 슬금슬금 버스의 앞부분으로 자리를 옮긴다. 더군다나 맨 뒷좌석에 앉아 있던 여성은 그 자리에서 일어나 앞으로 간다. 뒷좌석은 승려석이기 때문이다. 그 자리에 앉아있던 남성도 일어나 승려에게 자리를 내준다. 배나 기차, 비행기에서도 이 원칙은 지켜지며, 비록 떨어져 앉았다 해도 여성이 승려와 나란히 앉아서는 안 된다.

④ 여성이 승려에게 물건을 건넬 경우도 남성들처럼 직접 건네지 못한다. 여성이 물건을 드린다는 의사를 표시하면 승려가 미리 준비해 둔 천을 앞으로 내밀어 놓는다. 그런 후에 여성은 준비한 물건을 그 천 위에 올려놓는다. 그러면 승려는 그 천 자락을 자신 앞으로 끌어 당겨 취한다. 이 일련의 동작들은 순차적으로 이루어지며, 천 자락을 내놓는 승려의 손과 물건을 그 위에 놓는 여성의 손동작이 동시에 이루어져서는 안 된다. 아니면 여성은 가지고 온 물건을 옆의 남성을 통해 전달하기도 한다.

⑤ 일반적으로 승려들은 일반 재가신도를 만날 때에 단상같이 바닥보다 좀 높은 곳에 앉는다. 다시 말해 재가신도들은 승려보다 눈높이가 높아서는 안 된다는 의미이다. 단상이 없는 일반인 집에 승려가 왔을 때는 돗자리를 깔아놓은 곳이나 방석 위에 승려가 앉고 집주인을 비롯한 신도들

은 맨바닥에 앉는다. 상좌부불교 국가에서는 법당이나 본당 등 흙바닥이 아닌 곳에서 신발이나 양말을 벗는 것은 이 맥락에서 이해될 수 있다. 특히 불상을 안치해 둔 신성한 곳이면 맨발이어야 한다.

바닥에 앉을 경우는 보통 두 다리를 나란히 옆으로 모으고 모로 앉는다. 새벽에 음식을 만들어 탁발 나온 승려에게 공양을 바칠 때에도 남녀를 불문하고 모두 맨발로 땅위에 서서 발우에 음식을 일인분씩 넣으며(신을 신고 있다가도 벗는다), 음식을 시주한 다음에 승려에게 '와이'를 해 고마움을 표시하고 나서 승려가 떠난 뒤에 신을 신는다.

⑥ 태국에서 승려를 초대해 음식을 대접해야 할 경우 새벽(보통 7시경)이나 정오 전에 식사를 끝낼 수 있도록 준비해야 한다. 태국의 승려들은 하루 2식으로, 아침과 정오 전의 점심만을 식사하기 때문이며 12시 이후부터 다음날 새벽까지는 냉수는 마실 수 있다. 그러나 우유나 음료수는 안 된다.

⑦ 이슬람 사원에 들어갈 때에도 맨발임은 물론 남성은 모자도 벗어야 한다. 여성은 전신을 가리는 옷을 입어야 되며, 적어도 머리에 수건을 써 얼굴을 가려야 한다.

⑧ 태국에서 왕과 왕실은 자긍심의 표상이자 태국인 개개인을 잇는 구심점이다. 길이나 뜻하지 않은 장소에서 왕족을 만나거나 마주쳐 지나칠 때에도 몸을 약간 굽혀 예의를 표하는 것이 보통이며, 왕실이나 왕족을 농담이나 우스개 대화의 소재로 삼아서는 안 된다. 왕실이나 왕의 등상 등을 지나칠 때에도 경의를 표한다. 왕의 사진이나 그림을 훼손해서도 안 된다. 혹시 왕이나 왕비 및 왕자나 공주 등 왕족을 알현할 경우 악수를 청해서는 절대로 안 된다. 공손히 "와이"를 하거나 허리를 굽혀 절한다.

⑨ 태국에서 여성과의 만남에서 부부나 연인이 아니면 낮에 공개적인 장소에서 손을 비롯한 신체 부위를 만지거나 잡지 말아야 한다. 밤일 경우는 경우에 따라 다를 수 있다.

⑩ 태국인의 집에 드나들 때에 문지방을 밟지 않는 것이 좋다. 문지방

은 태국인에게 큰 의미를 갖는다. 혹시 유행이라 해서 온통 검정색의 옷을 입고 남의 집을 방문할 경우 태국인은 상중이라고 생각하고 위로의 인사를 건넬지도 모른다. 태국의 상복은 검정색이나 백색으로 상의는 백색, 하의는 검정색의 옷을 입기 때문이다. 그러나 현재는 상중이 아닐 때에도 검정색의 옷을 입는다.

3. 인사하는 법(와이)

① 태국의 인사법은 남녀를 불문하고 자신의 가슴 위로 두 손을 펴서 손끝을 마주 댄 합장한 자세에서 상대방을 바라보며 공손하고 가볍게 머리를 숙이고 입으로는 "싸왓디카(크랍)"이라고 말한다.

이러한 인사법을 "와이"라고 하는데 일반적으로 나이가 어리거나 신분이 낮은 사람이 먼저 인사를 하고 상대방은 인사를 가볍게 미소를 띠우며 고개를 끄덕이며 답례를 하나 고개는 숙이지 않는다. 왕이나 승려는 "와이"에 대해 답례하지 않는 것이 보통이나, 보통 사람이 답례하지 않는 것은 악수를 청했을 때 손을 내밀지 않는 것과 같다.

보통은 자신의 가슴부위에서 편안한 자세로 합장하고 "와이"를 하는 것이나 상대방에 따라 다소 다르다고 할 수 있다. 대등한 관계이면 합장만 하고 고개를 숙이지 않아도 되나 상대방이 어른이거나 상급자일 경우는 합장한 손을 자신의 코 부분까지 올리고 눈은 아래로 향한 채 공손한 자세로 "와이"하고 고개도 숙이는 것이 보통이다. 존경심을 나타낼 경우나 감사를 표할 때는 자신의 턱 부분에 합장한 손을 대고 공손히 인사한다.

왕이나 승려에 대한 "와이"는 다소 다르고 더욱 더 경건하다. 이외에 인사를 할 때 상대방, 특히 어른이나 상급자가 어디에 어떠한 자세로 있느냐도 중요하다. 지켜야 될 것은 존경심과 공손함, 예의바름을 나타내야 되고 상대방보다 자신의 눈높이가 높아서는 안 된다는 것이다. 서 있는 자세일 경우 여성들은 몸(무릎)을 굽히면서 애교 있게 "와이"하는 것이 보통이다.

② 도로나 집 밖에서 아는 사람을 만났을 때 그가 "식사하셨습니까?"라는 뜻의 태국어인 "탄(낀) 카우 래우 르 양", 또는 "어디 가십니까?"라는 뜻의 태국어인 "빠이 나이"라고 물을 때가 있다. 이 두 물음은 그냥 인사일 뿐 대답을 요구하는 것이 아니다. 우리나라와 경우가 같다고 보면 된다.

4. 복장에 대한 사항

① 태국인의 옷 입는 법에 대한 예절도 까다롭다. 바닷가나 시장, 집안에 편히 있을 때는 특별히 다른 것은 없다. 그러나 사원을 방문하거나 태국인이 신성시하는 장소를 방문할 때는 격식 있는 복장을 해야 한다. 특히 왕궁이나 에메랄드사원을 비롯한 사원을 방문하려면 여기저기 가위질을 한 청바지, 미니스커트, 운동복, 민소매 상의나 끈만 달린 상의를 입지 않도록 한다. 물론 신발 에도 충분한 신경을 써 단정한 복장을 해야 된다. 이러한 예의는 동남아 어느 국가의 신전이나 신성한 곳을 방문할 때에도 적용된다.

② 공식적인 볼 일이 있어 관공서나 학교 등 공공장소에 갈 때 여성은 점잖은 색깔과 모양의 스커트를 입는 것이 보통이다. 여성은 비공식적인 모임이나 일이 있을 때에 편리함을 생각해 바지를 입는다고 생각한다. 현재에는 여성이 바지정장을 예복으로 입기도 한다. 태국에서 어떠한 형태이던 남성들이 깃이 없는 상의를 공식석상에서 입는 것은 예의바른 일이 아니다. 태국 남성의 "춧 프라라차탄"은 언제 어디서나 입을 수 있는 예의 있는 복장으로 간주된다. 일반적으로 공식적인 일과 비공식적인 일에 따라 복장이 다르다고 할 수 있다.

③ 사회적 신분상 자주 파티 등의 모임에 나가야 할 경우 같은 옷을 계속 입는 것은 삼가는 것이 좋다. 특히 여성의 경우는 더욱더 그렇다. 약간

의 지혜를 모아 변화를 주는 것이 바람직하고, 되도록 풍부한 대화의 소재를 준비한다.

5. 식사법에 대한 사항

① 태국인들은 소리를 내지 않고 천천히 조용히 먹는다. 음식을 씹을 때에도 입을 다물고 소리를 내지 않도록 주의해야 하며, 국그릇을 들어서 입을 대고 마시는 행위는 삼가는 것이 좋다. 태국인들은 국물을 먹을 때에 수저로 떠서 먹는다. 커피나 차, 또는 음료수나 술의 경우에만 잔을 들어서 마신다. 초대받았을 경우 식탁에 앉을 때에도 주인이 지정해주는 자리에 앉는 것이 보통이다.

② 상차림도 우리와 좀 다르다. 태국인은 식탁에 각자의 수저와 포크가 있으며, 중앙에는 음식을 큰 접시나 대접에 담아내는데 그릇마다 수저나 포크가 놓여 있다. 이 반찬 그릇에 있는 수저나 포크를 이용해 조금씩 자기 앞의 접시에 옮겨놓은 다음 자신의 수저와 포크로 식사한다. 찌개인 경우도 찌개그릇에 있는 숟가락을 이용해 자신의 접시에 떠 온 후 먹으며, 국의 경우 작은 일인용 대접에 따로 떠준다. 이때 이 대접의 국물을 마시기 위해 입을 대고 마시는 것을 삼가고 한 숟갈씩 떠서 마시는 것이 바람직하다. 일본식이나 중국 음식은 젓가락을 사용해 먹으며, 물론 국물을 마실 수 있다. 식후에는 반드시 후식을 먹는다.

③ 식사에 초대받거나 외국인과 식사할 때는 음식의 종류와 먹는 법에 대한 연구도 필요하다. 물론 기호음식에 대해 물었을 경우에는 분명하고 확실하게 대답해 주는 것이 예의이다. 얼버무려 대답했을 경우에는 본의 아니게 실례를 할 수도 있기 때문이다.

④ 무슬림의 음식이나 동북부, 또는 북부의 음식을 먹을 때는 손을 깨끗이 씻고 손으로 음식을 먹는 것이 보통이다. 무슬림 음식인 경우 오른손

을 이용한다. 찰밥과 야채, 고기를 먹을 때에는 양손을 다 사용해드 무방하다. 무슬림은 돼지고기를 먹지 않으며 술도 마시지 않는다는 사실을 염두에 두어야 하며, 태국인을 식사에 초대했을 경우에는 먼저 그들의 종교와 기호를 알아두는 것이 예의이다. 일부 태국인은 소고기를 먹지 않는다. 술에 취해 노상에서 고성방가를 하든가 비틀거리며 실례를 하는 태국인들은 찾아보기 힘들다.

제19장

속 담

1. 태국의 속담

속담은 어느 나라의 것을 막론하고, 인류의 통속적 관념 즉, 공통적으로 인간의 생활경험을 완벽한 언어 표현 속에 응결시킨 것들이어서 어느 하나도 진리의 천명 아닌 것이 없고 처세의 교훈, 인생항로의 지침이 아닌 것이 없을 것이며 민중들의 개별적인 처신법을 주로 표현하고 있지만, 나라마다의 특수한 역사적 배경, 환경, 풍습, 종교에 따라 다른 나라에서는 찾아볼 수 없는 독특한 그들 특유의 속담이 있게 마련이다.

태국 속담의 범주에 포함되는 것으로서 캄콤(คำคม), 캄팡퍼이(คำพังเพย) 그리고 쑤파씻(สุภาษิต)이 있다. 본고에서 소개한 태국속담들은 กาญจนาคพันธุ์ 의 『สำนวนไทย』 제1권, 제2권, พระยาอุปกิตศิลปสาร 의 『หลักภาษาและการใช้ภาษา』, กิตติพร วีรสุธีกุร의 『พจนานุกรมสำนวนคำภาษาไทย』 및 นำโชค อัมไพรวรรณ의 『สุภาษิตคำพังเพย』에 수록되어 있는 속담들 중에서 사용 빈도가 높은 속담을 선택한 것이다. 그리고 편의상 다음의 17가지의 주제로 분류하였다. 1. 말, 2. 역경, 3. 인과, 4. 사리, 5. 심리, 6. 무지, 7. 경제, 8. 본성, 9. 우행, 10. 나태, 11. 분수, 12. 지혜, 13. 교육, 14. 처세, 15. 운명, 16. 권위, 17. 기타 여기서 주제란 말은 각 속담이 어떠한 의도에 의해 사용되는가를 분석해서 그 용도에 따라 구분한 속담군을 의미한다. 예를 들어 『하늘은 높고 땅은 낮다.』라는 속담의 뜻은 신분의 높고 낮음이 있음을 긍정하는 말이지만 이 속담은 체념할 때 쓰이는 것이므로 『신분』이란 주제로 분류하지 않고 체념이란 주제로 분류하였다.

한 속담일지라도 그것은 화자(話者)의 심리적 태도와 대상자의 조건, 성격과 품행 등의 여하에 따라 그 심리적 의의가 달라지는 경우가 허다하다. 따라서 하나의 속담이 경우에 따라서는 A형에 들어갈 수도 있고 B형에 들어갈 수도 있다. 즉 범주들 사이의 절대적 배타성을 기할 수 없는 경우가 허다하다.

개개 속담의 나열 순서는 매 속담마다 직역과 해설을 한 다음 한국 속담과 대비하는 것을 원칙으로 했으나 일부 속담은 직역한 것 그 자체가 뜻이 명확하므로 해설을 생략했으며 또 어떤 속담은 대비할 만한 한국 속담을 찾지 못해 대비를 생략한 것도 있다. 한국 속담은 이기문의 『속담사전』, 『한국의 속담』, 최근학의 『속담사전』, 송재선의 『우리말 속담 큰 사전』, 김도환의 『한국 속담 활용사전』을 참고 하였다.

1.1 말

(1) - 어디 갔다 오시오 하니 세 자 두 치요 한다 -

동문서답함을 나타낸다.

<혼사 말하는데 상사 말한다>

(2) - 「어이」와 「딴」 사탕나무는 달아도 끝이 있지만 말이 귀에 달게 들리면 잊혀지지 않는다. -

단 맛은 순간적이지만 좋은 말은 영원하다는 뜻이다.

(3) - 벽에는 귀가 있고 문에는 틈(눈)이 있다 -

- 창에는 귀가 있고 문에는 틈(눈)이 있다 -

말을 조심하라는 뜻으로 쓰인다.

<낮 말은 새가 듣고 밤 말은 쥐가 듣는다>

(4) - 입에서 나온 말은 귀로 들어가기 마련이다 -
말은 전해지기 쉬움을 뜻한다.
<소더러 한 말은 안 나도 처더러 한 말은 난다>
<발 없는 말이 천리 간다>

(5) - 말 잘하면 은이 되고 금이 된다 -
말을 잘하면 이득을 본다는 뜻이다.
<말 한 마디에 천 냥 빚 가린다>

(6) - 말 잘하면 자기에게 득이 된다 -
<존대하고 뺨 맞지 않는다>

(7) - 말하면 두 푼이요 입 다물면 두 냥이라 -
<관 속에 들어가도 막말을 말라>

(8) - 물로 형체를 빚는다 -
믿을 수 없는 거짓말을 함을 이른다.
<입술에 침이나 바르지>
<새 까 먹은 소리>

1.2 역경

(9) - 삼켜지지도 않고 뱉어지지도 않는다 -
이렇게 해도 안 좋고 저렇게 해도 안 좋다는 뜻.
<가자니 태산이요 돌아서자니 숭산이라>

(10) - 호랑이 피하니 악어 만난다 -
갈수록 어려운 일을 겪음을 뜻한다.
<노루를 피하니 범이 나온다>
<갈수록 태산>

(11) - 막다른 골목의 개 -

아무리 애써도 벗어나지 못하고 꼼짝할 수 없는 처지에 이르렀음을 말함.

<궁지에 몰린 개>

(12) - 덫에 걸린 범 -

매사에 능숙한 사람이 곤경에 처했을 때 쓰인다.

<덫에 치인 범이요, 그물에 걸린 고기>

(13) - 물이 오르면 고기가 개미를 먹고 물이 빠지면 개미가 고기를 먹는다 -

어려운 처지에 있는 사람도 언젠가는 좋은 일을 만날 수 있다는 뜻으로 사용된다.

(14) - 선행하고 벌 받고, 용서하고 죄 받는다 -

<빚 주고 뺨 맞는다>

1.3 인과

(15) - 주지승이 나쁘면 비구니도 더럽다 -

지도자가 잘해야만 따르는 자들도 잘한다는 뜻.

<윗물이 맑아야 아랫물이 맑다>

(16) - 지저분하지 않으면 개가 똥 안 누고 빚 없으면 독촉 안 한다 -

밖으로 나타난 일은 틀림없는 사실이라는 듯.

<뿌리 없는 나무에 잎이 질까>

<가죽이 있어야 털이 난다>

(17) - 연기가 나면 불이 있게 마련 -

원인이 있으니 결과가 있다는 뜻.

<드는 돌에 낯 붉는다>

<아니 땐 굴뚝에 연기 날까>

(18) - 그 사람의 소는 그 사람의 외양간으로 들어간다 -

인과응보를 나타낸다.

<콩 심은 데 콩 나고, 팥 심은 데 팥 난다>

<고운 일 하면 고운 밥 먹는다>

(19) - 남에게 준 근심 자기에게 돌아온다 -

다른 사람에게 해를 입히면 자기에게 그 해가 되돌아온다는 뜻.

<죄는 지은 데로 가고 덕은 닦은 데로 간다>

1.4 사리

(20) - 쉬 이룬 사랑은 쉬 식는다 -

금방 이루어진 사랑은 또한 쉽사리 싫증을 느낀다는 뜻.

<쉬 더운 방이 쉬 식는다>

(21) - 짖는 개는 물지 않는다 -

허풍스러움이 실속이 없다는 뜻.

<무는 개는 짖지 않는다>

(22) - 잎 떨어진 나무 새도 안 앉는다 -

사람이 늙거나 권세를 잃게 되면 늘 찾아오던 이도 오지 않는다는 뜻.

<나무라도 고목되면 오던 새도 아니 온다>

(23) - 물이 줄어들면 밑둥 드러난다 -

권좌에서 물러나면 과거의 잘못이 드러나게 마련이라는 뜻.

<용이 물 밖에 나면 개미가 침노를 한다>

(24) - 지면 부처요 이기면 악마다 -

맞은 자는 마음에 불안이 없지만 때린 자는 뒷일이 염려되어 불안해 한다는 뜻.

<맞은 놈은 펴고 자고 때린 놈은 오그리고 잔다>

(25) - 익기도 전에 시든다 -

과일도 익어야 제 맛이 나듯이 무슨 일이든지 서둘러서는 안 된다는 뜻.

<걷기도 전에 뛴다>

(26) - 가운데부터 죽을 먹는다 -

위험할 정도로 일을 서두름을 이른다. 죽은 가장자리 보다 가운데가 뜨겁다.

<겨울이 지나지 않고 봄이 오랴>

(27) 1. - 너무 강하면 부러진다 -

2. - 너무 높으면 쓰러진다 -

지나치면 대개 위험이 뒤따른다는 뜻.

<탕게도 데면 터지고 쇠도 강하면 부러진다>

(28) - 집을 잘못 지어 허물어질 때까지 속상하고 아내를 잘못 얻어 죽을 때까지 고민한다 -

어떤 일을 함에 있어서 처음에 신중히 해야지 나중에는 고치기 어렵다는 뜻.

(29) - 평탄한 길은 지옥으로 떨어지고 험난한 길은 극락으로 오른다 -

악한 일은 행하기가 쉬우나 위험이 따르고 선한 일은 행하기 어려우나 결과가 좋다는 뜻.

(30) - 국이 싱거워야 소금의 진가를 안다 -

그것이 없어 아쉬울 때에 진정 그것이 필요함을 느낀다는 뜻.

<둘째 며느리 삼아 보아야 맏며느리 착한 줄 안다>

(31) - 물 가는 데 물고기 간다 -

사물이나 사람이 짝을 이룰 때 쓰임.

<바늘 가는 데 실 간다>

(32) - 적은 물은 불에 패한다 -

물과 불은 서로 상극으로서 대항할 수 있으나 언제나 적은 쪽이 패하기 마련이라는 뜻.

1.5 심리

(33) - 검정개 미워서 빨간개 때린다 -

어떤 사람에게 욕을 먹고 아무런 관련도 없는 다른 사람에게 화풀이한다는 뜻.

<종로에서 뺨 맞고 한강에서 화풀이한다>

(34) - 자기 잘못 놔두고 남만 흉본다 -

제게는 더 큰 흉이 있으면서 남의 작은 흉을 들추어 말한다는 뜻.

<똥 묻은 개가 재 묻은 개 나무란다>

(35) - 춤 못 추고 피리 탓하고 똥 잘 못 싸고 도랑 탓한다 -

자기가 잘못하거나 실수를 저지르고도 다른 핑계로 변명한다는 뜻.

<선 무당이 장고 탓한다>

(36) - 소금을 버리더라도 고기는 썩히지 마라 -

소금은 고기보다 값이 싸니 작은 일은 손해 보더라도 큰 일을 지키라는 뜻.

<기와 한 장 아끼다가 대들보 썩힌다>

(37) - 석회 먹고 배탈난다 -

자신의 잘못이 있으면 스스로 괴로움을 느낀다는 뜻.

<도둑이 제 발이 저린다>

(38) - 도마뱀이 금을 얻었다 -

비천했던 자기의 과거를 망각하고 오만하게 군다는 뜻.

<개구리 올챙이 적 생각을 못한다>

(39) - 손으로 쓰고 발로 지운다 -

초지일관하지 않고 처음에 잘하다가 끝에 가서 마음이 변한다는 뜻.

(40) - 머리 치고 등 쓰다듬는다 -

병 주고 나서 위로한다는 뜻.

<병 주고 약 준다>

(41) - 앞에서 인사하고 뒤에서 혀 내민다-

앞에서는 잘하고 뒤에서는 욕한다는 뜻.

<앞에서는 꼬리 치는 개가 후에 발뒤꿈치 문다>

(42) - 물건 잃고 죄를 짊어진다 -

물건을 잃은 자는 이 사람 저 사람을 의심하게 되니 결국은 훔쳐 간 사람보다 죄를 더 짓는다는 뜻.

<제 것 잃고 죄 짓는다>

(43) - 새우수염만한 금을 갖고 자다가 집 흔들리게 놀란다 -

가난한 사람이 어쩌다가 작은 재물을 얻게 되면 그 재물을 잃을까 더 겁을 낸다는 뜻.

1.6 무지

(44) - 정오 대포가 멀다 -

성 안 사람이 아는 이야기를 시골 사람은 모른다. 시골 사람은 성 안 사람보다 후진적이고 무식하다는 뜻.

※ 유래 : 태국에서는 낮에는 큰 징을 치고 밤에는 북을 쳐서 시각을 알렸다. 이 제도는 불기 2430년(서기 1887년)까지 계속되었고, 그 후에는 낮에는 대포를 쏘아서 정오를 알렸다. 이 대포 소리는 성 안에 거주하는 사람만 들을 수 있었고 멀리 떨어져 있는 사람은 들을 수가 없었다는 데에서 유래 되었다.

(45) 1. - 야자 껍질 속 지렁이 -

2. - 대야 안에서 노젓기 -

<우물 안의 개구리>

(46) - 「꺼, 커」 해도 귀 안 움직인다 -

껴와 커는 우리말의 기역, 니은에 해당하는 말이고 귀가 안 움직인다는 것은 모르기 때문에 감응하지 않는다는 뜻.

<낫 놓고 기역자도 모른다>

(47) - 장님이 코끼리 만지기 -

일부만 알고 전체를 모른다는 뜻.

<장님 코끼리 말하듯>

1.7 경제, 체면

(48) - 옷 팔아 얼굴 세운다 -

체면을 유지하기 위하여 구차한 일을 감수한다는 뜻.

<소경의 월수를 내서라도>

(49) - 은과 금이 있으면 말할 수 있고 나무와 터가 있으면 좋은 집을 짓는다 -

돈으로 무슨 일이든지 모두 해결할 수 있다는 뜻.

<돈만 있으면 귀신도 부릴 수 있다>

(50) - 빚쟁이 되고 싶으면 소개자가 되고 머슴살이하고 싶으면 보증인이 되라 -

사회생활을 함에 있어 빚보증은 하지 말라는 것을 가르치는 말.

<빚보증하는 자식 낳지도 마라>

(51) - 은이 있으면 아우라 하고 금이 있으면 형이라 한다 -

부자가 되면 사람이 따르기 마련이라는 뜻.

<돈이 없으면 적막강산이요, 돈이 있으면 금수강산이라>

(52) - 금, 은이 없으면 형제도 없다 -

가난해지면 친구도 없어진다는 뜻.

<가진 돈이 없으면 망건 꼴이 나쁘다>

(53) - 가게에서 푼돈 줍기 -

적은 돈이라도 벌어서 성공한다는 뜻.

<개미 금탑 모으듯 한다>

(54) - 고추장 강물에 풀기 -

이득 없는 소비를 한다. 고추장을 강물에 풀어서는 쓸 수가 없다.

(55) - 대바구니 밑 새듯 한다 -

돈을 헤프게 낭비하는 사람을 비유할 때 쓰는 말.

<밑 빠진 독에 물 붓기>

1.8 본성

(56) - 열매 얻으려고 씨를 뿌린다 -

무엇을 하거나 그 대가를 바라게 마련이라는 뜻.

(57) - 소는 풀만 보이고 종놈은 먹는 것만 보인다 -

어떤 한 일에만 탐닉하는 것을 이름.

<개 눈에는 똥만 보인다>

(58) - 돼지는 똥 안 먹고 못 견딘다 -

신분이 낮은 사람은 저급품만 찾게 마련이라는 뜻.

<돼지는 흐린 물을 좋아한다>

(59) - 한량은 노래를 참지 못한다 -

즐기는 것을 보고 그냥 지나칠 까닭이 없다는 뜻.

<참새가 방앗간을 그냥 지나랴>

(60) - 집은 좁아도 함께 살 수 있으나 마음이 좁아서는 함께 못 산다 -

마음가짐을 잘 하라는 뜻.

(61) - 극락은 가슴에 있고 지옥은 마음에 있다 -

선악은 사람마다의 마음에 있고 근심이나 행복은 마음에 달려 있다는 뜻.

(62) - 백 명의 첩이라도 한 명의 아내만 못하다 -

조강지처만한 여자가 없으니 다른 여자들을 믿지 말라는 뜻.

(63) - 여자의 마음은 풀잎에 물방울이 구르는 것과 같다 -

여자의 마음은 쉽게 변한다.

<천길 물 속은 알아도 계집 마음 속은 모른다>

(64) - 머리통만한 금을 잃어도 남편은 빼앗기지 않는다 -

남편에 대해서는 모든 아내들이 질투심이 많다는 뜻.

1.9 우행

(65) - 악어에게 수영을 가르친다 -

① 본래 악한 기질이 있는 사람에게 지식을 가르쳐 후에 해를 입는다. ② 본래 잘 하는 사람에게 필요 없이 가르친다. ①의 의미로 더 많이 사용한다.

(66) - 법왕국사에게 글을 가르친다 -

이미 박학다식한 사람에게 문자를 가르친다는 말.

<공자 앞에서 문자 쓴다>

(67) - 갈쿠리 놓고 코끼리 타기 -

갈쿠리는 코끼리를 조종하는 연장으로 갈쿠리 없이는 코끼리를 부릴 수 없다.

<사냥 가는 데 총을 안 가지고 간다>

(68) - 농사철에 물소 사고 겨울철에 옷 사고 -

무엇을 하든지 시기에 맞지 않게 하여 손해를 보는 것을 말함. 농사철과 겨울철에는 물소와 옷이 비싸다.

(69) - 소 잃고 외양간 만든다 -

우리 속담과 똑같이 피해를 당하고 나서야 그에 대한 대비를 생각한다는 뜻.

<소 잃고 외양간 고치기>

(70) - 물소 잡고 고추 아까워한다 -

큰 일을 위해서 작은 일을 희생하라는 뜻.

<된장이 아까워 못 잡아 먹는다>, 〈된장 아껴 잡은 개도 못 먹는다〉

(71) - 소금 옆에 두고 재 먹는다 -

좋은 것을 옆에 두고도 쓸 줄 모른다면 아무 소용이 없다는 뜻.

(72) 1. - 고양이 시켜 구운 생선 받아 오게 한다 -

2. - 호랑이에게 고기 맡긴다 -

위험을 자초하지 말라는 뜻.

<고양이 보고 반찬 가게 지켜 달란다>

<호랑이더러 날고기 봐 달란다>

(73) - 범 그려 소 겁준다 -

실제로는 행하지 않고 입으로만 떠벌리는 것을 말함.

(74) - 시든 야자를 야자농원에 갖다 판다 -

이미 많이 가지고 있어서 필요하지 않은 물건을 또 그 사람에게 갖다 준다는 뜻.

(75) - 코끼리 타고 메뚜기 잡기 -

작은 일을 하는데 너무 지나치게 투자한다는 뜻으로 득보다 실이 더 크다는 말.

<배보다 배꼽이 더 크다>

(76) - 성냥개비로 통나무 굴리기 -

힘이 약한 자가 힘이 센 자에게 대항할 때 구리함을 이르는 말.

<개미가 정자나무 건드린다>

(77) 1. - 갈대 꺾어다 숲 덮는다 -

2. - 죽은 코끼리 한 마리를 연잎 하나로 가린다 -

<장대로 하늘 재기>

1.10 나태

(78) - 꽃목걸이 흔들리듯 -

일은 하지 않고 이리 왔다 저리 갔다 놀기만 한다는 뜻.

<강화 도령님인가 우두커니 앉았다>

(79) - 먹는 것은 아무도 그를 못 당하고 노 젓고 삿대질하는 것은 그가 남을 못 당한다 -

먹기는 누구도 당할 수 없게 잘 먹는데 일은 제대로 할 줄 모른다.

<먹기는 아귀같이 먹고 일은 장승같이 한다>

(80) - 일을 해도 한 그릇 안 해도 한 그릇 -

게으른 사람들은 일을 해도 먹고 안 해도 먹는다고 생각한다.

1.11 분수

(81) - 입맛을 따르자니 빚만 는다 -

입에 맞는 음식만 골라 먹자니 낭비가 따르게 된다는 말.

<장 없는 놈이 국 즐긴다>

(82) - 작은 새는 자기 몸에 맞게 집을 짓는다 -

연소자 또는 지위가 낮은 사람은 자기의 분수에 맞게 행동하여야 한다는 말.

<오리 홰 탄 것 같다>

(83) - 남이 가마 타는 것 보고 손 엮어 엉덩이에 갖다 댄다 -

가마는 높은 사람이 타는 것으로 못난 자가 훌륭한 사람의 행동을 흉내 내어 분에 넘치는 일을 하려 한다는 뜻.

<숭어가 뛰니까 망둥이도 뛴다>

(84) - 달을 향한 토끼 마음 -

격이 낮은 남자가 주제넘게 격이 높은 여자를 마음에 두는 것을 이르는 말.

(85) - 지나친 신분을 탐내지 말아라 -

자신의 처지를 잘 인식하라는 말.

(86) 1. - 닭이 보석을 얻었다 -

2. - 원숭이가 수정을 얻었다 -

분수에 넘치는 것을 얻어 자랑하지만 그것의 가치를 모를 때 쓰는 말.

<비렁뱅이 비단 얻은 것>

(87) - 까마귀가 고추를 물었다 -

몸에 어울리지 않게 옷을 입거나 분수에 맞지 않는 일을 할 때 쓰인다.

<개발에 편자>

(88) - 코끼리 똥 누는 것 보고 코끼리 따라 똥 눈다 -

가난한 사람이 부자처럼 사치하려 든다는 것을 이르는 말.

<뱁새가 황새를 따라가면 다리가 찢어진다>

(89) - 해골에 고인 물에 너의 꼬락서니를 들여다보라 -

자기 자신의 진정한 처지를 살펴보도록 일깨워 주는 말.

(90) - 까마귀는 까마귀끼리 살고 백조는 백조끼리 산다 -

지체가 낮은 사람이 지체가 높은 사람의 수준을 따라가서는 안 된다는 말.

<송충이가 갈잎을 먹으면 떨어진다>

1.12 지혜

(91) - 열 번 듣는 것이 한 번 보는 것만 못하고 열 번 보는 것이 한 번 만지는 것만 못하다 -

경험이 가장 중요함을 가리키는 말.

<백번 듣는 것이 한 번 보는 것만 못하다>

(92) - 열 가지를 아는 것은 한 가지에 능한 것만 못하다 -

<열두 가지 재주에 저녁거리가 없다>, 〈백문이 불여일견, 백견이 불여일촉〉

(93) - 물오를 때 서둘러 떠라 -

일은 제 시기에 해야 한다는 말.

<술은 괼 때 걸러야 한다>

(94) - 신 것을 참아 두면 단 것을 먹는다 -

바로 앞의 것보다 더 좋은 것을 기다린다는 뜻.

(95) - 가뭄을 대비하지 않고 물 마시듯 한다 -

나중을 생각 않고 당장 있는 대로 다 소비한다는 뜻

(96) - 조용한 물이 깊이 흐른다 -

<물이 깊을수록 소리가 없다>

(97) - 미소 짓자 치열 보인다 -

처음부터 무슨 말을 하려는지 안다. 매우 눈치가 빠르며 민첩하다.

<하나를 보면 열을 안다, 담뱃불에 콩 구어 먹겠다>

1.13 교육

(98) - 세웠으면 엮어라 -

대바구니를 만들 때 먼저 틀을 세워 놓고 그 틀을 이어 엮어 나가는 데에서 나온 말로 시작을 했으면 어려운 일이 있더라도 계속해서 끝을 맺으라는 뜻.

<무쇠도 갈면 바늘이 된다, 옥을 쪼지 않으면 그릇을 이루지 못한다>

(99) - 배가 닿자 가라앉고 늙어서 장님 된다 -

잘하다가 뒤에 가서 실수를 할 수 있으니 끝까지 실패하지 않도록 주의할 것을 가리키는 말.

<십 년 공부 나무아미타불>

(100) - 바른 길을 따르면 호미를 메고 그른 길을 따르면 기둥을 멘다 -
지식을 많이 쌓으면 훌륭한 사람이 되고 지식을 쌓지 못하면 막 노동하는 사람이 된다.

(101) - 소를 사랑하면 묶어 놓고 자식을 사랑하면 매 때린다 -
<예쁜 자식 매로 키운다>

(102) - 알아 둬서 어깨에 지랴 -
알아 둔다고 잃는 것이 없으며 지식은 무겁지 않으니 메고 다닐 필요 없다는 말.
<알아야 면장도 한다>

(103) - 호랑이는 무늬를 남겨야 하고 남자는 명성을 남겨야 한다 -
<사람이 죽으면 이름을 남기고 범은 죽으면 가죽을 남긴다>

(104) - 깡깽이 켜서 물소에게 들려준다 -
배우려고 하지 않는 사람을 가르치면 아무런 보람도 얻지 못한다.
<쇠귀에 경 읽기>

1.14 처세

(105) - 백조 무리에선 백조가 되고 까마귀 무리에선 까마귀가 된다 -
양반과 어울리면 양반에 맞게 처신하고, 천민과 어울리면 천민에 맞게 처신하여 환경에 따라 적응을 잘 한다는 뜻.

(106) - 흐린 물은 속에 두고 맑은 물은 밖에 두라 -
화가 날지라도 겉으로는 평정을 잃지 말라는 말.

(107) - 개와 놀면 개가 입을 핥고 절구공이와 놀면 절구공이에 머리 맞는다 -
버릇없는 이와 친하면 득 될 것이 없으며, 무례한 짓을 하게 된다는 뜻.

<어린애와 친하면 코 묻은 밥을 먹는다>

(108) - 귀로 듣고 귀에 둔다 -

남의 말을 듣고도 좀처럼 옮기지 않음을 뜻함.

(109) - 날개로 피하고 꼬리로 넘긴다 -

날개는 날 때 쓰이고 꼬리는 꼬리 칠 때 사용하여 상황에 잘 대처한다는 뜻.

(110) - 몸이 싫으면 알은 먹고 뱀장어가 싫으면 국물을 먹는다 -

그것 자체는 싫어도 거기서 나오는 이득은 취할 때 쓰인다.

(111) - 닭 없으면 오리 쓴다 -

<꿩 대신 닭>

(112) - 계략으로 안 되면 마술로 하고 주문으로 안 되면 주술로 한다 -

이 방법으로 안 되면 저 방법으로 꼭 해 낸다는 말.

<모로 가도 서울만 가면 된다, 수단 방법 안 가린다>

(113) - 좋은 사람 사귀면 자신에게 광영이 되고 못된 사람 사귀면 패망한다 -

<개를 따라 가면 칙간으로 간다>

(114) - 연꽃도 상하지 않게 물도 흐르지 않게 -

나중에 화를 내지 않도록 우정을 유지하라는 뜻.

(115) - 연꽃을 따도 섬유실은 남겨 두어라 -

매사에 있어 딱 끊지 말고 다음 인연을 맺을 실마리를 남겨 두라는 뜻.

(116) - 귀 달린 새 날개 달린 쥐 -

<간에 가 붙고 쓸개에 가 붙는다>

1.15 운명, 체면

(117) - 복덕대로 업보대로 -

선행과 업에 따라서 운명이 결정된다는 말.

(118) - 새끼손가락 엄지손가락 -

손가락도 새끼손가락 엄지손가락이 있는 것처럼 사람의 신분에도 높고 낮음이 정해져 있다는 뜻.

(119) - 하늘은 높고 땅은 낮다 -

신분의 높고 낮음이 있음을 긍정하는 말로서 낮은 신분의 사람은 높은 지위를 처음부터 탐내지 말라는 뜻.

<오르지 못할 나무는 쳐다보지도 말아라>

(120) - 배 경주나 뗏목 경주는 해도 복덕과 팔자 경주는 못한다 -

남이 더 잘 되어도 섭섭하게 생각하지 말라는 의미로 사용된다.

<뒤로 오는 호랑이는 속여도 앞으로 오는 팔자는 못 속인다>

1.16 권위

(121) - 덕도 많으시고 지체도 높으시다 -

권세 있는 사람을 흠모하여 부르는 말.

(122) - 열 명의 상인이 한 명의 후작만 못하다 -

농・공・상의 직업을 천시하는 사상에서 나온 말로 관료 계급에 대한 선망을 나타내는 말.

(123) - 복이 오고 운이 생기면 앓던 병도 낫고 싫어하던 사람도 좋아한다 -

누구든지 권력이나 명예를 좋아한다는 뜻.

(124) - 물살이 세면 배로 가로막지 말라 -

지체 높은 양반이 화를 내면 말대답을 하지 말라는 뜻.

(125) - 아랫사람은 굽실거려야 처음엔 힘들더라도 후에 편하다

신분 낮은 사람은 윗사람에게 고분고분해야 사랑을 받고 보답을 받는다는 뜻.

(126) - 손아귀에 든 병아리 죄면 죽고 펴면 산다 -
세상만사가 강자에게 달렸다는 뜻.

(127) - 넘어질 때 상전을 보고 넘어지고 죽을 때는 임금을 보고 죽어라 -
어떤 일을 당해도 상전 앞에서 당하면 이득을 얻게 된다는 뜻.

(128) - 어른 발자국을 따라 걸으면 개도 안 문다 -
무슨 일을 하든지 어른들은 경험이 많아 실수를 안 하니 어른 하는 대로 따라서 하라는 뜻.

1.17 기타

(129) - 겉은 흉해도 속은 매끄럽다 -
겉은 보잘 것 없는데 속은 아주 좋을 때 쓰인다.
<뚝배기보다 장 맛>

(130) - 손엔 절구공이 들고 입은 계율을 말한다 -
<웃고 사람 친다>

(131) - 나뭇재가 보석 덮는다 -
나쁜 것이 좋은 것을 망쳐 놓는다는 뜻.

(132) - 겉은 익었으나 속은 텅 비었다 -
겉만큼 실속이 없음을 나타냄.
<속 빈 강정의 잉어등 같다>
<빛 좋은 개살구>

(133) - 걸레로 금을 쌌다 -
형편없는 겉모습에 속 부자.
<떨어진 주머니에 어패 들었다>

(134) - 머리카락이 산을 가린다 -
작은 문제가 큰 일에 방해가 되기도 한다.

(135) - 혀와 이도 서로 맞부딪칠 때가 있다 -

아무리 가깝고 친해도 다툴 때가 있다는 말.

(136) - 네발짐승(코끼리를 의미함)도 넘어질 때가 있고 현인도 실수할 때가 있다.

아무리 익숙하고 잘하는 사람이라도 혹 실수하는 수가 있다는 말.

<원숭이도 나무에서 떨어진다>

(137) - 달면 병이고 쓰면 약이다 -

충고나 교훈은 보통 듣기 싫다는 말.

<입에 쓴 약이 병에는 좋다>

(138) - 밥을 지어 개를 약올리고 생선을 구워 고양이를 약올린다 -

쓸데없이 남을 약올리면 도리어 해를 입게 된다는 말.

(139) - 열 냥은 가까이 있고 스무 냥은 멀리 있다 -

불확실한 것을 기다리지 말고 당면한 일을 정성껏 하라는 말.

<나중 꿀 한 식기 먹기보다 당장 엿 한 가락이 더 달다>

(140) - 양반은 골목길로 걷고 종놈은 큰 길을 걷는다 -

귀인은 기품이 있고 점잖아 나타내려 하지 않으나 천인은 상전의 권세를 믿고 뽐내기를 좋아한다는 말.

(141) - 양반이 야단치니 종놈도 덩달아 한 마디 -

<대신댁 송아지 백정 무서운 줄 모른다>

(142) - 황금으로 기와 문지른다 -

신분이 높은 이가 신분을 낮추어 천인과 대하면 명예에 손상을 입는다는 말.

2. 태국 속담의 특징

앞에서 소개한 태국 속담들 중에서 특히 신분 및 권위주의와 관련된 속담들을 분석해 보면 우리나라 속담과 큰 차이를 나타내고 있음을 알 수 있고 이것이 태국 속담의 특징이라 할 수 있다.

「분수」에 관한 태국 속담들은 다음과 같은 것이 있다.

(81) <입맛을 따르자니 빚만 는다>

(82) <작은 새는 자기 몸에 맞게 집을 짓는다>

(83) <남의 가마 타는 것 보고 손 엮어 엉덩이에 갖다 댄다>

(84) <달을 향한 토끼 마음>

(85) <지나친 신분을 탐내지 마라>

(86) <닭이 보석을 얻었다>

(87) <까마귀가 고추를 물었다>

(88) <코끼리 똥 누는 것 보고, 코끼리 따라 똥 눈다>

(89) <해골에 고인 물에 너의 꼬락서니를 들여다봐라>

(90) <까마귀는 까마귀끼리 살고 백조는 백조끼리 산다>

한국 속담들 가운데에는 다음과 같은 것이 있다.

<작작 먹고 가는 똥 누지>

<송충이가 갈잎을 먹으면 떨어진다>

<오리 홰 탄 것 같다>

<장 없는 놈이 국 즐긴다>

<없는 놈이 자 두 치 떡 즐겨한다>

<선가 없는 놈이 배에 먼저 오른다>

<눈먼 놈이 앞장선다>

<비렁뱅이 비단 얻은 것>

<난장이가 교자꾼 참여하듯>

이들 속담은 욕심을 부리지 말고 자기실력과 능력에 알맞게 분수를 지키라는 말이다. 그런데 분수를 주제로 한 태국 속담 중 (82)(83)(84)(90)은

신분의 상하 관계를 긍정하는 말이다.

운명론 및 체념에 관한 태국 속담들은 다음과 같은 것이 있다.

(139) <복대로 업보대로>

(140) <새끼손가락, 엄지손가락>

(141) <하늘은 높고, 땅은 낮다>

(142) <배 경주 뗏목 경주는 해도 복덕과 팔자 경주는 할 수 없다>

한국 속담들 가운데에는 다음과 같은 것이 있다.

<뒤로 오는 호랑이는 속여도 앞으로 오는 팔자는 못 속인다>

<오르지 못할 나무는 쳐다보지도 마라>

<제 팔자 개 못 준다>

<팔자는 독 안에 들어도 못 피한다>

<그날 액은 독 안에 앉아도 오고야 만다>

이들 속담은 자기 의지의 힘으로 자신의 생애를 거척해 나가려는 노력이 어떤 요인 때문에 무위로 돌아가는 결정적 순간의 감상으로서 표현하는 말이다. 자신에게 주어진 조건이 자신의 희망에까지 이르지 못하고 그 이상은 용납하지 않는다는 한계의식이요, 그 한계의 존재에 대한 체념과 원망과 원한과 자학이 복합되어 나타난다.

그러나 체념과 운명론을 주제로 하는 속담들 가운데서도 태국속담 중 (140)(141)등 신분관계를 긍정적으로 받아들이는 것을 소재로 삼고 있는데 비해 우리 속담에서는 그러한 소재를 찾아 볼 수 없으며 오히려 신분관계를 부정적인 측면에서 다루는 예로 다음과 같은 것을 들 수 있다.

<정승 날 때 강아지 난다>

<메고 난 상돗꾼>

<도래떡이 안팎이 없다>

<왕후장상이 씨가 있나>

「권위주의」에 관한 태국속담들은 다음과 같다.

(131) <덕도 많으시고 지체도 높으시다>

(132) <열 사람의 상인일지라도 한 사람의 후작만 못하다>

(133) <복이 오고 운이 생기면 앓던 병도 낫고 싫어하던 사람도 좋아한다>

(134) <물살이 세면 배로 가로막지 말라>

(135) <아랫사람은 굽실거려야 처음엔 힘들더라고 후에 편하다>

(136) <손아귀에 든 병아리 죄면 죽고 펴면 산다>

(137) <넘어질 때 상전을 보고 넘어지고, 죽을 땐 임금을 보고 죽어라>

(138) <어른 발자국을 따라 걸으면 개도 안 문다>

우리 속담에도 다음과 같은 것이 있다

<망치가 가벼우면 못이 솟는다>

<방망이가 가벼우면 주름이 잡힌다>

<금강산 그늘이 관동 팔십리>

<수양산 그늘이 광동 팔십리를 간다>

<인왕산 그늘이 광동 팔십리>

<매를 맞아도 은가락지 낀 손에 맞는 것이 좋다>

<욕을 들어도 당감투 쓴 놈한테 들어라>

<명주옷은 사촌까지 덥다>

<명주옷은 육촌까지 따습다>

<감사 덕분에 비장 나리 호사한다>

<그물이 삼천코라도 벼리가 으뜸>

<그물이 열 자라도 벼리가 으뜸>
<원님 덕에 나팔이라>

이 속담들은 지배 계급인 양반 기타 권위를 선망하여 하는 말이다. 그러나 태국속담은 보다 직접적이고 노골적인 표현방법으로 지배 계급인 양반네를 존경하고 의지하고 그 권위를 선망하고 있다.

뿐만 아니라 태국 속담에는 지배 계급, 권위주의에 대해 반항하는 의미에서 이를 야유하거나 조롱하는 속담을 전혀 찾아 볼 수 없는 데 반해 우리 속담에서는 적지 않게 발견할 수 있으니 다음이 그것이다.

<개 팔아 두 냥 반>
<돌 팔아 한 냥, 개 팔아 닷 돈이니 양반인가>
<양반인가, 두 냥 반인가>
<양반은 물에 빠져도 개헤엄은 안 친다>
<양반은 얼어 죽어도 곁불은 안 쬔다>
<양반 못 된 것은 장에 가 호령한다>
<탐관의 밑은 안반 같고 염관의 밑은 송곳 같다>
<청백리 똥구멍은 송곳 부리 같다>
<일가 못 된 것이 항렬만 높다>
<사모 쓴 도둑놈>
<오복간신이 농우 소팔아 먹는다>

그 외에도 우리나라 속담 중에 신분의 상하 관계를 긍정하는 뜻에서 사용되는 속담으로서,

<조밥에는 큰 덩이 작은 덩이가 있다>
<종과 상전은 한 솥의 밥이나 먹지>
<양반의 새끼는 고양이 새끼요, 상놈의 새끼는 돼지 새끼라>

<양반은 가는 데마다 상이요, 상놈은 가는 데마다 일이라>
<상놈의 발덕, 양반의 글덕>

등의 속담이 있기는 하나 우리나라의 이런 속담들이 현 시점에서 볼 때 어떤 용도로 쓰이는지 어떤 경우에 쓰이는 것인지 확실치가 않다. 그저 과거에 엄격한 신분 제도가 우리나라에도 있었기 때문에 서민들이 양반을 부러워하는 심리에서 이루어져 오늘날까지 전해 내려오는 것으로밖에 볼 수 없을 것이다. 현시점에서 우리나라 사람들이 신분의 상하 관계를 긍정적으로 받아들여 위와 같은 속담들을 사용하는 사람들이 몇이나 될까 의문이다.

속담은 시대에 따라 그 속담이 지니고 있는 본래의 참뜻이 살기도 하고 죽기도 한다. 다시 말해서 그 속담의 참뜻에 공감할 수 있는 것이라면 그것은 산 속담이요, 그렇지 못하다면 죽은 속담이라고 할 수 있을 것이다. 따라서 죽은 속담은 용도가 분명치 않게 되면 어떤 경우에 쓰이는 것인지 판단이 모호해지게 된다.

앞서 말한 우리 속담 중에 미천한 집안에 태어나도 노력만 하면 출세할 수 있다는 말로서<왕후장상이 씨가 있나>라는 속담과 존비귀천이 크게 다르지 않다는 말로서<정승 날 때 강아지 난다>라는 속담은 아마도 많은 사람들이 공감할 것이다. 바로 이런 속담은 산 속담이라고 말할 수 있을 것이다. 따라서 용도도 분명하다. 누가 차별대우할 때나 무시당할 때 사용하면 적절한 표현이 될 수 있을 것이다.

이상 양 속담을 분석해 본 결과 양국민 간에는 신분관계 및 권위주의에 대한 의식구조의 현저한 차이가 있음을 알 수 있게 되었다. 즉 한국인은 신분관계 및 권위주의를 부정적으로 받아들이는 의식구조를 갖고 있는데 비해 태국인은 이를 긍정적으로 받아들이는 의식구조를 갖고 있다.

제20장

태국의 영화와 사회

태국어로 영화는 보통 '낭' 혹은 '팝파욘' 이라고 한다. 원래 가죽을 가리키는 '낭'은 영화 상영을 위해 사용되는 화면이 전통 그림자 인형극에서 쓰이는 가죽 재질의 화면의 용도와 비슷하다 하여 비롯되었다. '팝파욘' 우리말의 활동사진에 해당하는 말로 '움직이는 그림'을 의미한다. 영화와 사회는 일정한 함수 관계를 지니고 있으며 태국 영화를 통해 태국 사회의 과거와 현재를 조망함과 동시에 그 시대 영화의 내면을 바라볼 수 있다. 이 글에서는 1900년대 초부터 최근에 이르기까지 태국 영화 모두를 아우르면서 이를 통해 태국 사회를 살펴보고자 한다.

1. 1900년-1960년대

최초의 싸얌 왕국에 대한 기록 필름은 1897년 5월 25일 첫 유럽 순방으로 Berne에 도착한 라마 5세 쭐라롱껀 대왕의 모습을 스위스 초기 영화 제작자 Francois-Henri Lavancy-Clarke가 카메라에 담은 것이었다. 1903년 Thomas Alva Edison 회사 직원들이 방콕에서 자회사의 영화를 상영한 일을 계기로 1905년 일본인 영화 사업가 와타나베가 싸얌 왕국 최초의 극장인 '일본 극장'(훗날 '왕립 일본 극장'으로 호칭을 변경)을 설립하였다. 이후, 1907년 방콕 루파욘 씨네마 회사(혹은 프린스 프리다 씨네마)가 문을 열고 본격적으로 외국 영화를 수입, 자신들이 소유한 방콕의 3~4개 극장에서 상영하기 시작했다. 이때부터 영화 제작은 왕은 물론 왕자들을 비롯해 왕실 관련 인사들에게 있어 흥미로운 취미생활로 자리 잡게 되었다.

1922년 라마 6세, 와치라웃 왕의 참여와 함께 싸얌 니라마이 필름 회사를 세운 와쑤왓 일가가 태국 영화사상 최초의 무성영화를 만들었는데 내용은 와치라웃 왕의 왕실 연례행사들을 담은 자료였다. 이 시기에 와치라웃 왕의 동생인 부라찻 차이야콘 왕자가 왕실 국립 철도국(Royal State Railways Department)의 국장으로서 철도국과 협력하여 내부에 트로피칼 필름 서비스를 설립, 본격적으로 국내 영화 생산을 장려하기 시작했다. 1920년 영화산업 종사자들은 물론 영화에 대해 높아져 가는 일반 대중의 관심을 반영하듯 일간지 싸얌 라싸던은 앞으로 상영 예정인 영화들에 대한 줄거리 등을 실어 읽을거리를 제공해 주기 시작했고 1922년에는 싸얌 왕국 최초의 영화 잡지인 팝파욘 싸얌이 발행되었다.

1923년에 헐리우드 출신 미국인 Henry A. Macray가 철도국의 후원으로 장편 영화인 낭싸우 쑤완 또는 쑤완 싸얌 (*Nang Sao Suwan* 또는 *Suwan Sayam*/ Miss Suwan)을 제작했는데 영화의 모든 수익금은 싸얌 적십자 재단에 기증되었다. 전형적인 멜로드라마의 성향을 가진 이 영화는 고난과 역경을 헤쳐 나가며 사랑을 이루려는 젊은 남녀의 모험적인 삶을 그림과 동시에 태국의 아름다운 자연환경과 문화를 잘 담아낸 영화로서 알려져 있다. 방콕 필름 회사의 와쑤왓 형제들에 의해 1927년 만들어진 최초의 순수 태국영화 촉 썽 짠(*Chok Seong Chan*/ Double Luck) 이후 마이 킷 르이(*Mai Kid Loey*/ The Unexpected)등 많은 상업 영화들이 태국 영화시장에 소개된다. 당시 영화들은 등장인물들의 성향과 내용 구조상 특성이 태국의 전통 가면극인 콘(Khon)과 고전 무용 드라마인 라컨(Lakhon)의 전형성에서 벗어나지 못하고 있었다고 평가되고 있다. 1928년 싱가포르에서 온 Robert

Monroe가 최초로 시암에서 유성영화를 상영한 후, 방콕의 극장들은 무성외화를 상영 할 때 스크린 옆에 변사를 두어 외국어 자막을 태국어로 번역하도록 하였다.

태국의 영화산업에 대하여 이전의 왕들 못지않은 관심을 가지고 있었던 라마 7세, 쁘라차티뽁 왕은 1930년 싸얌 아마추어 영화 제작 협회(Amateur Cinemato- graph Association of Siam)를 세우고 와쑤왓 일가에 왕실 행사 관련 촬영을 담당하도록 하였으며 1932년 새 입헌 정부 수립 후 최초의 헌법 수여식 역시 그들로 하여금 기록해 두도록 하였다. 같은 해, 쁘라차티뽁 왕은 최신 음향 및 에어컨 시설 등을 갖춘 최초의 현대식 극장인 쌀라 찰럼끄룽의 개관식에 참석하여 더욱 개선된 환경에서 일반 대중이 영화를 즐길 수 있게 되기를 바래온 그의 소망이 이루어지고 있음을 눈으로 확인하였다.

1930년 와쑤왓 형제들이 유성영화 실험의 성공적 결과를 알렸고, 멈라차웡 아누싹하싸딘이 두 편의 35mm 무성영화에 '낙프라카농'(*Ee Nak Phrakhanong*/ Nak of Phrakhanong)과 '롭 라왕 락'(*Rop Rawang Rak*/ Battle in the Middle of Love)을 제작했다. 1990년대까지 계속해서 리메이크된 영화인 '낙프라카농'은 남편에 대한 지극한 사랑 때문에 그 곁을 떠나지 못하고 지상을 맴도는 한 여귀신의 애절한 사랑이야기를 담고 있으며, 큰 위찟 마트라가 쓰고 감독한 '롭 라왕 락'은 제1차 세계대전 당시의 남녀의 사랑이야기를 담고 있다.

두 작품 모두 태국의 전통 무대 드라마 예술의 요소들을 많이 지니고 있었는데 틀에 박힌 인물 설정내지는 오랜 세월 동안 콘과 라컨 등에 등장했던 이야기들을 모티브로 해 만든 줄거리 구성 등이 그 예이다. 이는 전통 무대 드라마 예술에 젖어있는 태국의 대중들이 더 쉽게 영화라는 장르에 흡수 될 수 있도록 하기 위한 설정이라 할 수 있겠다.

1930년대 태국 영화사에 있어 빼놓을 수 없는 사건이 바로 1931년 영화

검열법의 제정이다. 이 법의 목적은 양적으로 늘어가는 태국 상업 영화들을 정부의 주도권 하에 놓으며 태국의 문화, 전통, 사회 규범과 도덕성 등에 위배되는 요소들- 예를 들면, 거친 언어, 선정적이고 폭력적인 이미지 또는 논쟁의 여지가 있는 정치적 내용들을 다루는 내용들-을 사전에 검열하고 제거하려는 것이었다. 이 강령은 이 시점까지의 영화 제작 관습에 큰 영향을 미쳐서 영화 제작자들로 하여금 독창적이고 새로운 이야기보다는 널리 알려진 전통적 이야기에 바탕을 두고 있는 영화를 만들어 이들의 작품이 보다 안전하게 대중에게 소개되는데 더 치중하도록 했다.

1932년 씨끄룽 스튜디오에서 와쑤왓 일가에 의해 만들어진 '롱 탕'(*Long Thang*/ Going Astray)은 서양 기술을 이용한 태국 최초의 'talkie' 영화이다. 이 영화는 이상적인 선과 악의 요소를 대조시키면서 다양한 도시, 사회적 문제들을 실험적인 묘사를 통해 나타낸 작품이다. 비록 이 시기에 만들어진 대부분의 영화들이 콘과 라컨처럼 로맨틱하고 멜로드라마적이며 이상적, 비현실적인 내용을 중심으로 하고 있으나, 사운드 시설을 갖춘 씨끄룽 스튜디오에서 제작된 여러 영화들에 기인해 기술적 측면은 하루가 다르게 발전해 갔으며, 더 많은 태국의 젊은이들이 영화 및 영화 속 스타들과 그들의 패션 등에 관심을 가지게 되었다.

또한 씬 씨분르엉에 의해 당시 유성 외국 영화에 태국어 더빙이 시작되었고 1937년 르언 퐁소폰에 의해 만들어진 16mm 영화 '므엉 텅' (*Muang Thong*/ Golden City)에서는 라이브 더빙 기술이 사용되기도 하였다.

1932년의 혁명 직후, 씨끄룽 스튜디오는 계속해서 정부를 위한 영화를 만들고 있었는데 당시 피분쏭크람 수상이 이끄는 새 정부는 공군 영화 부서(Air Force Cinema Division)를 설립했다. 피분의 민족주의적인 강령을 선전하고 고취시키는 것이 이 기관의 주요 업무였다.

이 시기에 제작된 민족주의 영화 중 특히 1935년의 '르엇 타한 타이'(*Luad Thahan Thai*/ Blood of Thai Soldiers)와 1947년의 '반 라이 나 라

오'(*Baan Rai Na Rao*/ Our Home)는 대중에게 많은 정치적 영향력을 끼쳤다. 두 작품 모두 농민들의 지위 향상과 제2차 세계대전 이후 경제 침체기에 국민의 근면성을 일깨우려 했던 피분의 문화 혁명(*Patiwat Watthanatham*/ Cultural Revolution)을 선전하기 위해 제작 되었는데, 한 예로 '르엇 타한 타이'에서는 주인공 역을 맡은 당시 공군 중위였던 타위 쭐라쌉의 복장을 미국식 카우보이의 복장으로 설정하여 서양화된 새로운 농민의 모습을 보여주려 시도했다.

이 시기를 대표하는 또 한 편의 영화는 싸얌에서 태국으로 정식 국호가 바뀌던 해인 1940년, 재무부 장관이었던 쁘리디 파놈용에 의해 만들어진 '프라 짜오 창 프억'(*Phra Chano Chang Puak*/ The King of the White Elephant)이다. 이 영화는 당시 독일, 일본 그리고 태국에 퍼지고 있던 파시즘에 정식으로 반대하는 내용을 담아 세계 평화에 이바지하기 위한 목적으로 만들어졌으며 태국 영화로서는 최초로 영어 자막과 함께 여러 국제무대에 소개되었다.

1940년대 후반부터 1950년대 이르기까지 영화 속에 쓰인 음악과 곡들이 인기를 더해감에 따라 극중 주인공이 영화의 테마송을 부르는 것이 대단히 유행하게 되었다. 그러나 불행히도 태국 영화산업은 빈약한 사업적 기반과 현대적 감각을 갖춘 전문 트레이닝의 부재로 인해 더 큰 도약을 할 수 없었다. 게다가 제2차 세계대전 이후 네거티브 필름의 수입이 어려워짐에 따라 많은 영화 사업체들이 문을 닫을 수밖에 없었다. 영화배우는 물론 제작자, 감독, 극작가, 작곡가 등 다수의 영화 관계자들이 다시 연극무대로 방향을 돌리게 되었고 무대 연극계는 그들로부터 많은 영화적 요소를 도입하며 간극에 현대식 라이브 오케스트라, 댄스 쇼, 음악과 코미디 등을 구성해 관객들에게 즐거움을 선사했다.

이 시기에는 비용 절감 측면에서 비교적 값이 싼 16mm영화가 35mm 필름과 비교해 더 많이 사용되는 가운데 전쟁 직후인 1946년 멈짜오 쑤카완

나딧 디싸꾼은 더빙기술을 사용하여 16mm '찻 차이'(*Chat Chai*/ Manhood)를 만들었고, 3년 후 테 프라캇우티싼과 함께 '쑤파부룻 쓰아 타이'(*Suphaburut Sua Thai*/ Thai Gentlemen)을 제작하여 큰 성공을 거두었다.

1954년 당시 현대식 사운드 시스템을 갖춘 하누만 필름스에서 만들어진 '싼티 위나'(*Santi-Weena*/ Santi-Weena)가 도쿄에서 열린 제1회 Far East Film Awards에서 촬영과 세트 디자인상은 물론 특별상까지 수상함으로써, 태국영화사상 국제무대에서의 첫 수상이라는 영예가 되었다. 1955년 '보딴'(*Botan*/ Botan)이 태국 국내 영화 시장에서 처음으로 백만 바트의 이익을 거두었고 1957년에는 태국 상공회(Thai Chamber of Commerce)에 의해 태국 최초의 영화 시상식이 조직된다.

태국의 영화는 1960년대 까지도 내용면에 있어서 콘과 라컨과 같은 전통 공연들에서 쉽게 접할 수 있었던 민간 설화 내지는 유명 소설의 내용을 바탕으로 만들어졌다. 예를 들면, 높은 사회적 지위를 가진 남자 주인공이 낮은 계층의 여자 주인공을 만나 우여곡절 끝에 그 사랑을 이루게 되고 훗날 그녀가 어느 부잣집의 잃어버린 자손으로 밝혀지며 해피엔딩으로 끝나게 되는 등의 멜로 드라마적이고 신데렐라 이야기식의 현실 도피적인 내용에서 벗어나지 못하고 있었다. 이러한 반복적 특성을 가진 이야기 구조는 '낭 남 나오'(*nam nao* : 괴어있는 물 *nang nam nao* – 악취가 나는 혹은 질이 나쁜 영화라는 뜻)라는 새로운 장르를 만들어 냈는데 이 장르의 영화에서는 사랑, 삶의 위기, 폭력, 스릴 그리고 비극적 순간들이 도발적이고 행복한 결말과 함께 복합적으로 뒤섞여 있다.

이러한 내용상, 구성상의 반복과 함께 전쟁 후 1950년대 다시 제자리를 찾은 태국 영화산업계는 이전 무대 예술에서 필수였던 연사의 도움에 여전히 의존하며 영화에 소리를 더빙하는 등 기술적, 예술적 측면의 질적 성장에 있어서 장애를 겪고 있었다. 이러한 어려움은 1970년대 해외 유학 등을 경험하고 기술면에서 잘 훈련된 새로운 세대의 감독들과 전문가들이 등장할 때까지 계속된다.

그러나 1960년대 태국 영화의 구성적 진부함에 더한 해결책으로서 스타의 인기와 역량을 최대한 이용하여 대중들이 국내영화로부터 흥미를 잃는 것을 방지하기 위한 소위 '스타 시스템'이 도입되게 된다. 1960년대 태국 영화계의 전설적 스타 밋 차이반차는 1962년 페차라 차오와랏과 함께 영화 '반특 락 핌차위'(*Ban Tuk Rak Pimchawee*/ Pimchawee's Love Diary)와 1970년의 '몬 락 룩퉁'(*Mon Rak Luk Tung*/ The Fascination with the Country Music) 등에서 열연하여 영화의 흥행은 물론 큰 인기를 거두었다.

그러나 1969년 16mm영화기의 아이콘이었던 밋 차이반차가 불의의 사고로 죽음을 맞이하며 태국영화계는 잠시 동안 큰 충격에 빠지게 된다. 이후 정부의 35mm영화산업 육성과 함께 1971년 빠르게 변화해가는 시대를 사는 젊은이들의 삶과 사랑 이야기에 초점을 맞춘 삐악 포스터의 첫 번째 35mm 영화 '톤'(*Tone*/ Tone)이 큰 인기를 누리게 되며 16mm의 황금기가 쇠퇴하고 영화계의 또 다른 장이 열리는 계기가 되었다.

2. 1970년대-1980년대 중반

1970년대 영화는 이전 세대의 영화와 비교해 보다 현실적이고 진보적인 스타일로서 주목 받기 시작했다. 이 중에는 '톤'과 같이 젊은 세대의 모습을 진솔하게 그려 신선함을 가져온 작품 외에도 불륜의 사랑을 대담하게 다룬 삐악 포스터의 두 번째 작품 '추'(*Shu*/ Lover, 1972년 작)가 있었고 무게 있는 사회적 주제가 내포된 소설 등을 영화화한 작품들- 예를 들면 시골에서 의술을 펼치는 한 젊은 의사의 눈을 통해 사회의 브조리를 담은 쑤와니 쑤콘타의 '카오 츠 깐'(*Khao Chu Kan*/ Dr. Kan, 멈짜오 차뜨리찰름 유갈라의 1972년 감독), 끄리싸나 아쏙씬의 '남 써 싸이'(*Nam Sor Sai*/ Nam Sor Sai, 위찟 쿤나웃의 1974년 감독), 그리고 흑인 병사와 태국인 여성 사이에서 태어나 사회적으로 천대 받는 주인공 담의 삶을 그리며 당시의 사회상을 보여준 씨화의 '카오 넉 나'(*Khao Nok Na*/ Half Breed, 삐악 포스터의 1975년 감독) 등이 있었다.

이 시기에 들어서며 주목할한 점은 사회적 테마를 가진 현대적이고 현실 중심적이며 현실 반영적인 내용의 영화들이 대중들에게 어필하기 시작했다는 점이다. 이 시기 영화산업의 활발한 움직임은 먼저 1977년 국내 영화산업 육성을 위한 정부의 지원과 외국 영화에 대한 높은 세금 부과(미터 당 2.20바트에서 30바트로의 인상) 등의 정책적 도움으로 가능할 수 있었으며 연간 80-100편의 영화가 생산되어 700개 정도의 극장에서 상영되었고 1978년에는 무려 150편의 영화가 만들어 졌다. 또한 국내파는 물론 해외 유학을 통해 영화 제작의 선진 기술 등을 익히고 온 해외파 감독 등으로 이루어진 신세대 감독들의 등장 또한 1970년대 태국 영화계에서는 빼놓을 수 없는 부분이다.

정부의 지원과 과거와 비교해 나아진 자금의 흐름 및 사회적 분위기는 기술면에서는 물론 내용면에서도 태국 영화를 질적으로 향상시키고 더욱 우수한 영화를 만들고자 하는 영화 제작자들에게 더 나은 환경을 제공하게 되었다. 대중들에게도 다채로운 내용의 영화들을 즐길 수 있는 기회를 제공하게 되었음은 물론이다.

덧붙여 이 시기 태국 영화들의 현실성과 주제상의 다양성을 가져온 원인을 국내외적 정치 사회적 측면에서 다시 살펴볼 때 1970년대 미국을 중심으로 전 세계에 불었던 민주화 반전 메시지와 구세대에 대항하는 신세대의 자유정신 등이 담긴 영화들(예: 마이클 니콜스의 1968년 작 '졸업'과 밀로스 포먼의 1975년 작 '뻐꾸기 둥지 위로 날아간 새' 등)이 태국에 소개됨으로 국내에서 1974년 학생 운동 등을 통해 퍼져가고 있던 자유화와 민주화에 대한 지식인들의 사고 활동에 영향을 주었다고 볼 수 있다. 동시에 영화를 만드는 그룹에게는 대중을 위한 사회 문제인식과 제기라는 영화의 사회적 기능을 일깨워 주는 한편, 다양한 문화 매체 접촉으로 의식면에서 성장한 대중들에게도 질적으로 더욱 향상된 작품들을 요구하도록 만들었다.

1970년대를 대표하는 많은 신진 감독들 중 가장 영향력 있다고 평가 받는 한 명이 바로 멈짜오 차뜨리찰름 유갈라(탄 무이)다. 미국에서 영화 제작 및 촬영을 공부하고 돌아온 그는 1971년 데뷔작품으로 태국의 작은 시골 마을에 온 외계인들을 소재로 공상 과학 영화 '만 마 깝 쾀뭇'(*Man Ma Kap Kwam Mud*/ Out of the Darkness)을 만들었다. 이 후 1972년 쑤와니 쑤콘타의 소설 '카오 츠 깐'(*Khao Chu Kan*/ Dr. Kan)을 영화화하여 한 시골 마을에서 일하는 젊은 의사를 중심으로 정부와 경찰 등 권력계층의 부패상을 대범하게 그려 큰 사회적 반향을 일으키며 비슷한 주제를 다루는 영화들의 선구자적 작품이 되었다. 그의 세 번째 작품 '롱램 텝티다'(*Theptida Rongram*/ Angel of Hotel, 1974년 작)은 태국 북부에서 방콕으로 내려와 한 호텔에서 매춘 여성으로 일하게 된 주인공 말리를 중심으로 같은 처지의 시골 소녀들에 대한 도시의 횡포를 묘사한다. 탄 무이가 이 영화를 촬영하는 중에 1974년 10월 학생운동이 일어났다. 그는 현장으로 달려가 그곳의 모습을 카메라에 담아 이 영화 중 직업 알선 업자에 의해 팔려온 한 시골 소녀가 순결을 지키기 위해 매춘 행위를 거부하여 포주들에 의해 구자비하게 구타당하는 장면 속에 직접 삽입하고 억압 받는 자유라는 영화의 주제에 관련시켜 강렬하게 표현했다. 1976년 '테와다 든 딘'(*Thewada Doen Din*/ A Walking Angel On the Ground)과 '폼 마이 약 뻰 판토'(*Phom Mai Yak Pen Phantho*/ I Didn't Want to Be a Lieutenant)의 줄거리를 통해 각박한 현실은 물론 당시 팽배해 있던 반공산주의 의식 또한 다루고 있다. 이 밖에도 그는 물질만능주의와 자본주의 의식에 익숙해져 가는 방콕 및 도시인들의 모습을 동북부에서 온 도시 이민자 텅푼의 시각을 통해 그려본 '텅푼 콕포 랏싸던 뗌칸'(*Tongpoon Kokpo Ratsadorn Temkhan*/ Taxi Driver/ The Citizen

I, 1977년 작)을 제작했다. 이 영화는 감독이 우연히 거리에서 만난 한 택시 운전사의 실제 삶에서 모티브를 얻어 영화화한 작품이다. 그는 이 작품에 특별한 애착을 느껴 '이싸라팝 컹 텅푼'(*Itsaraphap Khong Tongpoon*/ Freedom of Taxi Driver/ The Citizn II), '텅푼 콕포 끌랍 반'(*Tongpoon Kokpo Klap Baan*/ Citizen Go Home / The Citizen III) 등의 시리즈로 만들어져 태국인들 사이에 고전으로 남겼다. 이 후 1980년대와 1990년대에 걸쳐 그가 만든 많은 작품 중 1986년 작 '크루 쏨씨'(*Kru Somsri*/ Teacher Somsri)는 방콕의 슬럼가 주민들의 인권 운동에 앞장서는 한 젊은 여선생님을 주인공을 그리며 사회 저변에 깔려 있는 문제 중 하나인 슬럼가 빈민들을 다루려 시도했고, 1990년에 만든 '콘 리앙 창'(*Khon Liang Chang*/ Elephant Keeper)에서는 북부 산간지역에서 전통적 방식에 의지하여 코끼리를 사육하며 힘겹게 생활하는 주인공의 삶을 통해 현대 기술과 서구적 의식의 팽배로 인해 사라져 가는 전통적 의식과 생활방식에 대한 아쉬움을 표현해 보았다. 같은 해, '넝 미야'(*Nong Mia*/ Sister-in-Law)에서는 배를 수단으로 모래 무역을 하며 배 위에서 생활하는 서민들의 삶을 다루었고, 1995년과 이듬해인 1996년에는 경제적인 어려움과 불안정한 가정환경으로 인해 약물과 매춘에 빠지게 되는 고등학생들의 이야기를 통해 태국 사회가 새롭게 직면하고 있는 청소년 문제를 다룬 2편의 영화 '씨야 다이 1, 2' (*Siadai* 1,2/ What a Pity! 1,2)로 국내의 영화 시상에서 많은 상을 거두게 된다. 이 후 1990년대 말, '끌렁'(*Klong*/ Box)에서는 여러 가지 사회 주제들에 코미디적 요소들을 통해 풍자적으로 다가가 보려 시도했고, 2001년 7년이라는 촬영기간을 거쳐 완성한 역사 영화 '쑤리요타이'(*Suriyo Thai*/ The Legend of Suriyo Thai)를 국내는 물론 여러 국제무대에도 소개하였다.

영화가 단순히 흥미를 위한 매체에서 벗어나 영화를 통해 사회를 읽고 대중에게 사회 현실적 메시지를 전달하는 수단으로서 기능을 하기 시작한 1970년대에는 사회의 냉혹함을 풍자적으로 그린 판캄(본명: 프롬씬 씨분르엉)의 1973년 작 '랭 락'(*Raeng Rak*/ Power of Love), 현대 자본주의 사회의 물질만능주의와 가정의 해체를 다룬 빠린야 리라쏜의 1974년 작 '마이 미 싸완 삼랍 쿤'(*Mai Mee Sawan Samrap Khun*/ There's No Heaven for You), 산림 파괴의 경각심에 대해 그린 룻 라나폽의 1973년 '푸 끄라등'(*Phu Kradung*/ Phu Kradung), 마약 문제에 대해 다룬 덕딘 깐야만의 1977년 작 '매 덕 깐차'(*Mae Dok Kancha*/ Mother of Marijuana), 그리고 앞서 언급된 '카오 츠 깐'과 함께 정부와 관련 당국의 부조리를 폭토한 영화인 싸카 짜루찐다의 작품 '딸랏 프롬마짜리'(*Talad Phromajaree*/ Virginity Market) 등의 작품들이 줄지어 나오게 되었다.

1973년 학생운동의 성공 이후, 3년 동안의 짧은 실험적 민주주의 기간이 1976년 군정부의 재집권으로 무너지게 되고 영화계는 인기 있는 스타들을 기용 대중에게 잘 알려진 이야기들을 반복적으로 사용하여 영화로 만들며 룩퉁 음악을 이용하여 영화의 전반적 분위기를 살리고 이야기의 결말을 해피엔딩으로 이끄는 등 전반적으로 어두운 사회 분위기와 침체된 대중의 심리를 전환하려 애썼다. 이 중 젊은이들의 사랑과 배신을 그린 츳 쏭씨의 '플래 까오'(*Plae Kao*/ The Scar, 1977)처럼 오랜 세월 동안 리메이크 되며 태국인들의 사랑을 받는 작품도 있다. 그러나 소수의 깨어있는 영화인들에 의해 사회 비판적인 영화는 여전히 만들어 지고 있었다. 북쪽의 산간 소수 민족들의 생활과 문화를 가까이서 묘사한 위찟 쿤나웃의 1979년 작 '콘 푸 카오'(*Khon Phu Khao*/ Mountain People)는 그들의 전통 민속 음악을 영화의 배경음악으로 사용하여 센세이션을 일으켰으며 또한 1930~40년대의 동북부 즉, 이싼 지역의 현실을 꾸밈없이 묘사한 캄푼 분타위의 동명 소설을 영화화한 1982년 작 '룩 이싼'(*Luk Isaan*/ Son of the Northeast)에서는 그 지역에서의 힘겨운 서민들의 삶을 그리며 "삶을 위해서, 피와 땀이 얼룩진 땅을 버리고 도시로 떠나야만 하는 것일까?"라는 핵심 질문을 관객들에게 던진다.

"오... 여름의 바람아
너는 여름 태양의 열기를 가져 다 주는구나
여름의 태양이여
너는 땅과 들을 메마르게 하는구나
어린 물소는 마른 들풀을 씹으며
비쩍 곯아가고 있구나... 여름의 태양과 함께
그것의 목마름은
연못 속 진흙으로 달래는구나
마르고 갈라진 땅이여
우리, 동북부의 사람들이
논을 갈고 있을 때
개구리와 도마뱀들이
우리의 허기진 배를 채우기에는 너무나도 말라가고 있구나
돈이 없는 곳에는 살 길이 없는가
갈라진 땅을 보며 우리는 여전히 희망한다
몇몇의 딱정벌레, 개미... 또는 그 어떤 곤충이라도 찾을 수 있기를
이 메마르고 뜨거운 땅에서
찢어지는 가슴으로 눈물을 흘리며
나는 계속해서 구름을 찾지만 태양 외에는 아무것도 보이지 않는구나
저 위에 밝고 뜨거운 태양밖에
들어봐라. 너는 곤충의 울음소리도 듣고 마른 나뭇잎이 떨어지는 것도 볼 것이나
그것들은 우리들만큼이나 배를 주리고 있단다
불쌍한 존재들! 동북부의 곤충으로 태어나
그것들은 정말로 고통스럽겠지, 마치 우리들 동북부 사람들처럼

이 작품에서는 한 마을 청년이 켄(:태국 전통 악기로서 '피리'의 일종) 연주 소리에 맞추어 부르는 이 머람(:'민요'의 일종) 속 가사가 특히 눈길을 끄는데 이것이 단순히 배경음악으로서의 기능을 넘어서서 영화 속 내

용의 흐름을 연결시켜 주는 중요한 요소이기 때문이다. 마치 이 한 곡의 노래 속에 영화 전체를 담아 놓은 듯한 느낌을 자아낸다.

이 외에도 크루 삐야라는 한 시골 학교 선생님이 마을의 평화를 헤치려는 부도덕한 목재 밀수꾼들에 대항해 싸우다가 끝내는 죽음을 맞이한다는 내용을 담은 쑤라씨 파탐의 1978년 작 '크루 반 넉'(*Kru Baan Nok*/ Rural Teacher)과 이 영화 속의 마을을 다시 배경으로 설정, 크루 삐야의 죽음 이후에도 끊임없이 농민들을 이용하고 농민들의 소유를 착취하려는 악독하고 양심 없는 이들에 대항하는 한 여선생과 농민들의 모습을 다룬 속편 1979년 작 '넝 마 워'(*Nong Ma Wo*/ Nong Ma Wo) 등에서 돈과 권력을 가진 자와 가지지 못한 자와의 불균형, 도시와 시골의 불균형, 그리고 이싼 지역을 중심으로 한 열악한 농촌의 자연 환경적, 지리적 조건들이 생생하게 묘사되어 지고 있다.

또한 빠르게 변해가는 도시의 힘없고 돈 없는 서민들의 힘겨움과 함께 그들의 꿈과 희망을 그린 낏 쑤완쏜의 '콘 끌랑 댓'(*Khon Klang Daed*/ A Man in the Sun, 1979 작), 사회의 도덕과 윤리의 부재로 두너져 가는 한 교사의 가정상을 그린 픔폰 츠이아룬의 '치윗 밧쏩'(*Chiwit Batsop*/ A Damned Life, 1976작), 그리고 불우한 환경에서 가정의 생계를 책임져야 하는 한 여성이 맞서는 사회 부조리를 줄거리로 한 쑤찻 우티차이의 1978년 작 '남캉 욧 디여우'(*Namkhang Yod Diao*/ A Single Dew Drop) 등이 인상적이다.

시대를 앞서가는 현대적 여성상을 그린 위찟 쿤나웃의 '푸잉 콘 난 츠 분럿'(*Puying Khon Nan Chu Boonraed*/ Her name is Boonrawd, 1984작)도 매우 흥미롭다. 이 영화는 보딴의 동명 소설을 영화화한 작품으로서 당시 미국 공군 부대가 주둔하던 코랏을 배경으로 한 영화인데, 경제적 이유 때문에 외국인 병사의 '고용 아내'라는 직업이 하류 여성들에게 유행처럼 번지며 인기를 끌고 있을 때 이 영화는 'hired wife'라는 새로운 개념의 행태를 소개하며 태국의 전통적 여성상과 보수적인 도덕적 가치관의 변화와 그 원인을 베트남 전쟁 전후의 사회적 배경과 연관 시켜 보고 여주인공 분럿 - 전통에 역행하는 사회의 흐름에 대항하는 인물을 등장시켜 성에 대한 전통적 가치를 되살림과 동시에 현대적이고 자립심이 강한 새로운 여성상을 창조해 보려고 했다.

이 외에도 유타나 묵다싸닛의 1978 작 '텝티다 바 21'(*Theptida Bar 21*/ Angel of Bar 21)은 유타나가 Jean Paul Sartre의 'The Respectful Prostitute'에서 영감을 얻어 멈짜오 차뜨리찰름의 '롱램 텝티다'에 이어 두 번째로 매춘 여성을 주제로 만든 영화이다. 사회의 음지에 있는 자들을 공격하는 가진 자들의 횡포라는 무게감 있는 주제를 뮤지컬 / 캬바레 형식으로 밝게 표현해 대중들이 이 주제에 쉽게 다가갈 수 있도록 시도한 것이 흥미롭다. 사회적 불평등, 사회의 비윤리, 비도덕성과 같은 주제를 다루는 것으로 잘 알려진 감독인 픔폰 츠이아룬의 두 편의 영화, '므엉 커 탄'(*Muang Khor Than*/ The City of Beggars, 1978작)과 '파이 댕'(*Fai Daeng*/ Red Light, 1979작) 또한 사회적 압박과 그 안에서의 투쟁을 현실적이고 냉소적이며 비판적으로 그리고 있다.

태국 영화의 황금기라고도 할 수 있는 1977년부터 1986년 사이에는 위에서 언급된 상업 영화들 이외에도 사회 반영의 목적을 가진 다큐멘터리 영화들이 만들어졌다. 대표적인 세미다큐멘터리 작품으로는 당시 탐마쌋 대학교 정치학부 학생이었던 파이쫑 라이싸쿤이 만든 '남푸'(*Nampoo*/ Nampoo, 1983작)와 '피쓰아 래 덕마이'(*Pee Sua Lae Dok Mai*/ The Butterfly and the Flower, 1986작)가 있는데, 이 작품은 국내에서는 물론 Hawaii International Film Festival에서 최우수상을 받았다. 그리고 국제무대에서도 인정을 받은 유타나 묵다싸닛과 함께 공동 제작자로 함께 만든 1977년작 '텅빤'(*Tongpan*/ Tongpan)이 있다. 이 영화의 제작에는 사회의 무력한 농민들과 도시 노동자들을 대변해 사회 인권 노래를 불러 널리 알려진 언더그라운드 그룹 Caravan의 쑤라차이 짠티마턴이 음악 제작을 맡고, 사회 문제 등에 관련 많은 책을 집필한 라오캄험이 각본을 맡았으며 쑤라 씨와락 싼, 싸네 짜마릭 등 태국의 정치계, 학술계의 저명한 인사들이 까메오 출연을 했고 쑤라씨 파탐이 참여하였다. 이 영화는 당시 동북부 지역에 대한 정부의 댐 건설로 인해 파괴되어 가는 농민들의 삶의 근거지와 삶의 수단 등을 아마추어 배우를 사용해 생생히 그렸다. 그러나 영화가 완성된 시기 군정부의 재집권으로 인해 영화 제작에 참여했던 대부분의 사람들이 반정부적 사회주의 사상을 가진 정치범으로 몰려 감옥에 가거나 경찰의 추적을 피해 산으로 피해야만 했다. 다행히 영화는 파이쫑에 의해 홍콩과 유럽에서 편집되고 완성되어 국제 영화제를 통해 세상에 알려질 수 있었다.

오늘 이곳의 삶은 메마르고 황량하기 이를 데 없구나
이 메마른 계절에 숲은 사라져 가고
들판은 텅 비어가며
어떤 나무들은 죽어서 서 있고
포효하는 바람이 매년 불어오고
사람들은 식량과 거처 없이 가난하며
이 굶주린 동북부에서
야생의 과일과 딸기를 따며
밥 대신 먹으려고...
향락을 위해 그들이 우리의 딸들을 앗아가 버리는구나
우리의 여자들조차도
그들은 또한 끌고 가 버리는구나
누가 이 땅의 주인이란 말인가
불쌍하다...
불쌍하다...

텅빤의 작품 제작에 동참한 음악인 쑤라차이 짠티마턴이 작사한 이 머람의 가사는 앞서 설명된 것과 마찬가지로 이 작품을 만든 제작진들의 사회적 메세지를 잘 전달하고 있다.

태국의 발전을 위한 태국 가톨릭 위원회 (Catholic Council of Thailand for Development)의 후원과 쎄리 퐁핏 박사의 도움으로 마놉 우돔뎃이 1981년에 만든 '쁘라차촌 넉' (*Prachachon Nok*/ On the Fringe of Society)은 동북부 지방에서 생계를 위해 방콕으로 올라온 주인공 콩팽이 겪는 문화적 경제적 이질감과 사회의 힘없는 지방 이민자들, 공장 노동자들이 방콕 내에서의 받는 부당한 대우 등을 묘사하는 한편 콩팽의 고향인 이싼 지역의 농촌 현실, 중간 상인들과 지방 공무원들의 농민들에 대한 횡포를 자세히 보여준다.

이 외에도 존 웅파컨이 1975년 만든 단편 다큐멘터리 '깐 떠 쑤 컹 깜마껀 롱안 하라'(*Karn Tor Su Khong Kammakorn Rong-ngan Hara*/ Hara Factory Workers Struggle)는 하라 옷 공장에서 노동자 권리를 위해 조합을 결성하고 투쟁하는 두 여성, 싸우키앙과 니얌의 이야기를 통해 당시 태국 사회를 사는 여성의 입장에서 그들의 문제를 다루고 있으며, 이 밖에도 빈민가 아동들의 혹독한 환경과 가난을 다룬 1976년 작 '아싸짜리'(*Assajeree*/ Exclamation,!) 등이 있다.

결론적으로 1970년대에서 1980년대 중반까지의 태국 영화들은 빠른 산업화와 자본주의 중심의 개발 정책, 물질 만능주의가 이끄는 의식구조의 전환과 전통적 가치의 하락으로 인해 사회에서 소외된 지역과 또 그곳에 사는 사람들-동북부를 중심으로 한 지방 농민들, 지방 소도시에서 생계를 위해 이주한 도시 이민자들, 빈민가의 저소득의 노동자 또는 매춘 여성들-을 주제로 묘사하며 다양한 사회 문제들을 제기한다.

3. 1980년대 중반~1990년대 중반

그러나 1980년대 초반부터 시작된 태국 영화계의 침체 현상은 1990년대 말까지 계속 이어지게 되며 특히 1992년 정부의 수입 영화에 대한 세금

인하(미터 당 10바트) 정책과 함께 국내시장에서의 해외 영화들, 특히 허리우드 영화들과의 경쟁력 약화로 대중의 관심에서 점점 멀어지게 된다. 이 문제를 해결하기 위해 태국의 영화 제작자들과 감독들은 십대들을 위한 '틴에이지' 영화에 초점을 맞추기 시작한다. 대표적인 작품으로는 1985년 타이 엔터테이먼트 회사에서 타닛 찟나꾼과 아디렉 와타리라가 함께 만든 '씀 너이 너이 카론 막 너이'(*Seum Noi Noi Kalon Mak Noi*/ Happy Go Lucky)가 있다. 이 영화는 고교생들의 일상생활과 그들의 관심사를 대상으로 한 틴에이지 코미디 장르로 당시 큰 인기를 끌었다. 이 밖에도 1986년 작 '쁘롯쌉 킨 틍 막'(*Prod Sab Kid Tueng Mak*/ Please Know That I Miss You A Lot), 1990년 작 '쏘어우 헝 썽 룬 씨씹씨'(*So Au Wo Hong Song Roon Seesibsee*/ So Au Wo No. 2 Class 44), 1991년 작 '끌링 와이 껀 퍼 썬 와이'(*Kling Wai Kon Por Sorn Wai*/ Just Go!), 1992년 작 '퍼 쌈랍 방 완'(*Por Samrab Bang Wan*/ Por for Some Days) 등이 있다. "끄라쁘롱 반 카싼"(*Kraprong Ban Khasan*/ Blooming Skirts and Shorts)이라고 불리기도 한 이 시기의 수많은 틴에이지 영화들의 탄생은 위태로운 국내 영화 시장어서의 생존을 위한 하나의 방편에 불과 했다. 유명 가수 및 연예인들을 등장시켜서 비교적 쉽게 관객층으로 유도할 수 있는 십대들을 공략하여 큰 수익을 올릴 수는 있었지만, 지나친 코미디와 로맨스 요소들의 사용과 반복적이고 진부한 내용 구성 및 캐스팅 등으로 인해 성장하는 외화들 속에서 "태국 영화는 죽었다"라는 표현까지 만들어 내기도 하였다.

4. 1990년대 중반~최근

1990년대 중반 최첨단 시설을 갖춘 EGV와 같은 대형 멀티플렉스 극장들이 생기게 되며 이전의 틀을 깬 초현실주의의 영화들, 다시 말해서 영화 전체가 뮤직 비디오 또는 광고와 같은 느낌을 주는 새로운 스타일과 나레이티브 구조를 가진 현대적 감각의 영화들이 등장하게 된다. 사회문제 제기라는 영화의 지적인 기능과는 여전히 동떨어진 채 이 시기의 많은 감독들이 대화보다는 이미지를 중심으로 내용을 전달하며, 빠른 카메라의 움직임과 편집 기법으로 내용 흐름의 속도를 높이며, 시각적, 청각적 특수효과 등을 사용하여 대중의 새로워진 욕구를 만족시키고자 노력했다.

1994년을 대표하는 작품으로는 외계의 침략을 다룬 니랏싸이 깔짜륵의 '카와우 티 방플랭'(*Kawao Tee Bang Pleng*/ The Koel at Bang Pleng)과 인간과 흡혈귀와의 평범치 않은 관계를 그린 우돔 우돔롯의 '쿠 태 썽 록'(*Kutae Song Lok*/ Soul Mate from Two Worlds)이 있다. 이듬해인 1995년에는 음악계에 종사하고 있던 두 명의 신인 감독인 라짜인 림트라꾼과 쁘랏야 삔깨우가 각 각 '록 탕 바이 하이 나이 콘 디야우'(*Lok Tang Bai Hai Nai Khon Diyao*/ The Whole World Is Only for You)와 '껏 익 티 떵 미 터'(*Keud Eek Tee Tong Me Tor*/ I Got To Have You Again)를 통해 빠르고 돌발적인 영화의 흐름을 가능하게 만드는 새로운 편집 기법을 소개하였다.

이때부터 광고계나 음반 계통에서의 오랜 경험을 가지고 영화계로 들어온, 또는 이제 막 영화 제작을 전공하고 등장한 신예 감독들이 태국 영화산업을 한층 새롭고 밝은 분위기로 바꾸기 시작했다. 이 후 1995년부터 1997년까지 태국 영화는 사회적 명성과 함께 박스 오피스 기록에 있어서도 그 어느 시기보다도 정상의 위치에 있게 된다. 특히 엑 랏다나르엉의 '훤 바 가라오케'(*Fun Bar Karaoke*/ Fun Bar Karaoke)가 Berlin Film Festival 1997's International Forum of Yong Cinema에서 상영되는 영예를 얻고, 같은 해 France에서 열린 Festival Des 3 Continents에서 특별 심사위원상을 받게 됨을 시작으로 이후 많은 영화들이 편집 기술, 이미지와 사운드 그리고 프레젠테이션 스타일 등에 있어서의 진보와 함께 더욱 세련되고 보편화된 모습으로 국제무대에서 해외 영화들과 어깨를 나란히 하게 되었다. 그러나 1990년대 말 IMF라는 경제적 위기를 거치며 1997년부터 1999년까지는 단지 10편 정도의 영화가 만들어지는 등 태국 영화산업이 극심한 침체를 겪게 된다.

그럼에도 불구하고 2000년에 들어서며 다시 해외 시장으로 눈을 돌리게 된 태국 영화계의 움직임을 반영하듯 태국 사회에서 '끄라터이'라고 불리는 트렌스젠더 선수들로 구성된 지방의 한 아마추어 배구팀의 실제 이야기를 코믹하게 그려낸 용윳 통큰턴의 '싸뜨리 렉'(*Satri Lek*/ Iron Ladies), 가난한 남자 주인공과 부잣집 여자 주인공의 이루어 질 수 없는 슬픈 사랑 이야기를 웨스턴 카우보이 스타일의 복고풍 복장과 수채화 같이 아름다운 화면에 향수를 불러일으키는 흘러간 옛 노래 등을 배경음악으로 사용하는 등 독특한 이미지와 접근 방식으로 관객들에게 다가간 위찟 싸싸니티엥의 '파 탈라이 존'(*Fa Talai Jone*/ Tears of the Black Tiger), 그리고 오랫동안 태국인들의 사랑을 받아온 민간 설화에 바탕을 두어 만든 논니밋붓 1999년 작 '낭 낙'(*Nang Nak*/ Nang Nak) 등이 그 구성과 영화 기법의 우수성으로 많은 국제무대에서 인정을 받게 되고 좋은 성과를 거두며 차츰 태국인들의 발걸음을 태국 영화로 이어지게 하는 계기가 되었다.

또한, 국내 경제는 물론 아시아 경제 전체가 슬럼프에 빠져 있던 이 시기에 과거의 전쟁 영웅들의 서사적 이야기를 다루어 침체된 사회에 활력을 넣어 주고 힘든 시기를 겪는 태국인들이 바라 볼 수 있는 사회적인 모델을 제시해 주며 새로운 꿈과 희망을 주는 등 큰 사회적 반향을 일으킨 영화 두 편이 제작되었는데, 타닛 찟뜨라쿤의 2000년 작 '방라짠'(*Bangrachan*/ The Legend of Village Warriors)은 아유타야 말기 버마의 침공 속에 방라짠 마을을 지키기 위해 혼신의 힘을 다했던 이 마을 주민들에 얽힌 이야기를 각색하여 만든 영화로서 영화의 흥행 이후 수많은 관광객들이 실제 마을을 방문, 마을의 수입을 올려 주었음은 물론 영화 매체가 사회의 다방면에 미치는 영향력을 실감하게 해 주었다. '방라짠'에 뒤이은 멈짜오 차뜨리찰름의 2001년작 '쑤리요타이'(*Suriyothai*/ The Legend of Suriyothai)는 태국의 아유타야 시기 역사 속에 한 용맹스러운 여성을 다룬 서사적 구조의 영화로서 제작비만 해도 4억 바트를 들인 거물급 영화이고 국내 시장에서 5억 바트의 박스 오피스 기록을 거두었다. 이 외에도 2000년대에 들어서며 다양한 주제들을 새로운 현대식 기법으로 접근하고 다룬 태국 영화들이 국내는 물론 국제무대로 대거 나오게 되었고 이로 인해 태국의 영화계는 다시금 긴 잠에서 깨어나 기술적인 진보를 동반한 질적인 향상과 함께 태국인들은 물론 국제 영화제 등을 통해 태국 영화에 관심을 가지는 각국의 영화 마니아들에게도 많은 사랑을 받고 있다.

찾아보기

ㄱ

ㄴ

ㄷ

ㅂ

ㅅ

ㅇ

ㅈ

ㅍ

ㅎ

A

B

G

집필자 약력

김영애(金英愛) : 한국외국어대학교 태국어과를 졸업하고, 동 대학원 아주지역학과에서 "제2차 세계대전 중의 태국독립외교(1938-1946)"란 논문으로 정치학석사 학위를 받았으며, 성신여자대학교 대학원 국어국문과에서 "한태 현대소설 비교 연구 -염상섭과 씨부라파를 중심으로-" 란 논문으로 문학박사 학위를 취득하였다. 한국외국어대학교 동남아연구소 소장, 한국동남아학회 부회장 및 편집위원, 한국태국학회 회장 등을 역임한 바 있다. 현재 한국외국어대학교 태국어과 교수로 재직하고 있으며, "<쎄파 큰창쿤팬>을 통해 태국 사회 읽기", "씨부라파의 전기소설 연구", "씨부라파의 소설 <래빠이 캉나> 연구", "태국 소설 <짠 다라> 읽기 ", "<프라쑤톤과 낭마노라> 설화 연구", "람캄행대왕의 국가통합 정책에 대하여", "태국인의 종교와 사회", 「태국사」, 「무지에 의한 단죄」을 비롯하여 다수의 태국학 관계 논문과 저서 및 번역서가 있다.

김홍구(金洪九) : 한국외국어대학교 태국어과를 졸업하고, 한국외국어대학교 대학원 아주지역학과에서 "타이 군부정치참여에 관한 고찰"이란 논문으로 정치학석사 학위를 받았으며, 한국외국어대학교 대학원 국제관계연구학과에서 "타이 군부의 정치개입원인에 관한 연구: 1932-1976년" 란 논문으로 정치학박사 학위를 취득하였다.

현재 부산외국어대학교 태국어과 교수로 재직하고 있으며, 「태국학입문」, 「태국군과 정치」, 「기초태국어」를 비롯하여 다수의 태국학 관계 논문과 저서가 있다.

문인원(文仁瑗) : 한국외국어대학교 태국어과 졸업. 동 대학원 정치학석사. 태국 국립 쭐라롱껀대학교 대학원 수료. "라마 5세의 근대화 정책" 외 다수의 논문이 있다.

송인서(宋寅瑞) : 고려대학교 사학과 졸업하고 동 대학원에서 문학석사 학위를 받았다. 태국 국립 쭐라롱껀대학교 객원교수를 역임한 바 있으며 현재 강원대학교 사학과 교수로 재직하고 있다. "태국의 근대화 연구" 외 다수의 논문 및 저서가 있다.

안종량(安鍾亮) : 한국외국어대학교 태국어과를 졸업하고, 한국외국어대학교 대학원 태국어과에서 "타이어시제에 관한 연구"란 논문으로 문학석사 학위를 받았으며, 계명대학교 대학원 무역학과에서 "한・태 경제협력 증진을 위한 전략적 과제에 관한 연구"란 논문으로 경영학학박사 학위를 취득하였다. 태국 쏭클라대학교 인문사회대학 한국학 파견교수를 역임한 바 있으며, 부산외국어대학교 외국어연구소 소장과 동양어대 학장을 역임한 바 있다. 현재 한국태국학회 회장이며, 부산외국어대학교 태국어과 교수로 재직하고 있다. "태국 금융산업의 문제점과 금융개혁", "기초 태국어회화", "태국경제의 이해"를 비롯하여 다수의 태국학 관계 논문과 저서가 있다.

우제혁(禹濟赫) : 부산외국어대학교 태국어과 문학사. 한국외국어대학교 대학원 동남・남아시어과 문학석사. 태국 치앙마이대학교 태국학과정 수료. 경성대학교 대학원 국어국문학과(비교문학전공) 박사과정 수료. "제국주의 시대 태국의 개혁" 외 다수의 논문이 있다. 부산외국어대학교, 경성대학교, 영산대학교 등에서 강의를 하였으며, 아시아지역연구소 선임연구원을 지냈다. 현재 한국자산관리공사 해외사업부 과장으로 재직하고 있다.

윤경원(尹慶遠) : 한국외국어대학교 태국어과를 졸업하고, 한국외국어대학교 대학원 태국어과에서 "태국에 있어서의 외래어에 관한 연구"란 논문으로 석사학위를 받았으며, 한국외국어대학교 대학원 언어학과에서 "태국어의 수동구문에 관한 연구"란 논문으로 언어학박사 학위를 취득하였다. 태국 국립부라파대학교 한국어과에서 객원교수를 역임한 바 있다. 현재 한국외국어대학교 태국어과 조교수로 재직하고 있으며, "태국어의 동사 'mi:'에 관한 연구", "태국어의 어휘 'ko:'에 관한 연구", "태국어와 한국어의 비교구문 연구", "태국어의 중간동사에 관한 연구"를 비롯하여 다수의 태국학 관계 논문과 저서가 있다.

윤현정(尹賢貞) : 한국외국어대학교 태국어과 졸업하고 태국 국립 쭐라롱껀대학교 문과대학에서 태국학석사 학위를 받았다. "도시 이민과 관련된 사회 문제들에 대한 사회적 비판 기능으로서의 1970년대 태국의 영화"를 비롯한 태국학 관계 논문과 저서가 있다

이교충(李敎忠) : 한국외국어대학교 태국어과 졸업하고 동 대학원에서 정치학석사학위를 받았다. 태국 국립 쭐라롱껀대학교 객원교수로 재직한 바 있으며, 「타이어문법개설」 외 다수의 저서 및 논문이 있다. 현재 한국외국어대학교 태국어과 명예교수로 있다.

이병도(李炳度) : 한국외국어대학교 태국어과를 졸업하고, 한국외국어대학교 대학원 아주지역학과에서 "태국의 관료제에 관한 연구"란 논문으로 정치학석사 학위를 받았으며, 한국외국어대학교 대학원 국제관계학과에서 "태국 정당정치의 변동과 제도화 수준에 관한 연구"란 논문으

로 국제관계학박사 학위를 취득하였다. 태국 국립 쏭클라대학교 인문사회대학 한국어과 객원교수를 역임한 바 있으며 현재 한국외국어대학교 태국어과 부교수로 재직하고 있으며, "태국의 정당정치와 민주주의 발전에 관한 연구", "태국의 정치자금에 관한 연구", 「태국어 첫걸음」을 비롯하여 다수의 태국학 관계 논문과 저서가 있다.

이한우(李翰雨) : 한국외국어대학교 태국어과를 졸업하고, 태국 쭐라롱껀 대학교 교육대학원 태국어교육과에서 "고등교육 기관 내 한국 대학생용 태국어 작문 교과서 창간" 이란 논문으로 태국어 교육학석사 학위를 받았으며, 태국 씨나카린위롯대학교 교육대학원 개발교육학과에서 "한국의 새마을 운동: 농촌개발 성공요소의 기능 분석"이란 논문으로 개발교육학박사 학위를 취득하였다. 한국외국어대학교 외국어교육연구소장, 한국태국학회 부회장과, 용인캠퍼스 도서관장을 역임한 바 있으며 현재 한국외국어대학교 태국어과 교수로 재직하고 있다. 「실용 태국어 작문」, 「여행필수 태국어 회화」, 「실용 태국어 문법」, 「요설 태국어 문법론」, 「기본 시사 타이어」 등의 저서와 '태국 고등교육의 교과과정', '태국 국민의 사회적, 문화적 배경', '태국 푸미폰 국왕의 즉위 50주년', '태국의 교육 계획 추진 내력' 등의 논문을 비롯하여 다수의 태국학 관계 논문과 저서가 있다.

정환승(鄭煥昇) : 한국외국어대학교 태국어과 졸업하고 태국의 국립 쏭클라대학교 대학원 태국어과에서 "한국어와 태국어의 문장론 대조연구"란 논문으로 태국어학석사 학위를 받았다. 한국외국어대학교 대학원 언어학과에서 "태국어의 사동표현에 관한 연구"라는 논문으로 언어학박사 학위를 받았다. 태국 국립 쏭클라대학교 인문사회대학 한국어과 객원교수를 역임한 바 있으며 현재 한국외국어대학교 태국어과 조교수로 재직하고 있다. 「태국인을 위한 한국어 입문」 「현대태국어문법론」

「한태・태한 학습자 사전」 "태국 속담에 나타난 돌의 문화" "태국어 haj의 위치와 기능에 관한 연구"를 비롯하여 다수의 태국학 관계 논문과 저서가 있다.

차상호(車相浩) : 한국외국어대학교 태국어과를 졸업하고, 동 대학원 아시아지역학과에서 "태국의 입헌혁명과 그 영향"이란 논문으로 정치학 석사 학위를 받았으며, 태국 쭐라롱껀대학교 대학원에서 태국학 연구과정을 수료하였다. 이어서 동국대학교 대학원 정치학과에서 "태국 정치에 있어서의 피분(Phibun)정권(1938-1944)에 관한 연구"란 논문으로 정치학박사 학위를 취득하였고, 한국외국어대학교 외국학종합연구센터 동남아연구소장, 한국태국학회 회장을 역임하였다. 현재 한국외국외국어대학교 태국어과 교수로 재직하고 있으며, 「기초태국어」, 「태국현대정치의 이해」, 「태국현대민주정치론」을 비롯하여 다수의 태국학 관계 논문과 저서가 있다.

최난옥(崔蘭玉) : 한국외국어대학교 태국어과를 졸업하고, 한국외국어대학교 대학원 태국어과에서 "태국에서 온 편지에 관한 연구"라는 논문으로 문학석사 학위를 받았으며, 고려대학교 대학원 국문과에서 "한국・태국 근대 문학의 비교 연구"라는 논문으로 문학박사 학위(비교문학 전공)를 취득하였고, 태국 국립 쭐라롱껀대학교 대학원 비교문학과에서 박사후 과정을 수료하였다. 태국 국립 부라파대학교 객원교수를 역임한 바 있으며 현재 한국외국어대학교 태국어과 대우교수로 재직하고 있으며, "<삐쌋>을 통해 본 바람직한 삶의 자세", "씨부라파의 <커랭너이터>와 김동리의 <등신불> 비교 연구", "태국 고전 운문 <쿤창쿤팬>에 나타난 여성상 연구"를 비롯하여 다수의 태국학 관계 논문과 저서가 있다.

최은희(崔恩喜) : 한국외국어대학교 태국어과를 졸업하고, 국립 쏭클라 대학교 인문 사회과학 대학원 태국어과에서 "한국어와 태국어 형태론 비교연구" 란 논문으로 태국어학 석사학위를 받았으며, 한국외국어대학교 대학원 언어인지과학과에서 박사학위를 수료하였다. 국립 쏭클라 대학교에서 한국어 객원교수를 역임한 바 있으며 현재 한국외국어대학교 태국어과 강사로 재직하고 있다. "한국어와 태국어 형태론 비교 연구", 「주말에 끝내는 태국어」를 비롯하여 다수의 태국학 관계 논문과 저서가 있다.

최창성(崔昌性) : 한국외국어대학교 태국어과를 졸업하고, 동 대학교 대학원 아주지역연구학과에서 "태국 정치에 미친 불교의 영향"이란 논문으로 정치학 석사학위를 취득하였다. 한국태국학회 초대회장, 태국어-한국어사전 편찬위원장, 한국어-태국어사전 편찬위원장, 한국동남아학회 부회장을 역임한 바 있으며, 행정직으로는 한국외국어대학교 동양어대학장과 용인캠퍼스 부총장을 역임한 바 있다. 현재 한국외국어대학교 태국어과 명예교수이며, "속담을 통해 본 한・태 양국민의 의식구조", "태국문자의 기원에 대한 고찰", 「태국어회화」, 「타이어 문법총론」, 「타이어 작문체계론」을 비롯하여 다수의 태국학 관계 논문과 저서가 있다.

황규희(黃圭姬) : 한국외국어대학교 태국어과를 졸업하고, 한국외국어대학교 대학원 아주지역연구학과에서 "泰國의 政治發展과 10월革明" 이란 논문으로 정치학석사 학위를 받았으며, 동아대학교 대학원 정치학과에서 "泰國軍部의 政治介入 原因分析, 1976"이란 논문으로 정치학 박사 학위를 취득하였다. 미국 캔자스대학교 인문사회과학대학 방문교수를 역임하였으며 현재 부산외국어대학교 태국어과 교수로 재직하고 있다. "태국 정치와 군부", "태국의 여성발전정책", 『태국 사회와 문화』 등 태국학 관계 논문과 저서가 있다.

แผนที่ประเทศไทยแสดงพิกัดภูมิศาสตร์

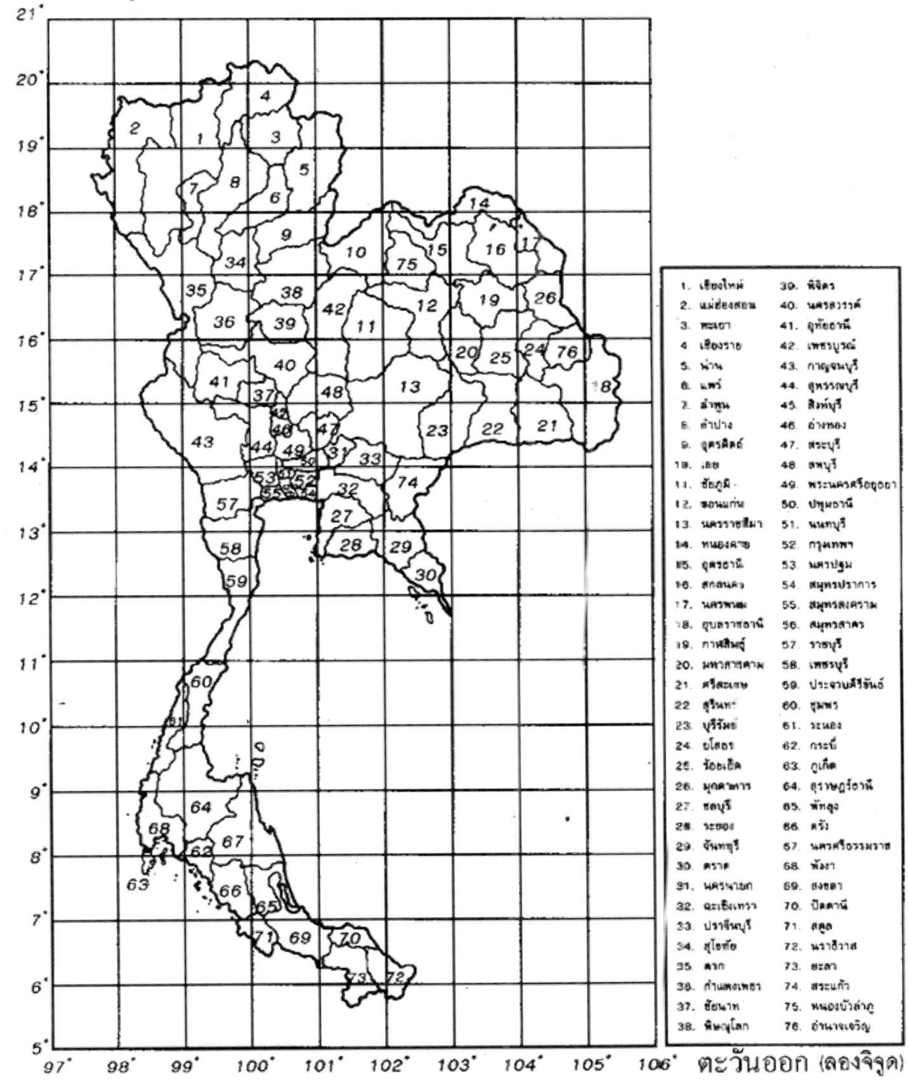

태국 지도
แผนที่ประเทศไทย
เชียงราย
แม่ฮ่องสอน
พะเยา
น่าน
เชียงใหม่
ลำปาง
ลำพูน
แพร่
อุตรดิตถ์
หนองคาย
เลย
อุดรธานี
สกลนคร
นครพนม
หนองบัวลำภู
สุโขทัย
พิษณุโลก
ตาก
กาฬสินธุ์
มุกดาหาร
กำแพงเพชร
พิจิตร
เพชรบูรณ์
ขอนแก่น
ชัยภูมิ
มหาสารคาม
ยโสธร
อำนาจเจริญ
นครสวรรค์
ร้อยเอ็ด
อุทัยธานี
ชัยนาท
ลพบุรี
อุบลราชธานี
สิงห์บุรี
นครราชสีมา
อ่างทอง
สระบุรี
สุรินทร์
ศรีสะเกษ
กาญจนบุรี
สุพรรณบุรี
บุรีรัมย์
นครนายก
นครปฐม
ปราจีนบุรี
สระแก้ว
ราชบุรี
ฉะเชิงเทรา
ชลบุรี
เพชรบุรี
ระยอง
จันทบุรี
ตราด
ประจวบคีรีขันธ์
พระนครศรีอยุธยา
1. กรุงเทพฯ
2. นนทบุรี
3. ปทุมธานี
4. สมุทรปราการ
5. สมุทรสาคร
6. สมุทรสงคราม
อ่าวไทย
ชุมพร
ระนอง
สุราษฎร์ธานี
พังงา
ภูเก็ต
กระบี่
นครศรีธรรมราช
พัทลุง
ตรัง
ทะเลอันดามัน
สตูล
สงขลา
ปัตตานี
ยะลา
นราธิวาส

태국의 이해

초판 발행	1998년 5월 20일
개정증보판 발행	2005년 8월 30일
재개정증보판 발행	2009년 2월 28일
재재개정증보판 1쇄 발행	2012년 10월 30일
재재개정증보판 2쇄 발행	2017년 8월 28일

지은이	한국태국학회
펴낸이	김인철
총괄 · 기획	가정준 Director, University Press
편집장	신선호 Executive Knowledge Contents Creator
도서편집	김민정 Contents Creator
전자책편집	이리나 e-Contents Creator
재무관리	김은혜 Managing Creator
마케팅 파트장	백승이 Chief Marketing Creator
마케팅	박종원 Marketing Creator
발행처	한국외국어대학교 지식출판원 02450 서울특별시 동대문구 이문로 107 전화 02)2173-2493~7 FAX 02)2173-3363 홈페이지 http://press.hufs.ac.kr 전자우편 press@hufs.ac.kr 출판등록 제6-6호(1969. 4. 30)

출판등록 제6-6호(1969. 4. 30)

편집·디자인 (주)이환디앤비 02)2254-4301

인쇄 · 제본 상지사피앤비 031)955-3636

ISBN 978-89-7464-359-1 04300 정가 15,000원

* 잘못된 책은 교환하여 드립니다.

HUEBOOKS는 한국외국어대학교 지식출판원의 인문학도서 Sub Brand이다. 한국외대의 영문명인 HUFS, 사람을 위하는 Humanism, 교육의 Education, 색조의 Hue의 다의적인 뜻으로 해석할 수 있으며, 인문학도서 출판에 대한 의지가 담겨있다.